应用型本科会计学特色专业系列教材

高级财务会计

韩传模　主　编

大连出版社

内容简介

本书借鉴国内外同类教材，在中级财务会计课程的基础上进行了延伸和深化，依据我国现行会计准则、会计准则应用指南和财政部会计司的会计准则讲解，比较全面、系统地阐述了特殊领域的财务会计问题和特定时期的财务会计问题，包括合并与合并财务报表、外币业务会计、租赁会计、金融工具会计、合伙会计、分部报告、物价变动会计、中期财务报告、破产清算会计等。

图书在版编目(CIP)数据

高级财务会计/韩传模主编. —大连:大连出版社,2011.8
应用型本科会计学特色专业系列教材
ISBN 978-7-5505-0148-5

Ⅰ.①高… Ⅱ.①韩… Ⅲ.①财务会计—高等学校—教材
Ⅳ.①F234.4

中国版本图书馆 CIP 数据核字(2011)第 153808 号

出 版 人:刘明辉
策划编辑:毕华书
责任编辑:毕华书
责任校对:窦玲玲 侯娟娟
封面设计:林 洋
版式设计:林 洋
责任印制:史凌玲

出版发行者:大连出版社
地址:大连市西岗区长白街 10 号
邮编:116011
电话:(0411)83621349/83621075
传真:(0411)83610391/83620941
网址:http://www.dlmpm.com
电子信箱:bhs@dlmpm.com
印 刷 者:大连美跃彩色印刷有限公司
经 销 者:各地新华书店

幅面尺寸:185mm×260mm
印 张:27
字 数:653 千字

出版时间:2011 年 8 月第 1 版
印刷时间:2011 年 8 月第 1 次印刷
书 号:ISBN 978-7-5505-0148-5
定 价:45.00 元

如有印装质量问题,请与我社营销部联系
购书热线电话:(0411)83621349/83621075

出版说明

改革开放三十多年来，我国经济已逐步驶入高速发展的快车道，取得了世人瞩目的成就。为了满足经济发展的需要，我国各会计院校培养了大批会计人才。这些会计人才是我国人才队伍的重要组成部分，是维护市场经济秩序、推动科学发展、促进社会和谐的重要力量。

然而，经济越发展，需要的会计人才质量越高，数量越多。面对前所未有的机遇和挑战，必须清醒地认识到，我国会计教育还不能完全适应国家经济社会发展和学生接受良好教育的要求，学生适应社会和工作的能力不强，创新型、实用型、复合型人才紧缺。

改变现状需要高校和社会的共同努力，是一项系统的质量工程，而高质量的教材正是这一质量工程的重中之重。教材规定了教学内容，是教师授课取材之源，是学生求知之本，没有优秀的教材，就无法提高教学质量。本社推出"应用型本科会计学特色专业系列教材"，旨在推动会计教学质量工程的开展，提升会计教学质量。

为此，我们邀请了国内会计与财务领域的国家级教学名师、教育部教学指导委员会委员和具有丰富教学经验的知名教授组成了编审委员会，并于 2010 年 4 月份召开了编审委员会会议。会上，各位专家和教师对主编提交的提纲和样张进行了热烈的讨论，并最终就教材的基本定位、指导思想、知识体系和编写安排等一系列问题达成了共识。

总体而言，本系列教材具有如下特点：

1. 应用性

本系列教材致力于满足国内培养应用型人才的教学需要，成为国内一流的本科教材。整套教材以当前和今后一段期间内社会的会计人才需求为导向，把培养具备系统的专业知识、专业胜任能力和长期发展潜质的优秀应用型会计专业人才作为主要目标。教材在注重知识系统性的基础上，强调与实务工作的紧密联系，强调每一学科特有的思维方式和工作方法，在授之以鱼的同时，授之以渔。

2. 科学性

本系列教材内容精练，形式活泼多样，尊重学生的认知规律，坚持"快乐学习、轻松教学"的编写理念，在注重知识体系科学系统性的同时，特别强调如何将这一知识体系轻松愉快地带到课堂上。教材每一章都以短小的、带有启发性的导入案例，引起学生的学习兴趣；每一章中都指出关键概念，以便学生准确理解相关基础知识；节后配有随堂小测验，旨在强化学生对关键问题的理解；章后配有思考题和练习题，以便学生学以致用。

3. 重品质

本系列教材的主编都是相关领域著名的专家、学者，都是国内会计特色专业的主要负责人，参编人员也都拥有丰富的教学经验。编审委员会对各位主编提交的提纲、样张和书稿进行了严格的把关和审查，确保教材的知识准确、系统。

4. 立体化

与本系列教材相配套的立体化教学支持系统，为高校教师开展教学提供全方位、一体化的服务，以教材为中心构建的教学资源包内容丰富，包括 PPT、电子教案、课后练习题答案、相关阅读资料等。

“应用型本科会计学特色专业系列教材”是编审委员会各位专家辛勤劳动的结晶，凝聚了众多资深教授和专家多年的心血。由于我们的经验和人力有限，教材中难免存在不足，期待国内业界的专家、学者和广大读者批评指正，以便我们不断地学习、补充和修改。

大连出版社

编审委员会

（以姓氏笔画为序）

前　言

本书以我国财政部2006年2月15日发布并自2007年1月1日起施行的《企业会计准则》为主要依据组织编写。根据《企业会计准则》近5年的实施情况，理论和实务界对会计准则的理解和应用进一步深入和准确，为此，我们组织编者借鉴国内外院校的同类教材，比较全面、系统地阐述了特殊领域的财务会计问题和特定时期的财务会计问题。特殊领域的财务会计问题是指在特定的空间范围内产生的特殊会计问题，如合并与合并财务报表会计、外币业务会计、租赁会计、金融工具会计、合伙会计和分部报告等。特定时期的财务会计问题是指在特定的时期内产生的特殊会计问题，如物价变动会计、中期财务报告和破产清算会计等。

本书在内容上的定位是：

1. 基本上是中级财务会计课程的延伸和深化；
2. 仍然以企业的经济活动为依据，不涉及非营利组织；
3. 以工商企业为主，不涉及石油天然气、农业等特殊行业；
4. 考虑到有些院校没有单独设置税务会计课程，包括了所得税会计。

本书在内容上的特点是：

1. 时效性。本书所依据的会计准则为2006年发布的会计准则、会计准则应用指南和财政部会计司的会计准则最新讲解。

2. 实用性。本书通过大量的举例、练习题、章节测试、章前导入案例和章后案例，并紧密结合《企业会计准则》，详尽说明了会计准则的具体运用，充分体现了实用性和可操作性。

3. 深刻性。本书在内容上重点突出，逻辑性强，由浅入深，对重点、难点内容从不同角度进行透彻分析，充分体现了可理解性。

4. 国际化。本书在内容表述上按照我国会计准则阐述的同时，也兼顾了国际惯例。

本书适于作为高等院校会计、审计、财务管理专业高级财务会计课程的教材，其前导课程是中级财务会计。本书还可作为会计与财务工作者、财政税务工作者、注册会计师、政府和内部审计人员在实际工作中的参考书。

本书的编写人员及分工如下（按章节顺序）：韩传模（第1、11章），孟茜（第2、3章），刘朋（第4、13章），刘建军（第5、6、7章），韩星（第8、10章），樊丽莉（第9、12、15章），张孝光（第14章）。韩传模教授担任本书的主编，负责全书的总纂、修改和定稿

由于编者水平有限和资料受限，书中难免有不妥和错误之处，衷心希望广大读者不吝指正，以便于今后的修订。

编者

目　录

第1章　企业合并

学习目标

知识目标：掌握购买法和权益结合法的特征和会计处理，为进一步学习企业合并日合并财务报表的编制方法奠定必要的基础；熟悉企业合并的三种形式；了解企业合并的动因。

能力目标：能够运用本章所学知识对购买法和权益结合法进行比较和分析，确定其对企业经济结果的影响。

导入案例

2010年，中国的汽车业发生了一件大事，中国浙江吉利控股集团有限公司（以下简称吉利）于3月28日与美国福特汽车公司（以下简称福特）在瑞典哥德堡正式签署收购沃尔沃汽车公司（以下简称沃尔沃）的协议。吉利收购沃尔沃终成正果。沃尔沃轿车销售额在过去数年一直呈下滑趋势，全球性的金融危机更让沃尔沃出现巨额亏损，成为福特的巨大包袱。去年，沃尔沃轿车在全球销售约33.5万辆，同比下降10.6%。此次吉利收购沃尔沃的收购价格为18亿美元，而当初福特购买沃尔沃的价格是65亿美元，还不及当时价格的三分之一。这种并购方式应采用什么会计处理方法呢？

1.1 企业合并基础

1.1.1 企业合并概述

1. 企业合并的概念

（1）企业合并的一般概念

企业合并的一般概念是指经济领域中两个或两个以上企业的联合。我国迄今为止还没有从经济角度对“企业合并”给出比较确切的定义。《中华人民共和国公司法》（以下简称《公司法》）第一百七十三条仅仅提及了吸收合并和新设合并，指出：“公司合并可以采取吸收合并和新设合并。”并对这两种合并作了一定的解释。1989年2月，国家体改委、国家计委、财政部、国家国有资产管理局联合发布的《关于企业兼并的暂行办法》中，只给出了“兼并”的定义：“本办法所称兼并，是指一个企业购买其他企业的产权，使其他企业失去法人资格或改变法人实体的一种行为。”可见，企业合并的一般概念更加强调法律意义上的企业兼并。

(2)企业合并的会计概念

> **关键概念——企业合并**
>
> 企业合并是指将两个或者两个以上单独的企业合并形成一个报告主体的交易或事项。

企业合并的会计概念是从会计目标出发，两个或两个以上企业的联合。企业合并的结果通常是一个企业取得了对另一个或多个企业的控制权。是否认定为企业合并取决于两个关键因素：一是控制权的转移，二是报告主体的变化。报告主体的变化源于控制权的变化。在交易或事项发生以后，如果一方能够对另一方或多方的生产经营决策实施控制，就涉及控制权的转移，从财务报告角度看就发生了报告主体的变化。

2. 企业合并的产生和发展

现代的企业合并产生于西方资本主义经济。19 世纪与 20 世纪之交，资本主义工业革命的深入开展和资本主义由自由竞争阶段进入垄断阶段，对资本集中的规模和速度提出了进一步的要求，西方资本主义国家开始掀起了企业兼并的浪潮。一个多世纪以来，西方资本主义国家已经经历了五次企业兼并的浪潮。

第一次兼并浪潮发生在 19 世纪与 20 世纪之交，横向兼并是这次兼并浪潮的主要特点；第二次兼并浪潮发生在 20 世纪 20 年代，纵向兼并是这次兼并浪潮的主要特点；第三次兼并浪潮发生在第二次世界大战后，多元合并是这次兼并浪潮的主要特点；第四次兼并浪潮发生在 20 世纪七八十年代，融资兼并是这次兼并浪潮的特点；第五次兼并浪潮发生在 20 世纪 90 年代，其特点是战略兼并，是功能互补型的强强联盟。

我国的企业合并行动比较迟缓，直到 20 世纪 80 年代，通过企业合并来转换企业经营机制，合理配置社会资源，才逐渐得到人们的重视。到了 90 年代，我国证券市场的蓬勃发展为企业合并的发展提供了契机和环境，20 世纪 90 年代以来我国企业购并事项已经很普遍了。

3. 企业合并的动因

在市场经济条件下，企业生产经营活动的基本目标是实现企业自身价值的最大化。然而，在竞争激烈的市场经济中，企业的发展总是处于不平衡状态。一些企业借助有利条件而处于优势地位，另一些企业则处境艰难，难以立足。作为市场主体的企业必然会对此作出灵活的反应。优势企业通过合并获取更多的权益资本，以取得更大的经济利益；劣势企业可能选择由优势企业兼并的途径，以避免更大的损失；经营尚好的企业也可能选择被兼并，其动机可能是期望资产得到更好的运用。企业合并的具体动因各有不同，主要有以下几方面：

(1)谋求企业发展。

具有资金优势的企业可以通过合并来实现其发展和扩张的目的，以保持和增强其在竞争中的地位。与企业内部投资新建生产能力的内涵式扩张相比较,合并有利于降低企业的经营风险,有利于降低成本,有利于迅速提高生产能力,有利于取得某些特殊资产。

(2)实现产销经营活动的协同作用。

协同作用就是"1+1>2"的效应。协同作用能为企业带来明显的效益。这些效益表现在,节约经营活动的组织成本,减少重复的固定成本,达到最佳经济规模的要求,实现规模经济;消除抵销力量,实现优势互补。

(3)实现财务协同作用。

财务协同作用是指企业合并能给企业在财务方面带来的效益,这种财务利益的取得往往是由于税法、会计处理惯例以及证券交易等因素的作用而产生的。这种效应主要表现在,可以达到合理避税的目的;使股票市场对企业股票的评价发生改变,对股票价格产生良好的影响。

(4)多元化经营,规避市场风险。

通过合并其他非本行业的企业,企业可以减少收益的周期性波动。企业为了保持发展势头,必须拥有处于发展期行业的企业来取代处于下降期行业的企业,要合理地安排处于生命周期各个阶段的企业分布,以分散风险。

(5)扩大市场份额。

企业通过合并来提高行业集中程度,增强企业对市场的控制力,扩大市场份额以保持一定的竞争优势。

【相关链接1-1】

战略兼并的强强联盟

2000年年初,美国在线收购时代华纳,金额高达1 550亿美元;飞机制造业巨头波音公司兼并麦道公司,金额达133亿美元;花旗银行与旅行者合并,金额达720亿美元;奔驰与克莱斯勒合并,金额达400亿美元。

1.1.2 企业合并的方式

以下是企业合并的理论和实务中最常见的对企业合并方式的分类。

1. 按法律形式划分

按法律形式划分,企业合并可分为吸收合并、新设合并和控股合并三种。

(1)吸收合并

在吸收合并方式下,参与合并的公司中通常只有一家公司继续保留其法律地位,一般称其为存续公司,而另一个或几个被吸收的公司在合并后丧失法人地位,宣布解散。例如,甲公司+乙公司=甲公司,那么甲、乙两家公司合并中,甲公司是存续公司,乙公司被甲公司吸收并丧失其法人地位。

> **关键概念—— 吸收合并**
>
> 吸收合并是指一个公司通过现金购买、股票交换、发行债务性证券或支付其他资产等形式,取得另一个或几个公司的全部净资产而进行的合并。

(2)新设合并

在新设合并方式下,参与合并的公司均丧失其法律地位而成立一家新公司,被合并公司的股东成为新公司的股东。例如,甲公司+乙公司=丙公司,那么甲、乙公司均不复存在,成立新的丙公司。

关键概念—— 新设合并

新设合并也称创立合并,是指两家或两家以上的公司通过交换有表决权的股份合并成一个新公司而进行的合并。

(3)控股合并

在控股合并方式下,参与合并的两个公司仍然继续保留各自的法律地位,被控股的公司成为控股公司的附属公司,两者间形成母子公司关系。例如,甲公司取得了乙公司50%以上有表决权的股份时,一般情况下,甲公司就实际控制了乙公司的经营政策和财务方针,甲公司成为控股公司(也称母公司),乙公司成为甲公司的附属公司(也称子公司)。这时,甲公司在会计上就以定期编制合并财务报表的方式来反映合并的财务状况和经营成果。即

关键概念——控股合并

控股合并是指一个公司通过现金购买、股票交换或发行债务性证券等形式,取得另一个公司的部分或全部的有表决权的股份而进行的合并。

甲公司财务报表+乙公司财务报表=甲、乙公司的合并财务报表

控股合并在上述三种合并方式中具有明显的优势:第一,控股公司为了实现其扩张的目的,不需要取得附属公司全部有表决权的股份就可以实现对附属公司的控制,大大节约了合并成本;第二,控股公司最大的责任限于对子公司的投资,合并风险较小。

2. 按参与合并各方的控制方是否相同

按参与合并各方的控制方是否相同,企业合并可划分为同一控制下的企业合并和非同一控制下的企业合并两种。

(1)同一控制下的企业合并

同一控制下的企业合并是指参与合并的企业在合并前后均受同一方或相同的多方最终控制,且该控制并非暂时性的。能够对参与合并的企业在合并前后均实施最终控制的一方,通常是指企业集团的母公司。同一控制下的企业合并一般发生于企业集团内部,如集团内母公司与子公司之间、子公司与子公司之间等。能够对参与合并的企业在合并前后均实施最终控制的相同多方,是指根据合同或协议的约定,能够最终决定参与合并的企业的财务和经营政策,并从中获取利益的投资者群体。控制并非暂时性的,具体是指在企业合并之前(即合并日之前),参与合并各方在最终控制方的控制时间一般在1年以上(含1年),企业合并后所形成的报告主体在最终控制方的控制时间也应达到1年以上(含1年)。

(2)非同一控制下的企业合并

非同一控制下的企业合并是指参与合并的各方在合并前后不受同一方或相同的多方最终控制,即同一控制下的企业合并以外的其他企业合并。相对于同一控制下的企业合并而言,非同一控制下的企业合并是合并各方自愿进行的交易行为,其交易更具公平性。

3. 按行业特点划分

按所涉及的行业特点，企业合并可分为横向合并、纵向合并和混合合并三种。

(1)横向合并

横向合并也称水平式合并，是指生产或经营同类产品及劳务的企业间的合并。横向合并会削弱企业间的竞争，改善行业结构，并在很多情况下形成垄断。

(2)纵向合并

纵向合并也称垂直式合并，是指生产工艺、产品和劳务虽不相同，但存在生产前后连续性的企业之间的合并。纵向合并是企业将关键性的投入产出关系纳入企业的控制范围，使其前后环节的产品相互配套，扩大经营，形成供、产、销一条龙，达到提高企业对市场的控制能力的目的。

(3)混合合并

混合合并是指在工艺上既无关联，同时产品又有极大差异的企业间的合并。混合合并可以抵消不同时期不同行业面临的不同风险，提高企业的生存和发展能力。

1.1.3 企业合并的业务程序

根据有关法规，企业合并的业务一般可按以下程序进行：

1. 确定企业合并意向

企业合并是建立在双方自愿的基础上的，双方确定各自的合并意向是企业合并的前提条件。企业合并意向可以由有关负责部门或银行作媒介，由双方直接洽谈来确定；也可以通过产权交易市场的自由选择，由双方洽谈来确定。

2. 进行资产评估

企业合并是企业的产权变动行为，企业的产权变动涉及有交易关系的各方的利益，需要以资产的价值为依据，通过资产评估对资产价值进行客观、公正的评定和估算，维护交易各方的经济利益。合并双方在确定合并意向后，应立即对目标企业进行资产评估，确定资产或产权的底价。

3. 可行性研究和科学论证

对企业合并事项进行可行性研究和科学论证，就是在对合并的背景和目标、参与合并企业的现状、市场需求等进行分析的基础上，对合并的经济效益和社会效益作出科学、合理的评价，以对合并事项进行决策。

4. 确定合并价格

资产评估价值只表明资产的公允价格，不一定就是合并双方商定的成交价格。企业合并的价格应以资产或产权的底价为基础，由合并双方协商议定，作为实施合并的企业接受被合并企业的代价。

5. 签署协议

合并双方的企业所有者代表应就合并事项签署产权转让协议。有关协议和文件均应上报合并双方的主管部门，经审查批复后方具有法律效力，有关文件还须进行法律公证。

6. 办理产权交接手续

协议生效后，合并双方应按照协议及时办理产权转让手续。

1.1.4 企业合并的会计方法

1. 企业合并的主要会计问题

企业合并所涉及的会计处理问题主要有以下三个：

(1)被合并企业的净资产(或长期股权投资)以公允价值还是账面价值计价。

(2)合并成本中所含有的商誉或负商誉是否应当在账上(或合并财务报表中)确认。

(3)被合并企业的合并前利润及合并时的留存利润是否应并入合并企业的利润和留存利润中。

对以上三个主要会计问题的认识不同,导致所采取的处理方式也有所区别,产生了购买法和权益结合法两种不同的企业合并的会计方法。

2. 购买法

企业合并的购买法与企业直接从外界购买一般资产并无本质区别。

关键概念——购买法

购买法把企业合并看成是一个企业购买另一个或几个被合并企业净资产的交易行为，购买企业因此获得对被购买企业净资产的控制权和经营权。

购买法的特点有：

(1)按公允价值记账。

购买企业要按公允价值记录所取得的资产和承担的负债,取得被合并企业的成本即合并成本,要按照与购买一般资产相同的方法来确定,将合并成本按合并日各项目的公允价值分配到所取得的和承担的可辨认资产和负债。

(2)确认商誉。

商誉是合并成本超过所取得的被合并企业可辨认净资产公允价值份额的差额。商誉应在企业发生合并业务时加以确认,并在以后期间按规定进行减值测试。

(3)被合并企业的利润不并入购买企业的利润中。

购买企业的利润仅仅包括当年本身实现的利润以及合并日后被合并企业所实现的利润,被合并企业的合并前利润不并入购买企业的利润中。

(4)被合并企业的留存利润不并入购买企业的留存利润中。

购买企业的留存收益有可能因合并而减少,但不能增加,被合并企业合并时的留存收益也不并入购买企业的留存收益中。

(5)合并时的直接相关费用增加合并成本,间接费用列为当期费用。

合并时的直接相关费用增加合并成本,合并的间接费用列为当期费用。如果以发行股票为代价形式,股票登记和发行成本直接冲销股票的公允价值,减少资本公积。

3. 权益结合法

在权益结合法下,由于企业合并不是一种购买行为,不存在可以确认的购进企业,也不存在购买价格和新的计价基础,参与合并的企业各自的会计报表项目均保持原来的账面价值。

关键概念——权益结合法

权益结合法，也称股权集中法、权益联营法，就是把企业合并看成是两个或两个以上的企业实现的所有者权益的结合。

权益结合法的特点有：

(1)参与合并的企业的净资产均按照账面价值计价,不考虑净资产的公允价值,也不存在需要记录的商誉或负商誉,因为不会产生合并成本与净资产公允价值的差额。

(2)不论合并业务在会计年度的哪一时点发生,参与合并的企业整个年度的利润和留存收益全部包含在合并后的企业中。

(3)企业合并时,直接相关费用和间接费用均在发生时确认为当期费用。

(4)若参与合并的企业的会计处理方法不一致,应进行追溯调整。

【相关链接1-2】

权益结合法和购买法的产生

权益结合法的名称出现在20世纪40年代的美国。1943年,联邦能源委员在一个涉及两家公司合并且双方都是合并后股东的案例中,第一次使用了"权益结合法"这个术语。随着经济的发展和合并业务的发展,企业之间合并的方式和实质都发生了变化。例如,合并也通常发生在不相关的企业之间,合并并不一定完全是权益联合,商誉的会计处理和影响,把已经取得的利润转入合并后企业是否合理等,这些都促进了合并的另外一种方法——购买法的产生。1950年,美国会计程序委员会(CAP)颁布了《会计研究公报第40号——企业合并》,区分了两种不同的合并方法,分别称为购买法和权益结合法。

【随堂小测验1-1】

1. 按照法律形式划分,企业合并可分为(　　)。

A. 控股合并　　B. 混合合并　　C. 吸收合并　　D. 新设合并

2. 购买法的特点有(　　)。

A. 按公允价值记账

B. 商誉在企业发生合并业务时加以确认,按规定进行减值测试

C. 被合并企业的合并前利润并入购买企业的利润中

D. 合并时的直接相关费用增加合并成本,合并的间接费用列为当期费用

3. 权益结合法的特点有(　　)。

A. 购买企业的留存利润有可能因合并而减少,但不能增加

B. 企业合并时,直接相关费用和间接费用均在发生时确认为当期费用

C. 参与合并的企业的净资产均按照账面价值计价,不考虑净资产的公允价值

D. 参与合并的企业整个年度的损益和留存收益均包含在合并后的企业中

1.2 同一控制下的企业合并

1.2.1 同一控制下的企业合并的处理要点

对于同一控制下的企业合并,我国企业合并准则中规定的会计处理方法基本就是权益结合法。在该方法下,企业合并被看做是两家或多家参与合并企业权益的重新整合,由于最终控制方的存在,从最终控制方的角度看,该类企业合并并不会造成企业集团整体经济利益的流入和流出,最终控制方在合并前后实际控制的经济资源并没有发生变化,有关交易事项不作为出售或购买。

1. 合并中不产生新的资产和负债。

合并方在合并中确认取得的被合并方的资产和负债仅限于被合并方账面上原已确认的资产和负债,合并中不产生新的资产和负债,即不确认新的资产,一般也不产生新的商誉因素。但被合并方在企业合并前账面上原已确认的商誉应作为合并中取得的资产确认。

2. 合并双方的会计政策不一致的,应进行调整。

被合并方在企业合并前采用的会计政策与合并方不一致的,应基于重要性原则,首先统一会计政策,即合并方应当按照本企业会计政策对被合并方资产、负债的账面价值进行调整。进行上述调整的一个主要原因是将该项合并中涉及的合并方及被合并方作为一个整体对待,对于一个完整的会计主体,其对相关交易或事项应当采用相对统一的会计政策,在此基础上反映其财务状况和经营成果。

3. 取得的净资产按照账面价值并入合并方。

合并方在合并中取得的被合并方各项资产和负债应维持其在被合并方的原账面价值不变;涉及会计政策调整的,以调整后的账面价值作为有关资产和负债的入账价值;被合并方同时进行改制并对资产和负债进行评估调账的,应以评估调账后的账面价值并入合并方。

4. 取得的净资产的入账价值与对价账面价值之间的差额,应当调整所有者权益相关项目。

合并方在合并中取得的净资产的入账价值与为进行企业合并支付的对价账面价值之间的差额,应当调整所有者权益相关项目,不计入企业合并当期损益。同一控制下的企业合并本质上不是购买,而是两个或多个会计主体权益的整合。合并方在企业合并中取得的价值与所放弃的价值之间存在差额的,应当调整所有者权益。在根据合并差额调整合并方的所有者权益时,应首先调整资本公积(资本溢价或股本溢价),资本公积(资本溢价或股本溢价)的余额不足冲减的,应当调整留存收益。

5. 持续计算损益及留存收益。

对于同一控制下的控股合并,应视同合并后形成的报告主体自最终控制方开始实施控制起一直是作为一个整体存续下来的,体现在其合并会计报表上,即合并后形成的由母、子公司构成的报告主体,无论是其资产规模还是其经营成果都应持续计算。无论该项合并发生在报告期的哪一时点,被合并方合并当期期初至合并日实现的损益以及合并日前实现的留存收益归属于合并方的部分,都应并入合并后的主体。

6. 合并发生的有关直接费用应于发生时计入当期损益。

合并方为进行企业合并发生的有关费用,是指合并方为进行企业合并发生的各项直接相关费用,如为进行企业合并支付的审计费用、资产评估费用以及有关的法律咨询费用等增量费用。同一控制下的企业合并进行过程中发生的各项直接相关费用,应于发生时计入当期损益。以发行债券方式进行的企业合并,与发行债券相关的佣金、手续费等有关费用应计入负债的初始计量金额;以发行权益性证券作为合并对价的,与所发行权益性证券相关的佣金、手续费等,应自所发行权益性证券的发行溢价收入中扣除,在权益性证券发行无溢价或溢价金额不足扣减的情况下,应当冲减盈余公积和未分配利润。

1.2.2 同一控制下的企业合并的会计处理方法

同一控制下的企业合并,根据合并方式不同,应当分别以下两种情况进行会计处理。

1. 同一控制下的控股合并

在同一控制下的企业控股合并下,合并方需要通过长期股权投资记录合并业务。合并方应当在合并日按照取得的被合并方所有者权益账面价值的份额作为长期股权投资的初始投资成本。长期股权投资的初始投资成本与支付的现金、转让的非现金资产、所承担债务的账面价值以及所发行股份面值总额之间的差额,应当调整资本公积;资本公积不足冲减的,调整留存收益。

【例 1 –1】 E 公司与 K 公司同为 B 公司控制的子公司,E 公司以发行股份取得 K 公司全部股权。合并中发生审计费 12 000 元,法律费 7 000 元,其他直接费 5 000 元。两家公司合并前的资产负债表见表 1 – 1(假定合并方资本公积数额均为股本溢价)。

表 1 – 1　　E 公司与 K 公司资产负债表　　单位:元

项目	E 公司	K 公司
流动资产	250 000	270 000
固定资产	300 000	330 000
资产总计	550 000	600 000
负债	200 000	400 000
普通股本(面值 1 元)	200 000	120 000
资本公积	100 000	60 000
盈余公积	50 000	20 000
负债和股东权益总计	550 000	600 000

根据上述资料,下面分三种情况来说明权益结合法的应用。

(1) E 公司发行股份面值总额等于 K 公司所有者权益的账面价值。

E 公司发出 200 000 股面值 1 元的股票,换取 K 公司全部股权。

①记录合并业务:

借:长期股权投资　　200 000

　　贷:股本　　200 000

②记录合并费用:

借:管理费用　　24 000

　　贷:银行存款　　24 000

(2)E 公司发行股份面值总额小于 K 公司所有者权益的账面价值。

E 公司发行 150 000 股面值 1 元的股票,换取 K 公司全部股权。

①记录合并业务:

借:长期股权投资　　200 000

　　贷:股本　　150 000

　　　　资本公积　　50 000

②记录合并费用：

借：管理费用　　24 000

　贷：银行存款　　24 000

(3) E 公司发行股份面值总额大于 K 公司所有者权益的账面价值。

E 公司发行 220 000 股面值 1 元的股票，换取 K 公司全部股份。（需要借记"资本公积"时，应以合并方资本公积中股本溢价的贷方余额为限，不足部分调整合并方留存收益）

①记录合并业务：

借：长期股权投资　　200 000

　资本公积　　20 000

　贷：股本　　220 000

②记录合并费用：

借：管理费用　　24 000

　贷：银行存款　　24 000

2. 同一控制下的吸收合并

在同一控制下的吸收合并下，合并方主要涉及合并日取得的被合并方资产、负债入账价值的确定，以及合并中取得的有关净资产入账价值与支付的合并对价的账面价值之间差额的处理。

合并方对同一控制下吸收合并中取得的资产、负债，应当按照相关资产、负债在被合并方的原账面价值入账。

合并方在确认了合并中取得的被合并方的资产、负债后，以发行权益性证券方式进行的该类合并，所确认的净资产入账价值与发行的股份面值总额之间的差额，应计入资本公积（资本溢价或股本溢价），资本公积（资本溢价或股本溢价）的余额不足冲减的，应冲减盈余公积和未分配利润；以支付现金、非现金资产方式进行的该类合并，所确认的净资产入账价值与支付的现金、非现金资产账面价值之间的差额，应调整资本公积（资本溢价或股本溢价），资本公积（资本溢价或股本溢价）的余额不足冲减的，应冲减盈余公积和未分配利润。

【例 1－2】 E 公司与 K 公司同为 B 公司控制的子公司，E 公司发出 150 000 股面值 1 元的股票换取 K 公司全部股权，企业合并后 K 公司解散撤销。合并中发生审计费 12 000 元，法律费 7 000 元，其他直接费 5 000 元。两家公司合并前的资产负债表见表1－1（假定合并方资本公积数额均为股本溢价）。

根据上述资料，合并的会计分录为：

(1) 记录合并取得的资产、负债：

借：流动资产　　270 000

　固定资产　　330 000

　贷：负债　　400 000

　　股本　　150 000

　　资本公积　　50 000

(2)记录合并费用：

借：管理费用　　　　24 000

　贷：银行存款　　　　24 000

(3)合并前实现的留存收益结转：

借：资本公积　　　　20 000

　贷：盈余公积　　　　20 000

【随堂小测验 1-2】

1. 同一控制下的企业合并是指参与合并的企业在合并前后均受(　　)最终控制且该控制并非暂时性的。

A. 生产前后连续性的企业之间　　B. 相同的多方

C. 生产或经营同类产品或劳务的企业　　D. 工艺上无关联的企业间

2. 按照企业合并准则，下列有关同一控制下的企业合并的理解，正确的有(　　)。

A. 合并各方合并前后均受同一方最终控制

B. 合并各方合并前后均受相同的多方最终控制

C. 合并各方在合并前后较长时间内为最终控制方控制，一般为1年以上(含1年)

D. 合并成本大于被合并方所有者权益份额的部分应确认为商誉

E. 合并成本低于被合并方所有者权益份额的部分应确认为营业外收入

3. 下列同一控制下的控股合并形成的长期股权投资的确认和计量的说法，正确的有(　　)。

A. 合并方应当以合并方应享有的被合并方账面所有者权益的份额作为长期股权投资的初始投资成本

B. 合并方应当以付出的现金、非现金资产等的公允价值，确定合并成本

C. 按支付合并对价的账面价值，贷记相关资产或借记有关负债科目

D. 以支付现金、非现金资产方式进行的，该初始投资成本与支付的现金、非现金资产的差额相应调整资本公积(资本或股本溢价)；不足冲减的，调整盈余公积和未分配利润

E. 如果支付的价格中含有已宣告但尚未发放的现金股利或利润，借记"应收股利"账户

4. 对同一控制下的企业合并，我国企业合并准则中规定的会计处理方法是(　　)。

A. 权益结合法　　B. 成本法　　C. 购买法　　D. 权益法

5. 对同一控制下的企业合并，在根据合并差额调整合并方的所有者权益时，应首先调整(　　)。

A. 实收资本　　B. 留存收益　　C. 所有者权益　　D. 资本公积

6. 甲、乙公司属于同一母公司控制下的两家子公司。2010年6月4日，甲公司以账面价值为7 000万元、公允价值为6 600万元的厂房作为对价，取得乙公司80%的股权，相关手续已办理；当日乙公司账面净资产总额为8 000万元，公允价值为8 500万元。

2010年8月5日,乙公司宣告发放2008年度现金股利800万元。假定不考虑其他因素。2010年6月4日,甲公司对乙公司长期股权投资的账面价值为(　　)万元。

A. 5 600　　B. 5 280　　C. 6 400　　D. 6 800

7. 同一控制下的企业合并的会计处理的特点有(　　)。

A. 企业合并成本大于合并中取得的被购买方可辨认净资产公允价值份额的差额,应确认为商誉

B. 合并中不产生新的资产和负债

C. 合并方应当按照本企业会计政策对被合并方资产、负债的账面价值进行调整

D. 取得的净资产按照账面价值并入合并方

8. A公司和B公司为同一集团控制下的两家子公司,2010年10月25日,A公司以银行存款620万元取得B公司55%的所有者权益;当日B公司所有者权益的账面价值为1 000万元,可辨认净资产公允价值为1 300万元。则A公司在合并日的下列会计处理中,正确的是(　　)。

A. 应确认资本公积(资本溢价)70万元

B. 应确认资本公积(其他资本公积)70万元

C. 应确认资本公积(其他资本公积)95万元

D. 确认的资本公积金额应在会计科目借方

1.3 非同一控制下的企业合并

1.3.1 非同一控制下的企业合并的处理要点

对于同一控制下的企业合并,我国企业合并准则中规定的会计处理方法基本上就是购买法。

1. 确定购买方

采用购买法核算企业合并的首要前提是确定购买方。购买方是指在企业合并中取得对另一方或多方控制权的一方。非同一控制下的企业合并中,一般应考虑企业合并合同或协议以及其他相关因素来确定购买方。

2. 确定购买日

购买日是购买方获得对被购买方控制权的日期,即企业合并交易过程中发生控制权转移的日期。根据企业合并方式的不同,在控股合并的情况下,购买方应在购买日确认因企业合并形成的对被购买方的长期股权投资;在吸收合并的情况下,购买方应在购买日确认合并中取得的被购买方各项可辨认资产、负债等。确定购买日的基本原则是看控制权转移的时点。在实务操作中,企业应当结合合并合同或协议的约定及其他有关的影响因素,按照实质重于形式的原则进行判断。

3. 确定企业合并成本

企业合并成本包括购买方为进行企业合并支付的现金或非现金资产、发行或承担的债务、发行的权益性证券等在购买日的公允价值以及企业合并中发生的各项直接相关费用。通过多次交换交易分步实现的企业合并,其合并成本为每一单项交换交易的成本

之和。

非同一控制下的企业合并中发生的与企业合并直接相关的费用，包括为进行合并而发生的会计和审计费用、法律服务费用、咨询费用等，应当计入企业合并成本。这里所说的合并中发生的各项直接相关费用，不包括与为进行企业合并发行的权益性证券或发行的债务相关的手续费、佣金等，该部分费用应比照本章关于同一控制下的企业合并中类似费用的处理原则处理。

4. 企业合并成本在取得的可辨认资产和负债之间的分配

(1)购买方在企业合并中取得的被购买方各项可辨认资产和负债，满足资产、负债的确认条件的，应作为本企业的资产、负债(或合并财务报表中的资产、负债)进行确认。

(2)在无形资产的公允价值能够可靠计量的情况下，应区别于商誉单独确认无形资产。

(3)对于购买方在企业合并时可能需要代被购买方承担的或有负债，在其公允价值能够合理确定的情况下，应作为合并中取得的负债确认。

(4)对于被购买方在企业合并之前已经确认的商誉和递延所得税项目，购买方在对企业合并成本进行分配，确认合并中取得可辨认资产和负债时不应考虑。

5. 企业合并成本与取得的净资产公允价值份额之间差额的处理

(1)企业合并成本大于合并中取得的被购买方可辨认净资产公允价值份额的差额，应确认为商誉。视企业合并方式不同，在控股合并的情况下，该差额是指合并财务报表中应列示的商誉；在吸收合并的情况下，该差额是购买方在其账簿及个别财务报表中应确认的商誉。

(2)企业合并成本小于合并中取得的被购买方可辨认净资产公允价值份额的差额，应计入合并当期损益。在这种情况下，要对合并中取得的资产、负债的公允价值，作为合并对价的非现金资产或发行的权益性证券等的公允价值进行复核，如果复核结果表明所确定的各项可辨认资产和负债的公允价值是恰当的，应将企业合并成本小于取得的被购买方可辨认净资产公允价值份额之间的差额计入合并当期的营业外收入，并在会计报表附注中予以说明。

1.3.2 非同一控制下的企业合并的会计处理方法

1. 非同一控制下的控股合并

在非同一控制下的控股合并下，购买方应当在购买日以确定的企业合并成本作为形成的对被购买方长期股权投资的初始投资成本。购买方为取得对被购买方的控制权，以支付非货币性资产为对价的，有关非货币性资产在购买日的公允价值与其账面价值之间的差额，应作为资产的处置损益，计入合并当期的利润表。

【例1-3】2010年12月31日，A公司控股合并B公司，两家公司是非同一控制下的两家企业。合并时，A公司以账面价值为750万元、公允价值为990万元的厂房一栋换取B公司的全部股权。另外，A公司还发生合并业务直接相关费用96 000元。合并时B公司经确认的资产负债表见表1-2。

表 1-2 B 公司资产负债表

2010 年 12 月 31 日 单位:元

资产	账面价值	公允价值	负债和股东权益	账面价值	公允价值
银行存款	240 000	240 000	短期借款	450 000	450 000
应收账款(净)	550 000	510 000	应付账款	520 000	520 000
存货	960 000	1 160 000	长期应付款	1 350 000	1 310 000
长期股权投资	740 000	760 000	普通股本	6 000 000	
固定资产(净)	7 710 000	7 910 000	资本公积	1 500 000	
无形资产	370 000	340 000	盈余公积	750 000	
资产总计	10 570 000	10 920 000	负债和股东权益总计	10 570 000	2 280 000

根据上述资料,合并业务的会计分录为:

借:长期股权投资　　9 996 000
　贷:固定资产　　7 500 000
　　营业外收入　　2 400 000
　　银行存款　　96 000

2. 非同一控制下的吸收合并

在非同一控制下的吸收合并下,购买方应当在购买日将合并中取得的符合确认条件的各项可辨认资产、负债,按其公允价值确认为本企业的资产和负债;作为合并对价的有关非货币性资产在购买日的公允价值与其账面价值之间的差额,应作为资产处置损益计入合并当期的利润表;确定的企业合并成本与所取得的被购买方可辨认净资产公允价值之间的差额,视情况分别确认为商誉或者计入企业合并当期的损益。

【例 1-4】2010 年 12 月 31 日,A 公司吸收合并 B 公司,A 公司继续存在,B 公司丧失法人资格。两家公司会计事项的处理原则相同,会计年度均为日历年度。合并中,A 公司发行了每股面值 1 元(每股市价 3 元)的股票 3 000 000 股,换取 B 公司股东持有的每股面值 1 元的股票 6 000 000 股。另外,A 公司还发生合并业务直接相关费用 96 000 元。合并时 B 公司经确认的资产负债表见表 1-2。

根据上述资料,合并业务的会计分录为:

借:银行存款　　240 000
　应收账款(净)　　510 000
　存货　　1 160 000
　长期股权投资　　760 000
　固定资产　　7 910 000
　无形资产　　340 000
　商誉　　456 000

贷:短期借款	450 000
应付账款	520 000
长期应付款	1 310 000
股本	3 000 000
资本公积	6 000 000
银行存款	96 000

【随堂小测验1-3】

1. 非同一控制下的企业合并的会计处理的特点有(　　)。

A. 非同一控制下的企业合并中发生的与企业合并直接相关的费用,应当计入企业合并成本

B. 对于购买方在企业合并时可能需要代被购买方承担的或有负债,在其公允价值能够合理确定的情况下,应作为合并中取得的负债确认

C. 企业合并成本小于合并中取得的被购买方可辨认净资产公允价值份额之间的差额,应计入合并当期损益

D. 在无形资产的公允价值能够可靠计量的情况下,应区别于商誉单独确认无形资产

2. 在非同一控制下的企业合并下,企业合并成本小于取得的被购买方可辨认净资产公允价值份额之间的差额,应(　　)。

A. 确认为商誉　　B. 计入合并当期的营业外收入

C. 冲减合并成本　　D. 不作会计处理

3. 甲公司和乙公司不属于同一控制下的两家公司,2010年1月1日,甲公司以一台固定资产和银行存款500万元向乙公司投资,占乙公司注册资本的50%。该固定资产的账面原价为6 000万元,已计提折旧1 000万元,已计提固定资产减值准备300万元,公允价值为5 000万元。不考虑其他相关税费。则甲公司确认的资产处置损益的金额为(　　)万元。

A. 300　　B. 4 700　　C. 5 500　　D. 5 000

4. 在非同一控制下的企业合并中,发行权益性证券作为合并对价的,与所发行权益性证券相关的佣金、手续费等,应(　　)。

A. 自所发行权益性证券的发行溢价收入中扣除

B. 直接计入当期损益

C. 直接冲减留存收益

D. 计入合并成本

5. 在非同一控制下的企业合并中,付出资产的公允价值与其账面价值之间的差额应(　　)。

A. 计入资本公积(其他资本公积)　　B. 计入资本公积(资本溢价或股本溢价)

C. 列为间接费用　　D. 计入当期损益

6. 非同一控制下的企业合并中发生的与企业合并直接相关的费用,应(   )。

A. 计入当期损益
B. 计入企业合并成本
C. 冲减资本公积
D. 冲减留存收益

7. 对企业合并过程中发生的各项直接相关费用,下列处理方法正确的有(   )。

A. 同一控制下的企业合并过程中发生的各项直接相关费用,应于发生时借记“管理费用”账户,贷记“银行存款”账户

B. 非同一控制下的企业合并过程中发生的各项直接相关费用,应于发生时借记“管理费用”账户,贷记“银行存款”账户

C. 以发行债券方式进行的企业合并,与发行债券相关的佣金、手续费等按照《企业会计准则第22号——金融工具确认和计量》的规定进行核算

D. 以发行权益性证券作为合并对价的,与所发行权益性证券相关的佣金、手续费等费用,不管其是否与企业合并直接相关,均应自所发行权益性证券的发行收入中扣减,在权益性工具发行有溢价的情况下,自溢价收入中扣减;在权益性这个证券无溢价或溢价金额不足以扣减的情况下,应当冲减盈余公积和未分配利润

8. 以发行债券方式进行的企业合并,下列关于与发行债券相关的佣金和手续费等的处理中,正确的有(   )。

A. 计入管理费用
B. 计入合并成本
C. 计入资本公积
D. 如果是溢价发行,该费用应当减少溢价的金额
E. 如果是折价发行,该费用应当增加折价的金额

本章小结

本章主要阐述了企业合并的概念和动因、企业合并的购买法和权益结合法,以及同一控制下的企业合并和非同一控制下的企业合并的会计处理方法等。

(1)企业合并的概念和动因。企业合并是指将两个或者两个以上单独的企业合并形成一个报告主体的交易或事项。企业合并的结果通常是一个企业取得了对另一个或多个企业的控制权。是否认定为企业合并取决于两个关键因素:一是控制权的转移,二是报告主体的变化。

企业合并的具体动因主要有:企业发展的动机;实现产销经营活动的协同作用;实现财务协同作用;多元化经营,规避市场风险;扩大市场份额。

(2)企业合并的方式。按法律形式划分,企业合并可划分为吸收合并、新设合并和控股合并三种;按参与合并各方的控制方是否相同,企业合并可划分为同一控制下的企业合并和非同一控制下的企业合并两种;按所涉及的行业特点,企业合并可划分为横向合并、纵向合并和混合合并三种。

(3)企业合并的会计处理方法。企业合并的会计处理方法主要有购买法和权益结合法两种。购买法就是把企业合并看成是一个企业购买另一个或几个被合并企业净资产的交易行为,购买企业因此获得对被购买企业净资产的控制权和经营权。企业合并的购买法与企业直接从外界购买一般资产并无本质区别。购买法的特点有:①按公允价值记账。

②确认商誉。③不合并被购买企业的利润和留存利润。④购买企业的留存收益有可能因合并而减少,但不能增加,被合并企业合并时的留存收益不并入购买企业的留存收益中。⑤合并时的直接相关费用增加合并成本,合并的间接费用列为当期费用。如果以发行股票为代价形式,股票登记和发行成本直接冲销股票的公允价值,减少资本公积。

权益结合法,也称股权集中法、权益联营法,就是把企业合并看成是两个或两个以上的企业实现的所有者权益的结合。在权益结合法下,由于企业合并不是一种购买行为,不存在可以确认的购进企业,也不存在购买价格和新的计价基础,参与合并的企业各自的会计报表项目均保持原来的账面价值。

权益结合法的特点有:①参与合并的企业的净资产均按照账面价值计价,不考虑净资产的公允价值,也不存在需要记录的商誉或负商誉,因为不会产生合并成本与净资产公允价值的差额;②不论合并业务在会计年度的哪一时点发生,参与合并的企业整个年度的损益和留存收益全部包含在合并后的企业中;③企业合并时,直接相关费用和间接费用均在发生时确认为当期费用;④若参与合并的企业的会计处理方法不一致,应进行追溯调整。

(4)同一控制下的企业合并的处理要点。合并方在合并中确认取得的被合并方的资产、负债仅限于被合并方账面上原已确认的资产和负债,合并中不产生新的资产和负债。被合并方在企业合并前采用的会计政策与合并方不一致的,应基于重要性原则,首先统一会计政策。取得的净资产按照账面价值并入合并方,合并方在企业合并中取得的价值与所放弃的价值之间存在差额的,应当调整所有者权益。对于同一控制下的控股合并,应视同合并后形成的报告主体自最终控制方开始实施控制起一直是作为一个整体存续下来的,体现在其合并财务报表上,即无论该项合并发生在报告期的哪一时点,合并当期期初至合并日实现的损益以及合并日前实现的留存收益归属与合并方的部分,都应并入合并后的主体。合并过程中发生的各项直接相关费用,应于发生时计入当期损益。以发行债券方式进行的企业合并,与发行债券相关的佣金、手续费等有关费用应计入负债的初始计量金额;以发行权益性证券作为合并对价的,与所发行权益性证券相关的佣金、手续费等,应自所发行权益性证券的发行溢价收入中扣除,在权益性证券发行无溢价或溢价金额不足以扣减的情况下,应当冲减盈余公积和未分配利润。

(5)非同一控制下的企业合并的处理要点。采用购买法核算企业合并的首要前提是确定购买方。其次要确定购买日。企业合并成本包括购买方为进行企业合并支付的现金或非现金资产、发行或承担的债务、发行的权益性证券等在购买日的公允价值以及企业合并中发生的各项直接相关费用。通过多次交换交易分步实现的企业合并,其合并成本为每一单项交换交易的成本之和。企业合并成本需要在取得的可辨认资产和负债之间分配。企业合并成本大于合并中取得的被购买方可辨认净资产公允价值份额的差额,应确认为商誉;企业合并成本小于合并中取得的被购买方可辨认净资产公允价值份额的差额,应计入合并当期损益。

关键概念

企业合并　控股合并　购买法　权益结合法

思考题

1. 企业合并的动因有哪些？
2. 企业合并按法律形式划分包括哪些类型？
3. 企业控股合并的优势体现在哪些方面？
4. 什么是同一控制下的企业合并和非同一控制下的企业合并？
5. 企业合并日如何确定？
6. 购买法和权益结合法各有什么特点？

练习题

1. 目的：练习非同一控制下合并方以支付现金、转让非现金资产或承担债务方式作为合并对价的吸收合并的会计处理。

资料：甲、乙公司属于非同一控制的两家公司，2010 年 12 月 31 日，甲公司以银行存款 9 800 000 元，取得乙公司 100% 的股权。另外，甲公司还发生合并业务直接费用 56 000 元。两家公司会计事项的处理原则相同，会计年度均为日历年度。合并时乙公司经确认的资产负债表如下所示：

乙公司资产负债表

2010 年 12 月 31 日　　单位：元

资产	账面价值	公允价值	负债和股东权益	账面价值	公允价值
银行存款	260 000	260 000	短期借款	550 000	550 000
应收账款(净)	580 000	540 000	应付账款	540 000	540 000
存货	920 000	970 000	长期应付款	1 300 000	1 300 000
长期股权投资	840 000	860 000	普通股本(面值 1 元)	6 000 000	
固定资产(净)	7 910 000	8 310 000	资本公积	1 700 000	
无形资产	330 000	300 000	盈余公积	750 000	
资产总计	10 840 000		负债和股东权益总计	10 840 000	

要求：

①为甲公司编制合并业务的会计分录。

②为乙公司编制注销业务的会计分录。

2. 目的：练习非同一控制下合并方以发行权益性证券作为合并对价的控股合并的会计处理。

资料：仍然沿用练习题 1 所提供的资料，但把合并方式改为控股合并，把对价形式改为：甲公司发行了每股面值 1 元（每股市价 5 元）的股票 2 000 000 股，换取乙公司股东持有的每股面值 1 元的股票 6 000 000 股，乙公司继续存在。

要求：为甲公司编制合并业务的会计分录。

3. 目的：练习非同一控制下合并方以支付现金、转让非现金资产或承担债务方式作为合并对价的控股合并的会计处理。

资料：仍然沿用练习题 1 所提供的资料，但把合并方式改为控股合并，把对价形式改为：甲公司支付银行存款 9 600 000 元，取得乙公司的全部股权，乙公司继续存在。

要求：为甲公司编制合并业务的会计分录。

4. 目的：练习同一控制下合并方以发行权益性证券作为合并对价的吸收合并的会计处理。

资料：丙公司与丁公司同为 A 公司控制下的子公司，丙公司发行每股面值 1 元（每股公允价值 6 元）的股票 550 000 股，换取丁公司的全部股份，企业合并后丁公司解散撤销。另外，合并中发生法律费 9 000 元，证券交易所登记费 15 000 元，其他间接费用 6 000 元。合并时两家公司的资产负债表如下所示：

丙公司与丁公司资产负债表

2010 年 12 月 31 日　　　　单位：元

项目	丙公司	丁公司
流动资产	350 000	370 000
固定资产	500 000	630 000
资产合计	850 000	1 000 000
负债	150 000	350 000
普通股本（面值 1 元）	280 000	250 000
资本公积	90 000	80 000
盈余公积	330 000	320 000
权益合计	850 000	1 000 000

要求：为丙公司编制合并业务的会计分录。

5. 目的：练习同一控制下合并方以发行权益性证券作为合并对价的吸收合并的会计处理。

资料：仍然沿用练习题 4 所提供的资料，但把对价形式改为：丙公司发行 700 000 股每股面值 1 元（每股市价 25 元）的股票，换取丁公司的全部股份，企业合并后丁公司解散撤销。

要求：为丙公司编制合并业务的会计分录。

6. 目的：练习同一控制下合并方以发行权益性证券作为合并对价的控股合并的会计

处理。

资料：仍然沿用练习题 4 所提供的资料，但把对价形式改为：丙公司发行每股面值 1 元（每股公允价值 8 元）的股票 600 000 股，换取丁公司的全部股份，合并后丁公司仍维持其独立的法人资格。

要求：为丙公司编制合并业务的会计分录。

案例题

案例资料：

根据 1998 年 10 月 30 日清华同方股份有限公司（以下简称清华同方）与鲁颖电子股份有限公司（以下简称鲁颖电子）董事会共同发表的《关于清华同方股份有限公司吸收合并山东鲁颖电子股份有限公司预案的说明》，以及此后公布的各种信息，双方约定的合并基准日为 1998 年 6 月 30 日。

清华同方自 1997 年起在上海证券交易所挂牌上市，主要经营计算机产品及销售、网络软件集成与信息服务、人工环境工程及设备。鲁颖电子则属于电子元件行业，主要生产瓷界电容器、螺旋滤波器和网络电容器，其社会流通股权证在山东省企业产权交易所上市。

清华同方向鲁颖电子股东定向发行人民币普通股（下同），按照 1∶1.8 的换股比例（即 1 股清华同方普通股换取 1.8 股鲁颖电子股份），换取鲁颖电子股东所持有的全部股份，鲁颖电子的法人地位消失。合并后，清华同方原有股东拥有股份占存续公司（即合并后的清华同方，下同）全部股份的 91.63%，鲁颖电子占 8.37%。清华同方将以鲁颖电子经评估后的净资产出资、与其他企业共同投资设立"山东清华同方鲁颖电子有限公司"，仍在原地（即山东沂南县）注册，新注册的公司成为清华同方的控股子公司。

换股比例的确定采用每股净资产加成法，即以双方在合并基准日（1998 年 6 月 30 日）经审计的每股净资产为基础，适当考虑合并双方的未来成长性及其所拥有的无形资产等其他反映企业价值的因素，计算预期的增长加成系数，最终确定换股比例。1998 年 6 月 30 日，清华同方与鲁颖电子经审计的每股净资产分别为 3.32 元和 2.49 元，清华同方的预期增长加成系数为 35%，换股比例为$[3.32\times(1+35\%)]\div 2.49=1.8$。

合并中的其他有关数据如下：鲁颖电子 1998 年 12 月 31 日的净资产账面值为 92 665 672 元，合并分录中并入的资产净值也是 92 665 672 元；鲁颖电子 1998 年年末的无形资产为 9 909 364 元，与合并分录中无形资产的借方金额相等。鲁颖电子 1998 年年末的投入资本账面值为 43 456 600 元，与合并分录中股本与资本公积的合计金额相同；鲁颖电子 1998 年年末的留存利润账面值为 30 160 027 元，这部分留存利润被悉数并入合并财务报表。虽然本次合并的所有公开资料都没有提及企业合并采用购买法还是权益结合法处理，但数据表明，清华同方事实上采用了他们偏好的方法。

问题：

（1）案例中的企业合并所采用的会计处理方法是什么？

（2）合并方法的选择是否合理？

随堂小测验答案

随堂小测验 1－1

1. ACD　2. ABD　3. BCD

随堂小测验 1－2

1. B　2. ABC　3. ADE　4. A　5. D　6. C　7. BCD　8. AD

随堂小测验 1－3

1. ABCD　2. B　3. A　4. A　5. D　6. B　7. ACD　8. DE

第 2 章　购买日(合并日)合并财务报表

学习目标

知识目标：掌握非同一控制下和同一控制下的企业合并下购买日(合并日)合并财务报表的编制程序和方法，重点掌握非同一控制下的企业合并下母公司拥有子公司全部股权和部分股权的合并财务报表的编制；熟悉合并财务报表的概念、意义、合并范围和基本的合并理论；了解下推会计的基本原理和基本处理程序。

能力目标：能够运用本章所学知识编制购买日(合并日)合并财务报表。

导入案例

2011 年 1 月 28 日，北京金隅股份[11.64，－0.17%]有限公司(2009.HK)获得中国证监会关于首次公开发行和换股吸收合并太行水泥[14.98，0.00%](600553.SH)的核准，夺得 2011 年 H 股回归 A 股头筹。2 月 9 日，太行水泥停牌并发布公告称开始接受现金选择权申报，并自 9 日起开始连续停牌，直至完成终止上市手续。(资料来自《上海证券报》，2011 年 2 月 28 日)

合并日及合并日后，北京金隅公司该如何向外界披露合并日的财务状况和经营成果呢？

2.1 合并财务报表概述

2.1.1 合并财务报表的概念、性质和编制目的

1. 合并财务报表的概念

合并财务报表简称合并报表，在企业合并的各种方式中，只有控股合并才会产生合并财务报表的编制问题。

> **关键概念——合并财务报表**
>
> 合并财务报表是指将具有法人地位的控股企业和被控股企业所组成的企业集团作为一个会计主体，在集团内各企业个别财务报表的基础上，由控股企业运用规定的合并程序和方法编制的，综合反映企业集团整体的财务状况、经营成果和现金流量状况的财务报表。

合并报表最早出现于美国。20 世纪 40 年代，美国证券交易委员会(U.S. Securities and Exchange Commission，SEC)规定证券交易所上市公司必须标志和提供合并报表。英国在 1948 年颁布的公司法中规定，企业在拥有子公司时必须在提供个别财务报表

的基础上，提供企业集团的合并报表。法国证券交易所管理委员会于1971年提出此项要求，德国在1965年的《联邦德国股份公司法》中，要求编制集团财务报表。

为了规范上市公司会计信息披露，中国证券监督管理委员会（以下简称中国证监会）规定上市公司必须披露合并报表。财政部于1995年出台了《合并财务报表暂行规定》①。2006年2月，我国颁布了《企业会计准则第33号——合并财务报表》。

2. 合并财务报表的性质

编制合并财务报表反映了“实质胜于形式”的要求。从法律形式来看，控股合并后控股企业与被控股企业仍然是各自独立的法律实体，它们组成的合并实体不是单一的法律实体，不具备法人资格，但从经济实质来看，合并实体构成了单一的经济实体，这种经济实体的特殊性在于它是一个报告性的会计主体，因此习惯上称为报告主体。通过合并财务报表的编制，可以把具有不同法律地位的企业主体融合为一个具有重要经济意义的报告主体。由于只有在控股合并方式下才会有合并财务报表的编制问题，因此本章及以后有关章节所涉及的企业合并均为控股合并，而不再涉及吸收合并和新设合并两种合并方式。

合并财务报表与汇总会计报表不同，汇总会计报表是企业主管部门将所属企业报送的报表连同主管单位的报表加总编制的本部门的会计报表。合并财务报表与汇总会计报表有明显的区别：

（1）编制的目的不同。

编制合并财务报表的目的是全面、综合地反映和报告一个企业集团整体的财务状况、经营成果以及现金流量状况，以满足报表使用者对企业集团整体的财务信息的需求。而编制汇总会计报表的目的是满足国家宏观经济管理的需要，反映行业系统和地区、部门的财务状况和经营状况。

（2）合并与汇总的范围不同。

合并财务报表的合并范围是以因股权投资业务而形成的母子公司之间的控制关系为依据来确定的。而汇总报表的汇总范围是按照财务隶属关系逐级汇总的，凡属于其下属单位、在财务上归其管理的单位，都应该纳入汇总报表的合并范围。

（3）编制的方法不同。

合并财务报表将企业集团看成一个会计主体，编制合并财务报表时要先对集团内部事项进行抵销和调整，然后再进行相加与汇总。而汇总会计报表是将基层单位的个别财务报表连同主管单位的报表一起，按相同指标逐项相加汇总。

3. 编制合并财务报表的目的

国际会计准则委员会发布的《国际会计准则第27号——合并财务报表与个别财务报表》中提出的合并财务报表的目的是：“母公司财务报表的使用者通常关心并且需要了解企业集团作为整体的财务状况、经营成果以及财务状况的变动，合并财务报表能够满足这一要求，它将企业集团整体视作单一企业来提供财务信息，而撇开个别法律实体的法定界限。”

关于编制合并财务报表的具体目的，有放大观和取代观两种观点。放大观认为，编制

---

① 已废止。

合并财务报表的目的是对母公司个别财务报表上总括反映的项目(对子公司投资、对子公司投资收益)进行具体、详细的反映,“放大”有关会计信息的内容。采用这种观点,要求母公司在提供合并财务报表的同时,还要提供母公司的个别财务报表。取代观认为,编制合并财务报表的目的是采用一种新的报告形式来反映新的主体的会计信息,以“取代”原来的报告形式。采用这种观点,母公司在提供合并财务报表的同时,无须提供母公司的个别财务报表。

2.1.2 合并财务报表的合并范围

> **关键概念——合并范围**
>
> 合并范围,是指一个会计主体编制合并财务报表时,要确定哪些子公司应包括在合并财务报表中。

1. 界定合并财务报表的合并范围的基本原则

界定合并财务报表的合并范围,就是把企业集团作为一个会计主体编制合并财务报表时,要确定哪些子公司应包括在合并财务报表的编报范围之内,哪些子公司应排除在合并财务报表的编报范围之外。明确合并财务报表的合并范围是正确编制合并财务报表的基本前提。合并范围的确定在很大程度上取决于编制合并财务报表时所运用的合并理论,同时也受每个国家有关会计法律法规的影响,因此,各国对合并财务报表的合并范围的具体规定存在一些差异。但无论怎样,界定合并财务报表范围的基本原则是:合并财务报表的合并范围应当以控制为基础予以确定。当母公司在事实上能够对子公司实施控制时,该子公司就应纳入合并财务报表的编制范围。可见,“实际控制”是界定合并财务报表范围的关键,所谓“控制”就是指统驭一个企业的财务和经营政策,并能以此从该企业取得收益的权利。

2. 合并财务报表范围的确定

对于合并财务报表范围,我国《企业会计准则第 33 号——合并财务报表》对合并财务报表范围提出了以下判断条件:

(1)拥有半数以上表决权。

直接或通过子公司间接拥有被投资单位半数以上的表决权,表明母公司能够控制被投资单位,应当将该被投资单位认定为子公司,纳入合并财务报表的合并范围。具体有以下三种情况:

①母公司直接拥有被投资单位半数以上表决权。例如,A 公司直接拥有 B 公司发行普通股总数的 52%,则 B 公司应该纳入合并范围。

②母公司间接拥有被投资单位半数以上表决权,即通过子公司而对子公司的子公司拥有其半数以上表决权。例如,A 公司直接拥有 B 公司发行在外普通股总数的 60%,则 B 公司应该纳入合并范围;如果此时 A 公司还通过 B 公司间接拥有 C 公司发行在外普通股总数的 60%,则 C 公司也应该纳入合并范围。

③母公司以直接和间接方式合计拥有被投资单位半数以上表决权,即母公司通过直接方式拥有被投资单位半数以下表决权,同时通过其他方式如通过子公司拥有被投资单位一部分表决权,两者合计拥有被投资单位半数以上表决权。例如,A 公司直接拥有 B 公司发行在外的普通股总数的 60%,拥有 C 公司发行在外普通股总数的 30%,另外通过 B 公司间接拥有 C 公司发行在外普通股的 40%,则 A 公司编制合并报表时,也应该将 C 公司纳入合并范围。

(2)拥有半数或以下的表决权。

母公司拥有被投资单位半数或以下的表决权，满足下列条件之一的，视为母公司能够控制被投资单位，应当将该被投资单位认定为子公司，纳入合并财务报表的合并范围：

①通过与被投资单位其他投资者之间的协议，拥有被投资单位半数以上表决权；

②根据公司章程或协议，有权决定被投资单位的财务和经营政策；

③有权任免被投资单位的董事会或类似机构的多数成员；

④在被投资单位的董事会或类似机构占多数表决权。

企业在确定是否对被投资企业具有控制权时，除考虑持有的被投资企业的股份外，还应当考虑企业和其他企业持有的被投资企业发行在外的认股权证、可转换公司债券等潜在表决权等因素，以确定是否应当将其纳入合并范围。

3. 不纳入合并财务报表的合并范围的子公司

母公司应当将其全部子公司纳入合并财务报表的合并范围，即只要是由母公司控制的子公司，不论子公司的规模大小、子公司向母公司转移资金能力是否受到严格限制，也不论子公司的业务性质与母公司或企业集团内其他子公司是否有显著差别，都应当纳入合并财务报表的合并范围。

对于受所在国外汇管制及其他管制、资金调度受到限制的境外子公司，由于该被投资单位的财务和经营政策仍然由母公司决定，母公司也能从其经营活动中获取收益，资金调度受到限制并不妨碍母公司对其实施控制，因此，应当将其纳入合并财务报表范围。

下列被投资单位不是母公司的子公司，不应当纳入合并财务报表的合并范围：

(1)已宣告被清理整顿的原子公司。

已宣告被清理整顿的原子公司，是指在当期宣告被清理整顿的被投资单位，该被投资单位在上期是母公司的子公司。根据《公司法》的规定，被投资单位实际上在当期已经由股东、董事或股东大会指定的人员组成的清算组或人民法院指定的有关人员组成的清算组对该被投资单位进行日常管理，在清算期间，被投资单位不得开展与清算无关的经营活动，因此，母公司不能再控制该被投资单位，不能将该被投资单位继续认定为母公司的子公司。

(2)已宣告破产的原子公司。

已宣告破产的原子公司，是指在当期宣告破产的被投资单位，该被投资单位在上期是母公司的子公司。根据《中华人民共和国企业破产法》的规定，被投资单位的日常管理已转交给由人民法院指定的管理人，母公司不能控制该被投资单位，因此不能将该被投资单位认定为母公司的子公司。

(3)母公司不能控制的其他被投资单位。

母公司不能控制的其他被投资单位，是指母公司不能控制的除上述两种情况以外的其他被投资单位，如联营企业等。

2.1.3 合并财务报表的合并理论

合并理论即编制合并财务报表的理论依据。所谓合并理论实质上就是人们对合并财务报表所合并的范围以及企业集团的理解而产生的观念。国际上通行的合并理论主要有母公司理论、经济实体理论和所有权理论三种。

1. 母公司理论

母公司理论认为,合并财务报表是母公司会计报表的延伸,编制合并财务报表强调为母公司的股东利益服务,合并的重心放在取得控制地位的母公司的份额上,只把子公司看做附属机构,而不是一个独立的法律实体。

母公司理论在会计处理上的特点有:

(1)将少数股东对子公司净资产的要求权单独列项,看成是集团的准负债;

(2)合并损益表中的合并净收益是属于母公司股东的利益,而将少数股权收益看做一项费用予以扣除;

(3)子公司净资产中属于母公司的部分按公允价值合并,而属于少数股权的部分按账面价值合并;

(4)取得子公司时产生的商誉是母公司付出的代价,只归属于母公司,少数股权的份额不受影响。

2. 经济实体理论

经济实体理论是一种站在由母公司和子公司组成的统一实体的角度来看待母公司与子公司之间的控股合并关系的合并理论,侧重于单一管理部门对整个经济实体的控制。该理论认为,合并财务报表反映的是整个集团的财务状况和经营成果,母公司股东和少数股东处于同等重要的地位,是同一实体的共同所有者。

经济实体理论在会计处理上的特点有:

(1)将少数股东对子公司净资产的要求权列为所有者权益的一个单独项目;

(2)合并损益表中的净收益包含了属于少数股权的净收益,但是单独列项;

(3)子公司净资产中不论属于母公司的部分还是属于少数股权的部分,均按公允价值合并;

(4)取得子公司时产生的商誉,要确认属于少数股权的部分。

3. 所有权理论

所有权理论也称业主权理论,认为合并财务报表反映的是母公司在子公司所拥有的权益份额,编制合并财务报表是为了向母公司的股东报告其在子公司所拥有的资源。

所有权理论在会计处理上的特点是:对于子公司的资产、负债、收入、费用和利润,只按母公司所持有股权的比例计入合并财务报表。

【相关链接 2-1】

当代理论

除上述三种合并理论外,有的学者提出了将母公司理论和经济实体理论相结合的当代理论,也就是对合并资产负债表的资产负债项目采用母公司理论,而对母子公司之间的内部交易采用经济实体理论。

2.1.4 合并财务报表的编制时间和种类

在会计实务中,合并财务报表通常都是在会计期末编制的,而企业合并日却有两种情况:一是合并日在会计期末,二是合并日为会计期中的某一日期。如果合并日在会计期末,那么母公司在合并日就需要编制合并财务报表,我们将其称为合并日的合并财务报表;如果合并日为会计期中的某一日期,那么母公司在合并日不需要编制合并财务报表,而在合并日之后的会计期末才编制合并财务报表，我们将其称为合并日后的合并财务报表。由于在购买法下购买日之前子公司的利润与合并主体无关，因此，在购买日只需编制合并资产负债表，而不需要编制合并利润表。但是在权益结合法下，合并日之前子公司的利润与合并主体有关，因此，在合并日除编制合并资产负债表外，还需要编制合并利润表。母公司在合并日后编制的合并财务报表是指合并日后每一会计期末编制的合并财务报表，应当包括合并资产负债表、合并利润表、合并现金流量表和合并所有者权益（或股东权益）变动表。

【随堂小测验 2－1】

1. 下列应纳入合并财务报表的合并范围的有(　　)。

A. 通过与被投资单位其他投资者之间的协议，拥有被投资单位半数以上的表决权

B. 根据公司章程或协议，有权决定被投资单位的财务和经营政策

C. 有权任免被投资单位的董事会或类似机构的多数成员

D. 在被投资单位的董事会或类似机构占多数表决权

E. 直接拥有被投资单位 50% 以上的股份

2. 在同一控制下的企业合并中，合并财务报表至少应当包括(　　)。

A. 合并资产负债表　B. 合并利润表

C. 合并现金流量表　D. 合并所有者权益(或股东权益)变动表

E. 附注

3. 国际上通行的合并理论主要有(　　)。

A. 母公司理论　　B. 经济实体理论　　C. 所有权理论

D. 混合理论　　E. 单一理论

2.2 购买日非同一控制下母公司拥有子公司全部股权的合并财务报表

如果企业股权购买日恰好在会计期末，那么母公司在股权购买日就需要编制合并财务报表。本节主要说明在非同一控制下的控股合并业务中，在购买日母公司拥有子公司全部股权时，如何运用购买法编制合并财务报表。

2.2.1 非同一控制下母公司拥有子公司全部股权的合并财务报表的编制原则和程序

1. 编制合并财务报表时的相关会计处理原则

（1）被合并的附属公司不需要做任何会计分录。在控股合并业务中，参与合并的企业原来都是独立的法人主体和会计主体，合并企业虽然购买了被合并企业的全部股权，但被合并企业仍然是独立的法人主体和会计主体，继续经营而没有解散，也不涉及创建一个新的企业。因此，被合并的附属公司不需要对合并业务编制任何会计分录。

（2）合并企业应记录合并业务。合并企业应按照购买法对购入被合并企业全部股权的业务进行会计处理。

（3）合并企业不需要将合并成本分摊。由于在控股合并方式下不存在创建一个新企业和被合并企业解散的问题，合并企业不需要在其账面上将合并成本分摊到各项可辨认

的资产和负债项目，保留长期股权投资项目。

（4）购买日只编制合并资产负债表。在购买法下，合并企业的利润仅仅包括合并企业当年自身实现的利润以及合并日后被合并企业所实现的利润，被合并企业合并前的利润不并入合并企业的利润中。被合并企业合并前的经营成果分属各个参与合并企业，因此，合并企业在购买日只需要编制合并资产负债表。

2. 合并财务报表的编制程序

（1）统一会计政策和会计期间。在编制合并财务报表前，母公司应当统一母子公司的会计政策，使子公司所采用的会计政策与母公司保持一致。

（2）编制合并工作底稿。

（3）将母公司和子公司个别资产负债表各项目的数据过入合并工作底稿，并在合并工作底稿中对母公司和子公司个别财务报表各项目的数据进行加总，计算得出个别资产负债表和利润表、现金流量表和所有者权益变动表各项目合计金额。

（4）在合并工作底稿中编制调整分录和抵销分录，将内部交易对合并财务报表有关项目的影响进行抵销处理。编制抵销分录进行抵销处理是合并财务报表编制的关键和主要内容，其目的在于将个别财务报表各项目的加总金额中重复的因素予以消除。

对在非同一控制下的企业合并中取得的子公司的个别财务报表进行合并时，还应当首先根据母公司为该子公司设置的备查簿的记录，以记录的该子公司各项可辨认资产、负债及或有负债等在购买日的公允价值为基础，通过编制调整分录，对该子公司的个别财务报表进行调整，以使子公司的个别财务报表反映为在购买日公允价值基础上确定的可辨认资产、负债及或有负债在本资产负债表日的金额。对于子公司所采用的会计政策与母公司不一致和子公司的会计期间与母公司不一致的情况，如果母公司自行对子公司的个别财务报表进行了调整，还应当在合并工作底稿中通过编制调整分录予以调整。在编制合并财务报表时，对子公司的长期股权投资调整为权益法，也需要在合并工作底稿中通过编制调整分录予以调整，而不改变母公司“长期股权投资”账户记录。

在编制调整分录和抵销分录时，借记和贷记的均为报表项目。

（5）计算合并财务报表各项目的合并金额，即在母公司和子公司个别财务报表各项目加总金额的基础上，分别计算出合并财务报表中各资产项目、负债项目、所有者权益项目、收入项目和费用项目等的合并金额。其计算方法如下：

①资产类各项目，其合并金额根据该项目加总金额，加上该项目抵销分录中有关的借方发生额，减去该项目抵销分录中有关的贷方发生额计算确定。

②负债类项目和所有者权益类项目，其合并金额根据该项目加总金额，加上该项目抵销分录中有关的贷方发生额，减去该项目抵销分录中有关的借方发生额计算确定。

③收入类项目，其合并金额根据该项目加总金额，加上该项目抵销分录中有关的贷方发生额，减去该项目抵销分录中有关的借方发生额计算确定。

④费用类各项目，其合并金额根据该项目加总金额，加上该项目抵销分录中有关的借方发生额，减去该项目抵销分录中有关的贷方发生额计算确定。

（6）依据合并工作底稿编制合并财务报表。

2.2.2 非同一控制下母公司拥有子公司全部股权的合并财务报表编制方法

【例 2－1】M 公司于 2009 年 12 月 31 日支付银行存款 2 000 000 元购买了 Z 公司 100% 发行在外的股份。两家公司合并前的个别资产负债表和公允价值情况见表 2－1。

表 2－1 M 公司和 Z 公司资产负债表和公允价值

2009 年 12 月 31 日 单位：元

项目	M 公司	Z 公司（账面价值）	Z 公司（公允价值）
银行存款	2 120 000	50 000	50 000
交易性金融资产	200 000	30 000	30 000
应收账款	840 000	210 000	210 000
存货	1 440 000	360 000	412 500
固定资产	7 200 000	1 800 000	2 010 000
无形资产	400 000	100 000	110 000
资产总计	12 200 000	2 550 000	2 822 500
短期借款	640 000	160 000	160 000
应付账款	908 000	227 000	227 000
长期应付款	2 560 000	640 000	640 000
负债合计	4 108 000	1 027 000	1 027 000
股本	4 400 000	600 000	
资本公积	2 000 000	610 000	
盈余公积	692 000	173 000	
未分配利润	1 000 000	140 000	
股东权益合计	8 092 000	1 523 000	
负债和股东权益总计	12 200 000	2 550 000	

根据以上资料，M 公司合并资产负债表的编制方法如下：

1. M 公司按照购买法记录购入 Z 公司全部股权。

借：长期股权投资——Z 公司 2 000 000

　　贷：银行存款 2 000 000

2. 计算确定投资差额，见表 2－2。

表 2－2 合并商誉计算表 单位：元

投资成本	2 000 000
减：Z 公司可辨认净资产账面价值	1 523 000
投资差额	477 000
减：公允价值与账面价值的差额	272 500

续表

其中:存货(412 500 - 360 000)	52 500
固定资产(2 010 000 - 1 800 000)	210 000
无形资产(110 000 - 100 000)	10 000
商誉	204 500

3. 编制有关的调整和抵销分录。

(1)将M公司对Z公司投资账户与Z公司的股东权益各账户相互抵销。M公司对Z公司的长期股权投资表示Z公司的净资产,在合并财务报表中是往来性质的项目。对于合并主体而言不存在对外的长期股权投资,也不存在Z公司单独的净资产,所以,这两项应在合并资产负债表中抵销。同时,将投资差额分摊到Z公司可辨认的资产、负债项目,将分摊后的余额确认为商誉。按照购买法的要求,在合并财务报表中子公司的资产负债按公允价值反映,因此,要将投资差额中属于子公司净资产公允价值与账面价值差额的部分分摊到子公司可辨认的资产、负债项目,把合并财务报表中子公司的资产、负债调整为公允价值,投资差额的剩余部分确认为商誉。

借:股本　　600 000
　资本公积　　882 500*
　盈余公积　　173 000
　未分配利润　　140 000
　商誉　　204 500
　贷:长期股权投资——Z公司　　2 000 000

*资本公积 = 610 000 + (52 500 + 210 000 + 10 000) = 882 500 (元)

(2)母、子公司之间的往来账项应相互抵销,不列入合并财务报表。抵销母、子公司之间的往来账款,以在合并财务报表中反映合并主体对外的债权、债务。本例中,M公司对Z公司的应收应付账款为27 000元(假定应收账款未提取坏账准备)。

借:应付账款——Z公司　　27 000
　贷:应收账款——M公司　　27 000

4. 编制合并工作底稿,见表2-3。

表2-3　合并资产负债表工作底稿

2009年12月31日　　单位:元

项目	M公司	Z公司	调整与抵销		合并主体
			借方	贷方	
银行存款	120 000	50 000			170 000
交易性金融资产	200 000	30 000			230 000
应收账款	840 000	210 000		(2)27 000	1 023 000
存货	1 440 000	360 000	52 500*		1 852 500

续表

项目	M 公司	Z 公司	调整与抵销		合并主体
			借方	贷方	
长期股权投资	2 000 000			(1)2 000 000	0
固定资产	7 200 000	1 800 000	210 000*		9 210 000
无形资产	400 000	100 000	10 000*		510 000
商誉			(1)204 500		204 500
资产总计	12 200 000	2 550 000	477 000	2 027 000	13 200 000
短期借款	640 000	160 000			800 000
应付账款	908 000	227 000	(2)27 000		1 108 000
长期应付款	2 560 000	640 000			3 200 000
负债合计	4 108 000	1 027 000	27 000		5 108 000
股本	4 400 000	600 000	(1)600 000		4 400 000
资本公积	2 000 000	610 000	(1)882 500	272 500*	2 000 000
盈余公积	692 000	173 000	(1)173 000		692 000
未分配利润	1 000 000	140 000	(1)140 000		1 000 000
股东权益合计	8 092 000	1 523 000	1 795 500	272 500	8 092 000
负债和股东权益总计	12 200 000	2 550 000	1 822 500	272 500	13 200 000

*根据 Z 公司备查账，相关资产公允价值和账面价值差额直接过入合并资产负债表相关项目，并相应调整子公司资本公积。

5. 根据合并工作底稿中的合并主体的数据编制合并资产负债表，见表 2－4。

表 2－4 合并资产负债表

2009 年 12 月 31 日 单位：元

资产	金额	负债和股东权益	金额
银行存款	170 000	短期借款	800 000
交易性金融资产	230 000	应付账款	1 108 000
应收账款	1 023 000	长期应付款	3 200 000
存货	1 852 500	负债合计	5 108 000
长期股权投资		股本	4 400 000
固定资产	9 210 000	资本公积	2 000 000
无形资产	510 000	盈余公积	692 000
商誉	204 500	未分配利润	1 000 000
		股东权益合计	8 092 000
资产总计	13 200 000	负债和股东权益总计	13 200 000

6. 合并工作底稿中的勾稽关系。

(1)合并主体的所有者权益等于母公司的所有者权益。

(2)母公司对子公司投资项目无余额,子公司对应的所有者权益项目应冲减。

2.2.3 非同一控制下合并财务报表中的投资差额负值与负商誉

企业合并中的投资差额负值是合并成本小于被合并企业净资产账面价值的差额,负商誉是合并成本小于被合并企业可辨认净资产公允价值份额的差额,因此,负商誉是被合并企业可辨认净资产公允价值份额减去合并成本后的差额,也就是说,当企业的整体价值小于其可辨认净资产的公允价值时,就存在负商誉。负商誉的存在可能是由于被合并企业存在账面上未能反映的影响企业经营活动的不利因素,它会造成企业未来的收益能力降低。对于企业控股合并时产生的负商誉,即合并成本小于合并中取得的各项可辨认资产、负债公允价值份额的差额,应在合并资产负债表中调整盈余公积和未分配利润。

【例 2-2】 沿用【例 2-1】的资料,假定 M 公司于 2009 年 12 月 31 日支付银行存款 1 500 000 元购买了 Z 公司 100% 发行在外的股份,其他数据不变。

根据以上资料,M 公司合并资产负债表的编制方法如下:

1. M 公司按照购买法记录购入 Z 公司全部股权。

借:长期股权投资——Z 公司　　1 500 000

　贷:银行存款　　1 500 000

2. 确定投资差额与合并商誉,见图表 2-5。

表 2-5　　**合并商誉计算表**　　单位:元

投资成本	1 500 000
减:Z 公司可辨认净资产账面价值	1 523 000
投资差额	(23 000)
减:公允价值与账面价值的差额	272 500
其中:存货(412 500 - 360 000)	52 500
固定资产(2 010 000 - 1 800 000)	210 000
无形资产(110 000 - 100 000)	100 00
负商誉	(295 500)

3. 编制有关的调整和抵销分录。

(1)将 M 公司对 Z 公司的投资账户与 Z 公司的所有者权益各账户相互抵销。但由于商誉为负值,应记入贷方。

借:股本　　600 000

　资本公积　　882 500

　盈余公积　　173 000

　未分配利润　　140 000

　贷:长期股权投资——Z 公司　　1 500 000

　　营业外收入　　295 500

(2)母、子公司之间的往来账项应相互抵销,不列入合并资产负债表。抵销母、子公司之间的往来账款,以在合并财务报表中反映合并主体对外的债权和债务。本例中,M公司与Z公司的应收应付账款为27 000元(假定应收账款未提取坏账准备)。

借:应付账款——Z公司　　27 000

　贷:应收账款——M公司　　27 000

4.编制合并工作底稿,见表2-6。

表2-6　合并资产负债表工作底稿

2009年12月31日　单位:元

项目	M公司	Z公司	调整与抵销		合并主体
			借方	贷方	
银行存款	620 000	50 000			670 000
交易性金融资产	200 000	30 000			230 000
应收账款	840 000	210 000		(2)27 000	1 023 000
存货	1 440 000	360 000	52 500*		1 852 500
长期股权投资	1 500 000			(1)1 500 000	0
固定资产	7 200 000	1 800 000	210 000*		9 210 000
无形资产	400 000	100 000	10 000*		510 000
资产总计	12 200 000	2 550 000	272 500	1 527 000	13 495 500
短期借款	640 000	160 000			800 000
应付账款	908 000	227 000	(2)27 000		1 108 000
长期应付款	2 560 000	640 000			3 200 000
负债合计	4 108 000	1 027 000	27 000		5 108 000
股本	4 400 000	600 000	(1)600 000		4 400 000
资本公积	2 000 000	610 000	(1)882 500	272 500*	2 000 000
盈余公积	692 000	173 000	(1)173 000		692 000
未分配利润	1 000 000	140 000	(1)140 000	295 500	1 295 500
股东权益合计	8 092 000	1 523 000	1 795 500	568 000	8 387 500
负债和股东权益总计	12 200 000	2 550 000	1 822 500	568 000	13 495 500

*根据Z公司备查账,相关资产公允价值和账面价值差额直接过入,并相应调整子公司资本公积。

5. 根据合并工作底稿中的合并主体的数据编制合并资产负债表，见表2-7。

表2-7　　合并资产负债表

2009年12月31日　　单位：元

项目	金额	项目	金额
银行存款	670 000	短期借款	800 000
交易性金融资产	230 000	应付账款	1 108 000
应收账款	1 023 000	长期应付款	3 200 000
存货	1 852 500	负债合计	5 108 000
长期股权投资		股本	4 400 000
固定资产	9 210 000	资本公积	2 000 000
无形资产	510 000	盈余公积	692 000
		未分配利润	1 295 500
		股东权益合计	8 387 500
资产总计	13 495 500	负债和股东权益总计	13 495 500

【随堂小测验2-2】

1. 非同一控制下合并财务报表的编制原则有(　　)。

A. 被合并的附属公司不需要做任何会计分录

B. 合并企业应按照购买法对购入被合并企业全部股权的业务进行会计处理

C. 实施合并的企业不需要将长期股权投资成本分摊

D. 只编制合并资产负债表

2. 合并工作底稿中的勾稽关系包括(　　)。

A. 合并主体的所有者权益等于母公司的所有者权益

B. 母公司对子公司投资项目无余额

C. 合并主体的所有者权益等于母公司的所有者权益加上少数股东权益

D. 母公司对子公司的投资项目保留在合并财务报表中

2.3 购买日非同一控制下母公司拥有子公司部分股权的合并财务报表

从企业控股合并方式的财务杠杆效应出发，现实中的控股合并更多的是母公司只取得子公司部分股权来对子公司施加控制，这样就带来了合并财务报表编制中的少数股权问题。

2.3.1 少数股权

1. 少数股东权益和少数股东损益的概念

(1)少数股东权益。少数股东是在母公司持有股份之外持有子公司普通股份的那一部分股东。少数股东拥有的子公司净资产份额，称为少数股东权益。

(2)少数股东损益。少数股东拥有的子公司净损益份额，称为少数股东损益。

2. 合并理论对少数股权的影响

前述的合并理论中，母公司理论和经济实体理论对合并财务报表实务中少数股权的会计处理有直接影响。两种理论下少数股权的处理方法明显不同。

(1)母公司理论

母公司理论是一种站在母公司股东的角度来看待母公司与子公司之间的控股合并关系的合并理论。该理论侧重于母公司股东的利益，认为合并财务报表是母公司会计报表的延伸，合并的重心放在取得控制地位的母公司的份额上，只把子公司看做附属机构，而不是一个独立的法律实体。

母公司理论在会计处理上的特点有：

①将少数股东对子公司净资产的要求权在合并资产负债表中单独列项，看成是集团的准负债，列在负债与股东权益之间。

②将少数股东损益视为一项费用，合并损益表中的净收益为减去属于少数股权净收益后的余额。

③子公司净资产中属于母公司的部分按公允价值合并，而属于少数股权的部分按账面价值合并。

④取得子公司股权时产生的商誉是母公司付出的代价，只归属于母公司，少数股权的份额不受影响。

(2)经济实体理论

经济实体理论是一种站在由母、子公司组成的统一实体的角度来看待母公司与子公司之间的控股合并关系的合并理论。该理论侧重于单一管理机构对整个经济实体的控制，认为合并财务报表反映的是整个集团的财务状况和经营成果，母公司股东和少数股东处于同等重要的地位，是同一实体的共同所有者。

经济实体理论在会计处理上的特点有：

①将少数股东对子公司净资产的要求权列作所有者权益的一个单独项目。

②合并损益表中的净收益包含了属于少数股权的净收益，但是单独列项。

③子公司净资产中不论属于母公司的部分还是属于少数股权的部分，均按公允价值合并。

④取得子公司股权时产生的商誉，要确认属于少数股权的部分。

下面举例说明两种理论对合并财务报表的不同影响。

【例2-3】假设甲公司以960万元取得乙公司75%的净资产，当时乙公司净资产的账面价值为800万元，公允价值为900万元。

取得乙公司全部股份所隐含的合并成本：960 ÷ 75% = 1 280(万元)

取得乙公司全部股份时的商誉:1 280 - 900 = 380(万元)

取得乙公司全部股份时的投资差额:1 280 - 800 = 480(万元)

取得乙公司全部股份时的净资产账面价值与公允价值的差额:900 - 800 = 100(万元)

①按母公司理论计算:

属于母公司的商誉:380 × 75% = 285(万元)

或:960 - 900 × 75% = 285(万元)

少数股权账面价值:800 × 25% = 200(万元)(列为准负债)

母公司投资的公允价值:960 万元

②按经济实体理论计算:

集团公司的商誉:380 万元

少数股东商誉:380 × 25% = 95(万元)

少数股权价值:1 280 × 25% = 320(万元)(列在所有者权益下)

2.3.2 购买日母公司拥有子公司部分股权的合并财务报表的编制程序

母公司在购买日编制拥有子公司部分股权的合并财务报表时,除了要遵循前述的拥有子公司全部股权的合并财务报表的编制原则外,还要关注在编制过程中有关少数股权的处理程序和方法。我国《企业会计准则第 33 号——合并财务报表》在对少数股权的处理上基本运用了经济实体理论,但在某些环节应用了母公司理论。以下根据我国会计准则的规定说明合并财务报表的编制程序。

(1)母公司按照购买法编制购入子公司部分股权的会计分录,并登记入账。

(2)将母公司和子公司个别财务报表的数据均按账面价值过入合并工作底稿。

(3)确定母公司投资成本与按照持股比例计算的子公司可辨认净资产价值的差额。

①合并商誉,即母公司投资成本超过按照持股比例计算的子公司可辨认净资产公允价值的差额。

②子公司可辨认净资产公允价值与账面价值按照持股比例计算的差额。

(4)编制有关的调整和抵销会计分录。

①将母公司对子公司投资账户与子公司的所有者权益各账户相互抵销。

虽然母公司只拥有子公司的部分股权,但是要将子公司的所有者权益各账户全部抵销,在抵销中产生的差额确认为少数股东权益,并将少数股东权益列为合并资产负债表中的所有者权益。同时将投资差额分摊到 Z 公司可辨认的资产、负债项目,结果确认为商誉。

②将母、子公司之间的往来账款相互抵销,不列入合并财务报表。

(5)将调整和抵销会计分录过入合并工作底稿,计算合并主体栏的各项数额。

(6)依据合并工作底稿编制合并资产负债表。

2.3.3 购买日母公司拥有子公司部分股权的合并财务报表的编制方法

【例 2 - 4】 仍然沿用【例 2 - 1】的资料,假定 M 公司于 2009 年 12 月 31 日支付银行存款 1 800 000 元购买了 Z 公司 90% 发行在外的股份,其他数据不变。

M公司合并资产负债表的编制程序与方法如下：

1. M公司按照购买法记录购入Z公司全部股权。

借:长期股权投资——Z公司　　1 800 000

　贷:银行存款　　1 800 000

2. 确定合并商誉,见表2－8。

表2－8　**合并商誉计算表**　单位:元

投资成本	1 800 000
减:购买的Z公司可辨认净资产公允价值(1 795 500×90%)	1 615 950
商誉	184 050
减:公允价值与账面价值的差额	272 500
其中:存货	52 500
固定资产	210 000
无形资产	10 000

3. 编制有关的调整和抵销分录。

(1)将M公司对Z公司的投资账户与Z公司的所有者权益各账户相互抵销。

虽然M公司只拥有Z公司的部分股权,但要与Z公司的全部股东权益抵销,两者的差额确认为少数股东权益,而且少数股东权益是按照账面价值反映的;将投资差额中的Z公司公允价值与账面价值的差额分摊到Z公司可辨认的资产、负债项目,结果确认为商誉。

借:股本　　600 000

　资本公积　　882 500

　盈余公积　　173 000

　未分配利润　　140 000

　商誉　　184 050

　贷:长期股权投资——Z公司　　1 800 000

　　少数股东权益　　179 550(1 795 500×10%)

(2)将母、子公司之间的往来账款相互抵销,不列入合并财务报表。

本例中,M公司与Z公司的应收应付账款为27 000元(假定应收账款未提取坏账准备)。

借:应付账款——Z公司　　27 000

　贷:应收账款——M公司　　27 000

4. 编制合并工作底稿，见表2－9。

表2－9 合并资产负债表工作底稿

2009年12月31日 单位：元

项目	M公司	Z公司	调整与抵销		合并金额
			借方	贷方	
银行存款	320 000	50 000			370 000
交易性金融资产	200 000	30 000			230 000
应收账款	840 000	210 000		(2)27 000	1 023 000
存货	1 440 000	360 000	(1)52 500		1 852 500
长期股权投资	1 800 000			(1)1 800 000	0
固定资产	7 200 000	1 800 000	(1)210 000		9 210 000
无形资产	400 000	100 000	(1)10 000		510 000
商誉			(1)184 050		184 050
资产总计	12 200 000	2 550 000	456 550	1 827 000	13 379 550
短期借款	640 000	160 000			800 000
应付账款	908 000	227 000	(2)27 000		1 108 000
长期应付款	2 560 000	640 000			3 200 000
负债合计	4 108 000	1 027 000	27 000		5 108 000
股本	4 400 000	600 000	(1)600 000		4 400 000
资本公积	2 000 000	610 000	(1)882 500	272 500*	2 000 000
盈余公积	692 000	173 000	(1)173 000		692 000
未分配利润	1 000 000	140 000	(1)140 000		1 000 000
母公司股东权益合计	809 2000				8 092 000
少数股东权益				(1)179 550	179 550
负债和股东权益总计	12 200 000	2 550 000	1 822 500 452 050		13 379 550

* 根据Z公司备查账，相关资产公允价值和账面价值的差额直接过入。

5. 根据工作底稿中的合并主体的数据编制合并资产负债表，见表 2－10。

表 2－10 合并资产负债表

2009 年 12 月 31 日 单位：元

资产	金额	负债和股东权益	金额
银行存款	370 000	短期借款	800 000
交易性金融资产	230 000	应付账款	1 108 000
应收账款	1 023 000	长期应付款	3 200 000
存货	1 852 500	负债合计	5 108 000
长期股权投资		股本	4 400 000
固定资产	9 210 000	资本公积	2 000 000
无形资产	510 000	盈余公积	692 000
商誉	184 050	未分配利润	1 000 000
		母公司股东权益合计	8 092 000
		少数股东权益	179 550
		股东权益合计	8 271 550
资产总计	13 379 550	负债和股东权益总计	13 379 550

【随堂小测验 2－3】

1. 合并商誉是指（ ）。

A. 母公司投资成本超过按照持股比例计算的子公司净资产公允价值的差额

B. 母公司投资成本超过按照持股比例计算的子公司净资产账面价值的差额

C. 母公司的商誉加上子公司的商誉

D. 母公司的商誉

2.4 下推会计

2.4.1 下推会计概述

在企业合并实务中，被另一家公司控股以后的附属公司究竟应该采用哪一种计价基础计价，一直存在争议。对于这个问题，有两种不同的观点。

一种观点认为，在企业控股合并中，附属公司仍然是一个独立的法律实体和经济实体，并不受其股权被大量购买的影响，会计主体也未发生变更和清算，继续遵循持续经营假设，按照一贯的计价基础进行确认、计量和报告，因此，附属公司的个别财务报表仍然按照账面价值反映，对合并时附属公司资产、负债的账面价值与公允价值的差额不作任何调整，只是在编制合并财务报表时才将附属公司的资产、负债的账面价值调整为公允价值。这种方法在国际上比较普遍，本章以及本教材的有关内容采用的是这种方法。

另一种是下推会计观点，这种观点认为，在母公司已经控制子公司大多数股权的情况下，采用购买法时，子公司的各项资产、负债在合并财务报表中是按照公允价值反映的，而在子公司的个别财务报表中，其资产、负债是按照账面价值反映的，对同一个经济实体的财务状况使用两种不同的计价标准，这无论是在法律上还是在会计原则上都是说不通的。另外，这种观点还对控股合并后的附属公司的持续经营持否定态度，认为在购买法下，子公司的资产、负债之所以按照公允价值计价，就是因为其股权同一般购买行为一样被购买，这种购买行为使子公司不能在原有的环境下持续经营，它要在控股公司控制的环境下重新开始经营，因此，子公司的净资产无论是在合并财务报表中还是在子公司个别财务报表中都应以公允价值这一相同的计价基础进行反映。可见，下推会计就是指在合并财务报表中将净资产公允价值与账面价值的差额分摊到子公司的各项资产和负债，并下推到子公司的个别财务报表中，将子公司个别财务报表中的资产、负债调整为公允价值。

在企业合并实务中，下推会计并未被普遍使用，国际会计准则和美国的会计准则对此都没有明确的要求。但美国的证券交易委员会对下推会计持支持态度，它要求它所管辖的上市公司，当子公司几乎已经全部被母公司所拥有（通常为持有97%及以上股权），且没有大量发行在外的债券和优先股时，向证券交易委员会报送的报表应采用下推会计。

采用下推会计，可以简化合并财务报表的编制。在发生控股合并时，附属公司首先将其资产、负债的账面价值调整为公允价值，并记录入账。这样，在编制合并工作底稿时，就不必再对附属公司的净资产按照公允价值进行调整，也不需要确认合并商誉，对子公司投资账户余额与子公司所有者权益余额相等的，二者直接抵销即可。

2.4.2 下推会计举例

【例2-5】 仍然沿用【例2-1】的资料，M公司于2009年12月31日支付银行存款2 000 000元购买Z公司100%发行在外的股份。两家公司合并前的个别资产负债表和公允价值情况见表2-1。

在合并日，按照下推会计，Z公司在账上应做如下会计分录：

借：存货	52 500	
固定资产	210 000	
无形资产	10 000	
商誉	204 500	
贷：资本公积		477 000

在合并工作底稿中将M公司对Z公司的投资账户与Z公司的所有者权益各账户相互抵销：

借：股本	600 000	
资本公积	1 087 000（610 000＋477 000）	
盈余公积	173 000	
未分配利润	140 000	
贷：长期股权投资——Z公司		2 000 000

【随堂小测验2-4】

1. 下推会计是(　　)。

A. 指在合并财务报表中将净资产公允价值与账面价值的差额分摊到子公司的各项资产和负债,并下推到子公司的个别财务报表中,将子公司个别财务报表的资产、负债调整为公允价值

B. 指在合并财务报表中将净资产公允价值与账面价值的差额分摊到子公司的各项资产和负债,并下推到母公司的个别财务报表中

C. 单独为合并财务报表设置会计凭证和会计账簿

D. 把母公司的净资产按照公允价值入账

2.5 合并日同一控制下合并财务报表的编制

在合并日同一控制下的合并财务报表的编制采用权益结合法。

2.5.1 权益结合法在合并财务报表编制程序和方法上的主要特点

(1)同一控制下的企业合并的基本处理原则是视同合并后形成的报告主体在合并日及以前期间一直存在。同一控制下的企业合并形成母子公司关系的,合并方一般应在合并日编制合并财务报表,反映于合并日形成的报告主体的财务状况、视同该主体一直存在产生的经营成果等。

(2)参与合并的企业的净资产均按照账面价值计价,不考虑净资产的公允价值,也不存在需要记录的商誉或负商誉,因为不会产生合并成本与净资产公允价值的差额。合并方在合并中取得的净资产按照账面价值列入合并财务报表(合并方与被合并方采用的会计政策不同的,是指按照合并方的会计政策对被合并方有关资产、负债调整后的账面价值),取得的净资产账面价值与支付的合并对价的账面价值的差额调整所有者权益相关项目。合并方与被合并方在合并日及以前期间发生的交易,应作为内部交易进行抵销。

(3)不论合并业务在会计年度的哪一时点发生,参与合并的企业整个年度的损益和留存收益全部包含在合并后的企业中。在合并资产负债表中,对于被合并方在企业合并前实现的留存收益中归属于合并方的部分,应按以下规定,自合并方的资本公积转入留存收益:

①确认企业合并形成的长期股权投资后,合并方账面资本公积(资本溢价或股本溢价)贷方余额大于被合并方在合并前实现的留存收益中归属于合并方的部分的,应在合并资产负债表中将被合并方在合并前实现的留存收益中归属于合并方的部分自“资本公积”转入“盈余公积”和“未分配利润”;在合并工作底稿中,借记“资本公积”项目,贷记“盈余公积”和“未分配利润”项目。

②确认企业合并形成的长期股权投资后,合并方账面资本公积(资本溢价或股本溢价)贷方余额低于被合并方在合并前实现的留存收益中归属于合并方的部分的,在合并

资产负债表中,应以合并方资本公积(资本溢价或股本溢价)的贷方余额为限,将被合并方在企业合并前实现的留存收益中归属于合并方的部分自“资本公积”转入“盈余公积”和“未分配利润”;在合并工作底稿中,借记“资本公积”项目,贷记“盈余公积”和“未分配利润”项目。

因合并方的资本公积(资本溢价或股本溢价)余额不足,被合并方在合并前实现的留存收益在合并资产负债表未予全额恢复的,合并方应当在会计报表附注中对这一情况进行说明。

(4)合并日母公司除了要编制合并资产负债表外,还应编制合并利润表、合并现金流量表和合并所有者权益变动表。合并方在编制合并日的合并利润表时,应包含合并方及被合并方自合并当期期初至合并日实现的净利润,双方在当期所发生的交易应当按照合并财务报表的有关原则进行抵销。

2.5.2 合并日母公司拥有子公司全部股权的合并财务报表编制

【例 2-6】 仍然沿用【例 2-1】的资料,但代价形式改为换股合并。M 公司于 2009 年 12 月 31 日发行 1 000 000 股每股面值 1 元的股份换取 Z 公司 100% 的股份。两家公司合并前的个别资产负债表见表 2-1。

M 公司对合并业务的会计处理如下:

(1)记录合并业务:

借:长期股权投资　　1 523 000
　贷:股本　　1 000 000
　　资本公积　　523 000

(2)结转合并前的利润和留存利润:

借:资本公积　　313 000
　贷:盈余公积　　173 000
　　未分配利润　　140 000

(3)合并工作底稿中的抵销分录:

借:股本　　600 000
　资本公积　　610 000
　盈余公积　　173 000
　未分配利润　　140 000
　贷:长期股权投资——Z 公司　　1 523 000

2.5.3 合并日母公司拥有子公司部分股权的合并财务报表编制

【例 2-7】 仍然沿用【例 2-1】的资料,但代价形式改为换股合并。M 公司于 2009 年 12 月 31 日发行 1 000 000 股每股面值 1 元的股份换取 Z 公司 90% 的股份。两家公司合并前的个别资产负债表见表 2-1。

M公司对合并业务的会计处理如下:

(1)记录合并业务:

借:长期股权投资　　1 370 700

　贷:股本　　1 000 000

　　资本公积　　370 700

(2)结转合并前的利润和留存利润:

借:资本公积　　281 700

　贷:盈余公积　　155 700

　　未分配利润　　126 000

(3)合并工作底稿中的抵销分录:

借:股本　　600 000

　资本公积　　610 000

　盈余公积　　173 000

　未分配利润　　140 000

　贷:长期股权投资——Z公司　　1 370 700

　　少数股东权益　　152 300

在合并日同一控制下的合并财务报表的编制采用权益结合法。

【随堂小测验2-5】

1. 在合并日同一控制下的合并财务报表的编制采用(　　)。

A. 权益结合法　　B. 购买法

C. 权益法　　D. 成本法

2. 权益结合法在合并财务报表编制程序和方法上的主要特点有(　　)。

A. 同一控制下的企业合并的基本处理原则是视同合并后形成的报告主体在合并日及以前期间一直存在

B. 参与合并的企业的净资产均按照账面价值计价,不考虑净资产的公允价值

C. 不论合并业务在会计年度的哪一时点发生,参与合并的企业整个年度的损益和留存收益全部包含在合并后的企业中

D. 合并日母公司除了要编制合并资产负债表外,还应编制合并利润表、合并现金流量表和合并所有者权益变动表

本章小结

本章重点阐述了合并财务报表的概念、合并财务报表合并的范围、合并财务报表的合并理论以及合并财务报表的编制。

1. 合并财务报表的概念

合并财务报表是指将具有法人地位的控股企业和被控股企业所组成的企业集团作为一个会计主体，在集团内各企业单独会计报表的基础上，由控股企业运用规定的合并程序和方法编制的，综合反映企业集团整体的财务状况、经营成果和现金流量状况的财务报表。

2. 合并财务报表的合并范围

按照我国《企业会计准则第 33 号——合并财务报表》规定，于合并财务报表范围提出了以下判断条件：

(1)拥有半数以上表决权。直接或通过子公司间接拥有被投资单位半数以上的表决权，表明母公司能够控制被投资单位，应当将该被投资单位认定为子公司，纳入合并财务报表的合并范围。

(2)拥有半数或以下的表决权。母公司拥有被投资单位半数或以下的表决权，满足下列条件之一的，视为母公司能够控制被投资单位，应当将该被投资单位认定为子公司，纳入合并财务报表的合并范围：①通过与被投资单位其他投资者之间的协议，拥有被投资单位半数以上的表决权；②根据公司章程或协议，有权决定被投资单位的财务和经营政策；③有权任免被投资单位的董事会或类似机构的多数成员；④在被投资单位的董事会或类似机构占多数表决权。

企业在确定是否对被投资企业具有控制权时，除考虑持有的被投资企业的股份外，还应当考虑企业和其他企业持有的被投资企业发行在外的认股权证、可转换公司债券等潜在表决权等因素，以确定是否应当将其纳入合并范围。

(3)不纳入合并财务报表的合并范围的子公司。

包括：①已宣告被清理整顿的原子公司；②已宣告破产的原子公司；③母公司不能控制的其他被投资单位。

3. 合并财务报表的合并理论

国际上通行的合并财务报表合并理论有母公司理论、经济实体理论和所有权理论三种。

母公司理论认为，合并财务报表是母公司会计报表的延伸，编制合并财务报表强调为母公司的股东利益服务，合并的重心放在取得控制地位的母公司的份额上，只把子公司看做附属机构，而不是一个独立的法律实体。

经济实体理论是一种站在由母公司和子公司组成的统一实体的角度来看待母公司与子公司之间的控股合并关系的合并理论。侧重于单一管理部门对整个经济实体的控制。该理论认为合并财务报表反映的是整个集团的财务状况和经营成果，母公司股东和少数股东处于同等重要的地位，是同一实体的共同所有者。

所有权理论亦称业主权理论，认为合并财务报表反映的是母公司在子公司所拥有的权益份额，编制合并财务报表是为了向母公司的股东报告其在子公司所拥有的资源。所有权理论在会计处理上的特点是：对于子公司的资产、负债、收入、费用和利润，只按母公司所持有股权的比例计入合并财务报表。

4. 非同一控制下企业合并中母公司拥有子公司全部股权和部分股权的合并报表的编制

合并日，母公司要编制合并资产负债表。

5. 同一控制下企业合并中母公司拥有子公司全部股权和部分股权的合并报表的编制

合并日，母公司除了要编制合并资产负债表外，还应编制合并利润表、合并现金流量表和合并所有者权益（或股东权益）变动表。合并方在编制合并日的合并利润表时，应包含合并方及被合并方自合并当期期初至合并日实现的净利润，双方在当期所发生的交易，应当按照合并财务报表的有关原则进行抵销。

关键概念

合并财务报表　合并范围　经济实体理论　母公司理论　少数股东权益

思考题

1. 如何确定合并财务报表的合并范围？
2. 国际上通行的合并理论有哪几种？各有什么特点？

练习题

1. 目的：练习非同一控制下的企业合并购买日合并财务报表的编制。

资料：沿用第1章练习题3的资料。

要求：

(1)编制相关调整和抵销分录。

(2)编制购买日合并财务报表。

2. 目的：练习同一控制下的企业合并合并日合并财务报表的编制。

资料：沿用第1章练习题6的资料。

要求：编制相关调整和抵销分录。

案例题

案例资料：

A公司以100万元收购了净资产为－30万元的B公司。王会计师认为应当将130万元作为商誉入账；李会计师认为那样处理不妥，理由是B公司已经资不抵债，不能确定商誉，因此主张将130万元直接冲减资本公积。

问题：

如果不考虑现行准则和制度，你认为上述观点哪种更为合理？为什么？

随堂小测验答案

随堂小测验 2 – 1

1. ABCDE　2. ABC　3. ABC

随堂小测验 2 – 2

1. ABCD　2. AB

随堂小测验 2 – 3

1. A

随堂小测验 2 – 4

1. A

随堂小测验 2 – 5

1. A　2. ABCD

第3章　合并日后的合并财务报表

学习目标

知识目标:掌握合并日后合并财务报表编制前的调整和抵销分录;熟悉成本法和权益法的特征。

能力目标:能够运用本章所学知识编制合并日后合并财务报表。

导入案例

大都旅游集团公司所属某旅游饭店开办一家出租汽车公司(丁公司),共有出租汽车150辆。集团公司要求,将该出租汽车公司整体划归集团公司所属的甲出租汽车公司,作为甲出租汽车公司的第八分公司。甲出租汽车公司是该市有影响的出租汽车公司,兼并上述出租汽车公司前拥有6 500辆出租车。集团公司要求,以2007年3月31日为基准日,按会计师事务所审计后的丁公司净资产的120%作为对价,由甲公司向旅游饭店支付合并价款,所需的审计费用由甲公司承担。

经会计师事务所审计,丁公司2007年3月31日资产总额为2 300万元,负债总额为500万元,净资产为1 800万元。甲公司按净资产的120%即2 160万元用银行存款支付给了旅游饭店。2007年4月1日,甲公司派出管理人员,全面接收了丁公司,作为甲公司的第八分公司。

审计完成后,甲公司支付了审计费用10万元。[①] 合并日后,大都旅游集团每年怎样编制合并报表,以综合反映企业集团的财务状况、经营成果和现金流量呢?

3.1 长期股权投资的会计处理方法

长期股权投资主要包括以下内容:(1)投资企业能够对被投资单位实施控制的权益性投资,即对子公司投资;(2)投资企业与其他合营方一同对被投资单位实施共同控制的权益性投资,即对合营企业投资;(3)投资企业对被投资单位具有重大影响的权益性投

① 资料来源:http://news.bangkaow.com/news/20110222/122364.html.

资,即对联营企业投资;(4)投资企业持有的对被投资单位不具有共同控制或重大影响,并且在活跃市场中没有报价、公允价值不能可靠计量的权益性投资。

长期股权投资的初始成本,应分别企业合并和非企业合并两种情况确定。企业合并形成的长期股权投资,平时核算的时候采用成本法,编制会计报表时应该调整为权益法。

长期股权投资的后续计量有成本法和权益法两种方法。

3.1.1 成本法

1. 成本法的概念和适用范围

成本法是指长期股权投资按投资成本计价的方法。在成本法下,长期股权投资以取得股权时的成本计价,其后,除了投资企业追加投资、收回投资等情形外,长期股权投资的账面价值保持不变。被投资企业宣告分派的利润或现金股利,投资企业按应当享有的部分,确认为投资收益。

我国企业会计准则规定,以下两类投资采用成本法核算:一是企业持有的对子公司投资,对子公司的长期股权投资在日常核算及母公司个别财务报表中采用成本法核算;二是对被投资单位不具有共同控制或重大影响,且在活跃市场中没有报价、公允价值不能可靠计量的长期股权投资采用成本法核算。可以明显看出,成本法在收到利润或现金股利时确认投资损益,认为股权投资的初始投资成本是企业取得被投资单位股权时的实际支出,一项投资能获得多少利益,很大程度上取决于能够分得多少利润或现金股利,当处置某项股权投资时,该项投资累积获得的收益是实际分得的利润或现金股利和处置该项投资时实际收回金额与投资成本的差额的合计。

2. 成本法在会计处理上的主要特点

(1)核算程序简便,容易掌握。

(2)长期股权投资账户能够反映投资的成本。

(3)这种收益观点能够反映企业实际获得利润或现金股利的情况,信息反映更加直接,易于理解。

(4)在法律上符合企业法人的概念。成本法强调投资企业与被投资单位关系上的法律形式,将投资企业与被投资单位作为两个独立的法人实体、两个会计主体,所以,只有投资企业实际取得利润或现金股利时或者取得对利润或现金股利的要求权实现时,才能确认投资收益。

(5)这种方法符合收付实现制原则,收益的确认符合谨慎性原则,可以避免在子公司实际宣告发放利润或现金股利之前,母公司垫付资金发放利润或现金股利等情况。

3. 成本法的缺陷

(1)不能反映投资企业在被投资单位的权益,因为长期股权投资账户始终仅反映初始投资或追加投资的投资成本。

(2)投资收益不能真正反映投资企业应获得的利益,容易为投资企业操纵利润提供空间。

3.1.2 权益法

1. 权益法的概念和适用范围

权益法是指投资发生时以初始投资成本计价，其后根据投资企业享有被投资单位所有者权益份额的变动对投资的账面价值进行调整的方法。在权益法下，长期股权投资的账面价值随着被投资单位所有者权益的变动而变动，包括被投资单位实现的净利润或发生的净亏损以及其他所有者权益项目的变动。我国企业会计准则规定，投资企业能够对被投资单位实施控制的长期股权投资在个别财务报表中应采用成本法核算，编制合并财务报表时按照权益法进行调整。可见，这一规定并未否定投资企业能够对被投资单位实施控制的长期股权投资按照权益法反映的要求。另外，对合营企业投资和对联营企业投资应采用权益法核算。

2. 权益法在会计处理上的主要特点

(1)初始投资成本的处理。企业在进行长期股权投资的初始投资或追加投资时，应按照投资的成本增加长期股权投资的账面价值。

(2)投资以后，对于被投资单位所实现的净利润或发生的净亏损，投资企业应按其持有被投资单位的股权份额确认为投资收益或投资损失。由于被投资企业个别利润表中的净利润是以账面价值为基础计算的，投资企业在确认投资收益时应当以取得投资时被投资单位各项可辨认资产等的公允价值为基础，对被投资单位的净利润进行调整后加以确定。

(3)投资企业从被投资单位收到股利时应减少投资企业对被投资单位投资的账面价值，因为被投资单位宣告或发放的股利并非投资企业的收益，而是投资企业对被投资单位投资的部分清算。

3. 权益法的优势

(1)按所持股权所代表的所有者权益的增减变动确认投资损益，准确反映了股权代表股东应享有或应分担的被投资单位的利益或损失。

(2)能够反映投资企业实施的控制或重大影响。

(3)权益法强调投资企业与被投资单位关系上的经济实质，将两个独立的法律主体视为一个经济主体，其处理方法更符合权责发生制原则。

(4)权益法下的投资损益更客观、真实，可以避免操纵利润的情况发生。

4. 权益法的会计处理程序

(1)母公司在账上记录合并业务，按投资成本记入“长期股权投资”账户。

(2)调整被投资企业的净利润后，母公司在账上记录子公司当年的净收益中应享有的部分。

(3)记录当期宣告的股利。

3.1.3 权益法举例

【例3-1】 M公司在2009年1月1日支付银行存款1 080 000元购入N公司30%的股份，共支付银行存款1 080 000元。N公司2008年12月31日有关资产、负债的账面价值和公允价值资料见表3-1。N公司于2009年8月1日支付现金股利100 000元，当年N公司实现的净利润为360 000元。

表 3－1　　N 公司资产负债表和公允价值

2008 年 12 月 31 日　　单位:元

项目	账面价值	公允价值
银行存款	75 000	75 000
交易性金融资产	45 000	45 000
应收账款	315 000	315 000
存货	540 000	618 750
固定资产	2 700 000	3 015 000
无形资产	150 000	165 000
资产总计	3 825 000	4 233 750
短期借款	240 000	240 000
应付账款	340 500	340 500
长期应付款	960 000	960 000
负债合计	1 540 500	1 540 500
股本	900 000	
资本公积	915 000	
盈余公积	259 500	
未分配利润	210 000	
股东权益合计	2 284 500	
负债和股东权益总计	3 825 000	

根据以上资料,M 公司运用权益法进行的会计处理如下:

(1)记录投资业务:

借:长期股权投资——N 公司　　1 080 000

　贷:银行存款　　1 080 000

(2)调整被投资单位 2009 年净利润。

①假定取得投资时的存货在 2009 年全部对外出售,则存货的账面价值与公允价值的差额对 2009 年净利润的影响计算如下:

618 750 - 540 000 = 78 750(元)

②固定资产的预计使用年限为 20 年,剩余使用年限为 15 年,则固定资产的账面价值与公允价值的差额对 2009 年净利润的影响计算如下:

3 015 000/15 - 2 700 000/15 = 201 000 - 180 000 = 21 000(元)

③无形资产的预计使用年限为 15 年,剩余摊销年限为 10 年,则无形资产的账面价值

与公允价值的差额对2009年净利润的影响计算如下：

165 000/10 - 150 000/10 = 16 500 - 15 000 = 1 500(元)

④调整后的2009年净利润 = 360 000 - 78 750 - 21 000 - 1 500 = 258 750(元)

(3)M公司在2009年记录收到股利和确认的投资收益。

①8月1日,收到股利:

借:银行存款　　　　30 000(100 000 × 30%)

　贷:长期股权投资——N公司　　　　30 000

②12月31日,按股权比例确认投资收益:

借:长期股权投资——N公司　　　　77 625(258 750 × 30%)

　贷:投资收益　　　　77 625

【随堂小测验3-1】

1. 成本法在会计处理上的主要特点有(　　)。

A. 核算程序简便

B. 长期股权投资账户能够反映投资的成本

C. 这种收益观点能够反映企业实际获得利润或现金股利的情况

D. 其处理方法更符合权责发生制原则

E. 投资收益不能真正反映投资企业应获得的利益

2. 权益法在会计处理上的主要特点有(　　)。

A. 按所持股权所代表的所有者权益的增减变动确认投资收益

B. 代表投资企业实际收到的收益

C. 其处理方法更符合权责发生制原则

D. 权益法所反映的投资收益更客观、真实,可以避免操纵利润的情况发生

E. 核算程序简便

3.2 非同一控制下合并日后母公司拥有子公司全部股权的合并财务报表

3.2.1 编制合并财务报表的一般程序

合并财务报表与个别财务报表在编制方法和步骤上不完全相同,编制合并财务报表比较复杂,要采用一套特定的编制程序和步骤。这里所说的编制程序,主要是指合并资产负债表、合并利润表和合并所有者权益变动表的一般编制程序,合并资产负债表、合并利润表和合并所有者权益变动表的一般编制程序如下:

1. 审核个别财务报表

编制合并财务报表之前要对所有纳入合并财务报表范围的子公司和母公司的个别财务报表进行检查,对其中的错误和遗漏进行纠正和调整,以保证合并财务报表编制依据的准确无误。

2. 将个别财务报表的数据过入合并工作底稿

企业一般通过编制合并工作底稿来完成合并财务报表的编制。企业应为每一种合并

财务报表设置一份合并工作底稿，即合并资产负债表工作底稿、合并利润表工作底稿和合并所有者权益变动表工作底稿，将所有纳入合并范围的个别财务报表的各项数据过入相应的合并工作底稿。

3. 编制调整和抵销分录

调整和抵销分录是合并财务报表编制的重要环节，对合并财务报表编制的质量具有决定性作用。合并工作底稿中涉及的主要调整和抵销分录有：

(1)母、子公司个别财务报表的调整

①对非同一控制下的企业合并，应以购买日确定的被购买企业净资产的公允价值为基础，对子公司的财务报表进行调整，使子公司的个别财务报表反映为在购买日公允价值的基础上确定的可辨认资产、负债及或有负债在本期资产负债表日的金额。

②母公司要将对子公司的长期股权投资从成本法调整为权益法。

(2)母、子公司个别财务报表进行合并时的调整和抵销

①抵销母公司对子公司的长期股权投资和子公司所有者权益。

母公司对子公司的长期股权投资代表子公司的净资产，在合并财务报表中是往来性质的项目，对于合并主体而言不存在对外的长期股权投资，也不存在子公司单独的净资产，所以这两项应在合并资产负债表中抵销。

②抵销集团内部公司之间交易产生的未实现损益，如存货内部交易损益、固定资产内部交易损益、无形资产内部交易损益、租赁业务内部交易损益、劳务内部交易损益等。

③抵销年末确认的对子公司的投资收益和子公司宣布或发放的股利，将长期股权投资调整到期初数。

④抵销子公司由于取得净收益而作出的留存收益的各项提取、分配数额。

⑤抵销集团内部公司间的应收应付往来项目。

⑥确认少数股东损益和少数股东权益。

4. 编制调整和抵销分录汇总表

为了对所编制的调整和抵销分录进行试算平衡和方便将调整和抵销分录过入合并工作底稿，应编制调整和抵销分录汇总表。

5. 完成合并工作底稿

根据调整和抵销分录汇总表，将调整和抵销分录过入合并工作底稿，然后计算合并工作底稿中的合并数，并检查合并工作底稿中有关数据的勾稽关系是否正确。

6. 编制合并财务报表

根据合并工作底稿的合并数据编制合并财务报表。

3.2.2 合并后当年合并财务报表的编制

1. 合并后当年合并财务报表的编制特点

在母公司拥有子公司全部股权的情况下，在合并后当年编制合并财务报表时，其编制程序和方法有以下几个特点：

(1)由于母公司拥有子公司全部股权，这样子公司当年宣告发放的股利就全部反映在母公司的投资收益中，不存在少数股东损益；母公司的长期股权投资与子公司的所有者权益完全对应，不存在少数股东权益。

(2)母公司当年的投资收益是按照成本法记录的,因此在合并财务报表的调整分录中要将母公司个别财务报表中按成本法确认的投资收益调整为权益法基础。

(3)确认投资收益时,应当以取得投资时被投资单位各项可辨认资产等的公允价值为基础,对被投资单位的净利润进行调整后加以确认。

2. 合并后当年合并财务报表的编制方法

(1)母、子公司个别财务报表的调整

①以购买日确定的被购买企业净资产的公允价值为基础,对子公司的财务报表进行调整。调整时,在工作底稿中借记相关资产、负债项目,贷记"长期股权投资"等项目。

②母公司要将对子公司的长期股权投资从成本法调整为权益法。

首先,按照调整后的子公司当年实现的净利润中母公司应享有的份额借记"长期股权投资"项目,贷记"投资收益"项目。

其次,确认子公司分派的现金股利,同时抵销原按成本法确认的投资收益,借记"投资收益"项目,贷记"长期股权投资"项目。

(2)母、子公司个别财务报表进行合并时的调整和抵销

①抵销母公司对子公司的长期股权投资和子公司所有者权益,借记子公司所有者权益各项目,借记"商誉"项目,贷记"长期股权投资"项目。

②将母公司对子公司的长期股权投资按权益法调整的投资收益与子公司的本年利润分配项目相抵销,借记"投资收益"项目,贷记"提取盈余公积"、"现金股利分配"、"未分配利润——年末"等项目。在子公司为全资子公司的情况下,母公司经权益法调整的投资收益,实际上就是子公司当期实现的净利润。编制合并利润表就是将母公司的投资收益,也就是子公司的净利润,还原为合并利润表中的营业收入、营业成本和期间费用。子公司的年初未分配利润+本年净利润(母公司的投资收益)=本年利润分配+年末未分配利润。

③抵销集团内部公司间的应收应付往来项目,借记"应付账款"等项目,贷记"应收账款"等项目;借记"应收账款——坏账准备"等项目,贷记"资产减值损失"等项目。

3. 合并后当年合并财务报表的编制举例

【例3-2】P公司于2008年12月31日支付银行存款867 500元购买S公司100%发行在外的股份。2009年S公司实现净利润96 000元,并于12月29日宣告发放现金股利63 000元,提取盈余公积9 600元。两家公司合并前的个别财务报表见表3-2。

表3-2　　P公司和S公司合并前个别财务报表

2008年12月31日　　单位:元

报表及项目	P公司	S公司
(利润表项目)		
营业收入	1 782 000	1 080 000
营业成本	1 143 000	738 000
管理费用	130 941	58 573

续表

报表及项目	P公司	S公司
销售费用	154 059	73 427
财务费用	72 000	54 000
所得税费用	112 800	62 400
净利润	169 200	93 600
(所有者权益变动表部分项目)		
年初未分配利润	12 300	8 400
加:本年净利润	169 200	93 600
可供分配的利润	181 500	102 000
减:提取盈余公积	114 000	60 000
分派现金股利	45 000	36 000
年末未分配利润	22 500	6 000
(资产负债表项目)		
银行存款	1 080 000	72 000
应收账款——S公司	45 000	
存货	255 000	198 000
其他流动资产	198 000	126 000
固定资产	810 000	540 000
无形资产		36 000
资产总计	2 388 000	972 000
应付账款——P公司		45 000
应交税费	46 800	18 000
其他负债	1 455 000	207 000
股本	540 000	360 000
资本公积	90 000	104 400
盈余公积	233 700	231 600
未分配利润	22 500	6 000
负债和股东权益总计	2 388 000	972 000

2008年12月31日,S公司资产和负债项目中除以下三项其公允价值与账面价值不同外,其他项目的公允价值与账面价值均相同,具体见表3-3。

表3-3　　单位:元

项目	账面价值	公允价值	差额
存货	198 000	200 000	2 000
固定资产	540 000	620 000	80 000
无形资产	36 000	44 000	8 000
合计	774 000	864 000	90 000

根据以上数据资料,编制合并财务报表的有关会计处理如下:

(1)调整母、子公司个别财务报表。

①以合并日确定的被购买企业净资产的公允价值为基础,对子公司的财务报表进行调整。

a.计算调整子公司的净利润,见表3-4。

表3-4　子公司净利润调整计算表　单位:元

子公司项目	公允价值与账面价值的差额	备注	合并财务报表调整	余额
其中:存货	2 000	当年,100%	2 000	0
固定资产	80 000	20年,5%	4 000	76 000
无形资产	8 000	5年,20%	1 600	6 400
合计	90 000*		7 600	88 400

*90 000元直接过入合并工作底稿,并同时增加子公司“资本公积”项目。

b.在合并日公允价值与账面价值存在差额的有存货、固定资产(假定固定资产均为管理部门使用)、无形资产三项,调整分录(1)为:

借:营业成本　　2 000
　管理费用　　5 600
　贷:存货　　2 000
　　固定资产——累计折旧　　4 000
　　无形资产——累计摊销　　1 600

这样调整后,重新确定的S公司净利润为88 400元(96 000-7 600)。

②母公司要对子公司的长期股权投资从成本法调整为权益法。

a.P公司确认S公司实现的净利润中应享有的部分,调整分录(2)为:

借:长期股权投资　　88 400
　贷:投资收益　　88 400

b.确认现金股利并抵销成本法确认的投资收益,调整分录(3)为:

借:投资收益　　63 000

　贷:长期股权投资　　63 000

(2)编制调整和抵销分录。

①抵销P公司对S公司的长期股权投资和子公司所有者权益,抵销分录(4)为:

借:股本　　360 000

　资本公积　　194 400①

　盈余公积　　241 200②

　未分配利润　　21 800③

　商誉　　75 500④

　贷:长期股权投资　　892 900

注:①资本公积 = 104 400 + 90 000 = 194 400(元)

②盈余公积 = 231 600 + 9 600 = 241 200(元)

③未分配利润 = 6 000 + (88 400 − 63 000 − 9 600) = 21 800 (元)

或 = (6 000 + 96 000 − 63 000 − 9 600) − 7 600 = 21 800 (元)

④商誉 = (867 500 + 88 400 − 63 000) − (360 000 + 194 400 + 241 200 + 21 800)

= 75 500(元)

②将母公司的长期股权投资的投资收益与子公司的利润分配项目相抵销,调整分录(5)为:

借:投资收益　　88 400

　未分配利润——年初　　6 000

　贷:提取盈余公积　　9 600

　　对所有者(或股东)的分配　　63 000

　　未分配利润——年末　　21 800

③抵销公司间的内部往来交易,抵销分录(6)为:

借:应付股利　　63 000

　贷:应收股利　　63 000

(3)编制合并工作底稿,见表3−5。

(4)对上述调整和抵销程序,需要说明几个问题:

①合并日后应编制的合并财务报表的种类不仅仅是合并资产负债表。

②忽略所得税对合并财务报表的影响。

③假定存货在一年内被消耗或出售。

④净收益调整事项:

母公司净收益不等于合并净收益,差额 = 194 850 − 220 250 = −25 400(元)。

其中包括成本法下与权益法下确认的投资收益的差额25 400元(88 400 − 63 000)。

表 3－5

合并财务报表工作底稿

2009 年 12 月 31 日 单位:元

报表及项目	P 公司	S 公司	调整与抵销		合并金额
			借方	贷方	
(利润表项目)					
营业收入	1 800 000	1 224 000			3 024 000
营业成本	1 260 000	840 000	(1)2 000		2 102 000
管理费用	108 300	71 250	(1)5 600		185 150
销售费用	124 200	88 200			212 400
财务费用	79 650	63 750			143 400
所得税费用	96 000	64 800			160 800
投资收益	63 000	—	(3)63 000 (5)88 400	(2)88 400	
净利润	194 850	96 000	159 000	88 400	220 250
(所有者权益变动表部分项目)					
年初未分配利润	22 500	6 000	(5)6 000		22 500
归属于母公司利润					220 250*
可供分配的利润	217 350	102 000			242 750
减:提取盈余公积	18 940	9 600		(5)9 600	18 940
分派现金股利	124 000	63 000		(5)63 000	124 000
年末未分配利润	74 410	29 400	(4)21 800 186 800	(5)21 800 182 800	99 810
(资产负债表项目)					
银行存款	28 800	129 750			158 550
应收股利——S 公司	63 000			(6)63 000	0
存货	255 000	198 000	2 000#	(1)2 000	453 000
其他流动资产	158 250	235 800			394 050
固定资产	792 000	612 450	80 000#	(1)4 000	1 480 450
长期股权投资	867 500		(2)88 400	(3)63 000 (4)892 900	0
无形资产		32 400	8 000#	(1)1 600	38 800
商誉			(4)75 500		75 500
资产总计	2 164 550	1 208 400	253 900	1 026 500	2 600 350

续表

报表及项目	P公司	S公司	调整与抵销		合并金额
			借方	贷方	
应付股利——P公司		63 000	(6)63 000		0
应交税费	72 000	48 600			120 600
其他负债	1 135 500	361 800			1 497 300
股本	540 000	360 000	(4)360 000		540 000
资本公积	90 000	104 400	(4)194 400	90 000[#]	90 000
盈余公积	252 640	241 200	(4)241 200		252 640
未分配利润	74 410	29 400	(1) 2 000 (1) 5 600 (3)63 000 (5)88 400 (4)21 800 (5) 6 000 186 800	(2)88 400 (5)21 800 (5) 9 600 (5)63 000 182 800	99 810
负债和股东权益总计	2 164 550	1 208 400	1 045 400	272 800	2 600 350

* 来自利润表调整后数据。

[#] 从子公司备查账中直接过入数据。

3.2.3 合并以后年度合并财务报表的编制

1. 合并当年与合并以后年度合并财务报表编制的主要不同点

合并后的第二年及其以后的每个年度，企业要连续编制合并财务报表，在合并工作底稿中所编制的调整和抵销分录与合并当年略有不同，主要的不同点有：

(1)期初长期股权投资从成本法调整为权益法时，通过“未分配利润——年初”项目，不调整“投资收益”项目。

(2)以购买日确定的被购买企业净资产的公允价值为基础对子公司的财务报表进行调整时，一般只涉及长期资产，不再涉及存货。

(3)子公司有关资产、负债的账面价值调整为公允价值时，应按照摊销后的价值调整。

2. 合并以后年度合并财务报表的编制举例

【例3-3】 承【例3-2】，假设2010年S公司实现净利润126 000元，并于12月30日宣告发放现金股利60 000元，提取盈余公积9 000元。

(1)公允价值与账面价值差额的调整分录为(假定固定资产均为管理部门使用)：

借：管理费用　　　　5 600

　贷：固定资产——累计折旧　　　　4 000

　　　无形资产——累计摊销　　　　1 600

这样调整后，S公司的净利润为126 000 - 5 600 = 120 400(元)。

(2)P公司要将对S公司的长期股权投资从成本法调整为权益法。

①期初长期股权投资的调整,调整分录为:

借:长期股权投资　　25 400(88 400 - 63 000)

　贷:未分配利润——年初　　25 400

②P公司确认S公司当年实现的净利润中应享有的部分,调整分录为:

借:长期股权投资　　120 400

　贷:投资收益　　120 400

③确认当年现金股利并抵销成本法确认的投资收益,抵销分录为:

借:投资收益　　60 000

　贷:长期股权投资　　60 000

(3)抵销母公司对子公司的长期股权投资和子公司所有者权益,抵销分录为:

借:股本　　360 000

　资本公积　　194 400

　盈余公积　　250 200

　未分配利润　　73 200

　商誉　　75 500

　贷:长期股权投资　　953 300

注:①资本公积 = 104 400 + 90 000 = 194 400(元)

②盈余公积 = 241 200 + 9 000 = 250 200(元)

③未分配利润 = 21 800 + (120 400 - 60 000 - 9 000) = 73 200(元)

④商誉 = (892 900 + 120 400 - 60 000) - (360 000 + 194 400 + 250 200 + 73 200)
= 75 500(元)

(4)抵销母公司的长期股权投资的投资收益与子公司的利润分配项目,抵销分录为:

借:投资收益　　120 400

　未分配利润——年初　　21 800

　贷:提取盈余公积　　9 000

　　对所有者(或股东)的分配　　60 000

　　未分配利润——年末　　73 200

(5)抵销公司间的内部往来交易,抵销分录为:

借:应付股利　　60 000

　贷:应收股利　　60 000

3.3 非同一控制下合并日后母公司拥有子公司部分股权的合并财务报表

3.3.1 拥有子公司部分股权的合并财务报表的编制原则

1. 少数股东权益和少数股东损益的处理原则

(1)少数股东权益

少数股东是除母公司之外持有子公司普通股份的那一部分股东。少数股东权益是少数股东拥有的子公司净资产份额。我国《企业会计准则第 33 号——合并财务报表》在对少数股权的处理上倾向于经济实体理论,将少数股东对子公司净资产的要求权列作所有者权益的一个单独项目。

(2)少数股东损益

少数股东损益是少数股东拥有的子公司净收益份额。《企业会计准则第 33 号——合并财务报表》在对少数股东损益的处理上倾向于经济实体理论,将少数股东损益在合并利润表中净利润项目下以"少数股东损益"项目列示。

2. 部分股权与全部股权合并财务报表编制的主要不同点

(1)母公司按持股比例确认对子公司的投资和投资收益。

(2)按持股比例将子公司相关资产负债的账面价值调整为公允价值。

(3)按持股比例调整本期净收益数。

(4)在合并财务报表中增列"少数股东权益"和"少数股东损益"项目。

3.3.2 合并当年拥有子公司部分股权的合并财务报表的编制

【例 3-4】 P 公司于 2009 年 1 月 1 日支付银行存款 867 500 元购买 S 公司 90% 发行在外的股份。2009 年 S 公司实现净利润 96 000 元,并于 12 月 29 日宣告发放现金股利 63 000元,提取盈余公积 9 600 元。两家公司合并前的个别财务报表见表3-2。

2008 年 12 月 31 日,S 公司资产和负债项目中除以下三项公允价值与账面价值不同外,其他项目的公允价值与账面价值均相同,具体见表 3-6。

表 3-6　　单位:元

项目	账面价值	公允价值	差额
存货	198 000	200 000	2 000
固定资产	540 000	620 000	80 000
无形资产	36 000	44 000	8 000
合计	774 000	864 000	90 000

根据以上数据资料,编制 2009 合并财务报表的有关会计处理如下:

1. P 公司对投资收益的会计处理

P 公司按照成本法记录 S 公司宣告发放的现金股利:

借:应收股利　　56 700

　　贷:投资收益　　56 700

2. 母、子公司个别财务报表的调整

(1)以购买日确定的被购买企业净资产的公允价值为基础,对子公司的财务报表进行调整。

①计算调整子公司的净利润(见表 3-7)。

表 3-7 子公司的净利润调整计算表 单位:元

子公司项目	公允价值与账面价值的差额	备注	合并财务报表调整	余额
其中:存货	2 000	当年,100%	2 000	0
固定资产	80 000	20 年,5%	4 000	76 000
无形资产	8 000	5 年,20%	1 600	6 400
合计	90 000*		7 600	88 400

*90 000 元直接过入合并工作底稿,并同时增加子公司"资本公积"项目。

②在购买日公允价值与账面价值存在差额的有存货、固定资产(假定固定资产均为管理部门使用)、无形资产三项,调整分录(1)为:

借:营业成本 2 000
　　管理费用 5 600
　　贷:存货 2 000
　　　　固定资产——累计折旧 4 000
　　　　无形资产——累计摊销 1 600

这样调整后,重新确定的 S 公司净利润为 96 000 - 7 600 = 88 400(元)。

(2)P 公司要将对 S 公司的长期股权投资从成本法调整为权益法。

①P 公司确认 S 公司实现的净利润中应享有的部分,调整分录(2)为:

借:长期股权投资 79 560
　　贷:投资收益 79 560

②确认现金股利并抵销成本法确认的投资收益,调整分录(3)为:

借:投资收益 56 700
　　贷:长期股权投资 56 700

调整后的长期股权投资为 867 500 + 79 560 - 56 700 = 890 360(元)。

3. 母、子公司个别财务报表合并时的调整和抵销分录

(1)抵销母公司对子公司的长期股权投资和子公司所有者权益,抵销分录(4)为:

借:股本 360 000
　　资本公积 194 400①
　　盈余公积 241 200②
　　未分配利润 21 800③
　　商誉 154 700④
　　贷:长期股权投资 890 360
　　　　少数股东权益 81 740⑤

注:①资本公积 = 104 400 + 90 000 = 194 400(元)

②盈余公积 = 231 600 + 9 600 = 241 200(元)

③未分配利润 = 6 000 + (88 400 - 63 000 - 9 600) = 21 800(元)

④商誉 = 890 360 - (360 000 + 194 400 + 241 200 + 21 800) × 90%
= 154 700(元)

⑤少数股东权益 = (360 000 + 194 400 + 241 200 + 21 800) × 10% = 81 740(元)
或 = (702 000 + 90 000 + 88 400 - 63 000) × 10% = 81 740(元)

(2)抵销母公司的长期股权投资的投资收益与子公司的利润分配项目,抵销分录(5)为:

借:投资收益　　79 560
　少数股东损益　　8 840
　未分配利润——年初　　6 000
　贷:提取盈余公积　　9 600
　　对所有者(或股东)的分配　　63 000
　　未分配利润——年末　　21 800

(3)抵销公司间的内部往来交易,抵销分录(6)为:

借:应付股利　　56 700
　贷:应收股利　　56 700

(4)编制合并工作底稿,见表 3 - 8。

表 3 - 8

合并财务报表工作底稿

2009 年 12 月 31 日

单位:元

报表及项目	P 公司	S 公司	调整与抵销		合并金额
			借方	贷方	
(利润表项目)					
营业收入	1 800 000	1 224 000			3 024 000
营业成本	1 260 000	840 000	(1)2 000		2 102 000
管理费用	108 300	71 250	(1)5 600		185 150
销售费用	124 200	88 200			212 400
财务费用	79 650	63 750			143 400
所得税费用	96 000	64 800			160 800
投资收益	56 700	—	(3)56 700 (5)79 560	(2)79 560	0
净利润	188 550	96 000	143 860	79 560	220 250
少数股东损益			(5)8 840		8 840
归属于母公司的净利润					211 410

续表

报表及项目	P公司	S公司	调整与抵销		合并金额
			借方	贷方	
（所有者权益变动表部分项目）					
归属于母公司的净利润	188 550	96 000			211 410
加：年初未分配利润	22 500	6 000	（5）6 000		22 500
可供分配的利润	211 050	102 000			233 910
减：提取盈余公积	18 940	9 600		（5）9 600	18 940
分派现金股利	124 000	63 000	（5）63 000		124 000
年末未分配利润	68 110	29 400	（4）21 800 180 500	（5）21 800 173 960	90 970
（资产负债表项目）					
银行存款	28 800	129 750			158 550
应收股利——S公司	56 700			（6）56 700	0
存货	255 000	198 000	（4）2 000	（1）2 000	453 000
其他流动资产	158 250	235 800			394 050
固定资产	792 000	612 450	（4）80 000	（1）4 000	1 480 450
长期股权投资	867 500		（2）79 560	（3）56 700 （4）890 360	0
无形资产		32 400	（4）8 000	（1）1 600	38 800
商誉			（4）154 700		154 700
资产总计	2 158 250	1 208 400	324 260	1 011 360	2 679 550
应付股利——P公司		63 000	（6）56 700		6 300
应交税费	72 000	48 600			120 600
其他负债	1 135 500	361 800			1 497 300
负债合计	1 207 500	473 400	56 700		1 624 200
股本	540 000	360 000	（4）360 000		540 000
资本公积	90 000	104 400	（4）194 400	90 000*	90 000
盈余公积	25 2640	241 200	（4）241 200		252 640

续表

报表及项目	P公司	S公司	调整与抵销		合并金额
			借方	贷方	
未分配利润	68 110	29 400	(1)2 000 (1)5 600 (3)56 700 (4)21 800 (5)79 560 (5)8 840 (5)6 000 180 500	(2)79 560 (5)9 600 (5)63 000 (5)21 800 173 960	90 970
归属于母公司的股东权益					973 610
少数股东权益				(4)81 740	81 740
股东权益合计	950 750	735 000	976 100	345 700	1 055 350
负债和股东权益总计	2 158 250	1 208 400	1 032 800	345 700	2 679 550

* 从子公司备查簿中直接过入数据。

(5)对上述调整和抵销程序,需要说明几个问题:

①在合并利润表中,少数股东损益列在合并净收益项目下。

母公司净收益不等于合并净收益,差额为188 550 - 220 250 = -31 700(元)。

其中包括成本法下与权益法下确认的投资收益的差额22 860元(79 560 - 56 700),少数股东损益8 840元。

②在合并资产负债表中,少数股东权益列为合并个体的所有者权益,并为子公司股东权益的10%。

3.3.3 合并以后年度合并财务报表的编制

1. 合并当年与合并以后年度合并财务报表编制的主要不同点

合并后的第二年及其以后的每个年度,企业要连续编制合并财务报表,在合并工作底稿中所编制的调整和抵销分录与合并当年略有不同,主要的不同点有:

(1)将期初长期股权投资从成本法调整为权益法时,通过"未分配利润——年初"项目,不调整"投资收益"项目;

(2)以购买日确定的被合并企业净资产的公允价值为基础,对子公司的财务报表进行调整时,一般只涉及长期资产,不再涉及存货;

(3)将子公司有关资产负债的账面价值调整为公允价值时,应按照摊销后的价值调整。

2. 合并以后年度合并财务报表编制的举例

【例3－5】 承【例3－4】，假设2010年S公司实现净利润126 000元，并于12月30日宣告发放现金股利60 000元，提取盈余公积9 000元。

(1)公允价值与账面价值差额的调整分录为(假定固定资产均为管理部门使用)：

借：管理费用 5 600
　　贷：固定资产——累计折旧 4 000
　　　　无形资产——累计摊销 1 600

这样调整后，重新确定的S公司净利润为126 000－5 600＝120 400(元)。

(2)P公司要将对S公司的长期股权投资从成本法调整为权益法。

①期初长期股权投资的调整，调整分录为：

借：长期股权投资 22 860(79 560－56 700)
　　贷：未分配利润——年初 22 860

②P公司确认S公司当年实现的净利润中应享有的部分，调整分录为：

借：长期股权投资 108 360
　　贷：投资收益 108 360

③确认当年现金股利并抵销按成本法确认的投资收益，抵销分录为：

借：投资收益 54 000
　　贷：长期股权投资 54 000

调整后的长期股权投资为867 500＋22 860＋108 360－54 000＝944 720(元)。

(3)抵销母公司对子公司的长期股权投资和子公司所有者权益，调整分录为：

借：股本 360 000
　　资本公积 194 400①
　　盈余公积 250 200②
　　未分配利润 73 200③
　　商誉 154 700⑤
　　贷：长期股权投资 944 720
　　　　少数股东权益 87 780④

注：①资本公积＝104 400＋90 000＝194 400(元)

②盈余公积＝241 200＋9 000＝250 200(元)

③未分配利润＝21 800＋(120 400－9 000－60 000)＝73 200(元)

④少数股东权益＝(360 000＋194 400＋250 200＋73 200)×10%＝87 780(元)

⑤商誉＝944 720－(360 000＋194 400＋250 200＋73 200)×90%＝154 700(元)

(4)抵销母公司的长期股权投资的投资收益与子公司的利润分配项目，抵销分录为：

借：投资收益 108 360
　　少数股东损益 12 040
　　未分配利润——年初 21 800

贷:提取盈余公积　　9 000
　　对所有者(或股东)的分配　　60 000
　　未分配利润——年末　　73 200

(5)抵销公司间的内部往来交易,抵销分录为:

借:应付股利　　54 000
　　贷:应收股利　　54 000

【随堂小测验 3-3】

1. 母公司对母、子公司个别财务报表进行合并时的抵销包括(　　)。

A. 抵销母公司对子公司的长期股权投资和子公司所有者权益

B. 抵销年末确认的对子公司的投资收益和子公司宣告发放的现金股利,将长期股权投资调整到期初数

C. 抵销子公司由于取得净收益而作出的留存收益的各项提取、分配数额

D. 抵销集团内部公司间的应收应付往来项目

E. 确认少数股东损益和少数股东权益

2. 按照我国企业合并准则的规定,下列关于同一控制下的企业合并的理解,正确的有(　　)。

A. 不确认新的商誉　　B. 确认新的商誉

C. 确认被合并方原有的商誉　　D. 不确认被合并方原有的商誉

E. 新商誉和被合并方原有的商誉均不确认

本章小结

本章重点阐述了长期股权投资的会计处理方法、合并日后合并财务报表的编制等内容。

1. 长期股权投资的会计处理方法

长期股权股资的会计处理方法有成本法和权益法两种。

成本法是指长期股权投资按投资成本计价的方法。在成本法下,长期股权投资以取得股权时的成本计价,其后,除了投资企业追加投资、收回投资等情形外,长期股权投资的账面价值保持不变。被投资企业宣告分派的利润或现金股利,投资企业按应当享有的部分,确认为投资收益。

权益法是指投资发生时以初始投资成本计价,以后根据投资企业享有被投资单位所有者权益份额的变动对投资的账面价值进行调整的方法。在权益法下,长期股权投资的账面价值随着被投资单位所有者权益的变动而变动,包括被投资单位实现的净利润或发生的净亏损以及其他所有者权益项目的变动。我国企业会计准则规定,投资企业能够对

被投资单位实施控制的长期股权投资在个别财务报表中应采用成本法核算,编制合并财务报表时按照权益法进行调整。可见,这一规定并未否定投资企业能够对被投资单位实施控制的长期股权投资按照权益法反映的要求。另外,对合营企业投资和对联营企业投资应采用权益法核算。

2. 合并日后合并财务报表编制的程序

(1)审核个别财务报表;

(2)将个别财务报表的数据过入合并工作底稿;

(3)编制调整和抵销分录;

(4)编制调整与抵销分录汇总表;

(5)完成合并工作底稿;

(6)编制合并财务报表。

关键概念

成本法　权益法

思考题

1. 为什么对子公司长期股权投资按照成本法核算,编制合并财务报表时再调整为权益法?

2. 权益法有什么特点和优势?

3. 合并日后拥有子公司全部股权的合并工作底稿的有关项目间存在哪些勾稽关系?

4. 合并日后拥有子公司部分股权的合并工作底稿的有关项目间存在哪些勾稽关系?

5. 母公司拥有子公司部分股权的,少数股东权益和少数股东损益怎样列示?

练习题

1. 目的:练习调整分录与合并财务报表的编制。

资料:A 公司为母公司,2009 年 1 月 1 日,A 公司用银行存款 760 000 元从证券市场上购入 B 公司发行在外 100% 的股份,并对 B 公司实施控制,且 A 公司和 B 公司不属于同一控制下的两家公司。其他相关资料如下:

(1)B 公司 2009 年度实现净利润 270 000 元,提取盈余公积 27 000 元,2009 年宣告分派现金股利 60 000 元,无其他所有者权益变动。

(2)B 公司存货、固定资产和无形资产的公允价值分别为 172 000 元、520 000 元和 30 000 元,其中,固定资产尚可使用 10 年,无形资产分 5 年摊销;其他项目的公允价值与账面价值相同。

(3)假定固定资产均为管理部门使用。两家公司合并前的个别财务报表见下表:

A 公司和 B 公司合并前个别财务报表

2008 年 12 月 31 日　　单位：元

报表及项目	A 公司	B 公司
(利润表项目)		
营业收入	1 382 000	890 000
营业成本	943 000	632 000
管理费用	90 940	38 600
销售费用	114 050	53 776
财务费用	52 000	30 000
所得税费用	72 804	54 249.6
净利润	109 206	81 374.4
(所有者权益变动表部分项目)		
本年净利润	109 206	81 374.4
加:年初未分配利润	11 200	6 400
可供分配的利润	120 406	87 774.4
减:提取盈余公积	84 000	60 000.4
分派现金股利	15 906	21 774
年末未分配利润	20 500	6 000
(资产负债表项目)		
银行存款	980 000	52 000
应收账款——B 公司	35 000	
存货	210 000	166 000
其他流动资产	166 000	105 000
固定资产	510 000	430 000
无形资产		27 000
资产总计	1 901 000	780 000
应付账款——A 公司		54 000
应交税费	36 400	33 000
其他负债	1 050 000	135 000
股本	500 000	270 000
资本公积	70 000	112 000
盈余公积	224 100	170 000
未分配利润	20 500	6 000
负债和股东权益总计	1 901 000	780 000

要求：

(1)编制相关的调整和抵销分录。

(2)编制合并工作底稿。

2. 目的：练习调整分录与合并财务报表的编制。

资料：仍沿用练习题1的资料，但是投资成本改为A公司支付银行存款760 000元购买了B公司80%发行在外的股份。B公司2009年度实现净利润270 000元，提取盈余公积27 000元，2009年宣告分派现金股利60 000元，无其他所有者权益变动。

要求：

(1)编制相关的调整和抵销分录。

(2)编制合并工作底稿。

案例题

案例资料：

2008年7月26日出版的《证券市场周刊》发表了署名为“柔弱雪”的文章——《天宸药业长期不并表为哪般?》，文章对天宸股份长期不将其全资控股的子公司上海天宸药业有限公司纳入合并财务报表提出了质疑。

上海市天宸股份有限公司(简称“天宸股份”，股票代码：600620)是一家于1992年5月经上海市农业委员会沪农委(92)第107号文批准采用公开募集方式设立的股份有限公司。公司股票于1992年11月在上海证券交易所上市交易。该公司属于综合行业，经营范围包括实业投资、信息网络安全产品开发、国内贸易(除专项规定)、房地产开发经营，控股子公司的经营范围包括客运、停车场、酒店等。上海天宸药业有限公司(简称“天宸药业”)位于上海市浦东新区张江高科技园区，是天宸股份的全资子公司，注册资本金5 030万元，法人代表李珩，主要生产普药消炎药、感冒药等，其片剂、胶囊、颗粒剂均通过国家GMP认证。

上海金箍棒保健品有限公司是专业生产儿童健康用品的公司，注册资金100万元，法人代表瞿长安，注册地址浦东南路1950号265室，产品主要包括健康用品和日化用品两大类，其补钙产品在上海地区市场占有率较高，其产品“金箍棒L——乳酸钙”在市场上有一定的知名度。

2005年7月14日，天宸股份发布公告，决定将天宸药业委托与公司无任何关联关系的上海金箍棒保健品有限公司承包经营。承包合同的内容如下：

(1)公司同意将天宸药业及天宸药业合法拥有的相关资产有偿发包给上海金箍棒保健品有限公司，无论在承包期内还是承包期已满，天宸药业的所有财产包括企业营业执照、药品许可证等有形及无形资产始终为本公司所有。

(2)承包期限：8年，自2005年7月11日至2013年7月10日。

(3)承包金及其支付方式：

承包金为每年人民币530万元，承包金支付方式以先缴付后经营为原则，每季度缴存一次，每次缴纳金额为人民币132.5万元，每次缴付在该季度承包经营开始前5天一次性缴付。同时，承包合同还规定，承包期内由承包方独立自主经营管理，天宸股份进行定期的和必要的财务审计，履行对公章使用及经营活动的必要监督、检查。仅就承包合同内容而言，并无明显不妥之处，问题的关键在于承包合同的经济后果。天宸药业长期亏损，而天宸股份每年却能按时收到天宸药业支付的530万元租金。天宸股份还在年报中宣称："本公司不再对其具有实际控制权，故采用成本法核算，不纳入合并范围。"这正是《天宸药业长期不并表为哪般?》一文质疑的理由。

让我们来比较一下天宸股份和天宸药业两家公司的财务状况。以2006年的财务状况为例，如果天宸股份未将天宸药业出租，那么天宸股份将损失租金收益530万元，并承担天宸药业的亏损。而天宸股份2006年的净利润仅为703万元，显然按权益法调整后的净利润将为负数。

资料来源：本案例依据上海证券交易所发布的上海市天宸股份有限公司的年度财务报告及相关公告编写。网址：www.sse.com.cn。本案例在写作中还参考了《证券市场周刊》(2008年7月26日)的《天宸药业长期不并表为哪般?》一文。

问题：

天宸股份未将天宸药业纳入合并财务报表的合并范围是否合理？为什么？

随堂小测验答案

随堂小测验3-1

1. ABCE　2. ABCD

随堂小测验3-3

1. ABCDE　2. AC

第 4 章　企业集团内部资产业务

学习目标

知识目标：掌握集团内部企业间的存货购销业务、固定资产买卖业务以及无形资产业务在编制合并财务报表时的抵销处理方法；熟悉企业集团内部交易的类型和种类；了解企业集团内部资产业务的性质和基本内容。

能力目标：能够运用本章所学知识在编制合并财务报表时对企业集团内部资产业务进行合并抵销处理。

导入案例

天津中新药业集团股份有限公司（简称"中新药业"）是以中药创新为特色的大型医药集团，分别于 1997 年和 2001 年在新加坡和上海两地上市。集团拥有 13 家全资、控股子公司，业务范围涵盖中成药、中药材、化学原料及制剂、生物医药、营养保健品研发制造及医药商业等众多领域，形成了完整的产业链、产品链。2009 年，集团内部频繁发生内部资产交易，中新药业将其生产的药品出售给其子公司，并从其控股子公司处购买药材。为了避免未来产生同业竞争，中新药业还向其子公司转让了 5 种药品的药品注册证。

根据中国证监会的规定，中新药业需要同时编制母公司个别财务报表和合并财务报表对外提供会计信息。母、子公司间的内部资产交易对母公司个别财务报表和集团合并财务报表的影响一样吗？中新药业在编制合并财务报表时是否需要将母、子公司间的内部交易进行抵销？

4.1 企业集团内部资产业务的性质和内容

4.1.1 企业集团内部资产业务的性质

企业集团内部资产业务，是指企业集团内部母公司与子公司之间或子公司之间所发生的商品销售、固定资产及无形资产的买卖等经济业务。由于母公司和子公司都是独立的法人，发生内部资产交易后，交易双方都要进行相应的会计处理。比如母公司从子公司购买商品，子公司在其账上登记销售收入、结转销售成本、确认销售损益；母公司在存货尚未售出前，在其账上反映为购入的存货。但从企业集团的角度看，在商品向外界售出前，子公司所反映的交易损益并未实现，在合并时应当予以抵销，否则会虚增企业集团整体的收益。合并财务报表是在母公司、子公司个别财务报表的基础上合并而成的，用以反映由这些法人企业所组成的企业集团整体的财务状况和经营成果，因此从合并主体的角度看，企业集团内部资产交易的影响应当在编制合并财务报表时予以调整和抵销。

企业集团内部资产业务需要抵销的原因主要在于：

(1)内部交易的转移价格有失公平。在现实中，母公司和子公司关系密切，母公司管理部门可以控制所有的内部交易，有时母公司为了谋求财务利益而较多地进行内部交易，通过内部交易进行转移定价，粉饰财务状况。

(2)反映没有发生内部交易的真实的集团财务状况和经营成果。抵销的真正目的在于使合并财务报表反映没有发生内部交易时的企业集团的财务状况和经营成果。若内部交易不予抵销，合并财务报表的资产和净收益将会虚增。只有在集团内部企业间交易形成的存货或固定资产等向外界出售或耗用之后，内部未实现的交易损益才真正得以实现。

4.1.2 企业集团内部资产业务的内容

企业集团内部资产业务主要包括集团内部企业间的存货购销业务、固定资产买卖业务、无形资产业务、固定资产租赁业务等。这些集团内部资产业务无论有无损益产生，均会对合并财务报表产生影响。本章专门论述各种内部资产业务在编制合并财务报表时的处理。

4.2 企业集团内部存货业务

4.2.1 企业集团内部存货业务概述

企业集团内部存货交易一般来说是纵向合并的产物。纵向合并是指处于生产经营不同阶段的企业之间发生的合并。例如，石油行业就区分开采、生产、精炼以及向最终顾客推销等活动。纵向合并的目的在于纵向一体化经营，提高生产经营效率。在这种合并中，往往包括一个合并方和数个作为其客户或供应商的被合并方。因此在企业集团内部，由于生产或产品的相关性，出于财务上的考虑，集团内各企业之间往往会相互买卖商品。内部存货交易通常有三种类型：①母公司向子公司销售商品，称为顺销(或称为“下销交易”)；②子公司向母公司销售商品，称为逆销(或称为“上销交易”)；③同一集团内部两个子公司之间进行商品买卖，称为平销(或称为“横向交易”)。

在编制合并财务报表时，内部存货交易必须抵销，因为合并财务报表只反映企业集团和集团外部所发生的销售收入及由此引起的销售成本和销售费用，以及企业集团与集团外部的债权债务关系。但在企业集团成员企业之间发生存货购销的情况下，各成员企业平时都从自身的角度出发，作为独立的会计主体进行会计核算，反映存货增减、债权债务关系以及销售损益。即同一笔业务在双方都作反映，若以个别财务报表的数额为基础直接相加合并，就必然出现重复计算的问题，从而不能准确地反映合并损益和合并的资产、负债状况。这种影响具体体现在以下三个方面：

(1)因内部存货交易引起的债权债务关系。当内部购销交易是赊销时，购买的一方登记应付账款，而出售的一方登记应收账款。但从合并的观点来看，集团内部企业之间的应收应付项目是一种资金的内部转移。在编制合并财务报表时,企业集团内部的债权债务必须予以抵销,只有企业集团与外部企业之间的债权债务才反映在合并资产负债表上。

(2)因内部存货交易引起的销售收入和销售成本的重复计算。集团内部发生存货交易后,出售方增加销售收入,结转销售成本;购买方在出售此存货时也会记录销售收入,结转销售成本。但从企业集团整体看,同一商品在"账上"流转了两次,若不进行抵销,也必然会造成重复计算。

(3)因内部存货交易引起的未实现内部销售利润。这是指出售方增加销售收入、结转销售成本,在其利润表上反映销售利润后,若购买方当期未将该存货全部售出,从企业集团角度看,反映在出售方的利润并未真正实现。只有抵销内部未实现利润,合并利润表才能真正反映集团损益。

4.2.2 企业集团内部存货交易的抵销方法

1. 按成本销售存货

在企业集团内部存货交易中,一般按成本加上一定毛利销售存货,在特殊情况下,也可能按成本或低于成本的价格出售。若按销货企业的成本出售,则不论购货企业在合并财务报表编制日是否已将从企业集团内部其他企业购入的存货对外出售,合并工作底稿上的抵销分录都是相同的,因为期末存货中没有未实现损益。在发生内部交易时,销售方在自己的利润表中按存货成本确认了销售收入和销售成本,并无销售利润,而购买方则以存货的实际成本入账。从企业集团角度来说,这只不过是存货的存放地点在内部发生了转移(购买企业内部购进的存货全部未出售),最终存货只实现了一次销售(购买企业内部购进的存货全部或部分出售)。编制抵销分录时,应按照集团内部销货企业销售该商品的销售收入,借记"营业收入",贷记"营业成本",以免企业集团重复计算销售收入和销售成本。

【例 4-1】 甲公司持有乙公司 80% 的股权,母公司甲公司于 2009 年向子公司乙公司按成本出售了 250 000 元商品。乙公司 2009 年 12 月 31 日的存货中有 30 000 元购自甲公司,乙公司尚欠甲公司 25 000 元货款。甲公司按应收账款期末余额的 1% 提取坏账准备。乙公司当年对外出售从甲公司购入的存货,售价 280 000 元。

为了便于编制合并财务报表,母公司和子公司应对内部存货交易专设明细账户反映。假定两家公司均按永续盘存制记录存货业务,对上述业务编制的会计分录见表 4-1。

表 4-1 甲、乙公司的会计分录

业务摘要	甲公司的账面记录	乙公司的账面记录
①甲公司向乙公司出售商品	借:应收账款——乙公司 250 000 贷:主营业务收入——乙公司 250 000 借:主营业务成本——乙公司 250 000 贷:库存商品 250 000	借:库存商品 250 000 贷:应付账款——甲公司 250 000
②乙公司向甲公司支付货款	借:银行存款 225 000 贷:应付账款——甲公司 225 000	借:应付账款——甲公司 225 000 贷:银行存款 225 000

续表

业务摘要	甲公司的账面记录	乙公司的账面记录
③乙公司对外出售从甲公司购入的存货		借:应收账款 280 000 　贷:主营业务收入 280 000 借:主营业务成本 220 000 　贷:库存商品 220 000

虽然上述业务已在甲、乙公司各自账上进行了反映,但从企业集团角度看,成本为250 000元的这批存货是集团内部交易,已按280 000元的售价出售了其中的220 000元,尚有30 000元留在集团内部,企业集团只实现了60 000元的销售毛利,应编制抵销分录将未实现的销售损益予以抵销。合并工作底稿的抵销分录如下:

(1)抵销集团内部交易所产生的销售收入和销售成本:

借:营业收入(销售方收入)　　250 000
　贷:营业成本(销售方成本)　　250 000

(2)抵销企业集团内部交易所产生的往来账户:

借:应付账款　　25 000
　贷:应收账款　　25 000

(3)抵销企业集团为内部交易所产生的应收账款而提取的坏账准备:

借:应收账款　　250
　贷:资产减值损失　　250

2009年12月31日,甲公司在工作底稿上的抵销分录见表4-2,表中仅列示部分有关项目。

表4-2　　合并工作底稿

2009年12月31日　　单位:元

项目	甲公司	乙公司	抵销分录		合并金额
			借方	贷方	
(利润表项目)					
营业收入	600 000	540 000	(1)250 000		890 000
营业成本	480 000	400 000		(1)250 000	630 000
营业利润	120 000	140 000			260 000
资产减值损失	30 000	27 000		(3)250	56 750
(资产负债表项目)					
应收账款	49 500		(3)250	(2)250	24 750
应付账款		96 000	(2)25 000		71 000

表4－2合并工作底稿中，抵销分录(3)是因抵销分录(2)引起的。由于抵销分录(2)抵销了甲公司的应收账款，相应地也要抵销为这一应收账款所提取的坏账准备。需要注意的是，在合并工作底稿上，乙公司2009年的销售成本和12月31日的存货不受影响，因为从企业集团角度看，乙公司的销售成本和存货均已按实际成本计价，没有需要调整的未实现损益。

2. 按非成本销售存货

在企业集团内部存货业务中，更为典型的是按成本加上一定毛利销售存货，其中毛利率可能等于、低于或高于对外部出售的商品的毛利率；在特殊情况下，也可能按低于成本的价格出售。这里主要讨论母公司按成本加上一定毛利出售存货的情形。

(1)期末存货未实现利润的抵销

从销货企业来看，当其将存货出售给企业集团内部其他企业时，在其账上应确认销售收入和销售成本，并且已实现了毛利，但是从企业集团角度来看，销货企业的毛利只有在购货企业将这些存货出售给外部或已消耗后，才能实现。因此，从企业集团内部其他企业购入的存货，若在合并财务报表编制日仍未向外部出售，这些存货的价值就包括两个部分：一部分是存货的真正成本，另一部分是销货方的销售毛利。从企业集团的角度来看，存货中所包含的这部分销售方的销售毛利属于未实现的内部销售利润，在合并工作底稿中需要通过编制会计分录加以抵销。抵销分录为：借记“营业成本”，贷记“存货”。贷记“存货”，使这些期末存货按合并主体的成本计价；借记“营业成本”，则递延尚未实现销售利润，并将购货企业的销售成本调整为对应于合并主体的成本。

①购货企业内部购进的存货全部未对外出售

【例4－2】甲公司持有乙公司80%的股权，母公司甲公司2009年向其子公司乙公司销售了300 000元商品，销售成本为200 000元，期末乙公司尚未出售该批商品。同时，在合并财务报表编制日，乙公司尚欠甲公司货款45 000元。甲公司和乙公司均按应收账款期末余额的1%提取坏账准备。对上述业务，甲公司和乙公司在其各自的账上所做的会计分录见表4－3。

表4－3　　甲、乙公司的会计分录

业务摘要	甲公司的账面记录	乙公司的账面记录
(1)甲公司向乙公司销售商品	借:应收账款——乙公司　300 000 　贷:主营业务收入——乙公司　300 000 借:主营业务成本——乙公司　200 000 　贷:库存商品　200 000	借:库存商品　300 000 　贷:应付账款——甲公司　300 000
(2)乙公司向甲公司支付货款	借:银行存款　255 000 　贷:应收账款——乙公司　255 000	借:应付账款——甲公司　255 000 　贷:银行存款　255 000

虽然上述业务已在甲公司和乙公司各自的账上进行了反映，但从企业集团角度来看，这只不过是存货的存放地点在内部发生了变动，没有实现销售收入，也没有发生销售成

本,包含在期末存货成本中的销售方的销售毛利 100 000 元,属于未实现的内部销售利润。抵销分录如下:

a. 抵销企业集团内部交易所产生的销售收入、销售成本以及期末存货中的未实现毛利:

借:营业收入　　　　300 000

　贷:营业成本　　　　200 000

　　存货　　　　100 000

b. 抵销企业集团内部交易所产生的往来账户:

借:应付账款　　　　45 000

　贷:应收账款　　　　45 000

c. 抵销为内部交易所产生的应收账款而提取的坏账准备:

借:应收账款　　　　450

　贷:资产减值损失　　　　450

将上述三笔分录记入合并工作底稿,见表 4-4。

表 4-4　合并工作底稿(部分)

2009 年 12 月 31 日　单位:元

项目	甲公司	乙公司	调整与抵销		合并金额
			借方	贷方	
(利润表项目)					
营业收入	800 000	545 000	(1)300 000		1 045 000
营业成本	520 000	400 000		(1)200 000	720 000
营业利润	280 000	145 000			325 000
资产减值损失	56 000	38 450		(3)450	94 000
(资产负债表项目)					
应收账款	76 230	83 160	(3)450	(2)45 000	114 840
存货	120 000	450 000		(1)100 000	470 000
应付账款	80 000	105 000	(2)45 000		140 000

②购买企业内部购进的存货部分对外出售

【例 4-3】 沿用【例 4-2】的资料,假设乙公司在购入商品后对外出售了其中的 75%,售价为 280 000 元,尚有 25% 包括在 2009 年 12 月 31 日的期末存货之中。甲公司和乙公司在其各自的账上所做的会计分录见表 4-5。

表 4-5 甲、乙公司的会计分录

业务摘要	甲公司的账面记录	乙公司的账面记录
(1)甲公司向乙公司出售商品	借:应收账款——乙公司 300 000 贷:主营业务收入——乙公司 300 000 借:主营业务成本——乙公司 200 000 贷:库存商品 200 000	借:库存商品 300 000 贷:应付账款——甲公司 300 000
(2)乙公司向甲公司支付货款	借:银行存款 255 000 贷:应收账款——乙公司 255 000	借:应付账款——甲公司 255 000 贷:银行存款 255 000
(3)乙公司向外界出售从甲公司购入的存货		借:应收账款 280 000 贷:主营业务收入 280 000 借:主营业务成本 225 000 贷:库存商品 225 000

从企业集团角度来看,已实现的内部销售利润为 75 000 元(100 000 × 75%),包含在期末存货中的未实现内部销售利润为 25 000 元(100 000 × 25%)。抵销分录如下:

抵销企业集团内部交易所产生的销售收入、销售成本以及期末存货中的未实现毛利:

借:营业收入 300 000
　　贷:营业成本 275 000
　　　　存货 25 000

上述抵销分录的影响体现在:首先,抵销了集团内部销售收入 300 000 元和相关的集团内部销售成本 200 000 元,防止了销售收入和销售成本合并金额的高估;其次,贷记销售成本 75 000 元,通过减少合并销售成本,从而增加合并毛利,表明随着存货的对外出售,其中的未实现利润已经实现了;最后,将期末存货成本从内部转移价格 75 000 元减少到合并主体的成本基础 50 000 元。

上述抵销分录也可以分解成两笔抵销分录:

a. 抵销企业集团内部交易所产生的销售收入、销售成本:

借:营业收入(销货方内部收入) 300 000
　　贷:营业成本(购买方内部成本) 300 000

上述分录 a 与按成本向集团内其他企业出售存货时的分录相同,表示本期内部购进存货全部对外销售的情况下抵销集团内部存货交易所产生的销售收入与销售成本。

b. 抵销企业集团内部交易所产生的期末存货中的未实现毛利:

借:营业成本(期末内部存货 × 销售方本期毛利率) 25 000
　　贷:存货(期末内部存货 × 销售方本期毛利率) 25 000

上述分录 b 通过借记销售成本增加了企业集团的销售成本,减少了本期毛利,将期末存货中的未实现利润递延至乙公司向外部出售这批存货时,并将期末存货成本从75 000

元减少到50 000元。这是对抵销分录a进行的调整,使期末未实现利润递延,并使期末存货从内部转移价格减少到对应于合并主体的成本。

(2)期初存货未实现利润的抵销

在连续编制合并财务报表的情况下,上期内部购进存货中包含的未实现内部销售利润对下期合并财务报表的编制仍有影响。由于合并财务报表中上期期末未分配利润的数额就是本期期初未分配利润的数额,但是本期编制合并财务报表时是以母公司和子公司本期个别财务报表为基础的,而母公司和子公司个别财务报表中未实现内部销售利润作为已实现的利润包括在其期初未分配利润之中的,以母公司和子公司个别财务报表中期初未分配利润为基础计算的期初未分配利润的合并金额就可能与上期合并财务报表中的期末未分配利润的金额不一致。因此,本期编制合并财务报表时必须在合并母公司和子公司期初未分配利润的基础上,将上期抵销的未实现内部销售利润对本期期初未分配利润的影响予以抵销,调整本期期初未分配利润。

通常情况下,期末存货的未实现利润会在下一会计期间实现,即在下一期确认期初存货包含的未实现利润。在连续编制合并财务报表时,其抵销分录为:借记"未分配利润——年初",贷记"营业成本"。这笔抵销分录可以理解为上期内部购进的存货中包含的未实现内部销售利润在本期视同为实现利润。从合并主体看,在当期向外部出售存货后,其中的未实现利润即得以实现。抵销分录中贷记"营业成本"是因为购货企业在向外界出售存货时是以相对于企业集团较高的成本结转销售成本的,从企业集团角度看,应予以抵销。

【例4-4】 沿用【例4-3】资料,2010年甲公司销售给乙公司360 000元存货,销售成本240 000元。乙公司2010年的销售收入中有一部分来自销售从甲公司购入的存货,金额为400 000元,销售成本为330 000元,其中包括期初存货75 000元。乙公司期末存货中有105 000元来自甲公司,含有未实现利润35 000元(105 000×甲公司当期销售毛利率33.33%)。乙公司期末尚欠甲公司货款60 000元。甲公司和乙公司均按应收账款期末余额的1%提取坏账准备。对上述业务,甲公司和乙公司在其各自的账上所做的会计分录见表4-6。

表4-6　　甲、乙公司的会计分录

业务摘要	甲公司的账面记录			乙公司的账面记录		
(1)甲公司向乙公司出售商品	借:应收账款——乙公司	360 000		借:库存商品	360 000	
	贷:主营业务收入——乙公司		360 000	贷:应付账款——甲公司		360 000
	借:主营业务成本——乙公司	240 000				
	贷:库存商品		240 000			
(2)乙公司向甲公司支付货款	借:银行存款	300 000		借:应付账款——甲公司	300 000	
	贷:应收账款——乙公司		300 000	贷:银行存款		300 000

续表

业务摘要	甲公司的账面记录	乙公司的账面记录
(3)乙公司向外部出售从甲公司购入的存货		借:应收账款 400 000 贷:主营业务收入 400 000 借:主营业务成本 330 000 贷:库存商品 330 000

内部交易抵销分录如下:

①抵销期初内部存货包含的未实现内部销售利润,确认 2009 年递延的期初存货未实现利润:

借:未分配利润——年初(期初内部存货×销售方上期毛利率) 25 000

贷:营业成本(期初内部存货×销售方上期毛利率) 25 000

②抵销企业集团本期内部交易所产生的销售收入和销售成本以及期末存货中的未实现毛利:

借:营业收入 360 000

贷:营业成本 325 000

存货(期末内部存货×销售方本期毛利率) 35 000

③抵销企业集团内部交易所产生的往来账户:

借:应付账款 60 000

贷:应收账款 60 000

④抵销为内部交易所产生的应收账款而提取的坏账准备:

借:应收账款 600

贷:未分配利润——年初 450

资产减值损失 150

兹将上述四笔分录记入合并工作底稿,见表 4-7。

表 4-7 合并工作底稿

2010 年 12 月 31 日 单位:元

项目	甲公司	乙公司	调整与抵销		合并金额
			借方	贷方	
(利润表项目)					
营业收入	960 000	654 000	②360 000		1 254 000
营业成本	624 000	480 000		①25 000 ②325 000	754 000

续表

项目	甲公司	乙公司	调整与抵销		合并金额
			借方	贷方	
营业利润	336 000	174 000			510 000
资产减值损失	67 200	46 140		④150	112 740
（所有者权益变动表项目）					
未分配利润——年初	250 000	5 000	①25 000	④450	230 450
（资产负债表项目）					
应收账款	91 080	997 920	④600	③60 000	1 029 600
存货	144 000	144 000		②35 000	223 000
应付账款	96 000	105 000	③60 000		141 000

在连续编制合并财务报表时，期初内部存货交易中包含的未实现利润的抵销分录在理论上应该分别情况处理：如果期初内部存货当期全部对外销售，抵销分录应该是借记“未分配利润——年初”，贷记“营业成本”；如果期初内部存货当期全部未对外销售，抵销分录应该是借记“未分配利润——年初”，贷记“存货”。但是，由于企业期初存货和本期存货是不断流动的，其成本流转和实物流转往往不一致，我们很难区分当期销售的存货有多少是期初存货，有多少是本期购入存货。对此，我们可以通过以下方式进行处理：先假设期初内部存货和本期购入内部存货在当期全部对外销售，然后根据期末内部存货对上述假设进行修正。因此，在连续编制合并财务报表时，内部商品交易三笔抵销分录的具体含义是：①先假设期初内部存货当期全部对外销售，借记“未分配利润——年初”，贷记“营业成本”；②再假设本期购进内部存货全部对外销售，借记“营业收入”，贷记“营业成本”；③最后根据期初和本期内部存货未实现对外销售的部分（即期末内部存货），对上述两笔抵销分录进行调整，借记“营业成本”，贷记“存货”。

4.2.3 内部存货业务举例

以下将举两个复杂的例子，详细说明合并财务报表编制时对存货内部交易的处理。

1. 存货顺销的合并财务报表的编制

【例 4－5】 A 公司于 2008 年 1 月 1 日用 472 500 元银行存款取得了 B 公司 90% 的股份（假定 A 公司与 B 公司的合并不属于同一控制下的企业合并），当时 B 公司的股东权益为 525 000 元，其中，股本 500 000 元，资本公积 5 000 元，盈余公积 10 000 元，未分配利润 10 000 元。A 公司在个别资产负债表中采用成本法核算该项长期股权投资。假定 A 公司与 B 公司适用的会计政策、会计期间相同，投资时 B 公司各项可辨认资产、负债的公允价值与其账面价值相等。有关A公司和B公司的其他相关资料见表4-8。

A公司在合并后向B公司出售存货,2009年有关存货内部交易的资料如下:

2009年向B公司出售存货	300 000元(成本225 000元)
2009年1月1日存货未实现利润	10 000元
2009年12月31日存货未实现利润	12 500元
2009年12月31日B公司欠A公司货款	50 000元

2008年B公司实现净利润250 000元,宣告并发放现金股利60 000元,提取盈余公积25 000元。

2009年B公司实现净利润150 000元,宣告并发放现金股利50 000元,提取盈余公积15 000元。

2009年1月1日,A公司的"长期股权投资"账户余额为472 500元。2009年12月31日,A公司在合并财务报表时将对B公司的长期股权投资由成本法调整为权益法。根据相关规定,如果存在未实现内部交易损益,在采用权益法进行调整时应对该未实现内部交易损益进行调整。不管是顺销交易还是逆销交易,只要有内部未实现交易损益,都要对被投资单位实现的净利润进行调整,而后将母公司在被投资单位所享有的已实现净损益份额确认为投资损益,并相应调整长期股权投资账面价值,2009年有关调整分录如下:

(1)确认收到B公司2008年分派的现金股利54 000元(60 000×90%),同时抵销年初未分配利润54 000元:

借:未分配利润——年初　　54 000
　　贷:长期股权投资　　54 000

(2)确认2008年对B公司投资的收益216 000元,调整年初未分配利润216 000元。由于2009年1月1日期初存货包含未实现利润10 000元,说明2008年这部分内部购进存货未销售给外部第三方,A公司在确认2008年投资收益时,应扣除未实现的内部交易损益,调减B公司的净利润,应确认的投资收益=(250 000-10 000)×90%=216 000(元)。

借:长期股权投资　　216 000
　　贷:未分配利润——年初　　216 000

(3)确认收到B公司2009年分派的现金股利45 000元(50 000×90%),同时抵销原按成本法确认的投资收益45 000元:

借:投资收益　　45 000
　　贷:长期股权投资　　45 000

(4)确认2009年对B公司投资的收益132 750元。2009年年初内部购进存货在2009年实现了对外部第三方的销售,A公司在确认2009年投资收益时,应调增B公司的净利润10 000元。2009年内部购进存货未实现的内部交易损益应调减B公司当年的净利润12 500元。2009年A公司应确认的投资收益=(150 000+10 000-12 500)×90%=132 750(元)。

借:长期股权投资　　　　132 750
　　贷:投资收益　　　　　　132 750

2009 年 12 月 31 日,A 公司在合并财务报表时按权益法调整的对 B 公司长期股权投资的金额为 722 250 元(投资成本 472 500 元 + 权益法调整增加的长期股权投资 249 750 元);2009 年 A 公司按权益法调整的对 B 公司的投资收益为 132 750 元,B 公司本期少数股东损益为 14 750 元。

2009 年 A 公司的合并工作底稿见表 4 - 8,抵销分录如下:

(1)抵销本期购入内部存货包含的未实现内部销售利润,抵销因内部交易所产生的销售收入和销售成本:

借:营业收入　　　　300 000
　　贷:营业成本　　　　　　300 000

(2)抵销期初内部存货包含的未实现内部销售利润,确认年初存货未实现利润在本年实现,调整销售成本和期初未分配利润:

借:未分配利润——年初　　　　10 000
　　贷:营业成本　　　　　　10 000

(3)抵销期末内部存货包含的未实现内部销售利润,调整销售成本和存货:

借:营业成本　　　　12 500
　　贷:存货　　　　　　12 500

(4)抵销 A 公司确认的投资收益与子公司的利润分配:

借:投资收益　　　　132 750
　　少数股东损益　　　　14 750
　　未分配利润——年初　　　　165 000
　　　　(10 000 + 250 000 - 10 000 - 85 000)
　　贷:对所有者(或股东)的分配　　　　50 000
　　　　提取盈余公积　　　　15 000
　　　　未分配利润——年末　　　　247 500
　　　　(165 000 + 150 000 + 10 000 - 12 500 - 65 000)

(5)抵销 A 公司长期股权投资与子公司所有者权益:

借:股本　　　　500 000
　　资本公积　　　　5 000
　　盈余公积　　　　50 000
　　未分配利润　　　　247 500
　　贷:长期股权投资　　　　722 250
　　　　少数股东权益　　　　80 250(802 500 × 10%)

(6)抵销存货内部交易所产生的往来账户:

借:应付账款　　　　50 000
　　贷:应收账款　　　　50 000

表 4－8

合并工作底稿

2009 年 12 月 31 日

单位:元

项目	A 公司			B 公司			抵销分录		合并金额
	报表金额	借方	贷方	报表金额	借方	贷方	借方	贷方	
(利润表项目)									
营业收入	5 000 000			1 500 000			(1)300 000		6 200 000
营业成本	2 750 000			1 000 000			(3)12 500	(1)300 000 (2)10 000	3 452 500
销售费用	1 750 000			350 000					2 100 00
投资收益	45 000	c. 45 000	d. 132 750				(4)132 750		—
净利润	545 000	45 000	132 750	150 000			445 250	310 000	647 500
少数股东损益							(4)14 750		14 750
归属于母公司所有者的净利润									632 750
(所有者权益变动表项目)									
加:未分配利润——年初	970 000	a. 54 000	b. 216 000	175 000			(2)10 000 (4)165 000		1 132 000
减:提取盈余公积	100 000			15 000				(4)15 000	100 000
对所有者(或股东)的分配	250 000			50 000				(4)50 000	250 000
未分配利润——年末	1 165 000	99 000	348 750	260 000			(5)247 500 882 500	(4)247 500 622 500	1 414 750
(资产负债表项目)									
银行存款	150 000			25 000					175 000

续表

项目	A 公司			B 公司			抵销分录		合并金额
	报表金额	借方	贷方	报表金额	借方	贷方	借方	贷方	
应收账款	350 000			100 000				(6)50 000	400 000
存货	450 000			225 000				(3)12 500	662 500
其他流动资产	320 000			50 000					370 000
长期股权投资——B 公司	472 500	b. 216 000 d. 132 750	a. 54 000 c. 45 000					(5)722 250	0
固定资产	4 000 000			600 000					4 600 000
资产总计	5 742 500	348 750	99 000	1 000 000				784 750	6 207 500
应付账款	177 500			125 000			(6)50 000		252 500
其他负债	100 000			60 000					160 000
负债合计	277 500			185 000			50 000		412 500
股本	3 000 000			500 000			(5)500 000		3 000 000
资本公积	500 000			5 000			(5)5 000		500 000
盈余公积	800 000			50 000			(5)50 000		800 000
未分配利润	1 165 000	c. 45 000 a. 54 000	d. 132 750 b. 216 000	260 000			882 500	622 500	1 414 750
少数股东权益								(5)80 250	80 250
股东权益合计	5 465 000	99 000	348 750	815 000			1 437 500	702 750	5 795 000
负债和股东权益总计	5 742 500	99 000	348 750	1 000 000			1 487 500	702 750	6 207 500

2. 存货逆销的合并财务报表的编制

我国《企业会计准则第 33 号——合并财务报表》并未提及内部交易的存货逆销。当企业集团内部存在逆向交易时，应采用与顺向交易相同的抵销方法，100% 地予以抵销。无论顺销、逆销，少数股东损益 =（子公司按合并日可辨认净资产的公允价值为基础调整后的净利润 - 未实现的内部交易损益）× 少数股东持股比例，少数股东权益 = 子公司按合并日可辨认净资产的公允价值为基础并考虑未实现内部交易损益因素调整后的股东权益 × 少数股东持股比例。

下面举例说明连续编制合并财务报表的情况下，内部存货逆销业务的抵销处理。

【例 4 - 6】 C 公司于 2008 年 1 月 1 日用 360 000 元银行存款取得了 D 公司 80% 的股份（假定 C 公司与 D 公司的合并不属于同一控制下的企业合并），当时 D 公司的股东权益为 450 000 元，其中，股本 300 000 元，资本公积 75 000 元，盈余公积 75 000 元。C 公司在个别资产负债表中采用成本法核算该项长期股权投资。假定 C 公司与 D 公司适用的会计政策、会计期间相同，投资时 D 公司各项可辨认资产、负债的公允价值与其账面价值相等。

D 公司在合并后向 C 公司出售存货，2009 年有关存货内部交易的资料如下：

2009 年向 C 公司出售存货	200 000 元
2009 年 1 月 1 日存货未实现利润	25 000 元
2009 年 12 月 31 日存货未实现利润	20 000 元
2009 年 12 月 31 日 C 公司欠 D 公司货款	30 000 元

2008 年 D 公司实现净利润 82 500 元，宣告并发放现金股利 20 000 元，提取盈余公积 25 000 元。

2009 年 D 公司实现净利润 100 000 元，宣告并发放现金股利 60 000 元，提取盈余公积 40 000 元。有关 C 公司和 D 公司的其他相关资料见表 4 - 9。

2009 年 1 月 1 日，C 公司的"长期股权投资"账户余额为 360 000 元。2009 年 12 月 31 日，在合并工作底稿中 C 公司将对 D 公司的长期股权投资由成本法调整为权益法。有关调整分录如下：

（1）确认收到 D 公司 2008 年分派的现金股利 16 000 元（20 000 × 80%），同时抵销年初未分配利润 16 000 元：

借：未分配利润——年初　　16 000
　　贷：长期股权投资　　16 000

（2）确认 2008 年对 D 公司投资的收益 46 000 元[（82 500 - 25 000）× 80%]，调整年初未分配利润 46 000 元：

借：长期股权投资　　46 000
　　贷：未分配利润——年初　　46 000

（3）确认收到 D 公司 2009 年分派的现金股利 48 000 元（60 000 × 80%），同时抵销原按成本法确认的投资收益 48 000 元：

借：投资收益　　48 000
　　贷：长期股权投资　　48 000

(4)确认 2009 年对 D 公司投资的收益 84 000 元[(100 000 + 25 000 - 20 000) × 80%]:

借:长期股权投资　　　　84 000

　贷:投资收益　　　　84 000

2009 年 12 月 31 日,在合并工作底稿中 C 公司按权益法调整的 C 公司对 D 公司长期股权投资的金额为 426 000 元(投资成本 360 000 元 + 权益法调整增加的长期股权投资 66 000 元);2009 年 C 公司按权益法调整的对 D 公司的投资收益为 84 000 元,D 公司本期少数股东损益为 21 000 元。

2009 年 A 公司的合并工作底稿见表 4 - 9,抵销分录如下:

(1)抵销本期购入内部存货包含的未实现内部销售利润,抵销因内部交易所产生的销售收入和销售成本:

借:营业收入　　　　200 000

　贷:营业成本　　　　200 000

(2)抵销期初内部存货包含的未实现内部销售利润,确认年初存货未实现利润在本年实现,调整销售成本和年初未分配利润:

借:未分配利润——年初　　　　25 000

　贷:营业成本　　　　25 000

(3)抵销期末内部存货包含的未实现内部销售利润,调整销售成本和存货:

借:营业成本　　　　20 000

　贷:存货　　　　20 000

(4)抵销 C 公司确认的投资收益与子公司的利润分配:

借:投资收益　　　　84 000

　少数股东损益　　　　21 000

　未分配利润——年初　　　　12 500(82 500 - 25 000 - 45 000)

　贷:对所有者(或股东)的分配　　　　60 000

　　提取盈余公积　　　　40 000

　　未分配利润——年末　　　　17 500

[12 500 + (100 000 + 25 000 - 20 000) - 100 000]

(5)抵销 C 公司长期股权投资与子公司所有者权益:

借:股本　　　　300 000

　资本公积　　　　75 000

　盈余公积　　　　140 000

　未分配利润　　　　17 500

　贷:长期股权投资　　　　426 000

　　少数股东权益　　　　106 500(532 500 × 20%)

(6)抵销存货内部交易所产生的往来账户:

借:应付账款　　　　30 000

　贷:应收账款　　　　30 000

表 4－9

合并工作底稿

2009 年 12 月 31 日

单位:元

项目	C公司			D公司			抵销分录		合并金额
	报表金额	借方	贷方	报表金额	借方	贷方	借方	贷方	
(利润表项目)									
营业收入	3 125 000			1 250 000			(1)200 000		4 175 000
营业成本	2 262 500			725 000			(3)20 000	(1)200 00 (2)25 000	2 782 500
销售费用	588 500			425 000					1 013 500
投资收益	48 000	c. 48 000	d. 84 000				(4)84 000		0
净利润	322 000	48 000	84 000	100 000			304 000	225 000	379 000
少数股东损益							(4)21 000		21 000
归属于母公司所有者的利润									358 000
(所有者权益变动表项目)									
加:未分配利润——年初	80 000	a. 16 000	b. 46 000	37 500			(2)25 000 (4)12 500		110 000
减:提取盈余公积	64 400			40 000				(4)40 000	64 400
对所有者(或股东)的分配	150 000			60 000				(4)60 000	150 000
未分配利润——年末	187 600	64 000	130 000	37 500			(5)17 500 380 000	(4)17 500 342 500	253 600
(资产负债表项目)									
银行存款	200 000			50 000					250 000

续表

项目	C公司			D公司			抵销分录		合并金额
	报表金额	借方	贷方	报表金额	借方	贷方	借方	贷方	
应收账款	393 000			62 500				(6)30 000	425 500
存货	757 000			256 000				(3)20 000	993 000
其他流动资产	382 000			38 000					420 000
长期股权投资	360 000	b. 46 000 d. 84 000	a. 16 000 c. 48 000					(5)426 000	—
固定资产	1 932 000			428 500					2 360 500
资产总计	4 024 000	130 000	64 000	835 000				476 000	4 449 000
应付账款	150 000			85 000			(6)30 000		205 000
其他负债	94 400			197 500					291 900
负债合计	244 400			282 500			30 000		496 900
股本	2 500 000			300 000			(5)300 000		2 500 000
资本公积	300 000			75 000			(5)75 000		300 000
盈余公积	792 000			140 000			(5)140 000		792 000
未分配利润	187 600	64 000	130 000	37 500			380 000	342 500	253 600
少数股东权益								(5)106 500	106 500
股东权益合计	3 779 600	64 000	130 000	552 500			895 000	449 000	3 952 100
负债和股东权益总计	4 024 000	64 000	130 000	835 000			925 000	449 000	4 449 000

【随堂小测验4-2】

1. 单项选择题

(1)母公司本期销售给子公司产品一批,销售收入为11 700元(含增值税1 700元),销售成本为6 000元。子公司购入后当期全部出售,销售收入为13 000元。母公司在编制合并财务报表时应做的抵销分录为(　　)。

A. 借:营业收入　　10 000
　　贷:营业成本　　10 000

B. 借:营业收入　　13 000
　　贷:营业成本　　13 000

C. 借:营业收入　　11 700
　　贷:营业成本　　11 700

D. 借:营业收入　　6 000
　　贷:营业成本　　6 000

(2)母公司销售一批产品给子公司,销售成本为6 000元,售价8 000元。子公司购进后,本期对外销售了其中的50%,取得收入5 000元,另50%为存货。母公司销售毛利率为25%。根据上述资料,则未实现的内部销售利润为(　　)。

A. 4 000元　　B. 3 000元　　C. 2 000元　　D. 1 000元

(3)母公司将成本为2 000元的商品销售给子公司,售价为3 000元。子公司本期对外销售了其中的40%,售价为1 800元。在编制合并财务报表时,集团公司应冲减的存货成本为(　　)。

A. 1 800元　　B. 1 200元　　C. 1 000元　　D. 600元

(4)企业以前年度内部交易形成的存货在本期实现对外销售时,对存货价值中包含的未实现内部销售利润应当编制的抵销分录是(　　)。

A. 借记"未分配利润——年初",贷记"存货"

B. 借记"未分配利润——年初",贷记"营业成本"

C. 借记"营业收入",贷记"存货"

D. 借记"营业成本",贷记"存货"

(5)企业以前年度内部交易形成的存货在本期未实现对外销售时,对存货价值中包含的未实现内部销售利润应当编制的抵销分录是(　　)。

A. 借记"未分配利润——年初",贷记"存货"

B. 借记"未分配利润——年初",贷记"营业成本"

C. 借记"营业收入",贷记"存货"

D. 借记"营业成本",贷记"存货"

(6)子公司上期从母公司购入的5万元存货全部在本期实现销售,取得7万元的销售收入,该项存货在母公司的成本为4万元,则在编制本期合并财务报表时应做的抵销分录为(　　)。

A. 借:未分配利润——年初　　20 000
　　贷:营业成本　　20 000

B. 借:未分配利润——年初　　10 000
　　贷:存货　　10 000

C. 借:未分配利润——年初　　10 000
　　贷:营业成本　　10 000

D. 借:营业收入　　70 000
　　贷:营业成本　　50 000
　　　　存货　　20 000

(7)A 公司于 2008 年 4 月全资合并了 B 公司,年末两家公司的内部债权债务为 40 000 元,计提坏账准备 2 000 元,则编制坏账准备的抵销分录时,借记"应收账款——坏账准备"项目对应的贷方项目应为(　　)。

A. 未分配利润——年初　　B. 营业外支出
C. 未分配利润——年末　　D. 资产减值损失

(8)A 公司采用备抵法核算坏账损失,坏账准备计提比例为 5%。上年年末,A 公司对其子公司的应收账款余额为 200 万元,本年年末对其子公司的应收账款余额为 300 万元。A 公司本年编制合并财务报表时应抵销的坏账准备总额为(　　)。

A. 15 万元　　B. 10 万元　　C. 5 万元　　D. 0 万元

(9)A 公司拥有 B 公司 60% 的股份,A 公司 2008 年年初结存的存货中含有从 B 公司购入的存货 500 万元,该批存货 B 公司的销售毛利率为 15%,A 公司已对该批存货计提跌价准备 20 万元。2008 年 A 公司将从 B 公司购入的上述存货全部对外销售。在编制合并财务报表时,对于 A 公司计提的存货跌价准备,下列会计处理正确的是(　　)。

A. 无需做抵销分录

B. 借:存货跌价准备　　200 000
　　贷:未分配利润——年初　　200 000

C. 借:管理费用　　200 000
　　贷:存货跌价准备　　200 000

D. 借:存货跌价准备　　200 000
　　贷:管理费用　　200 000

2. 判断题

(1)通常将母公司销货给子公司称为顺销,而将子公司销货给母公司称为逆销。(　　)

(2)集团内部存货交易如果销货方按成本出售,无论购货方在合并财务报表日是否已将这些货物对外售出,抵销方法是一致的。(　　)

(3)集团内部存货交易如果销货方按成本出售,购货方在合并财务报表日已将这些货物对外售出,则不需要进行抵销处理。(　　)

(4)所谓横向交易,是指同一集团内的两个子公司之间发生的存货购销业务。(　　)

(5)从合并主体看,当期末存货向外界出售时,其中的未实现利润则实现了。(　　)

(6)销售方的集团内部销售利润在购买方将货物对外销售后才能得以确认。(　　)

4.3 企业集团内部固定资产业务

4.3.1 内部固定资产业务概述

内部固定资产交易是指企业集团内部发生的一家企业购买另一家企业的资产作为固定资产使用的购销业务。它包括三种类型:第一种是企业集团内部一家企业将固定资产有偿转让给另一家企业作为固定资产使用;第二种是企业集团内部一家企业将自身经营的商品销售给另一家企业作为固定资产使用;第三种是企业集团内部一家企业将固定资产有偿转让给另一家企业作为商品对外出售。一般来说,第三种类型的内部固定资产交易在实务中发生情况极少。

当一家企业将自身使用的固定资产出售给集团内部其他企业使用时,对于销货企业来说,其个别财务报表中反映为固定资产原价和累计折旧的减少,同时反映为固定资产处置损益。对于购买企业来说,在其个别财务报表中则反映为固定资产的增加,其固定资产原价中既包含该固定资产在原销售企业的净值,也包含销售企业因该固定资产处置所实现的损益。但从整个企业集团来看,这一交易性质上属于集团内部固定资产调拨,它既不会产生收益,也不会发生损失,固定资产既没有发生增值也没有发生减值。因此,必须将销货企业因处置固定资产所反映的损益予以抵销,同时将购买企业固定资产原价中包含的未实现内部销售固定资产损益予以抵销。通过上述抵销,使固定资产在合并财务报表中仍以原来的成本反映。

在企业集团内部,当一家企业从另一家企业购入商品作为固定资产使用时,如果出售方以不等于其成本的价格结算,并由此确认当期损益,同时购买方以支付的价款作为固定资产原值入账,那么,从集团整体来看,购买企业入账的固定资产中就包含销售方未实现的内部交易损益,这种未实现损益在合并财务报表中同样也需要进行抵销。

4.3.2 内部固定资产业务的抵销方法

由于固定资产可供长期使用,抵销未实现损益对合并财务报表的影响要比存货复杂,也比不需计提折旧(或不需摊销)的长期资产复杂。对于内部交易形成的固定资产,不仅在该内部交易发生的当期需要进行抵销处理,而且在以后使用该固定资产的期间也需要进行抵销处理。固定资产在使用过程中是通过折旧的方式将其价值转移到产品价值中的,由于固定资产按原价计提折旧,在固定资产原价中包含未实现内部交易损益的情况下,每期计提的折旧费中也必然包含未实现内部销售损益,由此还需要对该内部交易形成的固定资产每期计提的折旧费进行相应的抵销处理。同样,如果购买企业对该项固定资产计提了固定资产减值准备,由于固定资产减值准备是以原价为基础计算确定的,在固定资产原价中包含未实现内部销售损益的情况下,对该项固定资产计提的减值准备中也必然包含未实现损益,由此也需要对该内部交易形成的固定资产计提的减值准备进行相应的抵销处理。

1. 内部固定资产交易发生当期的抵销处理

(1)内部固定资产有偿转让

当一家企业将自身使用的固定资产出售给集团内其他企业使用时,销售企业在其个别账簿上通过"固定资产清理"账户记录固家资产转让过程,清理完毕后将固定资产处置损益转入营业外收入或营业外支出,购买企业则在其个别账簿中记录固定资产的增加,其固定资产原价中既包含该固定资产在原销售企业的净值,也包含销售企业因销售该固定资产所实现的损益。但从企业集团的角度来看,这一交易在性质上属于集团内部固定资产的调拨,它既不会产生收益,也不会发生损失,固定资产既没有发生增值也没有发生减值。因此,必须将内部固定资产交易的未实现损益予以抵销,同时将购买企业固定资产原价调整为企业集团的成本基础。在发生内部交易的当年,抵销固定资产未实现损益的一般程序为:①借记"营业外收入",贷记"固定资产——原价";②借记"固定资产——累计折旧",贷记"管理费用"(为便于理解,本节有关内部交易形成的固定资产,均假定购买企业作为管理用固定资产)。

【例4-7】假设母公司A公司于2009年12月31日将一台设备出售给其拥有90%股份的子公司B公司,该设备的原始成本为90 000元,累计折旧为40 000元,净值为50 000元,出售给B公司的售价为80 000元。在A公司和B公司账上记录这笔业务的会计分录如表4-10所示。

表4-10 A、B公司的会计分录

A公司账面记录			B公司账面记录		
借:固定资产清理	50 000		借:固定资产	80 000	
累计折旧	40 000		贷:银行存款		80 000
贷:固定资产		90 000			
借:银行存款	80 000				
贷:固定资产清理		80 000			
借:固定资产清理	30 000				
贷:营业外收入——机器设备出售利得		30 000			

从整个企业集团来看,2009年12月31日A公司账上的30 000元固定资产处置利得并未实现,在2009年的合并利润表中,不应出现"机器设备出售利得"项目,同时,在合并资产负债表中,该设备对整个企业集团而言,原始成本90 000元,累计折旧为40 000元,而不是子公司账上的原始成本80 000元,累计折旧为零。在2009年12月31日编制合并财务报表时,需要编制抵销分录进行调整:

借:营业外收入——机器设备出售利得　　30 000

　　贷:固定资产——原价　　30 000

【例4-8】沿用上例资料,如果该设备不是在2009年12月31日而是在2010年1月1日出售给B公司,那么,2010年B公司须对该机器提取折旧。2010年对机器未实现利得的折旧应视为未实现利得的部分实现。假设该设备于 2010 年 1 月 1 日尚可使用 5 年，无残值，按直线法提取折旧。A 公司和 B 公司对这一业务的会计处理与 2009 年 12 月 31 日的分录相同。此外，B 公司还要编制提取折旧费用的会计分录（为简化处理，假定 B 公司从 2010 年 1 月开始计提折旧）：

借：管理费用　　　　16 000（80 000 ÷ 5）

　贷：累计折旧　　　　16 000

分录中折旧费用 16 000 元，其中 10 000 元（50 000 ÷ 5）是按企业集团的成本基础提取的，另有 6 000 元（30 000 ÷ 5）是按该机器的未实现利得 30 000 元提取的，这 6 000 元就是内部交易未实现利得 30 000 元的部分（1/5）实现。从理论上说，这相当于将仍留在集团内部的机器的 1/5 的服务能力出售给外界。

2010 年 12 月 31 日，A 公司应在合并工作底稿中编制抵销分录来消除内部固定资产交易所产生的影响，会计分录为：

①借：营业外收入——机器出售利得　　　　30 000

　　贷：固定资产——原价　　　　30 000

②借：固定资产——累计折旧　　　　6 000

　　贷：管理费用　　　　6 000

2010 年合并工作底稿的一部分见表 4－11。

表 4－11　　合并工作底稿（部分）

2010 年 12 月 31 日　　单位：元

项目	A 公司	B 公司	调整与抵销		合并金额
			借方	贷方	
（利润表项目）					
营业外收入	30 000		（1）30 000		
管理费用		16 000		（2）6 000	10 000
（资产负债表项目）					
固定资产		64 000	（2）6 000	（1）30 000	40 000

（2）内部交易商品转作固定资产

在企业集团内部一家企业将自身生产的产品销售给另一家企业作为固定资产使用的情况下，对于销售企业来说，在其个别利润表中反映为内部销售商品的销售收入、销售成本和销售利润；对于购买企业来说，则以其支付的价款作为固定资产原价列示在其个别资产负债表中。但是，从整个企业集团来看，将经营的商品作为固定资产使用，相当于通过在建工程自建固定资产，没有产生利润，作为固定资产原价确认的也只能是其建造成本。因此，必须将销售企业的内部销售收入、销售成本以及购买企业固定资产原价中包含的销售企业内部销售利润予以抵销，以使合并财务报表中的净利润反映的是扣除企业集团未实现内部销售利润后的利润，固定资产原价反映的是抵销这部分未实现内部销售利润后的原价。在发生内部交易的当年,抵销固定资产未实现损益的一般程序为:①借记"营业收入",贷记"营业成本"和"固定资产——原价";②借记"固定资产——累计折旧",贷记"管理费用"。

【例4-9】假设母公司C公司于2009年1月1日以700 000元的价格将其生产的产品销售给其子公司D公司,其成本为500 000元。D公司购买该产品作为管理用固定资产使用,按700 000元入账。假设D公司对该固定资产按5年的使用寿命采用年限平均法计提折旧,预计净残值为零(为简化处理,假定D公司从2009年1月开始计提折旧)。

在合并工作底稿中,其抵销分录如下:

①借:营业收入	700 000	
贷:营业成本		500 000
固定资产——原价		200 000
②借:固定资产——累计折旧	40 000	
贷:管理费用		40 000

第一笔抵销分录将C公司账上销售该产品的销售收入700 000元和销售成本500 000元以及D公司固定资产原价中包含的200 000元未实现内部销售利润予以抵销。第二笔抵销分录在于消除因内部交易形成的未实现利润而多计提折旧的影响。由于2009年D公司计提年折旧为140 000元(700 000/5),相对于企业集团,折旧费用多提了40 000元(200 000/5),应当予以抵销,使折旧费用恢复到按企业集团的成本基础计提的数额100 000元(500 000/5)。

2. 内部交易形成的固定资产在以后会计期间的抵销处理

在以后的会计期间,该内部交易固定资产仍然以其原价在购买企业的个别资产负债表中列示,因此首先必须将其固定资产原价中包含的未实现内部销售利润予以抵销;相应地,销售企业以前会计期间由于该内部交易所实现的销售利润,形成销售当期净利润的一部分并结转到以后的会计期间,在其个别财务报表中列示,因此必须将期初未分配利润中包含的该未实现内部销售利润予以抵销,以调整期初未分配利润的数额。将内部交易固定资产原价中包含的未实现内部销售利润抵销,并调整期初未分配利润,即按照固定资产原价中包含的未实现内部销售利润的数额,借记"未分配利润——年初",贷记"固定资产——原价"。

其次,由于以前会计期间均按包含未实现内部销售利润的固定资产原价为依据计提累计折旧,因此须对期初累计折旧中多计提的折旧额予以抵销。一方面,必须按照以前会计期间累计多计提的折旧额抵销期初累计折旧;另一方面,由于以前会计期间累计折旧抵销而影响了期初未分配利润,因此还必须调整期初未分配利润。将以前会计期间内部交易形成的固定资产多计提的累计折旧抵销,并调整期初未分配利润,即按照以前会计期间抵销该内部交易形成的固定资产多计提的累计折旧额,借记"固定资产——累计折旧",贷记"未分配利润——年初"。

根据《企业会计准则第30号——财务报表列报》的规定,企业应在资产负债表中单独列报固定资产项目,揭示企业固定资产的账面价值,不再区分固定资产原价、累计折旧、固定资产减值准备分别列示。因此,上述两笔抵销分录可以合成一笔抵销分录,借记“未分配利润——年初”,贷记“固定资产”。

最后,该内部交易形成的固定资产在本期仍然计提折旧,由于多计提折旧导致本期有关资产或费用项目增加并形成累计折旧,为此,一方面必须将本期因多计提折旧而计入相关资产的成本或当期损益的金额予以抵销,另一方面必须将本期因多计提折旧而形成的累计折旧额予以抵销。即按本期该内部交易形成的固定资产多计提的折旧额,借记“固定资产”,贷记“管理费用”。

【例 4－10】 承【例 4－9】,从 2009 年到 2013 年,该机器内部交易未实现利润的抵销和逐步确认情况以及对年末合并未分配利润的影响见表 4－12。

表 4－12　　未实现利润的抵销和确认及其对年末合并未分配利润的影响　　单位:元

年份	机器未实现利润的抵销	通过折旧逐步确认利润	对年末合并未分配利润的影响
2009 年	(200 000)	40 000	(160 000)
2010 年		40 000	(120 000)
2011 年		40 000	(80 000)
2012 年		40 000	(40 000)
2013 年		40 000	0

在合并工作底稿上,2010 年内部固定资产交易的抵销分录为:

①借:未分配利润——年初　　160 000
　　贷:固定资产　　160 000

②借:固定资产　　40 000
　　贷:管理费用　　40 000

上述两笔抵销分录也可合并为一笔抵销分录:

借:未分配利润——年初　　160 000
　贷:管理费用　　40 000
　　固定资产　　120 000

从这笔分录可以看出,借记“未分配利润——年初”160 000 元(200 000－40 000)抵销了内部固定资产交易对 2010 年期初合并未分配利润的影响,贷记“管理费用”4 000 元抵销了当年多计提的折旧,贷记“固定资产”120 000 元则抵销了期末内部固定资产交易的未实现利润。2011 年、2012 年和 2013 年在合并工作底稿上也应编制类似的调整与抵销分录,只是“未分配利润——年初”和“固定资产”项目应逐年递减。以后各年度的抵销分录可参见表 4－13 所示。

表 4-13　　2010~2013 年合并工作底稿的部分内容　　单位:元

项目	C 公司	D 公司	抵销分录		合并金额
			借方	贷方	
2010 年					
(利润表项目)					
管理费用		140 000		40 000	100 000
(所有者权益变动表项目)					
未分配利润——年初	××		160 000		×× -160 000
(资产负债表项目)					
固定资产(净值)		420 000		120 000	300 000
2011 年					
(利润表项目)					
管理费用		140 000		40 000	100 000
(所有者权益变动表项目)					
未分配利润——年初	××		120 000		×× -120 000
(资产负债表项目)					
固定资产(净值)		280 000		80 000	200 000
2012 年					
(利润表项目)					
管理费用		140 000		40 000	100 000
(所有者权益变动表项目)					
未分配利润——年初	××		80 000		×× -80 000
(资产负债表项目)					
固定资产(净值)		140 000		40 000	100 000
2013 年					
(利润表项目)					
管理费用		140 000		40 000	100 000
(所有者权益变动表项目)					
未分配利润——年初	××		40 000		×× -40 000
(资产负债表项目)					
固定资产(净值)		0			0

3. 内部交易形成的固定资产在清理期间的抵销处理

对于销售企业来说,企业集团内部固定资产交易实现的利润,作为期初未分配利润的一部分结转到以后会计期间,直到购买企业对该内部交易形成的固定资产进行清理的会计期间为止。对购买企业来说,在对内部交易形成的固定资产进行清理的期间,在其个别资产负债表中反映为固定资产价值的减少;固定资产清理收入减去其账面价值以及有关清理费用后的余额,则在其个别利润表中以营业外收入(或营业外支出)列示。固定资产清理可能出现期满清理、超期清理和提前清理三种情况,编制合并财务报表时应当根据具体情况进行抵销处理。

(1)内部交易形成的固定资产使用期限届满进行清理的抵销处理

在这种情况下,购买企业内部交易形成的固定资产实体已不复存在,包含未实现内部销售损益在内的该内部交易形成的固定资产的价值已全部转移到其加工的产品价值或各期损益中,因此不存在未实现内部销售损益的抵销问题。从整个企业集团来说,随着该内部交易形成的固定资产的使用寿命届满,其包含的未实现内部交易损益也转化为已实现利润。但是,由于销售企业因该内部交易所实现的利润作为期初未分配利润的一部分结转到购买企业对该内部交易形成的固定资产进行清理的会计期间为止,为此,必须调整期初未分配利润。其次,如果在固定资产清理的会计期间仍计提折旧,则本期计提的折旧费用中仍然包含多计提的折旧额,因此需要将多计提的折旧额予以抵销。综上,抵销分录为:借记"未分配利润——年初",贷记"管理费用"。

【例 4-11】 承【例 4-10】,D 公司在 2013 年该固定资产使用期满时对其进行报废清理,发生固定资产清理净损失 3 000 元,在其个别利润表中以营业外支出列示。在编制合并财务报表时,将本期多计提的折旧费用抵销并调整期初未分配利润,抵销分录如下:

借:未分配利润——年初　　　　40 000

　贷:管理费用　　　　40 000

2013 年合并工作底稿的一部分见表 4-14。

表 4-14　　2013 年合并工作底稿的部分内容　　单位:元

项目	C 公司	D 公司	抵销分录		合并金额
			借方	贷方	
(利润表项目)					
管理费用		140 000		(1)40 000	100 000
营业外支出		3 000			3 000
(所有者权益变动表项目)					
未分配利润——年初	××		(1)40 000		××-40 000
(资产负债表项目)					
固定资产(净值)		0			0

(2)内部交易形成的固定资产超期使用进行清理的抵销处理

内部交易形成的固定资产超期使用未进行清理前,该项固定资产仍处于使用之中,并在购买企业资产负债表中列示,但其账面价值已减记至零。因此,在编制内部交易形成的固定资产超期使用的会计期间的合并财务报表时，不再需要编制抵销分录。

对于超期使用的内部交易形成的固定资产，在清理当期，其实物已不存在，不存在固定资产原价中包含未实现内部销售利润的抵销问题；同时，该固定资产累计折旧也随着固定资产的清理而核销，也不存在固定资产多计提折旧的抵销问题。因此，在编制对内部交易形成的固定资产进行清理的会计期间的合并财务报表时，不需要进行抵销处理。

(3)内部交易形成的固定资产使用期限未满提前进行清理的抵销处理

在这种情况下，购买企业内部交易形成的固定资产实体已不复存在，因此不存在未实现内部销售利润的抵销问题，但由于固定资产提前报废，固定资产原价中包含的未实现内部销售利润随着清理而成为已实现的损益。对于销售企业来说，因该内部交易所实现的利润，作为期初未分配利润的一部分结转到购买企业对该内部交易形成的固定资产进行清理的会计期间为止，为此，必须调整期初未分配利润。其次，在固定资产使用期限未满进行清理的会计期间仍须计提折旧，本期计提的折旧费用中仍然包含多计提的折旧额，因此需要将多计提的折旧费用予以抵销。综上，抵销分录为：借记“未分配利润——年初”，贷记“管理费用”，贷记“营业外收入”。

【例 4-12】 承【例 4-10】，假设 D 公司在 2012 年年末对该固定资产进行报废清理，该固定资产报废清理时实现固定资产清理净收益 5 000 元，在其个别利润表中以营业外收入列示。在编制合并财务报表时，将本期多计提的折旧费用抵销并调整期初未分配利润，抵销分录如下：

借：未分配利润——年初　　80 000
　贷：营业外收入　　40 000
　　管理费用　　40 000

2012 年合并工作底稿的一部分见表 4-15。

表 4-15　　**2012 年合并工作底稿的部分内容**　　单位：元

项目	C 公司	D 公司	抵销分录		合并金额
			借方	贷方	
2012 年					
(利润表项目)					
管理费用		140 000		40 000	100 000
营业外收入		5 000		40 000	45 000
(所有者权益变动表项目)					
未分配利润——年初	××		80 000		×× -80 000
(资产负债表项目)					
固定资产(净值)		0			0

4.3.3 低于成本的集团内部固定资产交易

有时，企业集团内部的固定资产也会按低于出售企业成本的售价进行交易。低于成本的集团内部固定资产交易发生当年会在出售企业账面上反映为未实现损失。在内部固定资产交易发生损失时，工作底稿上抵销未实现损失的合并程序与抵销未实现利润的合并程序基本上是相同的。

【例4－13】假定A公司（母公司）于2009年1月1日向其子公司B公司（拥有80%股份）出售一台设备，有关资料如下：

①2009年B公司账面净利润	400 000元
②2009年1月1日该设备尚可使用年限	4年
③该设备采用的折旧方法	直线法
④该设备估计残值	6 000元
⑤A公司购入该设备的成本	100 000元
⑥该设备2008年12月31日的累计折旧	40 000元
⑦A公司出售给B公司的价格	40 000元

2009年合并工作底稿上有关的抵销分录如下：

（1）抵销内部设备销售的未实现损失：

借：固定资产　　20 000

　贷：营业外支出——设备出售损失　　20 000

（2）抵销由于内部交易未实现损失而少计提折旧的影响：

借：管理费用　　5 000

　贷：固定资产——累计折旧　　5 000

2010年至2012年合并工作底稿上的抵销分录也可参照上述抵销分录编制。

【随堂小测验4－3】

1. 单项选择题

（1）第1年12月31日，子公司S公司从其母公司P公司以48万元的价格购入一台经济寿命为6年的机器设备，预计净残值为零。S公司采用直线法计提折旧。母公司在此次交易中取得未实现利润12万元。在第4年年末编制合并财务报表时，“未分配利润——年初”项目应调减（　　）。

A. 4万元　　B. 6万元　　C. 8万元　　D. 12万元

（2）M公司和N公司均为纳入甲公司合并范围的子公司。2006年6月20日，M公司将其固定资产出售给N公司作为固定资产使用，则2008年编制合并财务报表时，抵销分录不包括（　　）。

A. 借记“未分配利润——年初”项目，贷记“固定资产”项目

B. 借记“固定资产——累计折旧”项目，贷记“未分配利润——年初”项目

C. 借记“固定资产——累计折旧”项目，贷记“管理费用”项目

D. 借记“固定资产——累计折旧”项目，贷记“未分配利润——年末”项目

（3）根据资料完成下面①～③问：M公司和N公司均为纳入甲公司合并范围的子公司。2008年6月1日，M公司将其产品销售给N公司作为管理用固定资产使用，售价为

25 万元(不含增值税),销售成本为 13 万元。N 公司购入后按 4 年的期限采用直线法计提折旧,预计净残值为零。甲公司在编制 2009 年度合并财务报表时,

①应调减"固定资产"项目的金额是(　　);

②应调减"未分配利润——年初"项目的金额是(　　);

③应调减"管理费用"项目的金额是(　　)。

A. 10.5 万元　　B. 7.5 万元　　C. 3 万元　　D. 4.5 万元

(4)M 公司和 N 公司均为纳入甲公司合并范围的子公司。2007 年 12 月 31 日,M 公司将其产品销售给 N 公司作为管理用固定资产使用,售价为 25 万元(不考虑增值税),销售成本为 13 万元。N 公司购入后按 4 年的期限采用直线法计提折旧,预计净残值为零。2011 年,N 公司将该固定资产清理,清理损失计入营业外支出。甲公司在编制 2011 年度合并财务报表时,应编制的抵销分录(　　)。

A. 借:未分配利润——年初　　30 000
　　贷:固定资产　　30 000

B. 借:管理费用　　30 000
　　贷:营业外支出　　30 000

C. 借:未分配利润——年初　　30 000
　　贷:营业外支出　　30 000

D. 借:未分配利润——年初　　30 000
　　贷:管理费用　　30 000

(5)M 公司和 N 公司均为纳入甲公司合并范围的子公司。2007 年 12 月 31 日,M 公司将其产品销售给 N 公司作为管理用固定资产使用,售价为 25 万元(不考虑增值税),销售成本为 13 万元。N 公司购入后按 4 年的期限采用直线法计提折旧,预计净残值为零。2009 年,N 公司将该项固定资产对外转让,转让所得 12 万元。甲公司在编制 2009 年度合并财务报表时,抵销内部固定资产交易应贷记"营业外收入"项目的金额为(　　)。

A. 3 万元　　B. 6 万元　　C. 9 万元　　D. 12 万元

2. 判断题

(1)固定资产的折旧过程被认为是固定资产未实现损益的逐步实现过程。(　　)

(2)集团内部固定资产交易与存货交易的抵销程序完全一样。(　　)

(3)内部交易形成的固定资产超期使用期间和清理时均不需要进行抵销处理。(　　)

(4)在内部固定资产交易发生损失时,合并工作底稿上抵销未实现损失的合并程序与抵销未实现利润的合并程序基本上是相同的。(　　)

(5)对于购买企业而言,固定资产提前报废,由于固定资产实体已不复存在,因此固定资产清理期间不存在抵销问题。(　　)

(6)内部交易形成的固定资产超期使用未进行清理前,该项固定资产仍处于使用之中,并在购买企业资产负债表中列示,在编制合并财务报表时,仍然需要编制抵销分录。(　　)

4.4 企业集团内部无形资产业务

4.4.1 内部无形资产业务概述

无形资产包括专利权、商标权、著作权、非专利技术、特许权、土地使用权等。在大多数情况下,无形资产具有一定的使用寿命,其成本应在其使用寿命内采用系统、合理的方法加以摊销。无形资产成本的摊销,其实质与固定资产的折旧相同。企业集团内部转让无形资产也会出现未实现损益,除非该无形资产已向外界转售。对需要摊销成本的无形资产,合并工作底稿上的抵销处理程序与固定资产基本一致。

企业从政府或其他单位取得的土地使用权可能有一定的使用期限,这时土地使用权的会计处理与其他无形资产一样,其取得成本应在使用期限内摊销。但在特殊情况下,企业从政府取得土地使用权后,可无限期使用,其使用寿命不能确定,此时土地使用权的成本可以不予摊销。本节以土地使用权为例,讨论成本不须摊销的无形资产在编制合并财务报表时的处理,这一技术同样适用于不须计提折旧的固定资产的内部交易。

4.4.2 内部交易形成的使用寿命不确定的无形资产业务的抵销方法

集团内部发生按非成本价转让可无限期使用的土地使用权(以下简称土地使用权)时,从企业集团角度来看,也会产生未实现损益。在交易当年,这一内部交易损益会反映在销售企业账上,但实际上这种损益并未实现,在编制合并财务报表时也应予以抵销。

1. 无形资产交易的抵销处理

【例 4 -14】 假定母公司 M 公司于 2009 年 6 月 1 日以 200 000 元的价格从其子公司 N 公司(M 公司拥有 90% 股份)购入土地使用权, N 公司取得该土地使用权的成本为 160 000 元。

对这一土地使用权内部转让业务, M 公司和 N 公司在各自账上所做的会计分录见表 4 -16。

表 4 -16　　M 公司和 N 公司的会计分录

M 公司账面记录			N 公司账面记录		
借:无形资产——土地使用权	200 000		借:银行存款		200 000
贷:银行存款		200 000	贷:无形资产——土地使用权	160 000	
			营业外收入——土地转让收益	40 000	

从企业集团的角度来看,2009 年 12 月 31 日 N 公司账上的 40 000 元土地转让收益并未实现,在 2009 年的合并利润表中,不应出现"土地转让收益"项目;同时,在合并资产负债表中,该土地使用权对整个企业集团而言,其成本应为 160 000 元,而非 200 000 元。在 2009 年 12 月 31 日编制合并财务报表时,抵销土地使用权内部交易的未实现利得,使无形资产减少至企业集团的成本基础,抵销分录如下:

借:营业外收入——土地转让收益　　　　40 000
　　贷:无形资产——土地使用权　　　　　　40 000

2010 年,若 M 公司继续掌握该土地使用权,在合并工作底稿上需要将土地使用权调整到企业集团的成本基础,同时调整期初未分配利润,抵销分录如下:

借:未分配利润——年初　　40 000

　贷:无形资产——土地使用权　　40 000

这一分录调减了 2010 年年初未分配利润 40 000 元,用以抵销 2010 年年初以 M 公司和 N 公司个别财务报表中期初未分配利润为基础计算的期初合并未分配利润,使 2010 年年初合并未分配利润与 2009 年年末合并未分配利润金额达到一致,同时,减少无形资产 40 000 元,将该账户余额调整到企业集团的成本基础。

2. 内部无形资产处置的抵销处理

【例 4-15】 承上例,假定 M 公司在使用该土地 3 年后,即 2012 年,以 260 000 元的价格将该土地使用权转让给外界。在出售当年,M 公司账上确认土地使用权转让利得 60 000元(260 000 - 200 000)。但是对企业集团而言,2012 年实现的土地使用权转让利得为 100 000 元(260 000 - 160 000)。为将 M 公司账上的土地使用权转让利得 60 000 元调整为企业集团的土地使用权转让利得 100 000 元,在合并工作底稿中编制抵销分录如下:

借:未分配利润——年初　　40 000

　贷:营业外收入——土地转让收益　　40 000

在 M 公司向外界转让土地使用权的当年所编制的这笔分录,与 2010 年至 2011 年合并工作底稿上所编制的抵销未实现利得的分录几乎相同,差异在于这里贷记的是"土地转让收益",因为 2012 年年末 M 公司账上已无"土地使用权"项目,而且从企业集团角度来看需要再确认土地使用权转让利得 40 000 元。

【随堂小测验 4-4】

1. 单项选择题

(1)M 公司和 N 公司均为纳入甲公司合并范围的子公司。2008 年 7 月 1 日,M 公司向 N 公司以 80 000 元的价格出售一项专利,专利的账面成本为 60 000 元,尚有 4 年经济寿命。甲公司在编制 2009 年度合并财务报表时,应编制的抵销分录是(　　)。

A. 借:未分配利润——年初　　20 000

　　贷:无形资产　　20 000

B. 借:无形资产——累计摊销　　2500

　　贷:未分配利润——年初　　2500

C. 借:无形资产——累计摊销　　5 000

　　贷:管理费用　　5 000

D. 借:无形资产——累计摊销　　7 500

　　贷:管理费用　　7 500

(2)M 公司和 N 公司均为纳入甲公司合并范围的子公司。2008 年 7 月 1 日,M 公司向 N 公司以 80 000 元的价格出售一项专利,专利的账面成本 60 000 元,尚有 4 年经济寿命。2009年年末N公司将该项专利转让,转让所得100 000元。甲公司在编制2009年度合并财务报表时,应编制的抵销分录是(　　)。

A. 借:未分配利润——年初　　20 000
　　贷:营业外收入　　20 000

B. 借:营业外收入　　2 500
　　贷:未分配利润——年初　　2 500

C. 借:营业外收入　　5 000
　　贷:管理费用　　5 000

D. 借:营业外收入　　7 500
　　贷:管理费用　　7 500

2. 判断题

(1)如果内部转移的土地使用权可永久使用,在合并财务报表上未实现损益应全部抵销,除非该土地使用权已对外转让,未实现损益永远不会确认。(　　)

(2)由于土地使用权无须分期摊销,在内部土地使用权转让交易发生的以后年度无须进行抵销处理。(　　)

(3)对需要摊销成本的无形资产,合并工作底稿上的抵销处理程序与固定资产基本一致。(　　)

本章小结

本章主要阐述了集团内部资产业务的种类和内部资产业务抵销的方法:

(1)内部存货交易的概念及类型

企业集团内部存货交易主要有顺销、逆销和平销三种。顺销是指母公司对子公司的销售,逆销是指子公司对母公司的销售,平销是指子公司之间的销售。

(2)内部存货交易的抵销方法

①按成本销售存货。从合并主体的角度看,内部存货交易的影响应当在编制合并财务报表时全部加以抵销,而与是否存在少数股权无关。通常在顺销交易下,如果母公司按照成本出售存货给子公司,则不论购货企业在合并财务报表编制日是否已将内部购入的存货对外出售,合并工作底稿上的抵销分录均为:借记"营业收入",贷记"营业成本"。

②按非成本销售存货。在企业集团内部存货业务中,更为典型的是按成本加上一定的毛利销售存货。在这种情况下,抵销内部存货交易未实现利润的程序一般为:借记"营业收入",贷记"营业成本";借记"营业成本",贷记"存货"。(3)如果期初内部存货当期部分未实现对外销售,已售出部分的抵销分录是借记"未分配利润——年初",贷记"营业成本";未售出部分的抵销分录则是借记"未分配利润——年初",贷记"存货"。

在连续编制合并财务报表时,期初内部存货交易中包含的未实现利润的抵销分录在理论上应该分别情况处理:如果期初内部存货当期全部对外销售,抵销分录为借记"未分配利润——年初",贷记"营业成本";如果期初内部存货当期全部未实现对外销售,抵销分录为借记“未分配利润——年初”，贷记“存货”。

③在连续编制合并财务报表时，内部存货交易抵销程序为：先假设期初内部存货当期全部对外销售，借记“未分配利润——年初”，贷记“营业成本”；再假设本期购进存货全部对外销售，借记“营业收入”，贷记“营业成本”；最后根据期初和本期的内部存货未实现对外销售的部分（即期末内部存货），对上述两笔抵销分录进行调整，借记“营业成本”，贷记“存货”。

④存货逆销。我国《企业会计准则第33号——合并财务报表》并未提及内部交易的存货逆销。当企业集团存在逆向交易时，应采用与顺向交易相同的抵销方法，100%地予以抵销。无论是顺销还是逆销，少数股东损益=（子公司以合并日可辨认净资产的公允价值为基础调整后的净利润－未实现的内部交易损益）×少数股东持股比例，少数股东权益=子公司以合并日可辨认净资产的公允价值为基础并考虑未实现内部交易损益因素调整后的股东权益×少数股东持股比例。

（3）内部固定资产交易的抵销

①内部固定资产交易发生当期的抵销处理。对于内部固定资产有偿转让，在发生内部交易的当年，抵销固定资产未实现损益的一般程序为：借记“营业外收入”，贷记“固定资产——原价”；借记“固定资产——累计折旧”，贷记“管理费用”等。内部交易商品转作固定资产的，在发生内部交易的当年，抵销固定资产未实现损益的一般程序为：借记“营业收入”，贷记“营业成本”和“固定资产——原价”；借记“固定资产——累计折旧”，贷记“管理费用”等。

②内部交易形成的固定资产在以后会计期间的抵销处理。固定资产的折旧过程被认为是固定资产未实现损益的逐步实现过程，在连续编制合并财务报表时，内部固定资产交易的抵销分录为：借记“未分配利润——年初”（期初固定资产包含的未实现内部销售利润），贷记“管理费用”等（本期多计提的折旧额）和“固定资产”（期末固定资产包含的未实现内部销售利润）。

③内部交易形成的固定资产在清理期间的抵销处理。期限届满进行清理的抵销分录为：根据内部未实现销售利润分摊的当年折旧额，借记“未分配利润——年初”，贷记“管理费用”等。对于超期使用进行清理的固定资产，超期使用期间不需要编制抵销分录，报废时也不需要抵销处理。内部交易形成的固定资产使用期限未满提前进行清理的抵销分录为：借记“未分配利润——年初”（内部交易对清理当期期初未分配利润的影响额），贷记“管理费用”等（按内部未实现销售利润分摊的当年折旧额），贷记“营业外收入”（期末未实现内部销售利润转入清理损益的金额）。

（4）内部无形资产交易的抵销

内部交易形成的使用寿命不确定的无形资产，如内部转移的土地使用权，其成本不需要摊销，在合并财务报表上，未实现的内部交易损益应全部抵销，除非该土地使用权已经对外转让，否则未实现内部交易损益永远也不会确认。

内部交易形成的使用寿命确定、需要摊销成本的无形资产，合并工作底稿上的调整和抵销分录，与固定资产的基本相同。

关键概念

内部交易　顺销　逆销　未实现损益

思考题

1. 在编制合并财务报表时,企业集团内部资产交易的未实现损益的影响为什么应予以抵销?在企业集团看来,什么时候内部交易的未实现损益是实现了?

2. 内部交易的销售收入和销售成本的抵销对合并净利润有什么影响?

3. 何谓顺销?何谓逆销?顺销和逆销对计算母公司净利润和合并净利润有何影响?对少数股东损益又有什么影响?

4. 试描述合并工作底稿对期初、期末内部交易形成的存货中包含未实现损益的处理。

5. 在编制合并财务报表时,抵销固定资产内部交易影响的目的是什么?

6. 根据我国现行会计制度的规定,固定资产内部交易是顺销还是逆销对计算少数股东损益是否有影响?

7. 固定资产内部交易所产生的未实现损益是怎样实现的?若固定资产在使用一段时期后又出售呢?

8. 试描述合并工作底稿中对内部交易形成的固定资产的清理的抵销处理。

9. 固定资产内部交易对交易以后会计期间的合并净利润有何影响?

10. 当发生无形资产内部交易时,母公司账上和合并工作底稿上应如何处理?

练习题

1. 目的:练习内部存货业务的抵销处理。

资料:甲公司拥有乙公司80%的股权。2007年,甲公司向乙公司出售商品一批,售价180 000元,成本130 000元,乙公司当年售出了其中的50%,另50%于2008年售出。2008年,甲公司又向乙公司出售商品一批,售价210 000元,成本150 000元,乙公司于当年售出了其中的60%。

要求:

(1)编制2007年合并工作底稿抵销分录,抵销内部存货交易的影响。

(2)编制2008年合并工作底稿抵销分录,抵销内部存货交易的影响。

2. 目的:练习内部存货业务的抵销处理。

资料:A公司于几年前按账面价值获取了B公司80%的股权,企业合并时B公司可辨认资产、负债及或有负债的公允价值与账面价值一致。A公司在其个别资产负债表中采用成本法核算该项长期股权投资。2002年,B公司出售给A公司商品45 500元,该批商品成本为35 000元(B公司商品定价一般是成本加30%的毛利)。2002年年末,A公司当年购进的B公司商品有20%未对外售出。此外，A公司期初存货中属于从B公司购进的商品有13 000元。B公司当年账面净利润为150 000元，提取盈余公积15 000元，派发现金股利50 000元。

要求：

(1)编制合并工作底稿抵销分录，消除公司间存货交易的影响。

(2)计算B公司2002年少数股东损益。

3. 目的：练习内部固定资产业务的抵销处理。

资料：Y公司于2005年1月1日获取了Z公司80%的股权。2005年年初，Y公司以10 000元的价格向Z公司出售设备一台，当时该设备账面原值为7 000元，已提折旧2 000元，尚可使用5年。假定Z公司从2005年1月开始计提折旧。

要求：

(1)编制2005年合并工作底稿抵销分录，抵销内部固定资产交易的影响。

(2)编制2006年合并工作底稿抵销分录，抵销内部固定资产交易的影响。

(3)假设Z公司在2010年该固定资产使用期满时对其进行报废清理，清理净损失500元。编制2010年合并工作底稿抵销分录，抵销内部固定资产交易的影响。

(4)假设Z公司在2009年年初对其进行报废清理，清理净损失500元。编制2009年合并工作底稿抵销分录，抵销内部固定资产交易的影响。

(5)假设Z公司在2012年年初对其进行报废清理，清理净损失500元。编制2011年、2012年合并工作底稿抵销分录，抵销内部固定资产交易的影响。

4. 目的：练习内部固定资产业务的抵销处理。

资料：M公司于2007年1月1日获取了N公司80%的股权。2008年年初，M公司将其不需用的设备一台出售给N公司，售价50 000元。当时该设备账面原值为100 000元，已提折旧40 000元，尚可使用5年。

要求：

(1)编制2008年合并工作底稿抵销分录，抵销内部固定资产交易的影响。

(2)编制2009年合并工作底稿抵销分录，抵销内部固定资产交易的影响。

5. 目的：练习内部无形资产业务的抵销处理。

资料：E公司于2005年1月1日按账面价值获取了F公司75%的股权。2006年，E公司向F公司转让土地使用权，获利8 000元。2006年，F公司报告的净利润为40 000元。2008年，F公司将土地使用权再出售给外界，获利6 000元。2008年，F公司报告的净利润为15 000元。

要求：

(1)编制2006年合并工作底稿抵销分录，抵销内部土地使用权交易的影响。

(2)编制2007年合并工作底稿抵销分录，抵销内部土地使用权交易的影响。

(3)编制2008年合并工作底稿抵销分录，抵销内部土地使用权交易的影响。

案例题

案例资料：

爱家集团是一家市属企业，于2000年创立，生产电子科技产品，彩管为其主要产品，除此之外还提供无线通讯网络和软计设计服务，经营电脑元部件。爱家集团控股子公司爱华公司(90%)为上市公司，按中国证监会规定编制合并财务报表并对外公布会计信息。2007年12月31日，母公司个别资产负债表中对子公司的长期股权投资的金额为540 000元，母公司在其个别资产负债表中采用成本法核算该项长期股权投资。

2006年1月1日，母公司用银行存款540 000元购得爱华公司90%的股份(企业合并为非同一控制下的企业合并)。爱华公司2006年1月1日可辨认资产、负债及或有负债的公允价值与账面价值一致，2006年1月1日，爱华公司股东权益总额为600 000元，其中，股本300 000元，资本公积100 000元，盈余公积60 000元，未分配利润140 000元。母公司与子公司的会计政策和会计期间一致，不考虑母公司和子公司及合并资产、负债的所得税影响。

2006年，爱华公司实现净利润100 000元，提取法定公积金10 000元，向爱家公司分派现金股利54 000元，向其他股东分派现金股利6 000元，未分配利润30 000元。

2007年，爱华公司实现净利润150 000元，提取法定公积金15 000元，向爱家公司分派现金股利81 000元，向其他股东分派现金股利9 000元，未分配利润45 000元。

2007年，爱家集团有关内部交易资料如下：

①期末母公司应收子公司账款10 000元，母公司按应收账款余额的0.5%计提坏账准备。

②母公司持有子公司发行的长期债券50 000元，本年确认利息收入5 000元，子公司本年提取的债券利息计入财务费用。

③母公司预收子公司账款20 000元。

④母公司年度内销售给子公司产品，售价250 000元，成本225 000元，母公司的销售毛利率10%，子公司当年均未售出。

⑤母公司1月1日出售给子公司产品，销售价格160 000元，销售成本128 000元，了公司作管理用固定资产使用。子公司从当年1月1日起开始计提折旧，固定资产预计使用年限5年，预计净残值为零，采用直线法计提折旧。

⑥母公司期初存货中包含上年从子公司购入的存货50 000元，子公司上年的销售毛利率为30%。

母公司和子公司相关报表数据见下表。

问题：

(1)根据合并工作底稿中的数据编制调整和抵销分录，完成合并工作底稿。

(2)编制合并财务报表时需要抵销的业务有哪些类型？

(3)根据上述资料编制合并资产负债表和合并利润表。

合并工作底稿

2007 年 12 月 31 日

单位:元

项目	母公司			子公司			抵销分录		合并金额
	报表金额	借方	贷方	报表金额	借方	贷方	借方	贷方	
（利润表项目）									
营业收入	2 150 000			950 000					
减:营业成本	1 871 000			669 000					
营业税金及附加	9 000			6 000					
销售费用	30 000			25 000					
管理费用	17 500			45 000					
财务费用	14 500			11 000					
资产减值损失	1 500			300					
加:投资收益	86 000			1 000					
营业利润	292 500			194 700					
加:营业外收入	67 500			1 000					
减:营业外支出	10 000			3 000					
利润总额	350 000			192 700					
减:所得税费用	100 000			42 700					
净利润	250 000			150 000					
少数股东损益									
归属于母公司所有者的净利润									
（所有者权益变动表项目）									
加:未分配利润——年初	200 000			170 000					
可供分配利润	450 000			320 000					

续表

项目	母公司			子公司			抵销分录		合并金额
	报表金额	借方	贷方	报表金额	借方	贷方	借方	贷方	
减:提取盈余公积	25 000			15 000					
应付股利	100 000			90 000					
未分配利润——年末	325 000			215 000					
(资产负债表项目)									
流动资产:									
货币资金	312 500			129 000					
应收账款	550 000			120 000					
其中:应收爱华公司账款	9 950								
预付账款	21 000			20 000					
存货	522 000			373 000					
流动资产合计	1 505 500			642 000					
持有至到期投资	80 000			0					
其中:持有爱华公司债券	50 000								
长期股权投资	540 000								
其中:对子公司投资	540 000			0					
固定资产	820 000			432 000					
无形资产	70 000			36 000					
非流动资产合计	1 510 000			468 000					
资产总计	3 015 500			1 110 000					
流动负债:									
短期借款	149 050			70 000					

续表

项目	母公司			子公司			抵销分录		合并金额
	报表金额	借方	贷方	报表金额	借方	贷方	借方	贷方	
应付票据	100 000			30 000					
应付账款	100 000			60 000					
预收账款	200 000			29 340					
其中:预收爱华公司账款	20 000								
流动负债合计	549 050			189 340					
非流动负债:									
长期借款	551 450			120 660					
应付债券	500 000			100 000					
其中:应付债券——爱家公司				50 000					
非流动负债合计	1 051 450			220 660					
负债合计	1 600 500			410 000					
所有者权益:									
实收资本	600 000			300 000					
资本公积	400 000			100 000					
盈余公积	90 000			85 000					
未分配利润	325 000			215 000					
少数股东权益									
所有者权益合计	1 415 000			700 000					
负债和所有者权益总计	3 015 500			1 110 000					

随堂小测验答案

随堂小测验 4 –2

1. 单项选择题 (1)A (2)D (3)D (4)B (5)A (6)C (7)D (8)A (9)B
2. 判断题 (1)√ (2)√ (3)× (4)√ (5)√ (6)√

随堂小测验 4 –3

1. 单项选择题 (1)C (2)D (3)①B ②A ③C (4)D (5)B
2. 判断题 (1)√ (2)× (3)√ (4)√ (5)× (6)×

随堂小测验 4 –4

1. 单项选择题 (1)C (2)A
2. 判断题 (1)√ (2)× (3)√

第5章　外币交易会计

学习目标

知识目标:了解外汇和外汇市场的基本问题,熟悉记账本位币的确定;掌握外汇折算方法的确定;掌握外币交易会计处理的单一交易观点和两笔交易观点的特点及记账方法,重点掌握汇兑损益的形成及其处理、外币核算原则及外币交易的会计处理。

能力目标:能够运用本章所学知识对外币交易进行会计处理。

导入案例

大华公司的记账本位币为人民币,某日,该公司向美国出口商品一批,款项约定用美元结算,并按会计制度的规定记录该笔销售收入。

光华公司进口设备一台,款项约定用欧元结算。该公司记账本位币为人民币,需要以人民币兑换欧元,支付设备款。

以上两个例子说明,在经济全球化的今天,企业的外币交易越来越呈现一种常态化。那么,企业发生外币交易后如何将其折算为记账本位币,并在财务报表中得到正确的反映呢?

5.1 外币交易会计概述

5.1.1 记账本位币、外币和外币交易

1. 记账本位币

一般而言,企业以其所在国的货币(本国货币)为记账本位币,但对跨国公司而言,对其境外子公司所择定的记账本位币可能是母公司所在国的货币,也可能是另一国货币。外币交易实质上就是指非记账本位币交易。

> **关键概念——记账本位币**
>
> 记账本位币,是企业从事经营活动的主要经济环境中使用的货币,是企业计量其现金流量和经营成果的统一尺度。

根据我国《企业会计准则第19号——外币折算》的规定,企业通常应选择人民币作为记账本位币。业务收支以人民币以外的货币为主的企业,可以选定其中一种货币作为记账本位币,但是编报的财务报表应当折算为人民币。企业选定记账本位币时,应当考虑

下列因素：

(1)该货币主要影响商品和劳务的销售价格，通常以该货币进行商品和劳务的计价和结算。

(2)该货币主要影响商品和劳务所需人工、材料和其他费用，通常以该货币进行上述费用的计价和结算。

(3)融资活动获得的货币以及保存从经营活动中收取款项所使用的货币。

(4)企业选定境外经营的记账本位币，除了考虑上述因素外，还应当考虑下列因素：

①境外经营对其所从事的活动是否拥有很强的自主性。如果境外经营所从事的活动视同企业经营活动的延伸，该境外经营应当选择与企业记账本位币相同的货币作为记账本位币；如果境外经营所从事的活动拥有极强的自主性，则境外经营不能选择与企业记账本位币相同的货币作为记账本位币。

②境外经营活动中与企业的交易是否在境外经营活动中占有较大比重。如果境外经营与企业的交易在境外经营活动中所占的比重较高，境外经营者应当选择与企业记账本位币相同的货币作为记账本位币；反之，应当选择其他货币作为记账本位币。

③境外经营活动产生的现金流量是否直接影响企业的现金流量、是否可以随时汇回。如果境外经营活动产生的现金流量直接影响企业的现金流量并可随时汇回，境外经营应当选择与企业记账本位币相同的货币作为记账本位币；反之，应当选择其他货币作为记账本位币。

④境外经营活动产生的现金流量是否足以偿还现有债务和可预期的债务。如果境外经营活动产生的现金流量在企业不提供资金的情况下，难以偿还其现有债务和正常情况下可预期的债务，境外经营应当选择与企业记账本位币相同的货币作为记账本位币，反之，应当选择其他货币作为记账本位币。

以上所说“境外经营”，是指企业在境外的子公司、合营企业、联营企业、分支机构。在境内的子公司、合营企业、联营企业、分支机构，采用不同于企业记账本位币的，也视同境外经营。

企业记账本位币一经确定，不得随意变更，除非企业经营所处的主要经济环境发生重大变化。企业因经营所处的主要经济环境发生重大变化，确须变更记账本位币的，应当采用变更当日即期汇率将所有项目折算为变更后的记账本位币。

2. 外币

外币，“外国货币”的通称，亦指非记账本位币，是企业记账本位币以外的货币，包括各种纸币和铸币，它常用于企业间交易、投资等经济活动引起的对外结算业务。广义的外币是指所有以外国货币表示的能够用以国际结算的支付凭证，除外国的纸币和铸币以外，还包括企业拥有对外国的有价证券，如以外币表示的政府债券、公司债券、金融债券、股票和息票等；也包括外币支付凭证，如各种外币票据、银行存款、信用证、邮政储蓄等各种外币凭证；还包括其他外币资金，如各种外币汇款和各种可在国外兑换或流通的凭证等。

会计上是以记账货币作为记账本位币，非记账本位币则为外币。当会计上以外国货币为记账本位币记账时,本国货币就成为会计核算上的外币。

3. 外币交易

通常企业发生的外币交易包括:

(1)买入或卖出以外币计价的商品或者劳务;

(2)借入或者借出外币资金;

(3)其他以外币计价或者结算的交易。

> **关键概念——外币交易**
>
> 外币交易是以非记账本位币(外币)计价或者结算的交易。

应注意的是,本国企业向外国企业购入商品或本国企业将商品销售给外国企业,并不一定就会发生外币交易。例如,当中国企业购入美国企业商品并约定以美元结算时,对中国企业来说是外币交易(因其记账本位币为人民币),而对美国企业来说则不是外币交易(因其记账本位币为美元)。此外,即便是本国企业间发生的商品交易,若双方约定以某一外币进行结算,也属于外币交易。由此看来,确定一项交易是否为外币交易,应视其是否用外币(非记账本位币)进行结算。

5.1.2 外币折算和外币兑换

1. 外币折算

外币折算只是货币表述形式的改变,是将在收支过程中实际使用的外币折合为等值的记账本位币,不是进行实际的货币转换,也不是货币之间的兑换。

> **关键概念——外币折算**
>
> 外币折算是指把不同的外币金额换算为另一种货币金额的折合换算过程。

外币交易之所以要进行折算,是因为交易本身是以外币进行计量的,但企业必须以其记账本位币作为统一计量尺度,以便编制财务报表,这就要求企业发生外币交易时,在按原币(某种外币)计量和反映的同时,还要将其折算为等值的本国货币(记账本位币),即外币交易必须要进行双重的计量和反映。外币折算既包括外币交易的折算也包括外币财务报表的折算。

2. 外币兑换

外币兑换是货币实体的转换,发生在一些用外币结算的交易中。例如,用本国货币兑换外国货币,以清偿一笔外币负债,或是出于某种需要,将一种外币兑换为另一种外币。

> **关键概念——外币兑换**
>
> 外币兑换是将一种货币兑换为另一种货币的经济业务。

显然,外币交易中的折算和兑换其含义是不同的,前者只是改变货币表述形式,即以一种货币计量单位重新表述为另一种货币计量单位,并不改变所计量资产或负债的固有价值;而后者则是不同货币之间的实际交换,要进行实际发生交易的记录。虽然如此,外币折算和外币兑换的基础和依据都是汇率。

5.1.3 外汇、汇率和汇兑差额

1. 外汇

外汇是外币资金的总称,通常是指以外币表示的用于国际结算的支付凭证。国际货

币基金组织规定:外汇是货币行政管理层以银行存款、财政部国库券、长短期债券等形式所保有的在国际收支逆差时可以使用的债权。根据我国有关规定,外汇是指以外币表示的用于国际结算的支付手段,以及可用于国际支付的特殊债权、其他外币资产,包括:(1)外国货币,包括纸币、铸币等;(2)外币有价证券,包括政府公债、国库券、公司债券、股票、息票等;(3)外币收支凭证,包括票据、银行存款凭证、邮政储蓄凭证等;(4)其他外汇资金。

2. 汇率

(1)汇率及其标价

①汇率。外汇作为一种特殊的商品,买卖时的价格就表现为汇率,因而汇率也称外汇汇价。

关键概念——汇率

汇率是指用一国货币兑换成另一国货币时的比价或比率,即以一国货币表示的另一国货币的价格。

②外汇的标价。汇率有直接标价法和间接标价法两种表示方式。

关键概念——汇率标价

汇率标价是指汇率以外国货币来表示本国货币的价格,或以本国货币表示外国货币的价格。

直接标价法,是指以一定单位的外国货币为标准折算为一定数额的本国货币的标价方法,这种方法被包括我国在内的大多数国家所采用。例如,以人民币为本国货币,美元为外币,则1美元=6.9元人民币。直接标价法的特点是:外币数额固定不变,本国货币数随汇率高低发生变化,本国货币币值大小与汇率的高低成反比,即以固定外币数换取的本国货币越多,表示本国货币币值下降,外国货币币值相对上升,外汇汇率上升;反之,表示本国货币币值上升,外国货币币值下降,外汇汇率下跌。

间接标价法,是以一定单位的本国货币为标准,折算为一定数额的外国货币,即每单位本国货币可兑换外币的金额。间接标价法的特点是:本国货币固定不变,外币数额随汇率高低发生变化,本国货币币值大小与汇率高低成正比,如果折算的外币数额增加了,表示外币币值下降,本国货币币值相对上升,汇率下跌;相反,则表示汇率上升。间接标价法与直接标价法正好相反,例如,在直接标价法下,1美元=6.9元人民币,用间接法标价则表示为1元人民币=0.145美元。英国采用间接标价法,美国对英国采用直接标价法。

此外,在外币交易中可能会用到套算汇率。套算汇率是根据两种外币对本国货币的汇率套算出的两种外币间的汇率。在国际外汇市场上,外汇汇率一般是指某一国家的货币对美元的比价,因而,当交易的两种货币都不是美元时,就必须进行套算。例如,日元对欧元的买卖,首先以日元买入美元,再以美元买入欧元,然后再将日元换算成欧元。又如,我国只公布外币对人民币汇率,要将美元兑换成港元,就可以通过套算汇率进行换算。以下是2010年4月30日中国人民银行公布的外汇汇率(每100元人民币):

买入价	卖出价
100美元=681.25元人民币	683.99元人民币
100港元=87.73元人民币	88.06元人民币

根据上述汇率,计算美元对港元的套算汇率为:

$$\frac{¥681.25}{US\ \$\ 100} \div \frac{¥88.06}{HK\ \$\ 100} \times US\ \$\ 100 = HK\ \$\ 773.62$$

上述公式中美元采用的是买入价,港元采用的是卖出价。

企业发生外币业务时,如无法直接采用中国人民银行公布的人民币对美元、日元、港元等的基准汇率作为折算汇率,应当按照下列方法进行折算:

美元、日元、港元等以外的其他货币对人民币的汇率,根据美元对人民币的基准汇率和国家外汇管理局提供的纽约外汇市场美元对其他主要外币的汇率进行套算,以套算后的汇率作为折算汇率。美元对人民币以外的其他货币的汇率,直接采用国家外汇管理局提供的纽约外汇市场美元对其他主要货币的汇率。

美元、人民币以外的其他货币之间的汇率,按国家外汇管理局提供的纽约外汇市场美元对其他主要外币的汇率进行套算,以套算后的汇率作为折算汇率。

(2)汇率的分类

按不同的标准,可将汇率分成以下几类:

①汇率按是否固定分为固定汇率和市场汇率。固定汇率也称法定汇率或官方汇率,是指政府规定的该国货币同其他国家货币的比价。这个比价基本固定不变,或者其变动被限制在一定的幅度内。市场汇率也称浮动汇率,是指外汇市场上由交易双方供求关系形成的汇率,这种汇率经常随市场的行情变化而上下波动。国际上按受政府干预与否将市场汇率分为自由浮动汇率和管理浮动汇率两种,我国实行的是管理浮动汇率。

②汇率按会计入账时间分为现行汇率和历史汇率。现行汇率也称记账汇率,是指企业发生外币业务或编制财务报表时所采用的汇率。历史汇率也称账面汇率,是相对于现行汇率而言的,指最初取得外币资产或承担外币负债时的汇率。昨天的现行汇率即今天的历史汇率。例如,企业1月5日以外币表示某项应付账款时,1月5日记入账中的汇率为现行汇率,在1月31日编制资产负债表时,如汇率发生变动,则1月31日的汇率为现行汇率,1月5日的汇率即历史汇率。

③汇率按从事外汇经营的银行角度不同分为买入汇率、卖出汇率和中间汇率。卖入汇率也称买入价,是指银行向客户买入外汇时所采用的汇率。卖出汇率也称卖出价,是指银行向客户出售外汇时所采用的汇率。在直接标价法下,卖出价高于买入价;在间接标价法下,卖出价低于买入价。买入价与卖出价的差额即银行买卖外汇的收益。中间汇率也称中间价,是指银行买入汇率和卖出汇率的平均价。我国企业外币业务会计以买入价和卖出价计算的中间价作为入账汇率。

④即期汇率和即期汇率的近似汇率。根据我国《企业会计准则第19号——外币折算》的规定,企业在处理外币交易和对外币财务报表进行折算时,应当采用交易发生日的即期汇率将外币金额折算为记账本位币金额反映,也可以采用按照系统、合理的方法确定的、与交易发生日即期汇率近似的汇率折算。

即期汇率是相对于远期汇率而言的,是指外汇买卖的双方在成交后即期办理交割的交易业务,通常隔两个营业日交割。远期汇率也称期汇汇率,是指外汇买卖双方在成交时,只是订立合同,规定外汇买卖的数量、交割期限、汇率等条款,等到合同约定日再办理交割的交易业务,属于预定的外汇买卖。为方便核算,企业用于记账的即期汇率一般指当日中国人民银行公布的中间价。但是,在企业发生单纯的货币兑换交易或涉及货币兑换的交易时,仅用中间价不能反映货币买卖的损益,需要使用买入价或卖出价折算。

即期汇率的近似汇率,是指按照系统、合理的方法确定的、与交易发生日即期汇率近似的汇率,通常采用当期平均汇率或加权平均汇率等。即期汇率的近似汇率一般是在汇率变动不大时,为简化核算而采用的。以人民币兑换美元的周平均汇率为例,假定人民币兑换美元每天的即期汇率为周一6.9、周二6.87、周三6.86、周四6.84、周五6.83,则周平均汇率为$(6.9+6.87+6.86+6.84+6.83)\div 5=6.86$。月平均汇率的计算方法与周平均汇率的计算方法相同。月加权平均汇率需要采用当月外币交易的外币金额作为权重进行计算。

无论采用平均汇率还是加权平均汇率,抑或其他方法确定的即期汇率的近似汇率,确定方法应在前后各期保持一致。

3. 汇兑差额

汇兑差额有以下几种类型:

(1)交易过程中产生的汇兑差额,即在以外币计价的商品购销业务中因收回或偿付外币债权债务而产生的汇兑差额。

(2)不同外币兑换过程中产生的汇兑差额。

(3)期末外币调整时产生的汇兑差额,即期期末将有关外币账户按期末市场汇率进行调整时历史汇率与现行汇率(期末汇率)不同而产生的差额。

(4)外币报表折算时产生的折算差额。

> **关键概念——汇兑差额**
>
> 汇兑差额也称汇兑损益,是指企业在进行外币业务会计处理时,由于采用不同的汇率换算而产生的折合成记账本位币金额的差额,这个差额要作为企业的利得或损失处理。

【随堂小测验5-1】

1. 单项选择题

(1)企业各外币账户和外币报表的各项目由于记账时间和汇率的不同而产生的折合为记账本位币的差额,称为(　　)。

A. 外币兑换　　B. 外币交易　　C. 外币折算　　D. 汇兑差额

(2)会计上所指的外币是指(　　)。

A. 外国货币　　B. 国际支付和结算手段

C. 外汇　　D. 非记账本位币

(3)直接标价法的特点是(　　)。

A. 本国货币数额固定不变

B. 外国货币数额随汇率高低而变化

C. 本国货币币值大小与汇率的高低成反比

D. 本国货币币值大小与汇率的高低成正比

(4)汇率按会计入账时间分为(　　)。

A. 现行汇率和历史汇率　　B. 买入汇率和卖出汇率

C. 固定汇率和市场汇率　　D. 即期汇率和即期汇率的近似汇率

2. 多项选择题

(1)按照我国相关规定,下列项目中属于外汇的项目有(　　)。

A. 外国货币　　B. 外币有价证券

C. 外汇收支凭证　　D. 外国纸币与铸币

(2)对外币财务报表折算所采用的汇率有(　　)。

A. 即期汇率　　B. 平均汇率

C. 历史汇率　　D. 远期汇率

(3)下列关于"汇率"说法正确的有(　　)。

A. 汇率是不同货币之间进行兑换的标准

B. 汇率是用一国货币兑换另一国货币的比率

C. 汇率是用一国货币兑换另一国货币的比价

D. 汇率是用一国货币所表示的另一国货币的价格

3. 判断题

(1)根据我国会计准则的规定,企业必须以人民币作为记账本位币。(　　)

(2)汇率是将一国货币换算成另一国货币的比价。(　　)

(3)外币交易应当在初始确认时,采用交易发生日的即期汇率将外币金额折算为记账本位币,也可以采用按照系统、合理的方法确定的、与交易发生日即期汇率近似的汇率折算。(　　)

(4)外币折算和外币兑换的基础和依据都是汇率。(　　)

(5)直接标价法下,外币数额固定不变,本国货币数额随汇率高低发生变化,本国货币币值大小与汇率高低成反比。(　　)

5.2 外币交易的会计处理

5.2.1 外币交易会计

随着经济全球化的发展,企业的外币交易越来越普遍,主要包括商品购销、劳务供应、接受投资、往来结算和货币借贷等,因而也就形成了专门处理外币交易的会计。对已发生的外币交易,会计上要进行以下处理:

(1)发生外币交易时,按一定的汇率折算为记账本位币;

(2)会计期末,按一定的汇率调整各外币账户余额,报告外币资产和负债;

(3)计算汇兑差额并进行账务处理;

(4)交易结束日,按一定的汇率折算和记录收回及支付的外币债权债务。

5.2.2 外币交易会计处理的基本方法

在外币交易会计处理中,对于涉及的外币债权债务账户,由于交易发生日和结算日可能采用不同的汇率结算而产生差额,这种差额是确认汇兑差额还是调整原来业务的对应账户,在会计处理上存在两种观点,即单一交易观点和两笔交易观点。

1. 单一交易观点

在单一交易观点下,期末不确认未实现的汇兑差额,汇率变动的影响处理为对原先入账的销售收入或购货成本的调整。

> **关键概念——单一交易观点**
>
> 单一交易观点是指企业将发生的销货或购货业务以及以后的账款结算视为一笔交易的两个阶段,外币业务按记账本位币反映的销售收入或购货成本取决于它们结算日的汇率。

【例5-1】 大华公司2009年12月15日以赊销方式向美国A公司销售商品一批,计10 000美元,约定于2010年1月15日付款,大华公司的记账本位币为人民币。会计处理程序如下:

①2009年12月15日交易发生日:当日汇率为1美元=6.9元人民币。会计分录如下:

借:应收账款　　($10 000×6.9)¥69 000

　贷:主营业务收入　　¥69 000

②2009年12月31日报表编制日:当日汇率为1美元=6.86元人民币。由于汇率变动,确认销售收入和应收账款减少400元,并据以调整原先入账的销售收入和应收账款。编制会计分录如下:

借:主营业务收入　　¥400

　贷:应收账款　　¥400

③2010年1月15日结算日:当日汇率为1美元=6.84元人民币。由于汇率的变动,确认销售收入和应收账款减少200元,并据以调整销售收入和应收账款,同时将收到的外币存入银行。会计分录如下:

借:主营业务收入　　¥200

　贷:应收账款　　¥200

同时:

借:银行存款　　($10 000×6.84)¥68 400

　贷:应收账款　　($10 000×6.84)¥68 400

由此可见,在单一交易观点下,外币交易差额(汇兑差额)被作为销售收入的调整数。

同理,如为购货业务,则外汇交易差额作为对购货成本的调整数。现将上例资料改为大华公司向美国A公司购入商品,则会计分录如下:

①2009年12月15日交易发生日:

借:存货　　¥69 000

　贷:应付账款　　($10 000×6.9)¥69 000

②2009年12月31日报表编制日:

借:应付账款　　¥400

　贷:存货　　¥400

③2010年1月15日结算日:

借:应付账款　　¥200

　贷:存货　　¥200

同时：

借：应付账款　　　　　　　($10 000 ×6.84) ¥68 400

　　贷：银行存款　　　　　　　($10 000 ×6.84) ¥68 400

综上所述，单一交易观点的会计处理有如下特点：

(1)将交易发生日的金额及销货或购货价格看做一项暂记数，待有关应收、应付账款结清之后，再根据实际收到或支付的金额对暂记数进行调整，即会计处理以结算日为基准。

(2)将由于汇率变动而形成的汇兑差额作为销售收入或购货成本的调整数，而不单独计列"汇兑损益"项目。

2. 两笔交易观点

在两笔交易观点下，处理交易结算前的汇兑差额，即未实现汇兑差额的方法有两种：第一种方法是作为未实现的递延损益，列入资产负债表，待外币账项结算日，才把递延的汇兑差额转为已实现的汇兑差额，称为递延法；第二种方法是作为已实现的损益，列入当期损益表，称为当期确认法。

> **关键概念——两笔交易观点**
>
> 两笔交易观点是指将企业发生的销货或购货业务以及以后的账款结算视为两笔交易，外币业务按记账本位币反映的销售收入或购货成本取决于交易发生日的汇率，由于汇率变动产生的影响不改变销售收入或购货成本，而是作为"汇兑损益"项目单独列示。

(1)递延法。在这种方法下，根据分期确定报告期损益的概念，对本期汇兑差额的确认以实现为准，即外币交易实际发生后，对其已实现的汇兑差额才能确认入账，计入当期损益，而对尚未使用的外币货币资金和各项尚未完成结算的外币债权债务等，则不能在当期确认汇兑差额，而是将其作为未实现汇兑差额递延到以后会计期间计入损益。

【例 5-2】 某出口商 2009 年 12 月 15 日向美国某公司出口一批货物，售价为 20 000 美元，货款尚未收到。

①2009 年 12 月 15 日交易发生日：当日汇率为 1 美元 = 6.9 元人民币。确认应收账款和确认销售收入。会计分录如下：

借：应收账款　　　　　　　($ 20 000 ×6.9) ¥138 000

　　贷：主营业务收入　　　　　　　　　　¥138 000

②2009 年 12 月 31 日报表编制日：当日为汇率 1 美元 = 6.86 元人民币。按当日汇率调减应收账款 800 元(138 000 - 20 000 ×6.86)，将 800 元的汇兑差额确认为未实现递延损失。会计分录如下：

借：未实现汇兑损益　　　　　　　　¥800

　　贷：应收账款　　　　　　　　　　¥800

③2010 年 1 月 15 日结算日：当日汇率为 1 美元 = 6.84 元人民币。按当日汇率 1 美元 = 6.84 元人民币调减应收账款余额 400 元(137 200 - 20 000 ×6.84)，将 400 元的汇兑差额确认为 2010 年的汇兑损失。由于此笔交易已完成，因此还要同时将 2009 年已确认的未实现汇兑差额 800 元转为已实现汇兑差额，计入 2010 年的损益。会计分录如下：

借:汇兑损益　　　　　　　　　　¥1 200

　　贷:应收账款　　　　　　　　　　¥400

　　　　未实现汇兑损益　　　　　　　¥800

(2)当期确认法。在这种方法下,根据分期确定损益的概念,在会计期末按期末汇率调整各项外币资金账户和外币债权债务账户的账面余额,将调整后的账面余额与原账面余额之间的差额确认为汇兑差额。不管是已实现还是未实现的汇兑差额,均计入当期损益,而在账款结算日再确认由于上一会计期末和结算日之间由于汇率变动而形成的汇兑差额。当期确认法可以反映汇率变动跨越两个会计期间的实际过程。

目前,大多数国家对汇兑差额的确认采用的是当期确认法。当汇率为单向变动的情况下,对企业损益的确认影响不大,并能较为客观地反映企业的财务状况和经营成果,但当汇率变动较大或发生逆向变动时,在上一会计期末确认的汇兑差额就不可能实现,从而导致两个会计期间的损益歪曲。

目前,我国外币业务会计采用的是当期确认法。各种外币账户的外币余额,期末时应当按照期末汇率折合为记账本位币。按照期末汇率折合的记账本位币金额与账面记账本位币金额之间的差额,作为汇兑差额,计入当期损益。属于筹建期间的,计入长期待摊费用;属于与购建固定资产有关的借款产生的汇兑差额,按照借款费用资本化的原则进行处理。

两笔交易观点被认为符合公认会计准则,把汇率变动的影响确认为汇兑差额是较为恰当的。

5.2.3 外币交易的核算原则

我国企业外币交易会计处理方法采用两笔交易观点的第二种处理方法,并遵循以下核算原则:

(1)企业发生外币业务时,应当将有关外币金额折合为记账本位币金额记账,按折合后的记账本位币金额登记有关账户。在登记有关记账本位币账户的同时,按照外币业务的外币金额登记相应的外币账户。

(2)外币交易应当在初始确认时,采用交易发生日的即期汇率将外币金额折算为记账本位币金额;也可以采用按照系统、合理的方法确定的、与交易发生日即期汇率近似的汇率折算。

(3)企业因向外汇指定银行结售或购入外汇使用银行买入价、卖出价而产生的差额作为汇兑损益。

(4)企业在资产负债表日,应当分别外币货币性项目和外币非货币性项目进行处理。

5.2.4 汇兑差额的处理

(1)对于货币性项目,因结算或采用资产负债表日的即期汇率折算而产生的汇兑差额计入当期损益,同时调增或者调减外币货币性项目的记账本位币。

(2)对于外币非货币性项目,以历史成本计量的,由于已在交易发生日按照当日即期汇率折算,资产负债表日不应改变其原记账本位币,不产生汇兑差额;以公允价值计量的,如交易性金融资产(股票、基金等),采用公允价值确定日的即期汇率折算,折合后的记账本位币金额与原记账本位币金额的差额,作为公允价值变动(含汇率变动)计入当期损益。

(3)企业收到投资者以外币投入的资本,应当采用交易发生日的即期汇率折算,不得采用合同约定汇率和即期汇率的近似汇率折算,外币投入资本与相应的货币性项目的记账本位币金额之间不产生外币资本折算差额。

5.2.5 外币交易会计记账方法

外币业务记账方法有外币统账制和外币分账制两种。

1. 外币统账制

外币统账制也称记账本位币法,是指发生外币业务时,按照一定的汇率折算为记账本位币入账,非记账本位币金额只在账上作辅助记录。在选择折算汇率时,即可采用外币业务发生当日即期汇率,也可以采用按照系统、合理的方法确定的、与交易发生日即期汇率近似的汇率折算。

2. 外币分账制

外币分账制也称原币记账法,是指企业在日常核算时按照外币原价记账,分别按币种核算损益和编制财务报表,平时无需按汇率进行折算,也不反映记账本位币金额,期末将外币报表折算为以记账本位币表述的财务报表,并确认其汇兑损益。

5.2.6 外币交易账户设置

为了记录和反映企业发生的外币交易,应设置各种外币账户。涉及外币业务的账户一般是在按记账本位币设立的总分类账户下,根据不同的外币币种设立二级账户。凡涉及以外币计价的银行存款、库存现金、债权债务和投资等账户,均应按不同币种设立二级账户,如:“银行存款——××外币账户”、“库存现金——××外币账户”、“应收账款——××外币账户”、“应付职工薪酬——××外币账户”、“长期借款——××外币账户”、“持有至到期投资——××外币账户”等账户。不允许开立现汇账户的企业,可以设置外币库存现金和外币银行存款以外的其他外币账户。此外,根据外币会计核算原则,外币账户要进行复币记账,采用一定的汇率折合为企业的记账本位币进行记录,以正确反映外币账户中的原币金额和折算的人民币金额,并将以外币记录的外币业务会计信息汇总并入企业以记账本位币反映的会计信息中。

为核算汇兑差额,企业应设置“财务费用——汇兑差额”账户。该账户属于损益类账户,贷方反映汇兑收益额,借方反映汇兑损失额;余额在贷方,表示汇兑收益净额,余额在借方表示汇兑损失净额。期末“财务费用——汇兑差额”账户余额结转至“本年利润”账户,结转后,本账户无余额。

5.2.7 外币交易的会计处理

外币交易折算的会计处理主要涉及两个环节:一是在交易发生日对外币交易进行初始确认,将外币金额折算为记账本位币金额;二是在资产负债表日对相关项目进行折算,因汇率变动产生的差额计入当期损益。

1. 统账制记账方法

(1)外币购销业务的会计处理

企业从国外进口商品或引进设备,按当日即期汇率将支付的外币或应支付的外币折算为人民币记账,以确定购入商品及相关债务的入账价值,同时按照外币金额登记有关外币账户。

【例5-3】 企业从国外购入不需要安装的设备一台,设备价款为200 000美元。购入设备时的即期汇率为1美元=6.84元人民币,款项尚未支付。该企业采用业务发生时的即期汇率折算。会计分录如下:

借:固定资产　　　　　　　　　　¥1 368 000

　贷:应付账款　　　　($200 000×6.84)¥1 368 000

企业出口商品时,按当日即期汇率将外币销售收入折算为人民币记账,对于出口销售取得的款项或发生的债权,按折算为人民币的金额入账,同时按照外币金额登记有关外币账户。

【例5-4】 企业出口商品100件,销售合同规定售价为每件200美元。当日即期汇率为1美元=6.83元人民币,货款尚未收到。该企业采用业务发生时的即期汇率折算。假定不考虑相关税费,会计分录如下:

借:应收账款　　　　($20 000×6.83)¥136 600

　贷:主营业务收入　　　　　　　　¥136 600

(2)外币借款业务的会计处理

企业借入外币时,应按照借入外币时的即期汇率折算为记账本位币入账,同时按照借入外币的金额登记相关外币账户。

【例5-5】 企业从中国银行借入2 000 000港元,期限为半年,借入的外币暂存中国银行。借入港元时的即期汇率为1港元=0.88元人民币。假设该企业设有外汇现汇账户,采用业务发生时的即期汇率折算。会计分录如下:

借:银行存款　　(HK$2 000 000×0.88)¥1 760 000

　贷:短期借款　　(HK$2 000 000×0.88)¥1 760 000

该企业半年后归还港元借款,归还借款时的即期汇率为1港元=0.87元人民币。会计分录如下:

借:短期借款　　(HK$2 000 000×0.87)¥1 740 000

　贷:银行存款　　(HK$2 000 000×0.87)¥1 740 000

(3)外币投资业务的会计处理

企业收到投资者以外币投入的资本,无论是否有合同约定汇率,均不得采用合同约定汇率和即期汇率的近似汇率折算,而是采用交易发生日的即期汇率折算,投入资本与相应的货币性项目的记账本位币金额相等,不产生外币资本折算差额。

【例5-6】 企业收到外币投资500 000美元,收到出资额时的即期汇率为1美元=6.84元人民币,投资合同约定汇率1美元=7元人民币。假定企业设有外汇现汇账户。会计分录如下:

借：银行存款　　　　　（$500 000×6.84）¥3 420 000

　　贷：实收资本　　　　　　　　　　　　¥3 420 000

（4）外币兑换业务的会计处理

外币兑换是指将一种货币兑换为另一种货币的业务。发生外币兑换业务时，首先按某外币的银行买入价将企业持有的外币（欲换出的外币）折合为记账本位币，再按银行对另一种外币（欲换入外币）的卖出价将记账本位币折合为该种外币，兑换时产生的差额计入汇兑差额。

【例5-7】 企业购买设备需要将100 000港元兑换成美元，兑换日美元对人民币的即期汇率为1美元=6.83元人民币，兑换银行美元对人民币的买入价为6.82元人民币，卖出价为6.84元人民币；港元对人民币的即期汇率为1港元=0.88元人民币，兑换银行港元对人民币的买入价为0.87元人民币，卖出价为0.89元人民币。该公司按上述汇率以港元兑换美元。

首先，用港元兑换人民币。企业按照结汇的要求，以银行的买入价记录港元换取的人民币87 000元（100 000×0.87），按兑换日的即期汇率记录港元折合为记账本位币的减少数88 000元（100 000×0.88），两者之间的差额1 000元计入汇兑差额。会计分录如下：

借：银行存款——人民币户　　　　　　　　　¥87 000

　　财务费用——汇兑差额　　　　　　　　　¥1 000

　　贷：银行存款——港元户　　（HK$100 000 ×0.88）¥88 000

其次，以换到的人民币再去兑换美元。企业按购汇（售汇）的要求以银行卖出价记录人民币支付额87 000元，记录换入的12 719美元（87 000÷6.84），同时按兑换日的即期汇率记录以人民币兑换的美元的记账本位币等值86 871元（12 719×6.83），两者的差额129元计入汇兑差额。会计分录如下：

借：银行存款——美元户　　（$12 719×6.83）¥86 871

　　财务费用——汇兑差额　　　　　　　　　¥129

　　贷：银行存款——人民币户　　　　　　　　¥87 000

合并以上分录为：

借：银行存款——美元户　　（$12 719×6.83）¥86 871

　　财务费用——汇兑差额　　　　　　　　　¥1 129

　　贷：银行存款——港元户　　（HK$100 000×0.88）¥88 000

（5）外币账户期末余额的会计处理

资产负债表日，企业应当分别对外币货币性项目和外币非货币性项目进行处理。

①货币性项目的处理。货币性项目是指企业持有的货币资金和将以固定或可确定的金额收取的资产或者偿付的债务。货币性项目分为货币性资产和货币性负债。货币性资产包括库存现金、银行存款、应收账款、其他应收款、长期应收款；货币性负债包括应付账款、其他应付款、长期借款、应付债券、应付职工薪酬、长期应付款等。对于货币性项目，采用资产负债表日的即期汇率折算。因资产负债表日的即期汇率与初始确认或者前一资产

负债表日的即期汇率不同而产生的汇兑差额,计入当期损益。

【例 5-8】 某月 30 日美元对人民币的即期汇率为 1 美元 = 6.82 元人民币,企业期末以美元表示的各账户及按期末汇率计算的调整额记录如表 5-1 所示。

表 5-1

账户名称	外币金额(美元)	人民币账面记录金额(人民币元)	期末汇率	按期末汇率折合人民币数	差异额(人民币元)
银行存款	60 000	409 300	6.82	409 200	-100
应收账款	50 000	341 600	6.82	341 000	-600
应收票据	25 000	170 800	6.82	170 500	-300
短期借款	100 000	683 000	6.82	682 000	1 000
应付账款	40 000	273 300	6.82	272 800	500

会计分录如下:

借:财务费用——汇兑差额　　1 000
　贷:银行存款　　100
　　应收账款　　600
　　应收票据　　300
借:短期借款　　1 000
　应付账款　　500
　贷:财务费用——汇兑差额　　1 500

通过上述调整分析可以看出:资产项目若期末汇率折合数小于账面记录金额会产生汇兑损失,反之,若期末汇率折合数大于账面记录金额,则会产生汇兑收益;负债项目则正好相反。

②非货币性项目的处理。非货币性项目是指货币性项目以外的项目,包括存货、长期股权投资、固定资产、无形资产等。对于以历史成本计量的外币非货币性项目,仍采用交易发生日的即期汇率折算,不改变其记账本位币金额,不产生汇兑差额。因为这些项目在取得时已按取得时的即期汇率折算,从而形成这些项目的历史成本,如果再按资产负债表日的即期汇率折算,就会导致这些项目价值不断变动,从而使这些项目的折旧、摊销和减值不断随之变动,这与这些项目的实际情况不符。但要考虑以下情况汇率变动的影响:

a. 当存货在资产负债表日采用成本与可变现净值孰低计量时,在以外币购入存货并且该存货在资产负债表日的可变现净值以外币反映的情况下,计提存货跌价准备时应当考虑汇率变动的影响。

【例 5-9】 某企业以人民币为记账本位币,2009 年 12 月 5 日,以每件 3 000 欧元的价格从德国购入 A 商品 10 件,并已支付货款(假定该公司有欧元存款)。当日即期汇率为 1 欧元 = 9.1 元人民币。假定不考虑相关税费。会计分录如下:

借:库存商品——A 商品　　　　　　　　　　¥273 000

　　贷:银行存款　　　　　　　　　　　　　　¥273 000(3 000 × 10 × 9.1)

12 月 31 日,汇率为 1 欧元 = 9 元人民币。A 商品已售出 4 件,A 商品在国际市场的价格为 2 900 欧元,表明其可变现净值低于成本,应计提存货跌价准备 7 200 元(3 000 × 6 × 9.1 − 2 900 × 6 × 9),会计分录如下:

借:资产减值损失　　　　　　　　　　　　　¥7 200

　　贷:存货跌价准备　　　　　　　　　　　　　¥7 200

b. 对于以公允价值计量的股票、基金等非货币性项目,如果期末的公允价值以外币反映,则应当先将该外币按照公允价值确定当日即期汇率折算为记账本位币金额,再与原记账本位币金额进行比较,其差额作为公允价值变动损益,计入当期损益。

【例 5-10】 某企业采用人民币为记账本位币,2009 年 12 月 5 日以每股 2 美元的价格购入甲公司 B 股 20 000 股作为交易性金融资产。当日即期汇率为 1 美元 = 6.86 元人民币,款项已付。2009 年 12 月 31 日,甲公司 B 股的市场价格为 2.2 美元,当日即期汇率为 1 美元 = 6.85 元人民币。假定不考虑相关税费的影响。

12 月 5 日,会计分录如下:

借:交易性金融资产　　　　　　　　　　　¥274 400

　　贷:银行存款　　　　　($ 20 000 × 2 × 6.86) ¥274 400

12 月 31 日,上述交易性金融资产在资产负债表日的人民币金额为 301 400 元(20 000 × 2.2 × 6.85),与原账面价值 274 400 元的差额为 27 000 元人民币,应计入公允价值变动损益,会计分录如下:

借:交易性金融资产　　　　　　　　　　　¥27 000

　　贷:公允价值变动损益　　　　　　　　　　¥27 000

27 000 元既包含该公司所购 B 股股票公允价值变动的影响,又包含人民币与美元之间汇率变动的影响。

2010 年 3 月 1 日,该公司将所购 B 股股票售出,当日的市场价格为每股 2.5 美元,所得价款为 50 000 美元,当日即期汇率为 1 美元 = 6.84 元人民币,折算为人民币金额 342 000 元,与账面价值 301 400 元相差 40 600 元。该差额不再区分为股票市价的变动和汇率变动,均作为投资收益进行处理,会计分录如下:

借:银行存款　　　　　　　　　　　　　　¥342 000

　　贷:交易性金融资产　　　　　　　　　　　¥301 400

　　　　投资收益　　　　　　　　　　　　　　¥40 600

因公司将所购 B 股股票售出,结转账面公允价值变动损益:

借:公允价值变动损益　　　　　　　　　　¥27 000

　　贷:投资收益　　　　　　　　　　　　　　¥27 000

2. 分账制记账方法

对于外币交易频繁、外币币种较多的金融保险企业,也可以采用分账制记账方法进行日常核算。在这种记账方法下,在资产负债表日,企业也应当对相关外币账户余额分别按货币性项目和非货币性项目进行处理。货币性项目按资产负债表日的即期汇率折算,非货币性项目按交易发生日的即期汇率折算，产生的汇兑差额计入当期损益。采用分账制记账方法，其产生的汇兑差额的处理与统账制记账方法一致。

分账制记账方法下，为保持不同币种借贷方金额合计相等，需要设置"货币兑换"账户进行核算。实务中可采用两种方法核算。

(1)所有外币交易均通过"货币兑换"账户处理。会计处理方法如下：

①企业发生的外币交易同时涉及货币性项目和非货币性项目的，按照相同外币金额同时记入货币性项目和"外币兑换——外币"账户，同时，按以交易发生日的即期汇率折算为记账本位币的金额，记入非货币性项目和"货币兑换——记账本位币"账户。

②企业发生的交易仅涉及记账本位币外的一种货币反映的货币性项目的，按相同币种金额入账，不需要通过"货币兑换"账户核算；如果涉及两种以上货币，按相同币种金额记入相应货币性项目和"货币兑换——外币"账户。

③期末，应将所有以记账本位币以外的货币反映的"货币兑换"账户余额按期末汇率折算为记账本位币金额，并与"货币兑换——记账本位币"账户余额相比较，其差额转入"财务费用——汇兑差额"账户：如为借方差额，借记"财务费用——汇兑差额"账户，贷记"货币兑换——记账本位币"账户；如为贷方差额，借记"货币兑换——记账本位币"账户，贷记"财务费用——汇兑差额"账户。

④结算外币货币性项目产生的汇兑差额记入"财务费用——汇兑差额"账户。

【例5-11】假定某银行采用分账制记账方法核算有关外币业务，选定的记账本位币为人民币，并以人民币列报财务报表。2010年4月，该银行发生以下业务：

①4月5日，收到投资者投入的货币资金200 000美元，无合同约定汇率，当日即期汇率为1美元=6.9元人民币。会计分录如下：

借：银行存款——美元户	\$200 000	
贷：货币兑换——美元		\$200 000
借：货币兑换——人民币	￥1 380 000	
贷：实收资本		￥1 380 000

②4月9日，以3 000美元购入一台设备，当日即期汇率1美元=6.88元人民币。会计分录如下：

借：固定资产	￥20 640	
贷：货币兑换——人民币		￥20 640
借：货币兑换——美元	\$3 000	
贷：银行存款——美元户		\$3 000

③4月12日，某企业以41 400元人民币购入6 000美元，当日美元卖出价为1美元=6.9元人民币。会计分录如下：

借：银行存款——人民币户	￥41 400	
贷：货币兑换——人民币		￥41 400
借：货币兑换——美元	\$6 000	
贷：银行存款——美元户		\$6 000

④4 月 15 日，发放短期贷款 8 000 美元，当日即期汇率为 1 美元 = 6.85 元人民币。会计分录如下：

借：贷款——美元　　$8 000

　贷：银行存款——美元户　　$8 000

⑤4 月 20 日，向其他银行拆借资金 50 000 欧元，期限 1 个月，年利率 3%，当日即期汇率为 1 欧元 = 9.1 元人民币。会计分录如下：

借：银行存款——欧元户　　€ 50 000

　贷：拆入资金——欧元　　€ 50 000

⑥4 月 30 日的即期汇率为 1 美元 = 6.82 元人民币，1 欧元 = 9.04 元人民币。

根据资料汇总如下：

"货币兑换——美元"账户的贷方余额为 191 000 美元（200 000 – 3 000 – 6 000），按月末汇率折算为人民币余额 1 302 620 元（191 000 × 6.82）；

"货币兑换——人民币"账户借方余额为 1 317 960 元（1 380 000 – 20 640 – 41 400）；

"货币兑换"账户的借贷方差额 15 340 元（1 317 960 – 1 302 620）即当期产生的汇兑差额。会计分录如下：

借：财务费用——汇兑差额　　¥15 340

　贷：货币兑换——人民币　　¥15 340

（2）外币交易的日常核算不通过"货币兑换"账户，仅在资产负债表日结转汇兑损益时通过"货币兑换"账户处理。

在外币交易发生时直接以发生的币种进行账务处理，期末，由于所有账户均需要折算为记账本位币列报，因此，所有以外币反映的账户余额均需要折算为记账本位币余额。期中，货币性项目以资产负债表日的即期汇率折算，非货币性项目以交易发生日的即期汇率折算。折算后，所有账户借方余额之和与所有账户贷方余额之和的差额即当期汇兑差额，应当计入当期损益。

【例 5 – 12】 以上述资料为例，日常核算中相应会计分录如下：

①4 月 5 日，收到投资：

借：银行存款——美元户　　$200 000

　贷：实收资本——美元　　$200 000

②4 月 9 日，购入固定资产：

借：固定资产　　$3 000

　贷：银行存款——美元户　　$3 000

③4 月 12 日，售出美元：

借：银行存款——人民币户　　¥41 400

　贷：银行存款——美元户　　（¥41 400 ÷ 6.9）$6 000

④4 月 15 日，发放短期贷款：

借：贷款——美元　　$8 000

　贷：银行存款——美元户　　$8 000

⑤4 月 20 日,拆借资金:

借:银行存款——欧元户　　　　　　　　　　€ 50 000

　　贷:拆入资金——欧元　　　　　　　　　　€ 50 000

⑥4 月 30 日的汇率为 1 美元 =6.82 元人民币,1 欧元 =9.04 元人民币。

在资产负债表日编制账户余额(人民币)调节表,见表 5 -2。

表 5 -2

借方余额账户	币种	外币余额	汇率	人民币余额	贷方余额账户	币种	外币余额	汇率	人民币余额
银行存款	美元	183 000	6.82	1 700 060	拆入资金	欧元	50 000	9.04	452 000
	欧元	50 000	9.04						
贷款	美元	8 000	6.82	54 560	实收资本	美元	200 000	6.9	1 380 000
固定资产	美元	3 000	6.88	20 640					
银行存款	人民币			41 400					
人民币余额合计				1 816 660	人民币余额合计				1 832 000
汇兑损益				15 340					

相应的会计分录:

借:财务费用——汇兑差额　　　　　　　　　¥15 340

　　贷:货币兑换——人民币　　　　　　　　　¥15 340

【随堂小测验 5 -2】

1. 单项选择题

(1)收到外币投入资本时,其对应的资产账户采用的折算汇率是(　　)。

A. 收到外币投资时的市场汇率　　　　B. 投资合同约定的汇率

C. 签订投资合同时的市场汇率　　　　D. 首次收到外币资本的折算汇率

(2)我国现行会计制度规定,销售商品所形成的外币应收账款由于市场汇率上涨引起的折算差额,在期末确认时,应当(　　)。

A. 冲减财务费用　　　　B. 增加营业收入

C. 增加财务费用　　　　D. 冲减营业收入

(3)某企业的外币业务采用交易发生时的即期汇率折算。该企业本月月初持有 80 000 美元,月初市场汇率为 1 美元 =7.45 元人民币。本月 20 日,该企业将其中的 40 000 美元出售给中国银行,当日美元买入价为 1 美元 =7.41 元人民币,即期汇率为 1 美元 =7.42 元人民币。企业出售该笔美元时,应确认的汇兑损益为(　　)。

A. 400 元　　　　B. -40 000 元

C. 40 000 元　　　　D. -400 元

(4)将一种货币兑换成另一种货币的业务是(　　)。

A. 外币交易　　B. 外币兑换

C. 外币信贷　　D. 外币折算

(5)企业在会计期末将所有外币账户按期末汇率调整时而产生的汇兑损益是(　　)。

A. 交易损益　　B. 折算损益

C. 调整损益　　D. 兑换损益

(6)按照两笔交易观点,确认的购货成本或销售收入取决于(　　)。

A. 交易发生日　　B. 结算日

C. 决算日　　D. 成交日

(7)企业应将借入的外币按交易发生(　　)的即期汇率折合为人民币记账。

A. 当日　　B. 当年

C. 年末　　D. 月末

(8)某企业采用人民币作为记账本位币,下列项目中,不属于该企业外币业务的是(　　)。

A. 与外国企业发生的以人民币计价结算的销售业务

B. 与中国银行发生的外币借款业务

C. 与外国企业发生的以美元计价结算的购销业务

D. 与中国银行发生的外币兑换业务

(9)对外币交易采用单一交易观点进行会计处理时,交易发生日与报表编制日汇率变动的差额应该(　　)

A. 调整交易发生日相关账户　　B. 作为当期损益处理

C. 作为递延损益处理　　D. 不予考虑

(10)在单一交易观点下,外币业务按记账本位币反映的购货成本或销售收入,最终取决于它们的(　　)。

A. 合同签订日汇率　　B. 交易发生日汇率

C. 结算日汇率　　D. 合同约定日汇率

(11)收到外币投资时,对于因合同约定的汇率与收到出资额时的即期汇率不同而产生的差额,会计处理方法为(　　)。

A. 记入"盈余公积"账户　　B. 不做处理

C. 记入"汇兑损益"账户　　D. 记入"资本公积"账户

(12)某企业外币业务按交易发生日即期汇率折算,本月从中国银行购入1 000美元,当日银行美元买入价为1美元=8.2元人民币,卖出价为1美元=8.3元人民币,即期汇率为1美元=8.24元人民币,则企业购进外汇时确认的汇兑损益为(　　)。

A. 借方60元　　B. 贷方60元

C. 借方40元　　D. 贷方40元

(13)以下不属于外币账户的是(　　)。

A. 库存现金——××外币账户　　B. 应收账款——××外币账户

C. 主营业务收入——××外币账户　　D. 长期借款——××外币账户

2. 多项选择题

(1)外币业务的类型有(　　)。

A. 外币兑换和外币折算　　B. 外币借贷

C. 外币标价　　D. 外币商品交易

(2)企业的外币货币性项目有(　　)。

A. 外币现金　　B. 存货

C. 外币银行存款　　D. 外币债权与外币债务

(3)下列项目中,应当计入当期损益的有(　　)。

A. 兑换外币时发生的兑换差额

B. 外币银行存款账户发生的汇兑损益

C. 外币应收账款账户期末折算差额

D. 外币报表折算差额

(4)下列关于我国外币交易的会计核算原则表述正确的有(　　)。

A. 记录外币交易,可以采用交易发生时的即期汇率

B. 外币账户采用复币记账

C. 所有外币账户余额要按期初汇率进行调整

D. 所有外币账户余额要按期末汇率进行调整

(5)以下进行复币记账的账户有(　　)。

A. 应收外币账款　　B. 应收外币票据

C. 应付外币股利　　D. 短期外币借款

3. 判断题

(1)两笔交易观点下,购货成本与销售收入的确认与交易发生日的汇率无关。(　　)

(2)对于跨国公司而言,其境外子公司所选定的记账本位币可能是母公司所在国的货币,也可能是另一国货币。(　　)

(3)本国企业向外国企业购入商品,或本国企业将商品销售给外国企业一定会发生外币交易。(　　)

(4)单一交易观点下,外币业务按记账本位币反映的销售收入或购货成本取决于它们交易发生日的汇率。(　　)

(5)根据我国外币交易的会计核算原则,企业在资产负债表日应当分别外币货币性项目和外币非货币性项目进行处理。(　　)

(6)外币统账制下,在选择折算汇率时,既可以采用外币业务发生当日即期汇率,也可以采用即期汇率的近似汇率折算。(　　)

(7)在两笔交易观点下,处理交易结算前汇兑差额,即未实现汇兑损益的方法有递延法和当期确认法。目前我国外币业务会计采用的是当期确认法。(　　)

(8)对于以历史成本计量的非货币性项目,仍采用交易发生日的即期汇率折算,不改变其记账本位币金额,不产生汇兑损益。(　　)

本章小结

本章主要阐述了外币与外币交易的基本概念和相关实务。

记账本位币，是企业从事经营活动的主要经济环境中使用的货币，是企业计量其现金流量和经营成果的统一尺度。根据我国《企业会计准则第 19 号——外币折算》的规定，企业通常应选择人民币作为记账本位币。

外币折算是指把不同的外币金额换算为另一种货币金额的折合换算过程。外币兑换是将一种货币兑换为另一种货币的经济业务。外币折算和外币兑换的基础和依据都是汇率。

对已发生的外币交易，会计上要进行以下处理：

(1)发生外币交易时，按一定的汇率折算为记账本位币；

(2)会计期末，按一定的汇率调整各外币账户余额，报告外币资产和负债；

(3)计算汇兑差额并进行账务处理；

(4)在交易结束日，按一定的汇率折算和记录收回及支付的外币债权债务。

我国企业外币交易的会计处理遵循以下核算原则：

(1)企业发生外币业务时，应当将有关外币金额折合为记账本位币金额记账，按折合后的记账本位币金额登记有关账户。在登记有关记账本位币账户的同时，按照外币业务的外币金额登记相应的外币账户。

(2)外币交易应当在初始确认时，采用交易发生日的即期汇率将外币金额折算为记账本位币金额；也可以采用按照系统合理的方法确定的、与交易发生日即期汇率近似的汇率折算。

(3)企业因向外汇指定银行结售或购入外汇使用银行买入价、卖出价与市场汇价而产生的差额作为汇兑损益。

(4)企业在资产负债表日，应当分别外币货币性项目和外币非货币性项目进行处理。

外币业务记账方法有外币统账制和外币分账制两种。外币统账制是指发生外币业务时，按照一定的汇率折算为记账本位币入账，非记账本位币金额只在账上作辅助记录。在选择折算汇率时，既可采用外币业务发生当日的即期汇率，也可以采用按照系统、合理的方法确定的、与交易发生日即期汇率近似的汇率折算。外币分账制是指企业在日常核算时按照外币原价记账，分别按币种核算损益和编制财务报表，平时无需进行折算，也不反映记账本位币金额，期末将外币报表折算为记账本位币表述的财务报表，并确认其汇兑损益。

关键概念

记账本位币　外币与外币交易　外币折算与外币兑换　汇率　汇率标价　汇兑差额　单一交易观点　两笔交易观点

思考题

1. 什么是记账本位币？如何确定记账本位币？
2. 如何理解外汇与外币之间的区别？
3. 外币折算与外币兑换的区别有哪些？
4. 直接标价和间接标价的特点分别有哪些？
5. 什么是套算汇率？如何计算套算汇率？
6. 买入价、买出价与中间价的含义各是什么？
7. 如何对汇率进行分类？
8. 什么是汇兑差额？汇兑差额有哪些类型？
9. 什么是单一交易观点和两笔交易观点？它们在会计处理上有什么特点？
10. 我国外币交易的核算原则是什么？

练习题

1. 目的：练习外币兑换的会计处理。

资料：B公司因采购物资需要100 000港元。根据规定，需要以美元兑换港元。兑换日有关资料如下：

①美元买入价为1美元=6.82元人民币；

②美元卖出价为1美元=6.84元人民币；

③美元中间价为1美元=6.83元人民币；

④港元买入价为1港元=0.8773元人民币；

⑤港元卖出价为1港元=0.8806元人民币；

⑥港元中间价为1港元=0.87895元人民币。

要求：计算需要支付的美元金额（列出计算过程），并作相应的账务处理。

2. 目的：练习外币交易会计处理的基本方法。

资料：C公司2009年12月1日从美国进口商品一批，计50 000美元，约定于2010年1月31日付款。C公司记账本位币为人民币。有关汇率资料如下：

①交易发生日2009年12月1日汇率为1美元=6.85元人民币；

②报表编制日2009年12月31日汇率为1美元=6.84元人民币；

③交易结算日2010年1月31日汇率为1美元=6.835元人民币。

要求：

(1)采用单一交易观点编制会计分录。

(2)采用两笔交易观点编制会计分录。

3. 目的：练习外币交易的会计处理。

资料：某企业外币业务采用交易发生日的即期汇率作为折算汇率，按月末的即期汇率对外币类账户进行调整。该企业 2009 年 3 月发生的部分外币业务如下：

①3 月 1 日，销售商品一批，售价为 22 000 美元，当日即期汇率为 1 美元 =6.9 元人民币，货款尚未收到。

②3 月 4 日，从银行借入 10 000 美元，当日即期汇率为 1 美元 =6.89 元人民币，借款存入银行美元账户。

③3 月 15 日，收到上述销货部分货款 18 000 美元，结售给银行，当日即期汇率为 1 美元 =6.88 元人民币，银行买入价为 1 美元 =6.78 元人民币。

④3 月 25 日，用美元存款偿还应付账款 9 000 美元，当日即期汇率为 1 美元 =6.86 元人民币。

⑤3 月 31 日，即期汇率为 1 美元 =6.85 元人民币，该企业有关外币类账户的期末余额如下表所示：

账户	余额	美元	人民币
应收账款	借方余额	20 000	138 000
应付账款	贷方余额	14 000	96 400
短期借款	贷方余额	60 000	413 100

要求：根据以上资料编制该企业有关外币业务的会计分录。

4. 目的：练习分账制记账方法。

资料：甲银行采用分账制记账方法，选定的记账本位币为人民币并以人民币列报财务报表。该银行 2009 年 11 月发生以下交易：

①11 月 5 日，收到投资者投入的货币资本 100 000 美元，无合同约定汇率，当日汇率为 1 美元 =6.8 元人民币。

②11 月 10 日，以 2 000 美元购入一台固定资产，当日即期汇率为 1 美元 =6.75 元人民币。

③11 月 15 日，某客户以 34 400 元人民币购入 5 000 美元，当日美元卖出价为 1 美元 =6.88 元人民币。

④11 月 20 日，发放短期贷款 5 000 美元，当日即期汇率为 1 美元 =6.85 元人民币。

⑤11 月 25 日，向其他银行拆借资金 10 000 欧元，期限为 1 个月，年利率为 3%，当日即期汇率为 1 欧元 =8.5 元人民币。

⑥11 月 30 日的汇率为 1 美元 =7 元人民币，1 欧元 =9 元人民币。

要求：

(1)按所有交易均通过“货币兑换”账户的方法对以上业务进行会计处理。

(2)按外币交易的日常核算不通过“货币兑换”账户，仅在资产负债表日结转汇兑损益时通过“货币兑换”账户处理的方法对以上业务进行会计处理。

5. 目的：练习非货币性项目的会计处理。

资料：乙公司以人民币为记账本位币。2009 年 12 月 5 日，乙公司以每股 1.5 美元的价格购入甲公司 B 股 10 000 股作为交易性金融资产，当日即期汇率为 1 美元 =6.9 元人民币，款项已付。2009 年 12 月 31 日，由于市价变动，当月购入的乙公司 B 股的市价变为每股 2 美元，当日即期汇率为 1 美元 =6.85 元人民币。2010 年 2 月 25 日，乙公司将所购甲公司 B 股股票按当日市价每股 2.2 美元全部售出（即结算日），所得价款为 22 000 美元，当日即期汇率为 1 美元 =6.84 元人民币。假定不考虑相关税费的影响。

要求：根据以上资料进行相应的会计处理。

案例题

B 电力公司贷款汇兑损益的会计处理

案例资料：

《企业会计准则讲解（2006）》第十八章《借款费用》中规定，因外币借款而发生的汇兑差额，是指由于汇率变动对外币借款本金及其利息的记账本位币金额所产生的影响金额。由于汇率的变化往往和利率的变化相联动，它是企业外币借款所需承担的风险，因此，因外币借款相关汇率变化所导致的汇兑差额属于借款费用的有机组成部分。借款费用确认的基本原则是：企业发生的借款费用，可直接归属于符合资本化条件的资产的购建或者生产的，应当予以资本化，计入相关资产成本；其他借款费用，应当在发生时根据其发生额确认为费用，计入当期损益。

国内 A 集团公司控股的 B 电力公司投资建造两台发电机组，采用 C 国供应的设备，C 国为 B 电力公司提供美元政府贷款，全部专门用于建造发电机组。双方签署的政府贷款协议约定，自贷款开始后，每个季度的最后一个工作日，将该季度每个工作日特别提款权的汇率相加，用相加的结果除以该季度工作日的天数计算出特别提款权对美元的现行平均汇率。若该现行平均汇率与上一次调整的基础汇率比较上下浮动超过 2%，则政府贷款余额每季度按特别提款权现行平均汇率变动幅度进行相同方向调整。

而 B 电力公司 2007 年对该笔美元政府贷款产生的汇兑损益的会计处理，却使得甲、乙两家会计师事务所出具了不同的审计意见。负责审计 B 电力公司的甲会计师事务所认为，B 电力公司 2007 年度发生汇兑损失 551 079 598.07 元，其中，汇兑损失 606 366 150.17 元应计入在建工程，汇兑收益 55 286 552.1 元则应分别计入当期损益 3 340 717.04 元和长期借款 51 945 835.06 元。负责审计 A 公司的乙会计师事务所却认为，A 公司 2007 年度发生汇兑损失 857 804 454.7 元，其中，汇兑损失 726 883 694.05 元应计入在建工程，汇兑损失 130 920 760.65 元应计入当期损益。

为什么相同的外币贷款产生的汇兑损益，甲、乙两家会计师事务所的审计结果却相差高达 306 724 856.63 元，并导致他们发表不同的审计意见呢？

B 电力公司在发电机组建设期间，因外币贷款根据特别提款权变动幅度进行余额调整及汇率变化引起的汇兑损益应予以资本化，计入在建工程。发电机组建成投入商运后，因外币贷款根据特别提款权变动幅度进行余额调整及汇率变化引起的汇兑损益则应予以费用化，计入当期损益。但是，笔者分析后发现 B 电力公司在以下几方面的会计处理与准则的规定不同，导致甲、乙两家会计师事务所对汇兑损益的审计结果产生较大差异：

1. 两台发电机组投入商运时点不同

B电力公司建造的两台发电机组分别于2007年5月17日和2007年8月16日投入商运。但是，B电力公司将2007年8月16日统一作为两台发电机组投入商运基准时点，对该时点之前发生的外币借款本金和利息的汇兑损益全部予以资本化，计入在建工程。

2. 汇兑损益计算时点不同

C国政府贷款余额每季度按特别提款权牌价变动幅度进行相同方向调整，贷款余额调整通知单在每季度过后的两个月内通过航邮寄给中方银行，中方银行确认后以书面形式通知B电力公司，B电力公司收到通知单后进行会计处理。由于双方银行确定贷款余额变动情况和单据的途中传递都需要时间，导致B电力公司会计处理的时间比贷款余额发生变动实际时间滞后3个月。因此B电力公司当年度实际确认的C国政府贷款余额按特别提款权调整期间为上一年度的第四季度和当年的前三个季度，以后每年依此类推，一直采用该办法进行会计处理。

3. 对未偿还的外币借款产生的汇兑损益没有计入当期损益

B电力公司外币债务量庞大且主要为长期外债，在汇率波动较大或汇率持续单向变动时，账面所反映的损益会长期虚增或虚减，对资产负债结构和经营成果产生较大影响，每年都会发生较大幅度的波动。当汇率持续向上或向下变动时，要不断调整未实现的汇兑损益，尤其是那些长期性的外币债务账户，这会出现大额的汇兑收益或损失，从而造成账面利润虚增或虚减，直接影响公司的利润分配。利润虚增时会超额分配利润，利润虚减时会影响公司的盈利能力和信用度。

B电力公司认为，当期汇兑损益的确认应以实现为标准，即实际的外币买入卖出已经发生，外币性的债权、债务在本期已经结算，以此作为确认汇兑损益的依据，未实现的汇兑损益要递延到以后会计期间，在实际业务发生或已经结算完毕后，才能作为已实现汇兑损益，计入该期间的利润表。由此，B电力公司将汇兑损益分为已实现汇兑损益和未实现汇兑损益。已实现汇兑损益是指通过开展或终止外币业务，正式得以实现的汇兑损益。这种损益一般不会再随汇率的变化而变化，是已定的收益或损失。未实现汇兑损益是指外币核算账户余额未发生变动，当汇率发生变化时产生汇兑损益，由于没有开展或终止外币业务，该外币核算账户一直没有实现的汇兑损益。如果汇率发生新的变化，这部分汇兑损益还会随之变化，因此，对此类汇兑损益不应当计入当期损益。

因此，B电力公司将长期外币债务汇兑损益记入"未实现汇兑损益"，其余外币账户发生的汇兑损益则记入"已实现汇兑损益"，"已实现汇兑损益"于期末计入当期损益，而"未实现汇兑损益"则不计入当期损益。

问题：

(1)两台发电机组投入商运时点不同，期间产生的汇兑损益应费用化还是资本化？

(2)汇兑损益计算时点不同，应执行一贯性原则还是作为当期事项予以调整？

(3)未偿还的外币借款所产生的汇兑损益，是否应确认为当期损益？

——根据财考网资料改编

随堂小测验答案

随堂小测验5－1

1. 单项选择题 (1)D (2)C (3)C (4)A
2. 多项选择题 (1)ABCD (2)ABC (3)ABCD
3. 判断题 (1)× (2)√ (3)√ (4)√ (5)√

随堂小测验5－2

1. 单项选择题 (1)A (2)A (3)D (4)B (5)C (6)A (7)A (8)A (9)A (10)C (11)B (12)A (13)C
2. 多项选择题 (1)ABD (2)ACD (3)ABC (4)ABD (5)ABCD
3. 判断题 (1)× (2)√ (3)× (4)× (5)√ (6)√ (7)√ (8)√

第6章　外币报表折算

学习目标

知识目标：了解外币报表折算的基本问题；熟练掌握外币报表折算的四种方法，尤其是现行汇率法和时态法；掌握外币报表折算的折算程序和重新计量程序。

能力目标：能够运用本章所学知识对外币财务报表进行折算。

导入案例

光华公司为一集团公司，记账本位币为人民币，其海外子公司采用的编表货币为美元，为编制合并财务报表，需要将其子公司以外币表述的财务报表折算为母公司的记账本位币，那么如何将以美元表述的财务报表折算为人民币表述的财务报表呢？

6.1 外币报表折算概述

6.1.1 外币报表折算的意义

随着经济的发展，企业跨国经营越来越普遍，跨国公司得到迅速发展。企业在跨国经营中，必须编制合并财务报表，以反映整个企业集团的财务状况和经营成果，向企业集团的母公司及子公司的投资者、债权人、经营决策者提供必要信息。跨国公司在编制合并财务报表方面面临着一个特殊问题，即各企业的财务报表可能是以不同的货币表述的。例如，在由美国母公司和其中国子公司组成的跨国集团编制财务报表时，不能直接将分别以美元和人民币表述的母、子公司的个别财务报表项目直接相加。这两张财务报表必须按相同的货币表述，这就意味着必须将按某种外币表述的国外子公司的个别财务报表折算为按另一种货币表述的财务报表。由于编制合并财务报表的目的主要是满足母公司股东和债权人的信息需要，因而合并财务报表一般是以母公司所使用的货币表述。为此，子公司的财务报表必须按母公司的记账本位币重新表述，这样才能使两张财务报表得以在相同的货币表述基础上进行合并。

外币报表折算只是将一种货币表述的财务报表转换为以另一种货币来表述。外币报表折算不同于“货币兑换”，它在实质上不影响原企业的财务状况和经营成果。

6.1.2 外币报表折算的目的

外币报表的折算都是为了特定目的而进行的。

1. 编制合并财务报表

这主要是指存在跨国经营的控股公司与其境外子公司在编制合并财务报表时，由于境外子公司通常采用的是所在地国家或地区的货币作为记账本位币和编表货币，与其母公司编表货币可能不一致，所以在编制合并财务报表之前，须将子公司以某种外币表述的财务报表折算为以母公司记账本位币表述的财务报表。

> **关键概念——外币报表折算**
>
> 外币报表折算是指为了反映和揭示一个企业集团整体的财务状况、经营成果和有关经济信息，运用一定的核算方法，将其所属企业按不同货币表述的财务报表按另一种选定的货币对其进行重新表述的过程。

2. 满足股东、债权人及其他信息使用者的需要

除跨国经营企业外，一些独立经营、以本国货币为记账本位币的国外公司，为满足企业所在地政府管理部门及各方面关系人使用财务报表的需要，也需要对其财务报表进行折算，编制以所在国货币表述的财务报表。此外，企业若要在国际资本市场上进行融资、在外国证券市场上发行股票和债券等，也需要向国外各投资者、债权人提供按他们要求的货币编制的财务报表。

6.1.3 外币报表折算的主要问题

采用什么样的汇率以及如何处理由折算而产生的损益，这是外币报表折算的两个会计问题，他们不仅影响资产负债表有关资产和负债项目金额的列示，而且影响损益表中损益的计算确定。

1. 外币报表折算汇率的选择

外币报表在折算时，不同的项目可选择不同的汇率，可选择的汇率主要有：现行汇率，即财务报表编制日的汇率；历史汇率，即经济业务发生时的记账汇率；平均汇率，即编表期内的平均汇率。对财务报表来说，不同的项目（如资产、负债项目，收入、费用项目，货币性项目和非货币性项目等）对汇率变动的反应是不尽相同的。因此，选用什么样的汇率就成为外币报表折算方法的重要因素。

2. 外币报表折算差额的处理

外币报表折算差额实质上是一种折算损益。外币折算差额需要反映在财务报表中。在外币贬值的情况下，外币资产会发生折算损失，当外币升值时，则会产生折算收益；负债则恰好相反。但无论怎样，都必须对最终产生的收益或损失加以调整，否则会出现折算后的不平衡。那么应如何调整、处理外币报表折算产生的收益或损失呢？有两种方法，即计入当期损益或递延到以后各期。

> **关键概念——外币报表折算差额**
>
> 外币报表折算差额，是指外币报表折算时，由于对报表不同项目采用不同汇率折算而产生的差额。

（1）计入当期损益。在这种处理方法下，将外币报表折算损益单独列示于当期利润

表内,并合并反映在资产负债表的未分配利润项目中。该方法认为,是汇率的变动引起了资产和负债折合后价值的改变,从而导致企业资产净值发生改变,使企业收益受到影响,因此应当将外币报表折算损益计入当期损益,才能如实反映财务状况和经营成果。但这种方法,使企业的收益额中可能包含汇率变动的影响。

(2)递延到以后各期。在这种处理方法下,将外币报表折算损益列示于资产负债表的所有者权益项目下,作递延处理。该方法认为,这种损益是一种未实现损益,是子公司报表按母公司记账本位币重新进行表述而产生的。汇率是多变的,在本期为折算损失,那么下期就可能为折算收益,它们是可以抵销的,因此将其作递延处理,更能真实地反映企业的财务状况,但这种方法掩盖了汇率变动的事实。

【随堂小测验 6－1】

1. 单项选择题

(1)以下说法不正确的是(　　)。

A. 子公司的财务报表须按母公司的记账本位币折算

B. 外币报表折算等同于货币兑换

C. 现行汇率即财务报表编制日的汇率

D. 选择什么样的汇率是外币报表折算方法的重要因素

(2)以下说法正确的是(　　)。

A. 在外币贬值的情况下,外币资产会产生折算收益

B. 在外币贬值的情况下,外币负债会产生折算损失

C. 在外币升值的情况下,外币资产会产生折算损失

D. 在外币升值的情况下,外币负债会产生折算损失

2. 多项选择题

(1)外币报表折算可供选择的汇率主要有(　　)。

A. 历史汇率　　B. 现行汇率

C. 平均汇率　　D. 即期汇率

(2)在外币财务报表折算业务中,可供选择的折算标准有(　　)。

A. 记账日的历史汇率(交易发生日的即期汇率)

B. 报表日的现行汇率(资产负债表日汇率)

C. 编表期内的平均汇率

D. 业务发生当期的期初汇率

(3)外币报表折算的目的有(　　)。

A. 编制合并财务报表

B. 提供特种财务报表

C. 更好地反映控股公司的财务状况

D. 更好地反映控股公司的经营成果

(4) 外币报表折算的主要问题有(　　)。

A. 外币报表折算汇率的选择　　B. 外币报表折算方法的选择

C. 外币报表折算损益的处理　　D. 外币报表折算时间的选择

3. 判断题

(1) 在外币报表折算中只需处理好外币报表中的各个项目选择什么汇率进行折算的问题。(　　)

(2) 外币报表折算差额,是指在外币报表折算时,由于不同项目所采用的汇率不同而产生的差额,它是一种未实现的汇兑损益。(　　)

(3) 外币报表折算时产生的折算损益不属于汇兑损益。(　　)

(4) 外币折算只是货币表述形式的改变,不是进行实际的货币转换,也不是货币之间的兑换。(　　)

(5) 外币报表在折算时,不同的项目可选择不同的汇率。(　　)

(6) 对外币折算损益的处理有计入当期损益和递延到以后各期两种方法。(　　)

6.2 外币报表折算方法

目前为止,世界各国对外币报表的折算方法尚未形成一致的惯例,主要使用的方法有四种:区分流动与非流动项目法、区分货币与非货币项目法、现行汇率法和时态法。

6.2.1 区分流动与非流动项目法

1. 区分流动与非流动项目法概述

> **关键概念——区分流动与非流动项目法**
>
> 区分流动与非流动项目法是将资产负债表项目按其流动性划分为流动项目与非流动项目两大类,每类采用不同的汇率进行折算的一种方法。

流动项目包括流动资产和流动负债,非流动项目包括非流动资产和非流动负债。这种方法的基本内容如下:

(1) 流动资产项目和流动负债项目按资产负债表日现行汇率折算,非流动资产和非流动负债项目(除留存收益外)按历史汇率折算。

(2) 投入资本项目按资本投入时的历史汇率进行折算。

(3) 资产负债表中的留存收益项目为轧算的平衡数,并转为利润分配表中未分配利润的折算金额,无须按特定汇率折算。其计算公式为:

$$\text{折合后资产负债表中的留存收益} = \text{折算后的资产总额} - \text{折算后的负债总额} - \text{折算后的实收资本总额}$$

(4) 利润表中的收入和费用项目(除折旧费用和摊销费用外),按项目发生时的汇率折算,或者为了简化核算,按编表期内的平均汇率折算。

(5) 利润表中的折旧费用和摊销费用按相关资产入账时的历史汇率折算。

(6) 折算差额,按照谨慎性原则,如为折算净损失,计入当期损益;如为折算净收益,则予以递延,计入资产负债表,用来抵销未来会计年度可能发生的折算损失。

区分流动与非流动项目法在 20 世纪 30 年代曾被广泛使用。其理由是,非流动项目在短期内不会转变成现金或付出现金，因而不受汇率变动的影响，流动项目按现行汇率折算有助于对营运资金进行分析。但这种方法的不足是，没有充分的理由说明流动与非流动项目应采用不同的折算汇率；对折算差额的处理将掩盖汇率波动的真实影响，有可能歪曲各会计期间的经营成果。例如，一个企业在一个会计年度将其折算收益予以递延，而下一年度如为折算损失，则可能相互抵销，使两个会计年度的利润出现稳定的现象，这与事实情况不符。目前，国际上只有少数国家采用此种方法。

2. 区分流动与非流动项目法示例

采用区分流动与非流动项目法的基本程序是，先折算资产负债表，再折算利润分配表，最后折算利润表。

【例 6－1】某企业有一境外子公司，该子公司采用美元作为记账本位币和编表货币。假设有关资料如下：

(1)2009 年度 1 月 1 日汇率为 1 美元＝8 元人民币；

(2)2009 年度 12 月 31 日汇率为 1 美元＝7.8 元人民币；

(3)2009 年度平均汇率为 1 美元＝7.9 元人民币；

(4)某企业对子公司投资时的汇率为 1 美元＝8.2 元人民币；

(5)固定资产取得日的汇率为 1 美元＝8.1 元人民币；

(6)获得长期负债时的汇率为 1 美元＝8.06 元人民币；

(7)向投资者分配利润时的汇率为 1 美元＝7.9 元人民币；

(8)进行长期投资时的汇率为 1 美元＝8.15 元人民币；

(9)子公司期初留存收益为 37 500 美元，折合人民币金额为 324 000 元。

根据以上资料对该子公司的财务报表按区分流动与非流动项目法进行折算，见表 6－1、表 6－2、表 6－3。

表 6－1 **资产负债表**

2009 年 12 月 31 日

项目	美元	折算汇率	人民币
货币资金	30 000	7.8	234 000
应收账款	60 000	7.8	468 000
存货	80 000	7.8	624 000
长期投资	100 000	8.15	815 000
固定资产	250 000	8.1	2 025 000
减：累计折旧	70 000	8.1	567 000
资产总计	450 000		3 599 000
短期借款	40 000	7.8	312 000
应付账款	60 000	7.8	468 000
长期借款	90 000	8.06	725 400

续表

项目	美元	折算汇率	人民币
实收资本	200 000	8.2	1 640 000
留存收益	60 000		453 600①
负债和所有者权益总计	450 000		3 599 000

①留存收益 453 600 = 3 599 000 - (312 000 + 468 000 + 725 400 + 1 640 000)

表 6 - 2

利润分配表

2009 年度

项目	美元	折算汇率	人民币
净利润	52 500		366 600①
加:期初留存收益	37 500		324 000②
可供分配利润	90 000		690 600
减:应付利润	30 000	7.9	237 000
留存收益	60 000		453 600③

①净利润 366 600 = 期末留存收益 + 应付利润 - 期初留存收益 = 453 600 + 237 000 - 324 000

②期初留存收益 = 资产负债表留存收益项目的期初数

③期末留存收益 = 资产负债表留存收益项目的期末数

表 6 - 3

利润表

2009 年度

项目	美元	折算汇率	人民币
一、营业收入	880 000	7.9	6 952 000
减:销售折扣与折让	3 000	7.9	23 700
营业收入净额	877 000		6 928 300
减:营业成本	670 000	7.9	5 293 000
营业税金及附加	25 000	7.9	197 500
二、主营业务利润	182 000		1 437 800
加:其他业务利润	80 000	7.9	632 000
减:存货跌价损失	3 000	7.9	23 700
管理费用	10 000	7.9	79 000
销售费用	100 000	7.9	790 000
折旧费用	20 000	8.1	162 000
财务费用	47 500	7.9	375 250

续表

项目	美元	折算汇率	人民币
三、营业利润	81 500		639 850
加:投资收益	10 000	7.9	79 000
营业外收入	6 000	7.9	47 400
减:营业外支出	15 000	7.9	118 500
四、折算损益(损失)			(44 150)①
五、利润总额	82 500		603 600
减:所得税费用	30 000	7.9	237 000
六、净利润	52 500		366 600

①折算损益 44 150 = 营业利润 + 投资收益 + 营业外收入 - 营业外支出 - 利润总额
= 639 850 + 79 000 + 47 400 - 118 500 - 603 600

6.2.2 区分货币与非货币项目法

1. 区分货币与非货币项目法概述

> **关键概念——区分货币与非货币性项目法**
>
> 区分货币与非货币性项目法是将资产负债表项目划分为货币性项目和非货币性项目两大类，每类采用不同的汇率进行折算的一种方法。

货币性项目包括企业拥有的货币和能以固定或可确定的金额收回的权利，如现金、银行存款、应收票据和应收账款等货币性资产，还包括企业应付的以确定金额货币为限的债务，如应付票据、应付账款、应付债券和长短期借款等货币性负债，这些货币性项目按现行汇率折算。货币性项目以外的其他项目均为非货币性项目，采用历史汇率进行折算。这种方法的基本内容如下：

(1)资产负债表中的货币性项目，包括货币性资产和货币性负债，按报表日的现行汇率折算。

(2)资产负债表中的非货币性项目，包括存货、固定资产、无形资产、长期投资等，按历史汇率折算。

(3)资产负债表中的投入资本按资本投入时的历史汇率折算。

(4)资产负债表中的留存收益和区分流动与非流动项目法一样属于轧算的平衡数，可倒挤确定。

(5)利润表中的收入和费用项目(除折旧费用和摊销费用外)按业务发生时的汇率折算，或者为了简化核算，按报表期内的平均汇率折算。

(6)利润表中的折旧费用和摊销费用按有关资产入账时的历史汇率折算。此外，由于存货按历史汇率折算，因而营业成本实际上也是按历史汇率折算的。在实际折算时，营业成本一般按倒挤的方法确定，其计算公式为：

营业成本 = 期初存货 + 本期购货 - 期末存货

(7)折算差额计入当期损益。

区分货币与非货币项目法同区分流动与非流动项目法一样,首先对资产与负债进行分类组合,然后选用不同的汇率进行折算,两者的区别只是分类的标准不同。这种方法的优点是考虑到货币性项目容易受汇率变动的影响,汇率的每次变动都将直接引起等量外币金额的变化,因而货币性项目采用现行汇率进行折算;存货按历史汇率折算,可以避免存货价值在折算后的不合理情况出现。此外,将折算差额计入当期损益,摒弃了区分流动与非流动项目法中将折算收益递延到以后年度来抵销折算损失的做法,有了较大的改进。但与区分流动与非流动项目法存在共同的缺陷,即报表项目的分类缺乏充分的理由,如果非货币性项目(如存货、投资)是按现行市价表述的,则按历史汇率折算就不可能得出合理的结果。

2. 区分货币与非货币项目法示例

采用区分货币与非货币项目法时的折算程序,和区分流动与非流动项目法的折算程序基本相同。

【例 6-2】 沿用【例 6-1】资料,假设期初存货余额为 50 000 美元,本期购入存货 700 000 美元,期末存货购入期间的历史汇率为 1 美元 = 7.95 元人民币。采用区分货币与非货币项目法折算,折算后的财务报表见表 6-4、表 6-5、表 6-6。

表 6-4 资产负债表

2009 年 12 月 31 日

项目	美元	折算汇率	人民币
货币资金	30 000	7.8	234 000
应收账款	60 000	7.8	468 000
存货	80 000	7.95	636 000
长期投资	100 000	8.15	815 000
固定资产	250 000	8.1	2 025 000
减:累计折旧	70 000	8.1	567 000
资产总计	450 000		3 611 000
短期借款	40 000	7.8	312 000
应付账款	60 000	7.8	468 000
长期借款	90 000	7.8	702 000
实收资本	200 000	8.2	1 640 000
留存收益	60 000		4 890 000①
负债和所有者权益总计	450 000		3 611 000

①留存收益 489 000 = 3 611 000 - (312 000 + 468 000 + 702 000 + 1 640 000)

表 6 - 5 利润分配表

2009 年度

项目	美元	折算汇率	人民币
净利润	52 500		402 000①
加:期初留存收益	37 500		324 000②
可供分配利润	90 000		726 000
减:应付利润	30 000	7.9	237 000
留存收益	60 000		489 000③

①净利润 402 000 = 期末留存收益 + 应付利润 - 期初留存收益 = 489 000 + 237 000 - 324 000

②期初留存收益 = 资产负债表项目的期初数

③期末留存收益 = 资产负债表项目的期末数

表 6 - 6 利润表

2009 年度

项目	美元	折算汇率	人民币
一、营业收入	880 000	7.9	6 952 000
减:销售折扣与折让	3 000	7.9	23 700
营业收入净额	877 000		6 928 300
减:营业成本	670 000		5 294 000①
营业税金及附加	25 000	7.9	197 500
二、主营业务利润	182 000		1 436 800
加:其他业务利润	80 000	7.9	632 000
减:存货跌价损失	3 000	7.9	23 700
管理费用	10 000	7.9	79 000
销售费用	100 000	7.9	790 000
折旧费用	20 000	8.1	162 000
财务费用	47 500	7.9	375 250
三、营业利润	81 500		638 850
加:投资收益	10 000	7.9	79 000
营业外收入	6 000	7.9	47 400
减:营业外支出	15 000	7.9	118 500
四、折算损益(损失)			(7 750)②
五、利润总额	82 500		639 000③
减:所得税费用	30 000	7.9	237 000
六、净利润	52 500		402 000④

①营业成本 5 294 000 = 期初存货 + 本期购货 - 期末存货
= 50 000 × 8 + 700 000 × 7.9 - 80 000 × 7.95
= 400 000 + 5 530 000 - 636 000

②折算损益 7 750 = 营业利润 + 投资收益 + 营业外收入 - 营业外支出 - 利润总额
= 638 850 + 79 000 + 47 400 - 118 500 - 639 000

③利润总额 639 000 = 净利润 + 所得税 = 402 000 + 237 000

④净利润 = 利润分配表项目

6.2.3 现行汇率法

1. 现行汇率法概述

现行汇率法的基本内容如下：

(1)资产负债表中各资产和负债项目均按报表日的现行汇率折算。

(2)资产负债表中的投入资本项目按资本投入时的历史汇率折算。

(3)资产负债表中的留存收益为折算后利润分配表中的留存收益。

> **关键概念——现行汇率法**
>
> 现行汇率法是对资产负债表中的资产、负债项目均按现行汇率进行折算，只对投入资本项目按历史汇率折算的一种方法，因而它是一种单一汇率法。

(4)利润表中的收入、费用项目按其发生时的汇率折算，或者为了简化核算，按编表期内的平均汇率折算。

(5)折算差额在资产负债表所有者权益项目下单独列示，作递延处理。

现行汇率法的优点是简便易行，折算后的资产负债表各项目仍保持原来外币报表中各项目之间的比例关系和结构以及据此计算的各项财务指标，符合企业的实际情况；主要不足是资产、负债折算汇率的选择仍缺乏足够的理论依据，当汇率发生较大的变动时，这些资产、负债都将承受汇率变动的影响，可能会使某些项目的实际价值受到影响。

2. 现行汇率法示例

由于现行汇率法中的折算损益一般不列入当期利润表，因而其折算程序为：先折算利润表，然后折算资产负债表。

【例6-3】沿用【例6-1】、【例6-2】资料，按现行汇率法对财务报表进行折算，折算后的财务报表见表6-7、表6-8、表6-9。

表6-7 利润表

2009年度

项目	美元	折算汇率	人民币
一、营业收入	880 000	7.9	6 952 000
减：销售折扣与折让	3 000	7.9	23 700
营业收入净额	877 000		6 928 300
减：营业成本	670 000	7.9	5 293 000
营业税金及附加	25 000	7.9	197 500

续表

项目	美元	折算汇率	人民币
二、主营业务利润	182 000		1 437 800
加:其他业务利润	80 000	7.9	632 000
减:存货跌价损失	3 000	7.9	23 700
管理费用	10 000	7.9	79 000
销售费用	100 000	7.9	790 000
折旧费用	20 000	7.9	158 000
财务费用	47 500	7.9	375 250
三、营业利润	81 500		643 850
加:投资收益	10 000	7.9	79 000
营业外收入	6 000	7.9	47 400
减:营业外支出	15 000	7.9	118 500
四、利润总额	82 500		651 750
减:所得税费用	30 000	7.9	237 000
五、净利润	52 500		414 750

表 6-8

利润分配表

2009 年度

项目	美元	折算汇率	人民币
净利润	52 500		414 750
加:期初留存收益	37 500		324 000
可供分配利润	90 000		738 750
减:应付利润	30 000	7.9	237 000
留存收益	60 000		501 750

表 6-9

资产负债表

2009 年 12 月 31 日

项目	美元	折算汇率	人民币
货币资金	30 000	7.8	234 000
应收账款	60 000	7.8	468 000
存货	80 000	7.8	624 000
长期投资	100 000	7.8	780 000

续表

项目	美元	折算汇率	人民币
固定资产	250 000	7.8	1 950 000
减:累计折旧	70 000	7.8	546 000
资产总计	450 000		3 510 000
短期借款	40 000	7.8	312 000
应付账款	60 000	7.8	468 000
长期借款	90 000	7.8	702 000
实收资本	200 000	8.2	1 640 000
留存收益	60 000		501 750
折算差额			(113 750)①
负债和所有者权益总计	450 000		3 510 000

①折算差额 -113 750 = 3 510 000 - (312 000 + 468 000 + 702 000 + 1 640 000 + 501 750)

6.2.4 时态法

1. 时态法概述

时态法的理论根据是:外币报表折算只是一种计量交换程序,是对既定价值的重新表述,只能改变计量单位,而不能改变计量项目的性质,因此外币报表中以历史成本计价入账的资产和负债项目按历史汇率折算,以现行价值计价入账的资产和负债项目按现行汇率折算。时态法的基本内容如下:

> **关键概念——时态法**
>
> 时态法也称时间量度法,是指依据资产和负债项目的计价基础分别采用现行汇率或历史汇率进行折算的方法。

(1)资产负债表中的应收应付项目及长期负债项目,按报表日的现行汇率折算。

(2)资产负债表中按历史成本计价的项目(如固定资产、无形资产等),按取得时的历史汇率折算。

(3)资产负债表中按现行市价计价的项目(如存货、投资等),按报表日的现行汇率折算。

(4)资产负债表中的投入资本项目按资本投入时的历史汇率折算。

(5)资产负债表中的留存收益为轧算的平衡数,可倒挤确定。

(6)利润表中的折旧费用和摊销费用,按相关资产入账时的历史汇率折算。

(7)利润表中的收入和其他费用项目,按项目发生时的历史汇率折算,或者为了简化,按编表期内的平均汇率折算。

(8)营业成本在对期初存货、本期购货和期末存货分别采用适当的汇率折算的基础上计算确定。期末存货中按现行市价记录的存货,应按现行汇率折算,按历史成本计价的存货,则按取得时的历史汇率折算。

(9)折算差额计入当期损益。

时态法的优点是,折算汇率的选择标准具有较强的理论依据,折算时汇率的选择能与资产或负债项目的真正价值有机结合起来,从而使外币报表折算在汇率的选择上有一个合理的时间量度。这种方法的不足是,由于对资产负债表各项目采用不同的汇率折算,因而折算后的资产负债表有关项目之间的比率不同于原财务报表。

在上述四种方法中,国际会计准则要求各国"从现行汇率法和时态法中选择其一进行外币报表折算"。目前的会计实务中,现行汇率法和时态法的应用较普遍。

2. 时态法示例

采用时态法的折算程序同区分流动与非流动项目法及区分货币与非货币项目法下基本相同。

【例6-4】仍沿用【例6-1】和【例6-2】资料,假设存货和长期投资均采用市价计价。采用时态法对财务报表进行折算,折算后的财务报表见表6-10、表6-11、表6-12。

表6-10 **资产负债表**

2009年12月31日

项目	美元	折算汇率	人民币
货币资金	30 000	7.8	234 000
应收账款	60 000	7.8	468 000
存货	80 000	7.8	624 000
长期投资	100 000	7.8	780 000
固定资产	250 000	8.1	2 025 000
减:累计折旧	70 000	8.1	567 000
资产总计	450 000		3 564 000
短期借款	40 000	7.8	312 000
应付账款	60 000	7.8	468 000
长期借款	90 000	7.8	702 000
实收资本	200 000	8.2	1 640 000
留存收益	60 000		442 000①
负债和所有者权益总计	450 000		3 564 000

①留存收益442 000 = 3 564 000 - (312 000 + 468 000 + 702 000 + 1 640 000)

表6-11 **利润分配表**

2009年度

项目	美元	折算汇率	人民币
净利润	52 500		355 000①
加:期初留存收益	37 500		324 000②

续表

项目	美元	折算汇率	人民币
可供分配利润	90 000		679 000
减:应付利润	30 000	7.9	237 000
留存收益	60 000		442 000③

①净利润 355 000 = 期末留存收益 + 应付利润 - 期初留存收益 = 442 000 + 237 000 - 324 000

②期初留存收益 = 资产负债表项目的期初数

③期末留存收益 = 资产负债表项目的期末数

表 6-12 **利润表**

2009 年度

项目	美元	折算汇率	人民币
一、营业收入	880 000	7.9	6 952 000
减:销售折扣与折让	3 000	7.9	23 700
营业收入净额	877 000		6 928 300
减:营业成本	670 000		5 306 000①
营业税金及附加	25 000	7.9	197 500
二、主营业务利润	182 000		1 424 800
加:其他业务利润	80 000	7.9	632 000
减:存货跌价损失	3 000	7.9	23 700
管理费用	10 000	7.9	79 000
销售费用	100 000	7.9	790 000
折旧费用	20 000	8.10	162 000
财务费用	47 500	7.9	375 250
三、营业利润	81 500		626 850
加:投资收益	10 000	7.9	79 000
营业外收入	6 000	7.9	47 400
减:营业外支出	15 000	7.9	118 500
四、折算损益(损失)			(42 750)②
五、利润总额	82 500		592 000③
减:所得税费用	30 000	7.9	237 000
六、净利润	52 500		355 000④

①营业成本 5 306 000 = 期初存货 + 本期购货 - 期末存货

$= 50\ 000 \times 8 + 700\ 000 \times 7.9 - 80\ 000 \times 7.8$

$= 400\ 000 + 5\ 530\ 000 - 624\ 000$

②折算损益 42 750 = 营业利润 + 投资收益 + 营业外收入 - 营业外支出 - 利润总额

= 626 850 + 79 000 + 47 400 - 118 500 - 592 000

③利润总额 592 000 = 净利润 + 所得税 = 355 000 + 237 000

③净利润 = 利润分配表项目

6.2.5 折算方法的比较

上述四种方法为外币报表折算的基本方法，在折算汇率的选择、折算差额的处理方面存在不同，企业应在经济环境和管理思想的基础上确定适合的折算方法。

1. 资产负债表的折算汇率比较

资产负债表各项目的汇率比较复杂，见表 6 - 13。

表 6 - 13　　资产负债表折算项目汇率比较

项目		区分流动与非流动项目法	区分货币与非货币项目	现行汇率法	时态法
货币资金		C	C	C	C
应收账款		C	C	C	C
存货	按成本计价	C	H	C	H
	按市价计价				C
固定资产	按成本计价	H	H	C	H
	按市价计价				C
长期投资	按成本计价	H	H	C	H
	按市价计价				C
无形资产	按成本计价	H	H	C	H
	按市价计价				C
应付账款		C	C	C	C
长期负债		H	C	C	C
实收资本（普通股）		H	H	H	H
留存收益		G	G	G	G

注：表中 C 代表现行汇率；H 代表历史汇率；G 为轧算的平衡数。

2. 利润表各项目选用汇率比较

利润表外币项目的折算，在区分流动与非流动项目法下，除了对固定资产折旧费用和摊销费用项目分别按相关资产取得时的历史汇率折算外，其余的收入、费用项目均按编表期内的平均汇率折算。在区分货币与非货币项目法和时态法下，固定资产折旧费用和摊销费用项目分别按相关资产取得时的历史汇率折算；营业成本项目，则根据“期初存货 + 本期购货 - 期末存货”的公式倒挤确定，其中的期初存货可以从上年折算后的财务报表中取得，本期购货一般采用平均汇率进行折算；其余各项目，采用确认这些项目时的历史汇率或编表期内的平均汇率进行折算。对于期末存货,在现行汇率法和区分流动与非流动项目法下采用现行汇率进行折算;在区分货币与非货币项目法下采用历史汇率进行折算;在时态法下采用现行汇率或历史汇率进行折算。

3. 折算结果的比较

在资产负债表的折算中,四种不同的折算方法采用的折算汇率不同,产生的折算差额不一样,对折算差额的处理方法也不一样,见表6-14。

表6-14　　折算结果比较

项目	区分流动与非流动项目法	区分货币与非货币项目法	现行汇率法	时态法
折算差额	44 150(损失)	7 750(损失)	113 750(损失)	42 750(损失)
折算差额的列示方法	利润表	利润表	资产负债表	利润表
净利润	366 600	402 000	414 750	355 000
资产	3 599 000	3 611 000	3 510 000	3 564 000
负债	1 505 400	1 482 000	1 482 000	1 482 000
所有者权益	2 093 600	2 129 000	2 028 000	2 082 000

【相关链接6-1】

美国折算方法的发展历程

美国在1965年之前,按照第4号会计研究公告,基本上采用的是区分流动与非流动项目法,并在随后的第43号会计研究公告中对该方法稍作调整,即允许存货在特定情况下按历史汇率折算。1965年第6号意见书,把折算方法转为区分货币与非货币项目法。1975年,财务会计准则委员在第8号财务会计准则公告中要求企业报表折算采用时态法,由于该方法会导致企业的收益产生较大的波动,引起了实务界的抱怨。1981年,FASB发布了第52号财务会计准则公告,取代第8号财务会计准则公告,允许企业可以使用时态法或现行汇率法对财务报表进行折算。

【随堂小测验6-2】

1. 单项选择题

(1) 外币报表折算时,“未分配利润”项目应当(　　)。

A. 按历史汇率折算

B. 按现行汇率折算

C. 按平均汇率折算

D. 根据折算后利润分配表中其他项目的数额计算确定

(2) 对财务报表折算后不改变资产和负债的内部结构和比例关系的折算方法是(　　)。

A. 时态法　　B. 现行汇率法

C. 区分流动与非流动项目法　　D. 区分货币与非货币项目法

(3)在采用区分货币与非货币项目法进行外币报表折算的情况下,按照历史汇率折算的项目是(　　)。

A. 存货项目　　B. 应收账款项目

C. 未分配利润项目　　D. 长期负债项目

(4)采用现行汇率法折算外币财务报表时,按照历史汇率折算的报表项目是(　　)。

A. 实收资本项目　　B. 固定资产项目

C. 应付债券项目　　D. 存货项目

(5)将外币报表折算差额作为递延损益的折算方法是(　　)。

A. 现行汇率法　　B. 时态法

C. 区分流动与非流动项目法　　D. 区分货币与非货币项目法

(6)在外币报表折算的区分货币与非货币项目法下,资产负债表中的货币性项目应按(　　)折算。

A. 平均汇率　　B. 历史汇率

C. 现行汇率　　D. 期初汇率

(7)在区分流动与非流动项目法下,折算差额(　　)。

A. 如为净损失,计入当期损益;如为净收益,则予以递延

B. 如为净损失,予以递延;如为净收益,则计入当期损益

C. 无论是净损失还是净收益,一律计入当期损益

D. 无论是净损失还是净收益,一律予以递延

(8)在区分货币与非货币项目法下,以下项目中按现行汇率折算的是(　　)。

A. 存货　　B. 长期股权投资

C. 应收账款　　D. 实收资本

(9)在现行汇率法下,对资产负债表折算时,以下处理不正确的是(　　)。

A. 各项资产和负债均按报表日的现行汇率折算

B. 实收资本按现行汇率折算

C. 留存收益为折算后利润分配表中的留存收益

D. 折算差额在所有者权益项目下单独列示,作递延处理

(10)在按时态法对资产负债表进行折算时,以下处理不正确的是(　　)。

A. 应收应付项目及长期负债项目按报表日的现行汇率折算

B. 资产项目按其取得时的历史汇率折算

C. 实收资本项目按资本投入时的历史汇率折算

D. 留存收益为轧算的平衡数

(11)在时态法下对利润表项目折算时,以下处理正确的是(　　)。

A. 折旧费用和摊销费用按相关资产的平均汇率折算

B. 为简化核算,收入和其他费用项目按现行汇率折算

C. 营业成本按现行汇率折算

D. 折算差额计入当期损益

(12)在对期末存货项目进行折算时,以下处理不正确的是(　　)。
A.在区分货币与非货币项目法下采用现行汇率
B.在现行汇率法下采用现行汇率
C.在区分流动与非流动项目法下采用现行汇率
D.在时态法下采用现行汇率或历史汇率
(13)时态法的优点是(　　)。
A.折算后资产负债表有关项目之间的比率与原报表相同
B.折算汇率的选择标准具有较强的理论依据
C.折算后资产负债表有关项目之间的比率与原报表不相同
D.考虑到货币性项目容易受到汇率变动的影响
2.多项选择题
(1)采用时态法折算外币财务报表时,按照历史汇率折算的报表项目有(　　)。
A.应付账款项目　　B.按成本计价的存货项目
C.按市价计价的投资项目　　D.按成本计价的投资项目
(2)采用现行汇率法折算外币财务报表时,按照历史汇率折算的报表项目有(　　)。
A.实收资本项目　　B.固定资产项目
C.应付债券项目　　D.资本公积项目
(3)下列项目中,采用历史汇率折算的有(　　)。
A.现行汇率法下的固定资产项目
B.时态法下的无形资产项目
C.时态法下按照市价计价的存货项目
D.现行汇率法下的实收资本项目
(4)下列项目中,采用现行汇率折算的有(　　)。
A.区分货币与非货币项目法下的应收账款
B.现行汇率法下的应付票据
C.时态法下按现行市价计价的存货
D.区分流动与非流动项目法下的长期投资
(5)采用时态法折算外币财务报表时,按照历史汇率折算的项目有(　　)。
A.应付账款　　B.按成本计价的存货
C.按成本计价的投资　　D.按成本计价的固定资产
(6)到目前为止,外币报表的折算方法主要包括(　　)。
A.区分流动与非流动项目法　　B.区分货币与非货币项目法
C.现行汇率法　　D.时态法
(7)在货币与非货币项目法下,下列项目中属于非货币性项目的有(　　)。
A.固定资产　　B.存货
C.实收资本　　D.长期借款
(8)在货币与非货币项目法下,下列项目中属于货币性项目的有(　　)。
A.银行存款　　B.应收账款

C. 长期借款　　　　　　　　　　　　D. 应付账款

3. 判断题

(1) 区分流动与非流动项目法是将资产负债表项目划分为流动性项目与非流动性项目,流动性项目采用平均汇率折算,非流动性项目采用历史汇率折算。(　　)

(2) 在区分货币与非货币项目法下,营业成本的折算按平均汇率。(　　)

(3) 现行汇率法也称单一汇率法。(　　)

(4) 现行汇率法的优点是,折算后的各项目仍然保持原外币报表中各项目之间的比例和结构,以及据此计算的各项财务指标。(　　)

(5) 在时态法下,折算差额作递延处理,在资产负债表所有者权益项目下单独列示。(　　)

(6) 时态法的理论根据是外币报表折算只是一种计量交换程序,是对既定价值的重新表述。(　　)

(7) 现行汇率法下,除营业成本之外的各收入和费用项目,采用这些项目的历史汇率或编表期内的平均汇率折算。(　　)

6.3 我国外币财务报表的折算

我国外币财务报表折算是指对境外子公司以外币表示的财务报表的折算,以及境内子公司采用母公司记账本位币以外的货币编制的财务报表的折算。

我国《企业会计准则第 19 号——外币折算》,对外币财务报表的折算作出了相关规定。

6.3.1 境外经营财务报表的折算

企业的子公司、合营企业、联营企业和分支机构如果采用与企业相同的记账本位币,即便是设在境外,其财务报表也不存在折算问题。但是,如果企业境外经营采用的记账本位币不同于企业的记账本位币,在将企业的境外经营通过合并、权益法核算等纳入企业的财务报表时,需要将企业境外经营的财务报表折算为按企业记账本位币反映的财务报表。

对境外经营的财务报表进行折算时,应当遵循下列规定:

(1) 资产负债表中的资产和负债项目,采用资产负债表日的即期汇率折算,所有者权益项目除"未分配利润"项目外,其他项目采用发生时的即期汇率折算。

(2) 利润表中的收入和费用项目,采用交易发生日的即期汇率折算;也可以采用按照系统、合理的方法确定的、与交易发生日即期汇率近似的汇率折算。

折算产生的外币报表折算差额,在编制合并财务报表时,应在合并资产负债表中所有者权益项目下单独作为"外币报表折算差额"项目列示。

所有者权益变动表中的"净利润"项目,按折算后利润表的数额填列;年初"未分配利润"项目,按上一年折算后的期末"未分配利润"项目的数额填列;年末"未分配利润"项目,按折算后表中其他各项目的数额计算填列。

比较财务报表的折算比照上述规定处理。

【例 6－5】 A 公司为甲公司设在美国的全资子公司,该子公司自主经营、自担风险,采用美元为记账本位币。2007 年为编制合并财务报表,需要将 A 公司的美元财务报表按

甲公司的记账本位币重新表述,甲公司采用人民币为记账本位币折算。A公司有关资料如下:

2007年12月31日的即期汇率为1美元=7.6元人民币;

2007年的平均汇率为1美元=7.8元人民币;

2006年12月31日的即期汇率为1美元=7.9元人民币;

实收资本为312 500美元,投资时的即期汇率为1美元=8元人民币;

累计盈余公积为27 500美元,折算为人民币217 000元;

累计未分配利润为50 000美元,折算为人民币400 000元;

A公司2007年年末提取盈余公积15 000美元。

折算后的财务报表见表6-15、表6-16、表6-17。

表6-15 利润表

2007年度

项目	本年累计数(美元)	汇率	折算为人民币
一、营业收入	262 500	7.8	2 047 500
减:营业成本	100 000	7.8	780 000
营业税金及附加	15 000	7.8	117 000
销售费用	20 000	7.8	156 000
管理费用	30 000	7.8	234 000
财务费用	25 000	7.8	195 000
二、营业利润	72 500		565 500
加:营业外收入	12 500	7.8	97 500
减:营业外支出	10 000	7.8	78 000
三、利润总额	75 000		585 000
减:所得税费用	25 000	7.8	195 000
四、净利润	50 000		390 000
五、每股收益			

表6-16 资产负债表

2007年12月31日

资产	期末数(美元)	汇率	人民币	负债和所有者权益	期末数(美元)	汇率	人民币
流动资产:				流动负债:			
货币资金	50 000	7.6	380 000	短期借款	25 000	7.6	190 000
交易性金融资产	25 000	7.6	190 000	应付票据	5 000	7.6	38 000

续表

资产	期末数（美元）	汇率	人民币	负债和所有者权益	期末数（美元）	汇率	人民币
应收票据	20 000	7.6	152 000	应付账款	37 500	7.6	285 000
应收账款	55 000	7.6	418 000	应付职工薪酬	30 000	7.6	228 000
存货	100 000	7.6	760 000	应交税费	7 500	7.6	57 000
流动资产合计	250 000		1 900 000	流动负债合计	105 000		798 000
非流动资产：				非流动负债：			
固定资产	300 000	7.6	2280 000	长期借款	30 000	7.6	228 000
无形资产	75 000	7.6	570 000	长期应付款	50 000	7.6	380 000
非流动资产合计	375 000		2 850 000	非流动负债合计	80 000		608 000
				负债合计	185 000		1 406 000
				所有者权益：			
				实收资本	312 500	8	2 500 000
				盈余公积	42 500		334 000
				未分配利润	85 000		673 000
				报表折算差额	0		-163 000
				所有者权益合计	440 000		3 344 000
资产总计	625 000		4 750 000	负债和所有者权益总计	625 000		4 750 000

表 6－17

所有者权益变动表

2007 年度

	实收资本			盈余公积			未分配利润		外币报表折算差额	所有者权益合计
	美元	折算汇率	人民币	美元	折算汇率	人民币	美元	人民币		人民币
一、本年年初余额	312 500	8	2 500 000	27 500		217 000	50 000	400 000		3 117 000
二、本年增减变动金额										
（一）净利润							50 000	390 000		390 000

续表

	实收资本			盈余公积			未分配利润		外币报表折算差额	所有者权益合计
	美元	折算汇率	人民币	美元	折算汇率	人民币	美元	人民币		人民币
(二)直接计入所有者权益的利得和损失										
其中:外币报表折算差额									-163 000	-163 000
(三)利润分配										
1.提取盈余公积				15 000	7.80	117 000	15 000	117 000		
2.对股东的分配										
三、本年年末余额	312 500	8	2 500 000	42 500		334 000	85 000	673 000	-163 000	3 344 000

在境外经营为其子公司的情况下,企业在编制合并财务报表时,应按少数股东在境外经营所有者权益中所享有的份额计算少数股东应分担的外币报表折算差额,并入少数股东权益列示于合并资产负债表。

在包含实质上构成对子公司(境外经营)净投资的外币货币性项目的情况下,在编制合并财务报表时,应分别以下两种情况编制抵销分录:

(1)实质上构成对子公司净投资的外币货币性项目以母公司或子公司的记账本位币反映的,该外币货币性项目产生的汇兑差额应转入"外币报表折算差额"项目;

(2)实质上构成对子公司净投资的外币货币性项目以母、子公司的记账本位币以外的货币反映的,则应将母、子公司此项外币货币性项目产生的汇兑差额相互抵销,差额计入"外币报表折算差额"项目。

如果合并财务报表中各子公司之间也存在实质上构成对另一子公司(境外经营)净投资的外币货币性项目,在编制合并财务报表时应比照上述原则编制相应的抵销分录。

6.3.2 恶性通货膨胀经济中境外经营财务报表的折算

1.恶性通货膨胀经济的判定

当一个国家经济环境显示出以下特征时,应当判定该国处于恶性通货膨胀经济中:

(1)最近三年累计通货膨胀率接近或超过100%;

(2)利率、工资和物价与物价指数挂钩;

(3)一般公众不是以当地货币而是以相对稳定的外币作为衡量货币金额的基础;

(4)一般公众倾向于以非货币性资产或相对稳定的外币来保存自己的财富,持有的当地货币立即用于投资以保持购买力;

(5)即使信用期限很短,赊销、赊购交易仍按照补偿信用期预计购买力损失的价格成交。

2. 处于恶性通货膨胀经济中境外经营财务报表的折算

企业对处于恶性通货膨胀经济中境外经营的财务报表进行折算时,需要按照以下程序进行折算:首先对其资产负债表进行重述:对资产负债表项目运用一般物价指数变动予以重述,对利润表项目运用一般物价指数变动予以重述,然后再按照最近资产负债表日的即期汇率进行折算。

在境外经营不再处于恶性通货膨胀经济中时,应当停止重述,按照停止之日的价格水平重述的财务报表进行折算。

(1)资产负债表项目的重述。在对资产负债表项目进行重述时,由于库存现金、应收账款、其他应收款等货币性项目已经以资产负债表日的计量单位表述,因此不需要进行重述;通过协议与物价变动挂钩的资产和负债,应根据协议约定进行调整;非货币性项目中,有些是以资产负债表日的计量单位列示的,如存货以可变现净值列示,就不需要进行重述;其他非货币性项目,如固定资产、投资、无形资产等,应自购置日起按一般物价指数变动予以重述。

(2)利润表项目的重述。在对利润表项目进行重述时,所有项目金额都需要自其初始确认之日起,以一般物价指数变动进行重述,以使利润表的所有项目都以资产负债表日的计量单位表述。由于上述重述而产生的差额计入当期损益。

对资产负债表和利润表进行重述后,再按照资产负债表日的即期汇率将资产负债表和利润表折算为记账本位币报表。

在处置境外经营时,应当将资产负债表中所有者权益项目下列示的与该境外经营相关的外币报表折算差额,自所有者权益项目转入处置当期损益;部分处置境外经营的,应当按处置比例计算处置部分的外币报表折算差额,转入处置当期损益。

【随堂小测验6-3】

1. 单项选择题

(1)根据我国企业会计准则的规定,对境外经营财务报表进行折算时产生的外币报表折算差额,在财务报表中应作为(　　)。

A. 递延损益列示

B. 管理费用列示

C. 财务费用列示

D. 外币报表折算差额在所有者权益项下单独列示

(2)我国会计准则中外币报表折算差额在财务报表中应(　　)。

A. 在资产负债表中所有者权益项目下单独列示

B. 在长期股权投资项上单独列示

C. 作为管理费用列示

D. 作为长期负债列示

(3)根据我国企业会计准则的规定,在对境外经营的子公司利润表中的营业外支出项目折算时,应采用的折算汇率是(　　)。

A. 交易发生日的即期汇率　　B. 资产负债表日的即期汇率

C. 年初即期汇率　　D. 年末即期汇率

(4)根据我国外币报表折算的相关规定,对境外经营的资产负债表进行折算时,应当遵循(　　)。

A. 资产项目采用平均汇率

B. 负债项目采用平均汇率

C. 外币报表折算差额在合并财务报表所有者权益项目下列示

D. 所有者权益项目采用现行汇率

2. 多项选择题

(1)根据我国企业会计准则的规定,外币财务报表中可以按照交易发生日的即期汇率折算的项目有(　　)。

A. 营业成本项目　　B. 营业外支出项目

C. 营业收入项目　　D. 管理费用项目

(2)企业对境外经营的财务报表进行折算时,下列项目中可采用资产负债表日的即期汇率折算的有(　　)。

A. 应收及应付款项　　B. 交易性金融资产

C. 持有至到期投资　　D. 盈余公积

(3)下列项目中,属于境外经营或视同境外经营的有(　　)。

A. 企业在境外的子公司

B. 企业在境外的分支机构

C. 采用与企业相同的记账本位币的境内子公司

D. 企业在境外的合营企业

(4)根据我国企业会计准则的规定,我国对境外经营的外币报表折算时,应(　　)。

A. 资产负债表的资产和负债项目采用资产负债表日的即期汇率折算

B. 外币报表折算差额列示在利润表中

C. 利润表中的收入和费用项目采用交易发生日的即期汇率折算

D. 所有者权益变动表中的净利润项目按折算后利润表的数额填列

本章小结

本章主要阐述了外币报表折算的方法、外币报表折算差额的处理,以及我国的外币报表折算方法。

外币报表的折算都是为了特定目的而进行的,是为了编制合并财务报表和提供特种财务报表。

采用什么样的汇率以及如何处理因折算产生的损益，是外币报表折算的两个会计问题。他们不仅影响资产负债表有关资产和负债项目金额的列示，而且影响利润表中损益的计算确定。

到目前为止，世界各国对外币报表的折算方法尚未形成一致的惯例，主要使用的方法有四种：区分流动与非流动项目法、区分货币与非货币项目法、现行汇率法和时态法。

我国外币财务报表折算是指对境外子公司以外币表示的财务报表的折算，以及境内子公司采用母公司记账本位币以外的货币编制的财务报表的折算。

我国《企业会计准则第 19 号——外币折算》，对外币财务报表的折算作出了相关规定。

（1）资产负债表中的资产和负债项目，采用资产负债表日的即期汇率折算，所有者权益项目除“未分配利润”项目外，其他项目采用发生时的即期汇率折算。

（2）利润表中的收入和费用项目，采用交易发生日的即期汇率折算；也可以采用按照系统、合理的方法确定的、与交易发生日即期汇率近似的汇率折算。

折算产生的外币报表折算差额，在编制合并财务报表时，应在合并资产负债表中所有者权益项目下单独作为“外币报表折算差额”项目列示。

所有者权益变动表中的“净利润”项目，按折算后利润表的数额填列；年初“未分配利润”项目，按上一年折算后的期末“未分配利润”项目的数额填列；“未分配利润”项目，按折算后表中其他各项目的数额计算填列。

关键概念

外币报表折算　流动与非流动项目法　货币与非货币项目法　现行汇率法　时态法　折算差额

思考题

1. 简述外币报表折算的含义及意义。
2. 外币报表折算要解决的主要会计问题是什么？
3. 什么是区分流动与非流动项目法？简述它的理论依据及优缺点。
4. 什么是区分货币与非货币项目法？简述它的理论依据及优缺点。
5. 什么是时态法？其特点有哪些？
6. 什么是现行汇率法？其特点有哪些？
7. 外币报表折算差额有哪几种处理方法？
8. 外币交易汇兑损益与外币报表折算差额有什么区别？
9. 我国外币报表折算有哪些具体要求？
10. 处于恶性通货膨胀经济中境外经营的财务报表如何折算？

练习题

1. 目的:练习外币报表的折算方法。

资料:A 公司以美元为记账本位币,年末资产负债表列示如下:

资产负债表

2009 年 12 月 31 日　　单位:美元

资产	期末余额	负债和股东权益	期末余额
库存现金	20 000	负债:	
应收账款	30 000	应付账款	40 000
应收票据	15 000	长期借款	113 000
存货	48 000	股东权益:	
固定资产	150 000	股本	85 000
		留存收益	25 000
资产总计	263 000	负债和股东权益总计	263 000

假设股本形成时美元对人民币的汇率为 1 美元 =7.2 元人民币,固定资产取得时的汇率为 1 美元 =7.2 元人民币,长期负债形成时的汇率为 1 美元 =7.1 元人民币,存货按市价计价,期末现行汇率为 1 美元 =6.82 元人民币,利润表中折算后的留存收益为 183 500 元。

要求:

(1)分别用时态法和现行汇率法对上述报表进行折算,编制资产负债表。

(2)比较这两种方法折算损益额的差别,并说明其理由。

2. 目的:练习利润及利润分配表的折算。

资料:B 公司收到境外子公司乙公司以美元表示的利润及利润分配表,如下:

利润及利润分配表

2009 年度　　单位:美元

项目	金额
一、营业收入	22 000 000
减: 营业成本	18 000 000
管理费用	600 000
销售费用	400 000
财务费用	200 000
二、营业利润	2 800 000
加:营业外收入	200 000
减:营业外支出	300 000

续表

项目	金额
三、利润总额	2 700 000
减:所得税费用	900 000
四、净利润	1 800 000
减:应付股利	900 000
五、未分配利润	900 000

假设期初美元对人民币汇率为 1 美元 = 6.83 元人民币,期末现行汇率为 1 美元 = 6.82 元人民币。

要求:将上述以美元表述的利润及利润分配表按编表期内的平均汇率折算为人民币利润表及利润分配表。

3. 目的:练习现行汇率法下外币报表的折算。

资料:甲公司以人民币为记账本位币。乙公司为甲公司的子公司,2007 年乙公司以美元为记账本位币编制的报表资料如下:

乙公司资产负债表资料

单位:美元

项目	金额
现金	1 000
应收账款	3 000
存货(按市价)	5 000
固定资产净额	12 000
资产总计	21 000
短期借款	4 500
应付债券	5 200
股本	9 000
未分配利润	2 300
负债和股东权益总计	21 000

折算后的未分配利润为 16 960 元。

乙公司利润表

单位:美元

项目	金额
主营业务收入	28 000
主营业务成本	17 500
销售费用	1 800

项目	金额
管理费用	2 000
利润总额	6 700
所得税	2 400
净利润	4 300

2007 年 12 月 31 日现行汇率为 1 美元 =7 元人民币；

2007 年度平均汇率为 1 美元 =7.2 元人民币；

股票发行时汇率为 1 美元 =7.5 元人民币。

要求：采用现行汇率法对上述外币报表进行折算。

4. 目的：理解和掌握时态法的特点。

资料：B 公司为甲公司持股 80% 的子公司，公司地址在美国，其记账本位币为美元。B 公司的存货采用成本与可变现净值孰低法计价。甲公司的记账本位币为人民币。

2009 年 12 月 31 日，B 公司存货的历史成本为 100 000 美元，可变现净值为 95 000 美元。期末存货购入期间美元对人民币的汇率为 1 美元 =6.86 元人民币，年末汇率为 1 美元 =6.85 元人民币。

要求：

(1) 计算外币报表中存货项目的余额。

(2) 计算折算后的财务报表中存货项目的余额。

5. 目的：理解和掌握区分货币与非货币项目法和时态法的区别。

资料：仍然使用练习题 4 的资料。

要求：

(1) 分别按区分货币与非货币项目法和时态法计算外币报表中存货项目的余额。

(2) 分别按货币与非货币项目法和时态法计算折算后的财务报表中存货项目的余额，比较其不同，并说明原因。

案例题

案例资料：

甲公司成立于 20 世纪 80 年代初，在成功经营和拓展了中国国内业务后公司开始涉足国外市场。于 2006 年年初以 125 000 美元收购了美国 A 公司 100% 的股份后，A 公司继续以独立实体经营，所有办公设备及绝大多数人工成本等均以美元支付，除极少量的商品购自甲公司外，其余的商品均来自当地，A 公司对所需资金自行在当地融资、自担风险。因此，根据记账本位币的选择确定原则，A 公司将记账本位币确定为美元。2007 年 12 月 31 日，甲公司准备编制合并财务报表，需要先将乙公司的美元财务报表折算为人民币表述。

2007年12月31日的即期汇率为1美元=8元人民币,2007年的平均汇率为1美元=8.2元人民币,A公司接受投资时的即期汇率为1美元=8.3元人民币。2006年12月31日的即期汇率为1美元=8.25元人民币,累计盈余公积为11 000美元,折算为人民币90 300元,累计未分配利润为20 000美元,折算为人民币166 000元,A公司在2007年年末提取盈余公积6 000美元。A公司财务报表如下:

利润表

编制单位:A公司　　　　　　2007年度

项目	本年累计数(美元)	汇率	折算为人民币
一、营业收入	105 000		
减:营业成本	40 000		
营业税金及附加	6 000		
销售费用	8 000		
管理费用	12 000		
财务费用	10 000		
二、营业利润	29 000		
加:营业外收入	5 000		
减:营业外支出	4 000		
三、利润总额	30 000		
减:所得税费用	10 000		
四、净利润	20 000		
五、每股收益			

资产负债表

编制单位:A公司　　　　　　2007年12月31日

资产	期末数(美元)	汇率	折算为人民币	负债和所有者权益	期末数(美元)	汇率	折算为人民币
流动资产:				流动负债:			
货币资金	20 000			短期借款	10 000		
交易性金融资产	10 000			应付票据	2 000		
应收票据	8 000			应付账款	15 000		
应收账款	22 000			应付职工薪酬	12 000		
存货	40 000			应交税费	3 000		
流动资产合计	100 000			流动负债合计	42 000		

续表

资产	期末数（美元）	汇率	折算为人民币	负债和所有者权益	期末数（美元）	汇率	折算为人民币
非流动资产：				非流动负债			
固定资产	120 000			长期借款	12 000		
无形资产	30 000			长期应付款	20 000		
非流动资产合计	150 000			非流动负债合计	32 000		
				所有者权益：			
				实收资本	125 000		
				盈余公积	17 000		
				未分配利润	34 000		
				报表折算差额	0		
				所有者权益合计	176 000		
资产总计	250 000			负债和所有者权益总计	250 000		

所有者权益变动表

编制单位：A公司　　2007年度

	实收资本			盈余公积			未分配利润		外币报表折算差额	所有者权益合计
	美元	折算汇率	人民币	美元	折算汇率	人民币	美元	人民币		人民币
一、本年年初余额	125 000			11 000			20 000			
二、本年增减变动金额										
（一）净利润							20 000			
（二）直接计入所有者权益的利得和损失										
期中：外币报表折算差额										

续表

	实收资本			盈余公积			未分配利润		外币报表折算差额	所有者权益合计
	美元	折算汇率	人民币	美元	折算汇率	人民币	美元	人民币		人民币
(三)利润分配										
1. 提取盈余公积				6 000			-6 000			
三、本年年末余额	125 000			17 000			34 000			

要求:

(1)按照我国会计准则的规定,对A公司财务报表进行折算。

(2)将A公司以美元表述的财务报表折算为人民币表述的财务报表后,若甲公司与A公司2007年年末发生内部交易,如何编制合并财务报表?若甲公司与A公司发生了内部交易,如何编制合并财务报表?

随堂小测验答案

随堂小测验6-1

1. 单项选择题 (1)B (2)D
2. 多项选择题 (1)ABC (2)ABC (3)AB (4)AC
3. 判断题 (1)× (2)√ (3)× (4)√ (5)√ (6)√

随堂小测验6-2

1. 单项选择题 (1)D (2)B (3)A (4)A (5)A (6)C (7)A (8)C (9)B (10)B (11)D (12)A (13)B
2. 多项选择题 (1)BD (2)AD (3)BD (4)ABC (5)BCD (6)ABCD (7)ABC (8)ABCD
3. 判断题 (1)× (2)× (3)√ (4)√ (5)× (6)√ (7)√

随堂小测验6-3

1. 单项选择题 (1)D (2)A (3)A 4)C
2. 多项选择题 (1)ABCD (2)ABC (3)ABD (4)ACD

第7章　物价变动会计

学习目标

知识目标：掌握会计模式的构成要素，物价指数、物价变动的基本概念；掌握物价变动对会计原则的影响；了解资本及资本维护的意义；掌握一般购买力会计基本原理、程序和方法；掌握现行成本会计的基本原理、程序和方法；掌握购买力损益的计算原理和方法；掌握持有损益的性质和计算方法。

能力目标：能够运用本章所学知识正确处理和反映物价变动环境下的会计信息。

导入案例

龙华公司是一家具有悠久历史的老企业，生产规模较大，现拥有大量的固定资产。近年来，随着物价水平的逐步升高，一些问题困扰着企业。公司账面有很多利润，却没有足够的资金添置机器设备。有人指出，这是因为原始成本会计信息不能提供足够的决策相关信息，应在年度报告中提供反映物价变动情况的补充信息。那么，应采用什么基础提供物价变动会计信息，为企业提供决策有用的信息呢？

7.1 物价变动会计概述

7.1.1 物价变动及对会计的影响

1. 物价变动与物价变动会计

(1)物价变动

> **关键概念——物价变动**
>
> 物价反映商品和劳动力价格在市场上的交换价值。当同一商品或劳动力的价格不同于它们以前在同一市场上的价格，上涨或下跌时，即物价变动。

通货膨胀或通货紧缩使得不同时期相等数量的货币单位所计量的实物数量或劳动(时间)数量不等，货币计量单位与其他计量单位相互依存的比例关系遭到破坏，不同时期提供的会计信息失去了可比性。物价的变动对以历史成本计价的传统财务会计形成了巨大的冲击，使财务会计的计量基础受到严重的挑战，以历史成本为依据所提供的会计数据和财务比率难以为报表使用者提供有用的信息，这主要表现为：

①历史成本财务报表所提供的会计信息严重失实，资产难以反映其真实价值，收益难以反映其经营成果。例如，在历史成本下，资产和负债始终以其发生时的历史成本计价，在物价持续上涨时，历史成本低于编表时的重置成本，其差异不在资产负债表中列示，也不承认因物价变动所引起的币值变动。

②企业的再生产能力下降，生产过程中消耗的资产得不到应有的补偿。例如，在通货膨胀条件下，按传统财务会计的历史成本原则计提的已耗资产的补偿并不能满足所耗资产的重置。

③会计信息的可理解性减弱，其质量降低。

④财务报表信息不能满足使用者决策的需要，甚至给企业管理层、政府有关部门、投资者、债权人带来重大的失误，影响财务会计目标的实现。

关键概念——通货膨胀

在商品经济条件下，由于货币发行量超过商品流通正常需要量而造成的单位币值降低和商品价格上涨称为通货膨胀，表现为一般物价水平的持续上升和货币购买力的持续下降；反之称为通货紧缩。

(2)物价指数

在市场经济中，商品和劳务的价格会由于各种原因而发生变动，可能表现为一定时期的物价高于或低于前一时期的物价。物价上涨时，一定数量的货币所购买的商品和劳务数量就会减少；反之，物价下降时，一定数量的货币所购买的商品和劳务数量就会增加。会计上的物价变动有两类：一般物价变动和个别物价变动。

关键概念——物价指数

物价指数是某一时期商品或劳务价格与基期的商品或劳务价格的比率。

一般物价变动，是指在通货膨胀或通货紧缩时，币值本身所发生的变动。一般物价变动通过计算物价变动的平均数，即物价变动指数来获得。物价变动指数是反映两个时期商品、劳务价格动态的指标。在计算一般物价指数时，要选择销售量大、价格变动趋势具有代表性的商品、劳务，将其销售量按照在社会销售总量中的比重作为计算一般物价指数的权数，计算出各类商品和劳务的价格变动对一般物价水平的影响。一般物价指数的计算公式为：

$$\text{一般物价指数}=\frac{\sum \text{报告期代表商品单价}\times\text{权数}}{\sum \text{基期代表商品单价}\times\text{权数}}\times 100\%$$

物价指数的倒数用来表示货币的价值，即购买力。例如，基期（年初）的一般物价指数为100，报告期（年末）的一般物价指数为125，说明在这一年里物价上涨了25%，货币购买力则下降了20%（1－100/125）。

关键概念——货币购买力

货币购买力指以一定数量的货币所能购买商品的数量或换取的劳务。

个别物价变动，是指某一商品交换价值的变化，它反映的只是某一商品或劳务价格的变化,不反映货币本身价值的变动。例如,目前一吨钢材的价格为2 500元,一年后升到2 800元,可以说钢材价格上升了300元,但这并不说明货币购买力本身下降了,此时的一般物价指数还有可能是下降了。因而个别物价变动与一般物价变动的幅度并不是都一样,有时甚至变动方向都是相反的。

(3)物价变动会计

物价变动会计是指利用一定的物价变动资料对企业原提供的会计信息进行调整,或对会计的计量方式进行改进,以反映或消除物价变动对财务报告的影响,从而保证企业财务报表的使用者能够注意到物价变动对企业经营成果和财务状况等会计信息的影响。

物价变动会计是财务会计的一个分支,在很大程度上遵循着传统财务会计的基本理论,并对财务会计理论具有很强的修正和补充作用,形成了特有的会计理论。由于物价变动对传统财务会计理论和实务产生了巨大的冲击和影响,它不仅改变了币值不变的会计前提和历史成本原则及其他相关原则,而且动摇了会计确认和计量过程中的两个根本要素——历史成本计量属性和币值稳定前提,从而影响了会计信息质量,妨碍了会计目标的实现。物价变动会计的研究对象涉及物价变动会计的目标和前提、物价变动会计的基本理论、物价变动会计的一般原则和物价变动会计的模式等。

物价变动会计产生的外在条件是物价持续地大幅变动,内在动因是资本保全和确定收益的要求。物价变动会计的目标是反映或消除物价变动对会计信息的影响,提高会计信息的质量。纵观对物价变动采取的方法,一种是在传统财务会计中采取适当方法(如发出存货成本计算的后进先出法、固定资产加速折旧法、固定资产定期重置估价法等)来消除物价变动对会计信息的影响;另外一种则是改变会计的计量单位或计量属性(如以稳值货币代替名义货币、以现行成本取代历史成本等)来消除物价变动对会计信息的影响。

2. 物价变动对会计前提的影响

物价变动会计虽然仍然依据传统财务会计的会计主体、持续经营、会计分期和货币计量等基本前提,但在物价剧烈变动的时期,货币计量基本前提的重要附加内容——币值不变前提已经不存在,若再以经济业务发生时的历史成本为依据提供会计信息、计量期末资产以及计算当期取得的净收益,会计信息就会失去相关性,会计信息使用者也无法对企业经营者的业绩进行正确衡量,以作出相应的预测和决策。因而,物价变动会计确立了自己的基本前提,即币值持续大幅变动。也就是说,在物价变动的条件下,货币价值在不断地大幅变动,由此引起的资产价格也在不断地变动。可见,币值大幅变动是物价变动会计存在的先决条件。

3. 物价变动对会计原则的影响

物价变动会计虽然仍以大部分传统财务会计的一般原则规范会计活动,但由于物价变动的影响,某些传统财务会计的一般原则不再符合它赖以产生和存在的社会经济条件,不能再作为提供会计信息的标准和规范。作为传统财务会计的改进和发展,物价变动会计在承袭传统财务会计一般原则的同时,根据社会经济环境的变化,对其进行了修正和改进,以适应物价变动的新经济环境。物价变动会计确立了其特有的会计原则,一般包括两个方面:

(1)建立了资产现行成本计价原则。物价的大幅变动,使不同时期相等的货币金额反映不同的价值和不同的购买力,使不同时期以名义货币计量的经济业务,其金额相等而价值不等,实物资产的历史成本与现行成本的差距越来越大。因而,只有以资产的现行成本计价,才能了解企业实际所拥有的经营能力或生产能力,更好地反映企业的财务状况和经营成果。

(2)变革了部分会计原则。例如收入确认原则,物价变动会计虽仍然遵循传统财务会计确认收入的时间,却改变了确认收入数额的方法,将报告期不同时点的营业收入用一定的方法换算为提供报告时的现行收入。再如配比原则,物价变动会计改变了传统财务会计中的现行收入与历史成本(费用)的配比,通过将收入和成本(费用)以同一计价标准为基准进行配比来消除由于物价变动而造成的收入与成本(费用)的不可比因素,弥补传统财务会计以历史成本和币值不变为计价基准的配比原则的不足。还有谨慎性原则,物价变动会计在一定程度上否定了这一原则。为反映物价变动对会计信息的影响,物价变动会计将由于物价变动原因而使企业持有实物资产可能带来的收益(或损失)列入资产负债表或利润表。

【相关链接 7-1】

物价变动会计准则的发展

1963 年,美国注册会计师协会(AICPA)发表了第 6 号会计研究论文集,建议按照一般物价水平调整和报告不变价值美元的会计信息。1969 年,美国会计原则委员会(APB)发布了第 3 号报告(APB Statements No. 3)《反映一般物价水平变动的财务报表》,鼓励企业把根据一般物价水平变动重编的财务报表作为历史成本财务报表的补充。1979 年,美国财务会计准则委员会(FASB)发布了第 33 号准则公告《物价变动与财务报告》。1987 年,FASB 又发布了第 89 号准则公告,取代第 33 号准则。1981 年,国际会计准则委员会(IASC)发布了《国际会计准则第 15 号——反映价格变动影响的信息》,1989 年,又发布了《国际会计准则第 29 号——恶性通货膨胀经济中的财务报告》。

7.1.2 物价变动会计的理论基础

物价变动会计产生的外在条件是物价持续地大幅变动,内在动因是资本保全和确定收益的要求。在会计期内,企业的收入首先要保全资本,若有剩余,才是资本的回报,即利润。

1. 资本的概念

资本是所有者投入企业用于生产经营的货币和各种财产物资的货币表现,资本反映了企业净资产的规模和企业拥有的生产经营能力,也表示所有者投入企业的货币购买力。按照资本维护理论,企业确定收益必须以保证资本完整无损为前提。资本的概念分为财务资本和实物资本,相应地,资本维护理论也分为财务资本维护和实物资本维护。

按照财务资本的概念,资本是投资者投入企业的货币数量或购买力。在物价变动的情况下,以货币表示的财务资本数额随反映购买力水平变动的一般物价指数变动而相应变动。

按照实物资本的概念,资本如同营运能力,被看做是以每日生产量等为基础的企业生产能力,以与其相当的实物量表示,在物价变动情况下,实物资本的变动随企业拥有的具体实物个别物价水平变动而变动。当报表使用者主要关心维护名义上的投入资本或投入资本的购买力时，应当采用财务资本概念；当报表使用者主要关心生产能力或经营能力时，应当采用实物资本概念。

2. 资本维护

资本维护分为财务资本维护与实物资本维护。

> **关键概念——资本维护**
>
> 资本维护是指企业确认收益必须是以资本的维护为前提。

(1)财务资本维护

财务资本维护又可分为名义货币维护和购买力维护。在传统财务会计中，企业利润的计量遵循的是配比原则，即以当期实现的营业收入与为实现这些收入所发生的按历史成本计量的生产要素相比较，其收入大于所耗生产要素的部分为当期的收益，这就是名义货币的补偿，或者说是原始价值补偿观下的利润。比如，企业期初有存货 100 件，购入成本为每件 100 元，本期售出存货 100 件，销售价格为每件 120 元，本期补进存货 100 件，购入成本为每件 110 元，则本期利润为 2 000 元($120 \times 100 - 100 \times 100$)。传统财务会计的会计收益就是以名义货币保全为前提确定的收益。

> **关键概念——财务资本维护**
>
> 财务资本维护是指维护企业资本所具有的货币数量或购买力规模。

当以货币购买力表示资本维护概念时，是以当期实现的营业收入与按一般物价指数调整后的所耗生产要素相配比，剩余部分才能确认为利润，所耗成本、费用的足额补偿，才能使企业维持简单再生产。比如上例，假定期初一般物价指数为 100，在本期购入同样存货时一般物价指数为 110，则本期利润为 1 000 元($120 \times 100 - 110 \times 100$)。一般购买力会计就是以购买力保全为前提确定收益。

(2)实物资本维护

在实物资本维护概念下，在不考虑本期向所有者分配利润的情况下，企业期末实物的生产能力或经营能力(或达到期末生产经营能力所需的资源或资金)必须大于期初实物生产经营能力。在物价变动条件下，以收回已耗实物资产的现行价格作为实物资本维护的前提。在通货膨胀情况下，传统财务会计将营业收入与按所耗资产历史成本计算的成本、费用相配比，所确定的收益是在资本不能得到维护的情况下虚增的收益，不是真实的经营成果。比如，企业期初有存货 100 件，购入成本为每件 100 元，本期售出存货 100 件，销售价格为每件 130 元，本期补进存货 100 件，购入成本为每件 130 元，期末存货 100 件。按照传统财务会计，本期利润为 3 000 元($130 \times 100 - 100 \times 100$)，本年实现营业收入 13 000 元，有 10 000 元用来补偿 100 件的原始成本，剩余的 3 000 元被认为是可以用作分配的利润，这也正是财务资本维护的观点。但从此例不难看出，从持续经营的角度看，企业补进 100 件存货才能维持简单再生产。然而，由于当年物价上涨，每件存货的购入成本上升为 130 元，按原始成本补偿的10 000 元就不够了，企业必须再投入 3 000 元，才能购入 100 件存货，以便维持简单再生产，这时该

> **关键概念—— 实物资本维护**
>
> 实物资本维护是指维护企业资本所拥有的生产经营能力。

企业就不再有利润了,这就是实物资本维护的观点。资本维护的数额需要用相当于其生产经营能力具体实物数量的价值量表示,其得到补偿的所耗资本相当于实物资本的现行成本。马克思在政治经济学中指出:“当再生产按原有生产规模进行时,所有已消耗的不变资本要素都必须在实物形态上得到相应的新物品的补偿。”现行成本会计所依据的是实物资本维护观点。

7.1.3 物价变动会计模式

关键概念——会计模式

会计模式是指在会计核算中,将一定会计计量单位和会计计量属性、一定会计程序和会计方法相结合的固定程式。

会计计量单位和计量属性是会计模式的最基本构成要素。

会计采用货币为计量单位,单位货币价值反映一定的购买力。在币值稳定的情况下,相同数量货币的价值相等。在通货膨胀条件下,币值下跌,其购买力或价值会发生变动。不同时期的币值是不等的,代表着不同时期的价值量。通常将不考虑购买力变动的货币单位称为名义货币。在通货膨胀条件下,传统财务会计所采用的货币为名义货币。与名义货币相对应的是稳值货币,稳值货币在不同时期的购买力相同。在物价变动会计中,通常将报告期末的名义货币按一般物价指数确定为稳值货币单位进行计量。

计量属性是计量对象的某种特征,即会计对象计价所依据的基础和标准。对会计对象的计量因不同的会计目标分别依据不同的基础和标准,而获得不同的计量数据,会计上除了可以采用历史成本计量以外,还可以采用其他计量属性,其中最重要的是现行成本。

持续的物价变动对会计的影响是多方面的,但实质上可归为两个方面,即对会计计量单位稳定性的影响和会计计量属性客观性的影响。因此,可以采用改变会计计量单位和计量属性的办法,反映或消除物价变动对会计的影响;或改进计量单位,以稳值货币取代名义货币;或改变计量属性,以现行成本取代历史成本;或同时改变计量单位和计量属性。改变计量单位可以反映和消除一般物价水平变动对会计的影响;改变计量属性可以反映和消除个别物价变动对会计的影响。将两种计量单位(名义货币、稳值货币)和两种计量属性(历史成本、现行成本)相结合,可以组成四种不同的会计模式:历史成本/名义货币会计、历史成本/稳值货币会计、现行成本/名义货币会计和现行成本/稳值货币会计。其中,后三种为物价变动会计模式。

1. 一般购买力会计(历史成本/稳值货币会计)

一般购买力会计仍保持历史成本的计量属性,以币值稳定、购买力相等的货币(即稳值货币)为计量单位,采用一般物价指数,将传统财务报表中各项会计数据换算调整为按购买力计价的企业财务状况和经营成果,目的是消除一般物价水平变动对财务报表的影响,所以又称为一般物价水平会计。

2. 现行成本会计(现行成本/名义货币会计)

现行成本会计以名义货币为计量单位,以资产的现行成本(现行重置成本、重置生产成本)替代历史成本,提供企业的财务状况和经营成果,反映和消除通货膨胀条件下个别物价水平变动对传统财务会计的影响。

3. 现行成本/稳值货币会计

这种会计模式将现行成本会计与一般购买力会计相结合，以现行成本为计量属性，以稳值货币为计量单位，全面反映并消除一般物价水平变动和个别物价水平变动对财务报表的影响。

【随堂小测验7－1】

1. 单项选择题

(1)物价变动会计特有的会计假设是(　　)。

A. 币值保持不变　　B. 币值不断大幅变动

C. 币值不断大幅上升　　D. 币值涨落不定

(2)资产持有损益作为权益类项目，其余额直接列入资产负债表的权益类“资本维护准备金”项下单独反映，属于(　　)。

A. 按名义货币考虑的财务资本维护观念

B. 按货币购买力考虑的财务资本维护观念

C. 按实物生产能力考虑的实物资本维护观念

D. 按实物生产能力考虑的财务资本维护观念

(3)一个会计年度中，物价指数既有一般物价指数和个别物价变动，又有年初物价指数、年末物价指数和全年平均物价指数等。在运用一般购买力会计进行利润表的物价变动调整时，对一般的收入与费用项目采用的物价指数是(　　)。

A. 年初物价指数　　B. 个别物价变动

C. 年末物价指数　　D. 全年平均物价指数

(4)下列各种情况中，在通货膨胀时期会出现的是(　　)。

A. 货币性资产的购买力上升

B. 货币性负债会使企业遭受购买力损失

C. 货币性项目直接感受物价变动的影响

D. 企业必须以物价变动会计取代历史成本会计

2. 多项选择题

(1)下列有关物价变动对传统财务会计影响的阐述中，正确的有(　　)。

A. 使企业的经营成果和盈利能力受到歪曲

B. 企业经营过程中消耗的资产得不到应有的补偿

C. 无法正确反映企业产权资本的维护情况

D. 降低了会计信息的重要性

(2)物价变动会计对传统财务会计基本理论的发展体现在(　　)。

A. 确立了物价变动会计的特有前提——币值不断大幅变动假设

B. 使得以货币计价的资本分为财务资本和实物资本两个概念

C. 改变了财务会计准则的含义

D. 改变了会计收入确认的时间及数额的方法

(3)在物价持续上涨的情况下,传统财务会计的局限性主要表现在(　　)。

A. 会计信息不能真实反映企业现时的财务状况和经营成果

B. 企业经营过程中消耗的资产得不到应有的补偿

C. 成本补偿不足以维持简单再生产

D. 会虚增收益,甚至出现虚盈实亏的现象

(4)下列属于物价变动会计特有会计概念的有(　　)。

A. 购买力损益　　B. 名义货币和稳值货币

C. 财务资本和实物资本　　D. 历史成本和现行成本

(5)下列体现财务资本维护理论的会计模式有(　　)。

A. 现行成本/名义货币会计　　B. 历史成本/名义货币会计

C. 历史成本/稳值货币会计　　D. 现行成本/稳值货币会计

(6)在通货膨胀时期,下列说法正确的有(　　)。

A. 不同时期相等的货币量表现为相同的购买力

B. 不同时期相等的货币量表现为不同的购买力

C. 不同时期不等的货币量表现为相同的购买力

D. 不同时期不等的货币量表现为不同的购买力

3. 判断题

(1)通货膨胀既使不同时点历史成本表示的货币购买力失去可比性,又导致现有资产取得成本与现行成本的背离。(　　)

(2)一般认为,按财务资本维护理论确认的收益为“会计收益”,可见,传统财务会计实现了财务资本维护理论的要求。(　　)

(3)实物资本维护理论下要保全的资本必须用实物量来表示。(　　)

7.2 一般购买力会计

7.2.1 一般购买力会计的基本原理

一般购买力会计仍保持历史成本的计量属性,以币值固定、购买力相等的货币(即稳值货币)为计量单位,采用一般物价指数重述传统财务报表中各项会计数据,以消除一般物价水平变动对财务报表的影响。一般购买力会计反映一般物价水平变动对会计的影响,其显著的特点是改变了会计计量单位,将历史成本会计模式下的会计计量单位由名义货币变为稳值货币,而计量属性仍为历史成本。

与其他物价变动会计模式比较,一般购买力会计的特征有:

(1)以稳值货币为计量单位。一般购买力会计以某一时点(会计报告期末)的名义货币作为稳值货币,将其他不同时期的名义货币按一般物价指数换算为按所确定的稳值货币计价的金额,以使不同时期形成的会计数据相互可比。

(2)以历史成本为计量属性。一般购买力会计认为历史成本计量原则本身不存在多大缺陷,关键在于应有一个稳定、可比的会计计量属性。

(3)不建立单独的账户体系进行核算。在日常会计处理中,一般购买力会计核算与传统财务会计核算没有本质上的区别,只是在报告期末,以一般物价指数将财务报表中以

历史成本反映的有关数据进行调整,从而消除一般物价变动对财务报表的影响。

7.2.2 一般购买力会计的基本程序和方法

该会计模式的程序如下:

(1)划分货币性项目与非货币性项目;

(2)将以名义货币表述的财务报表项目换算为稳值货币表述;

(3)计算货币性项目的购买力损益;

(4)编制一般购买力财务报表。

1. 划分货币性项目与非货币性项目

在一般购买力会计下,首先将财务报表项目区分为货币性项目和非货币性项目,然后根据一般物价水平变动对货币性项目和非货币性项目影响的不同,采用不同的会计处理方法。

> **关键概念——货币性项目**
>
> 货币性项目是指在一般物价水平变动时,其金额固定不变,但其购力发生变动的项目。

(1)货币性项目。货币性项目包括货币性资产、货币性负债及货币性权益。货币性资产包括货币资金、应收账款、应收票据、其他应收款以及有固定利息收入的长期债券投资等;货币性负债主要包括应付账款、应付票据、其他应付款、应付职工薪酬、应付利息以及可由固定货币金额表述的负债;货币性权益包括收取固定股利的优先股和在公司停业清理时对剩余资产具有固定要求权的优先股。

在物价变动时期,货币性项目的特点是:①其账面金额不随物价变动而改变,以期末名义货币为稳值货币,按一般物价水平变动对该期末金额进行换算时,其换算后的金额固定不变。比如,企业期初所持有货币金额为5 000元,年内未发生收支业务,那么即使该年度内物价发生很大幅度的变化,期末账面余额仍为5 000元。因此,在一般购买力会计中,货币性资产属于固定项目,不需要按一般物价指数对其进行调整,但其购买力随物价变动而变化。②在一般物价水平发生变动时,所持货币性项目实际购买力会发生变化,并产生购买力损益。比如,期初一般物价指数为100,企业期初持有5 000元货币,可购买某商品50件,当期末一般物价指数为200时,期初持有的5 000元只可购买相同商品25件。

一般物价水平变动对货币性项目的影响是:持有货币性资产与持有货币性负债和货币性权益所产生的购买力损益正好相反。当物价上涨时,持有货币性资产项目会使企业遭受购买力损失,持有货币性负债和货币性权益会给企业带来购买力利得;物价下跌时则相反。

(2)非货币性项目。非货币性项目包括非货币性资产、非货币性负债及非货币性权益。非货币性资产主要包括存货、预付费用、厂房、设备、无形资产以及在未来收取商品或劳务的债权;非货币性负债主要包括预收收入以及其他在未来提供商品或劳务的责任;非货币性权益主要包括普通股、完全参加优先股和可转换优先股。

在物价变动时期,非货币性项目与货币性项目比较,其特点恰恰相反:①账面金额随物价变动而变动,即以期末名义货币为稳值货币和以一般物价指数换算的各项目期末金额有所改变,而其原价值量并未改变。比如,企业期初所持存货的价值为4 000元,期末一般物价指数为150,则期末存货的价值应为6 000元;②不发生购买力损益。在一般购买力会计中,非货币性项目换算后的金额随物价发生变动时不产生购买力损益。比如,上述存货项目属非货币性资产,当物价上涨时,其本身所含价值量虽不会改变,但以名义货币计价的市场价格会上升;反之,物价下降时,其所含的价值量也不会改变,但以名义货币计价的市场价格则会随之下降。持有非货币性资产与货币购买力损益无关;同样,在物价变动时期,持有非货币性负债会发生与非货币性资产相反的变化。

> **关键概念——非货币性项目**
>
> 非货币性项目是指在一般物价水平变动时,其金额或价格不是固定不变的,而是随着一般物价水平的上涨而提高,随着一般物价水平的下降而降低的资产、负债或业主权益项目。

2. 非货币性项目的调整

编制一般购买力财务报表,目的在于反映和消除一般物价指数变动对企业财务状况和经营成果的影响。因此,一般购买力会计要求将按名义货币表述的财务报表项目换算为按稳值货币表述的金额,即在确定某一时点的名义货币为稳值货币的前提下,将传统财务报表按不同时期的历史成本,和当时名义货币计价形成的各项报表数据,按一般物价指数换算为以历史成本和所确定的稳值货币计量的会计数据。这是因为不同时期或不同时点一定数量的名义货币的购买力是不同的,由此形成的会计数据缺乏相关性和可比性。这里所说的某一时点的一般物价指数,包括年初一般物价指数、年末一般物价指数和全年平均物价指数三种。通常采用年末物价指数调整资产负债表内的非货币性项目,以准确反映企业年末的财务状况;采用年度平均物价指数调整利润表项目,以反映一般物价水平变动对全年收入、费用项目的综合影响。但无论如何,在编制财务报表时,必须使用相同购买力的货币单位,以将原来具有不同购买力的名义货币单位调整到报告期末的一般物价指数,从而解决传统财务报表中在通货膨胀中产生的币值不等带来的问题。

实际工作中的调整步骤为:

①确定某一非货币性项目形成或取得的时间和一般物价指数;

②确定编制财务报表时的一般物价指数;

③计算换算系数。

由于非货币性项目涉及资产负债表和利润表,因此,两张报表都必须调整。

(1)资产负债表项目的调整

①货币性项目的换算调整。在以报表日名义货币作为稳值货币的情况下,凡货币性项目的本年年末余额都不必进行调整。但由于上年年末(本年年初)的一般物价指数与期末的一般物价指数有可能不同,因而应对货币性项目的期初数进行换算调整,调整公式为:

$$\frac{\text{期初货币性项目}}{\text{调整后金额}}=\frac{\text{期初名义}}{\text{货币金额}}\times\frac{\text{期末一般物价指数}}{\text{期初一般物价指数}}$$

【例7-1】 假设某企业2009年12月31日资产负债表上的货币资金余额为100 000元,该年年末一般物价指数为230;2009年1月1日资产负债表上的货币资金余额为80 000元,当时一般物价指数为200。为编制2009年度一般购买力财务报表,将2009年年年初的货币资金调整为：

80 000 × 230/200 = 92 000(元)

调整后的2009年度期初货币资金数为92 000元，年末为100 000元。

②非货币性项目的换算调整。非货币性项目的年初、年末余额都需要调整，调整公式为：

$$\text{某非货币性项目调整后余额}=\frac{\text{用名义货币计价的金额}}{\text{（历史成本金额）}}\times\frac{\text{年末一般物价指数}}{\text{该项目取得（形成）时的一般物价指数}}$$

对“固定资产”和“累计折旧”项目进行调整时，调整公式中的分母应为固定资产购置时(月份)的物价指数。由于固定资产购置的时间不同，数量较多时，会加大换算的工作量。

【例7－2】 某企业2008年6月30日购入设备一台，设备原值200 000元，当时的物价指数为200。该设备按5年计提折旧，预计净残值为零，采用直线法计提折旧，2009年12月31日的物价指数为230。对该设备的换算调整过程如下：

设备原值调整后金额 = 200 000 × 230/200 = 230 000(元)

设备累计折旧调整后金额 = (200 000 × 18/5 × 12) × 230/200 = 69 000(元)

设备净值调整后金额 = 230 000 － 69 000 = 161 000(元)

存货品种多，收发频繁，因此在存货流转中，很难逐项辨别出每笔存货的发出时间，因此，对存货项目的调整要考虑存货的购入时间，具体来说就是要考虑存货计价方法的假设。一般来说，若采用先进先出法，则假定年末存货的进货日期是最近月份。

【例7－3】 某企业存货按先进先出法计算发出存货成本，期末存货成本为300 000元，存货购入期间的一般物价指数为210，年末一般物价指数为230。

存货调整后金额 = 300 000 × 230/210 = 328 571.43(元)

对“留存收益”项目，其调整不能通过一般物价指数进行换算，而是采用余额法，计算公式如下：

留存收益 = 调整后资产项目合计数 － 调整后负债项目合计数 － 调整后的投入资本数

(2)利润表项目的调整

利润表项目主要包括营业收入、营业成本和销售费用，属于非货币性项目，都应进行换算调整。

①营业收入。营业收入一般在年度内均匀发生，因而应采用年度内的平均物价指数进行调整。

②营业成本。由于营业成本 = 期初存货 + 本期购货 － 期末存货，因而营业成本的换算调整要考虑期初存货成本、本期购货成本和期末存货成本。其中，期初存货成本可根据上年末一般物价指数进行调整；期末存货成本按年末一般物价指数调整；本期购货成本视同均匀进货，采用年内平均物价指数进行调整。

③营业费用。营业费用项目应根据各项费用发生的不同情况而采用不同的方法进行换算调整。

a. 折旧费用。折旧费用是按固定资产原价计提的，其换算方法应与固定资产项目的换算相同。

b. 其他营业费用。其他营业费用是指除折旧费用以外的营业费用，这些营业费用假定在年度内均匀发生,因而采用的换算方法与营业收入相同。

此外,利润及利润分配表还有所得税费用和应付利润项目。应付利润采用宣告发放时的一般物价指数作为上述换算公式的分母;所得税费用是按企业的计税所得计算的,它是按企业收入和费用在报告期内均匀发生而形成的,因此对所得税费用项目的换算与营业收入相同。

3. 货币性项目购买力损益的计算

货币性项目受物价变动的影响,在物价上涨期间,持有货币性资产会产生购买力损失,持有货币性负债会产生购买力收益。一般的做法是:先将年初货币性项目从年初货币调整为年末货币,再将货币性项目年度内发生的变动数从发生时的货币调整为年末货币。因为以年末货币作为稳值货币,故年末的货币性项目无需作调整。最后,将调整后的年初净货币性项目(货币性资产减去货币性负债)减去调整后的本年净货币性项目的变动数以及年末的净货币性项目金额,其差额即本期的货币购买力损益。购买力损益计算表见表 7-1。

关键概念——购买力损益

购买力损益是企业持有货币性资产、货币性负债和货币性权益,因为一般物价水平变动而给企业带来的货币购买力的损失和收益。

表 7-1　　货币购买力损益计算表　　单位:元

项目	历史成本	换算系数	调整后金额
年初货币性项目净额			
货币性资产	200 000		
货币性负债	(150 000)		
小计	50 000	160/100	80 000
加:本年货币性项目增加	900 000	160/150	960 000
减:本年货币性项目减少	600 000	160/150	640 000
小计	350 000		400 000①
年末货币性项目			
货币性资产	485 000		
货币性负债	(135 000)		
小计			350 000
净货币性项目购买力损失			50 000

①400 000 = 80 000 + 960 000 - 640 000,表示如果没有购买力损益,企业在年末应持有货币性项目净额为 400 000 元,但事实上持有 350 000 元,故发生购买力损益 50 000 元。

4. 按一般购买力重编财务报表

一般购买力会计模式的最后一个步骤就是按稳值货币重新编制财务报表。在实际应用中,通常是在按历史成本资料编制的财务报表基础上进行调整,以消除一般物价水平变动的影响。

【例 7-4】 某公司 2009 年 12 月 31 日以历史成本资料为基础编制的资产负债表、利润及利润分配表见表 7-2、表 7-3。

表 7-2 资产负债表

(历史成本)

2009 年 12 月 31 日 单位:元

项目	年初数额	年末数额
货币资金	80 000	155 000
应收账款	200 000	300 000
存货	350 000	420 000
固定资产原价	840 000	840 000
减:累计折旧	—	14 000
固定资产净值	840 000	826 000
资产总计	1 470 000	1 701 000
短期借款	140 000	280 000
应付账款	110 000	110 000
长期负债	800 000	800 000
股本	420 000	420 000
未分配利润	—	91 000
负债和股东权益总计	1 470 000	1 701 000

有关资料如下:

①固定资产为期初购入,尚未提取折旧。

②期初存货为年初购入,其余存货为年内均匀购入,发出存货按先进先出法计价。

③年初一般物价指数为 100,年末一般物价指数为 160,全年平均物价指数为 130。期末购进存货期间一般物价指数为 150。

表 7－3　　利润及利润分配表

（历史成本）

2009 年度　　单位：元

项目	金额	
营业收入		1 120 000
营业成本		
期初存货（1 月 1 日）	350 000	
本期购货	728 000	
可供销售的存货	1 078 000	
期末存货（12 月 31 日）	420 000	658 000
营业利润		462 000
期间费用		238 000
折旧费用		14 000
利润总额		210 000
所得税费用		84 000
净利润		126 000
年初未分配利润		—
可供分配利润		126 000
应付利润		35 000
未分配利润		91 000

有关资料如下：

①营业收入为年内均匀发生；

②折旧费用年末一次性计提；

③所得税费用为年内均匀发生；

④应付利润为年末一次性支付。

根据以上资料调整有关报表数据。

（1）调整资产负债表项目。

①货币性项目的调整：

“货币资金”项目：

年初数 = 80 000 × 160/100 = 128 000（元）

年末数不需调整。

“应收账款”项目：

年初数 = 200 000 × 160/100 = 320 000（元）

年末数不需调整。

“短期借款”项目：

年初数 = 140 000 × 160/100 = 224 000(元)

年末数不需调整。

“应付账款”项目：

年初数 = 110 000 × 160/100 = 176 000(元)

年末数不需调整。

“长期负债”项目：

年初数 = 800 000 × 160/100 = 1 280 000(元)

年末数不需调整。

②非货币性项目的调整：

“存货”项目：

年初数 = 350 000 × 160/100 = 560 000(元)

年末数 = 420 000 × 160/150 = 448 000(元)

“固定资产原价”项目：

年初数 = 840 000 × 160/100 = 1 344 000(元)

年末数：由于固定资产未发生增减，因而调整结果与年初数相同。

“累计折旧”项目：

年初数为 0。

年末数 = 14 000 × 160/100 = 22 400(元)

“固定资产净值”项目：

根据调整后的“固定资产原价”项目和“累计折旧”项目分别计算求得。

年初数 = 1 344 000 - 0 = 1 344 000(元)

年末数 = 1 344 000 - 22 400 = 1 321 600(元)

“股本”项目：

年初数 = 420 000 × 160/100 = 672 000(元)

年末数与年初数调整结果相同，因为股本为历史项目。

“未分配利润”项目：

年初数为 0，不需要调整。

年末数 = (155 000 + 300 000 + 448 000 + 1 321 600) - 280 000 - 110 000 - 800 000 - 672 000 = 362 600(元)

(2)调整利润及利润分配表项目。

①“营业收入”项目：

1 120 000 × 160/130 = 1 378 462(元)

②“营业成本”项目：

期初存货 = 350 000 × 160/100 = 560 000(元)

本期购货 = 728 000 × 160/130 = 896 000(元)

期末存货 = 420 000 × 160/150 = 448 000(元)

可供销售的存货 = 560 000 + 896 000 = 1 456 000(元)

营业成本 = 1 456 000 - 448 000 = 1 008 000(元)

③"期间费用"项目:

238 000 × 160/130 = 292 923(元)

④"折旧费用"项目:

14 000 × 160/100 = 22 400(元)

⑤"所得税费用"项目:

84 000 × 160/130 = 103 385(元)

⑥"应付利润"项目:

35 000 × 160/160 = 35 000(元)

(3)计算货币性项目购买力损益。

根据以上资料编制货币性项目购买力损益计算表,见表 7 - 4。

表 7 - 4 **货币购买力损益计算表** 单位:元

项目	历史成本	换算系数	调整后金额
年初货币性项目净额			
货币资金	80 000		
应收账款	200 000		
短期借款	(140 000)		
应付账款	(110 000)		
长期负债	(800 000)		
小计	(770 000)	160/100	(1 232 000)
加:本年货币性项目增加			
营业收入	1 120 000	160/130	1 378 462
小计	1 120 000		1 378 462
减:本年货币性项目减少			
购入存货	728 000	160/130	896 000
期间费用	238 000	160/130	292 923
所得税费用	84 000	160/130	103 385
应付利润	35 000	160/160	35 000
小计	1 085 000		1 327 308
年末货币性项目			(1 180 846)
货币资金	155 000		
应收账款	300 000		
短期借款	(280 000)		
应付账款	(110 000)		

续表

项目	历史成本	换算系数	调整后金额
长期负债	(800 000)		
小计			(735 000)
净货币性项目购买力收益			445 846

计算结果表明该企业持有的货币性负债大于货币性资产，因而产生货币购买力收益 445 846 元。

(4)编制调整后的财务报表。

调整后的财务报表见表 7－5、表 7－6。

表 7－5　**资产负债表**

(按一般物价指数调整)

2009 年 12 月 31 日　　单位:元

项目	年初数额	年末数额
货币资金	128 000	155 000
应收账款	320 000	300 000
存货	560 000	448 000
固定资产原价	1 344 000	1 344 000
减:累计折旧	—	22 400
固定资产净值	1 344 000	1 321 600
资产总计	2 352 000	2 224 600
短期借款	224 000	280 000
应付账款	176 000	110 000
长期负债	1 280 000	800 000
股本	672 000	672 000
未分配利润	—	362 600
负债和股东权益总计	2 352 000	2 224 600

表 7－6　**利润及利润分配表**

(按一般物价指数调整)

2009 年度　　单位:元

项目	金额	
营业收入		1 378 462
营业成本		
期初存货(1 月 1 日)	560 000	

续表

项目	金额	
本期购货	896 000	
可供销售的存货	1 456 000	
期末存货(12 月 31 日)	448 000	1 008 000
营业利润		370 462
期间费用		292 923
折旧费用		22 400
利润总额		55 139
所得税费用		103 385
净利润		(48 246)
年初未分配利润		—
可供分配利润		(48 246)
应付利润		35 000
货币性项目购买力损益		445 846
未分配利润		362 600

7.2.3 一般购买力会计评述

一般购买力会计模式仍然保持了传统会计模式的报告结果,只是计量单位换成了稳值货币,其主要优点有:

(1)使财务信息更具有可比性。一般购买力会计通过将按不同时期的名义货币计价的各项数据换算为以期末名义货币为稳值货币计价的会计数据,使得企业不同时期的财务状况和经营成果可以比较,满足了报表使用者的需求。同时,由于不同企业的会计数据采用相同的物价指数进行调整,也增强了不同企业间会计数据的可比性,有利于企业间的公平竞争。

(2)操作简便。一般购买力会计不改变传统会计模式的程序和方法,只是以期末名义货币为稳值货币对财务报表进行调整,操作简便、易于掌握,同时也便于进行监督。

(3)有利于企业决策。通过对购买力损益的计算,能使人们注意一般物价水平变动对企业最终财务成果的影响,有利于决策者作出正确的决策。

但是由于一般购买力会计在调整会计信息时使用的是一般物价指数,没有考虑到个别物价变动等的影响,因此,该模式也存在一些明显的不足,其主要缺点有:

(1)不能准确地提供有关会计信息。当个别物价指数与一般物价指数存在较大差异时,采用一般物价指数去调整财务报表的数据,调整后的数据会和实际有较大的出入,不能准确地反映企业的财务状况和经营成果。

(2)可能会造成对信息的误解。在一般购买力会计下,持有货币性资产会产生购买力损失,持有货币性负债会产生购买力收益。当企业的负债增加,甚至超过企业持有的货币性资产时,不但会掩盖其沉重的利息支出,而且还可能会出现净收益,向信息使用者传递错误的信息,导致其决策失误,【例7-3】便是如此。

【随堂小测验7-2】

1. 单项选择题

(1)一般购买力会计对由于物价变动而对货币性项目产生的影响处理方法为(　　)。

A. 计入当期损益　　B. 予以递延

C. 作为留存收益的调整项目　　D. 作为少数股东权益项目

(2)在物价变动情况下,一般购买力会计模式要求计算货币性项目的购买力损益,这是因为(　　)。

A. 物价的变动根本不会对非货币性项目产生影响

B. 货币性资产必然给企业带来物价变动损失

C. 货币性项目的金额因物价变动而发生变化

D. 货币性项目的实际购买力发生了变化

(3)以下属于一般购买力会计特有的会计方法是(　　)。

A. 计算实物资产的持有资产损益

B. 编制物价变动会计资产负债表

C. 编制物价变动会计利润表

D. 计算货币性项目的购买力损益

(4)采用一般购买力会计模式时,企业应收账款期初、期末余额均为50万元,如果期初一般物价指数为100,期末一般物价指数为110,则意味着应收账款发生了(　　)。

A. 购买力变动收益50万元　　B. 购买力变动损失50万元

C. 资产持有收益50万元　　D. 资产持有损失50万元

(5)在采用一般购买力会计时,物价上升时期持有货币性资产而损失的购买力与持有货币性负债而获得的购买力之差被称为(　　)。

A. 货币购买力损益　　B. 资产已实现持有损益

C. 资产未实现损益　　D. 资本保全调整

(6)与物价变动其他会计模式相比,下列属于一般购买力会计特征的是(　　)。

A. 以历史成本为计量属性

B. 以现行成本为计量属性

C. 需要进行日常特有的专门账务处理

D. 需要另行设置特别账户进行核算

(7)企业持有货币性资产、负债和权益因通货膨胀而带来的损失和利得反映了(　　)。

A. 一般物价水平变动对企业持有的货币性项目的影响

B. 个别物价水平变动对企业持有的货币性项目的影响

C. 一般物价水平变动对企业持有的非货币性项目的影响

D. 个别物价水平变动对企业持有的非货币性项目的影响

(8)当以期末名义货币作为等值货币对货币性项目期末余额按一般物价指数进行换算时(　　)。

A. 换算后的金额不变　　B. 换算后的金额上升

C. 换算后的金额下降　　D. 换算后的金额不定

2. 多项选择题

(1)一般购买力会计下的会计工作包括(　　)。

A. 划分货币性项目和非货币性项目　　B. 把名义货币换算为稳值货币

C. 计算持有损益　　D. 计算货币性项目的购买力损益

(2)下列有关一般购买力会计模式的阐述中,不正确的有(　　)。

A. 该模式以历史成本作为计量属性

B. 该模式以稳值货币作为计量单位

C. 该模式要求根据物价变动计算持有损益

D. 该模式以实物资本维护理论为理论基础

(3)在通货膨胀时期,按历史成本记录的各项资产在会计期末必然会与其变动后的价格有所区别,以下说法中正确的有(　　)。

A. 持有应收款项,将因物价变动而遭受损失

B. 持有应付款项,将因物价变动而遭受损失

C. 持有应收款项,将因物价变动而得到收益

D. 持有应付款项,将因物价变动而得到收益

(4)货币性项目的特点有(　　)。

A. 换算后金额固定不变

B. 换算后金额发生变化

C. 在物价水平发生变动时产生购买力损益

D. 在物价水平发生变动时实际购买力发生变化

(5)一般购买力会计模式的特点之一就是根据一般物价水平的变动对传统财务会计基础的财务报表进行重新表述,这里的重新表述是指(　　)。

A. 用现行成本取代历史成本

B. 可采用报告期内平均物价指数对财务报表项目进行调整

C. 只能采用报告期日的物价指数对财务报表项目进行调整

D. 可使不同时期的会计数据按照相同购买力的货币单位加以比较

3. 判断题

(1)在一般购买力会计模式下,关键的问题是选择合适的物价指数以便确定将名义货币调整为稳值货币的调整系数。(　　)

(2)按一般购买力会计提供的留存收益中包含货币性项目购买力损益的影响数。(　　)

(3)一般购买力会计即历史成本/稳值货币会计。(　　)

(4)一般物价水平变动对货币性项目的影响为持有货币性资产和持有货币性负债及货币性权益所产生的购买力损益正好相反。(　　)

(5)从实质上看,货币性项目购买力损益是期末按一般物价指数调整后的货币性项目金额之间的差额。(　　)

7.3 现行成本会计

7.3.1 现行成本会计的基本原理和特征

由于一般购买力会计是以某一时点的一般物价指数对按历史成本编制的财务报表进行调整,当企业拥有的资产或负债的价格变动与一般物价指数变动相差较大时,与这些资产或负债按一般物价指数进行换算调整的结果会有较大差异。现行成本会计改变了传统财务会计的计量属性——历史成本计量,对企业的资产按现行成本为计量属性进行调整,以消除物价变动的影响,同时,在调整的基础上确定资产等项目的持有损益。在现行成本会计下,收益被视为在保持企业再生产能力或实物资本的情况下,可用于分配的资源。现行成本会计的特征是:

(1)以名义货币为计量单位。

(2)以资产的现行成本为计量属性。

(3)改变了企业收益确认原则,收益被视为营业收入与所耗生产要素现行成本相配比的结果。

(4)设置现行成本账户体系进行日常核算。

7.3.2 现行成本会计的基本程序和方法

现行成本会计的处理程序如下:

(1)按现行成本调整财务报表数据;

(2)计算现行成本变动额(持有损益);

(3)编制现行成本财务报表。

1. 以现行成本调整财务报表数据,确定各项资产的现行成本

现行成本可以分为现行重置成本和重置生产成本。现行重置成本是指在当前市场条件下,按现行价格重新购置与企业现有资产相同或类似的资产所应付出的现金或现金等价物。重置生产成本是指在当前的市场条件下重新生产与企业现有资产相同或类似的资产所应付出的成本。

确定资产的现行成本就是对企业资产的账面价值随市场现行价格的不断变动而计算其现行价值并进行调整,以现行价格反映企业拥有资产的规模或付出资产的成本,以达到实物资本维护的目的。

2. 计算现行成本变动额(持有损益)

> **关键概念——持有损益**
>
> 持有损益是企业所持有的非货币性资产现行成本和历史成本的差异。

在现行成本会计下,应根据资产的现行成本对其价值进行调整,在调整的基础上确定资产的持有损益。现行成本净收益由两部分构成:营业的现行成本损益和持有资产损益。营业的现行成本损益等于本期现行收入减去为获取本期收入而耗用的人力、物力、财力的现行成本;持有资产损益则是指由于置存资产由于现行市场价格变动而给企业带来的损益。当持有资产的现行成本高于其历史成本时,即产生持有利得;反之,则产生持有损失。持有资产损益分为未实现持有损益和已实现持有损益。已实现持有损益是已被销售或已被消耗资产的现行成本与历史成本之差;未实现持有损益是企业期末持有资产的现行成本与历史成本之差。比如,某企业期初购进商品1 000件,单位成本100元,本期将其中的700件出售,每件售价160元,当时每件的重置成本为130元,期末每件重置成本为150元。则持有利得 $=1\ 000\times(130-100)+300\times(150-130)=36\ 000$(元),其中,已实现利得 $=700\times(130-100)=21\ 000$(元),未实现持有利得 $=300\times(150-100)=15\ 000$(元),现行成本会计利润 $=700\times(160-130)=21\ 000$(元)。

对持有损益的会计处理,因所采取的资本维护观念的不同而不同。财务资本维护观念认为,持有损益应作为企业经营收益的构成要素,列在利润表之内;实物资本维护观念认为,持有损益应作为资本保全调整数列在资产负债表股东权益项目下。

3. 建立现行成本账户体系

在现行成本会计模式下,除按传统财务会计设置相应的账户体系外,还应设置专门的账户,反映企业持有资产因现行成本变动对企业财务状况和经营成果的影响。

(1)"持有损益"账户。"持有损益"账户核算企业持有的资产由于价格变动影响而获得的收益或遭受的损失。该账户应设置"已实现"和"未实现"两个明细账户,以区别损益是否实现;也可以直接设置"已实现持有损益"和"未实现持有损益"两个账户。

"持有损益"账户因资本维护观念不同,其性质、用途也不同。

①财务资本维护观念下的"持有损益"账户。在财务资本维护观念下,"持有损益"属于损益类账户,用以核算企业持有资产由于物价变动影响而获得的收益或遭受的损失。期末根据该账户余额调整"本年利润"账户,以反映财务资本维护观念下的现行成本会计财务成果。

②实物资本维护观念下的"持有损益"账户。在实物资本维护观念下,"持有损益"属于所有者权益类账户,用以核算企业在物价变动条件下按现行成本重置所持有资产需要追加的资本金。当物价变动使企业置存资产的价格上升时,将其较原账面价值增加的金额记入该账户的贷方;价格下降时,将其较原账面价值降低的金额记入该账户的借方。其余额一般在贷方,表示在物价变动条件下要维持企业实物资本的生产规模所需的资本维护准备金的数额。作为所有者权益类账户,"持有损益"账户不再区分"已实现"和"未实现"。

(2)"增补折旧费"账户。"增补折旧费"属于损益类账户,期末增补折旧费时,记入该账户的借方和"累计折旧"账户的贷方;期末余额在借方,反映增补折旧费的累计额,也反映物价变动对企业财务成果的影响。期末按该账户余额调整"本年利润"账户,以反映现行成本会计财务成果。在固定资产的使用过程中,各报告期均是依照传统财务会计的做法按照固定资产现行成本的期初账面原值计提折旧费用,以满足固定资产的处置和所耗资本的维护。在物价变动、固定资产价格不断上涨的情况,按各报告期固定资产期初账面现行成本计提的累计折旧额必然不足以保证按期末现行成本计算的固定资产重置成本对所耗固定资产进行重置。为保证固定资产的维护和重置,必须按固定资产的期末现行成本提足折旧。为此,就需要在期末将按固定资产期末现行成本计算的应计提累计折旧的差额予以补提,这一补提的差额就是增补折旧费。增补折旧费是为弥补以前各期所提折旧费不足的一项支出,是累计折旧的一部分,但不完全属于本期费用。为保证本期收入与费用的配比正确,增补折旧费不计入本期折旧费,而是单独设置"增补折旧费"账户进行核算。

4. 现行成本会计应用举例

【例7-5】甲公司2009年1月1日购进设备一台,原值100 000元,预计使用期限为5年,净残值为零,按直线法计提折旧。该设备现行成本每年年末增加5 000元。为简化核算,该公司每年年末计提折旧并增补折旧费。计算结果见表7-7。

表7-7

单位:元

项目	第一年	第二年	第三年	第四年	第五年
历史成本	100 000	100 000	100 000	100 000	100 000
年末按历史成本计提的年折旧额	20 000	20 000	20 000	20 000	20 000
年末现行成本	105 000	110 000	115 000	120 000	125 000
按年末现行成本计提的年折旧额	21 000	22 000	23 000	24 000	25 000
按年末现行成本应计提的累计折旧额	21 000	44 000	69 000	96 000	125 000
年内增补的折旧费	—	1 000	2 000	3 000	4 000
年内增加的未实现持有损益	5 000	5 000	5 000	5 000	5 000
年内转入的已实现持有损益	1 000	3 000	5 000	7 000	9 000

根据以上资料,各年度账务处理如下:

第一年:年初以银行存款购进该设备(增值税略):

借:固定资产　　100 000

　　贷:银行存款　　100 000

年末,按现行成本调整设备账面原值5 000元:

借:固定资产　　5 000

　　贷:未实现持有损益　　5 000

按现行成本计提当年折旧21 000元:

借:管理费用　　21 000

　　贷:累计折旧　　21 000

结转所提折旧中已实现持有损益 1 000 元(21 000 - 20 000 + 0):

借:未实现持有损益　　1 000

　　贷:已实现持有损益　　1 000

第二年年末:按现行成本调整固定资产账面原值 5 000 元:

借:固定资产　　5 000

　　贷:未实现持有损益　　5 000

按当年现行成本计提当年折旧 22 000 元:

借:管理费用　　22 000

　　贷:累计折旧　　22 000

计提增补折旧费 1 000 元:

借:增补折旧费　　1 000

　　贷:累计折旧　　1 000

结转本期已实现持有损益 3 000 元(22 000 - 20 000 + 1 000):

借:未实现持有损益　　3 000

　　贷:已实现持有损益　　3 000

第三年、第四年会计处理略。

第五年年末:按现行成本调整固定资产账面原值 5 000 元:

借:固定资产　　5 000

　　贷:未实现持有损益　　5 000

按当年现行成本计提当年折旧 25 000 元:

借:管理费用　　25 000

　　贷:累计折旧　　25 000

计提增补折旧费 4 000 元:

借:增补折旧费　　4 000

　　贷:累计折旧　　4 000

结转本期已实现持有损益 9 000 元(25 000 - 20 000 + 4 000):

借:未实现持有损益　　9 000

　　贷:已实现持有损益　　9 000

【例 7 - 6】某企业按传统财务会计编制的财务报表如表 7 - 8、表 7 - 9 所示。

表 7 - 8

资产负债表

(历史成本)

单位:元

项目	年初数额	年末数额
货币资金	75 300	81 000
应收账款	12 000	17 850
存货	37 500	52 500
固定资产原价	75 000	75 000

续表

项目	年初数额	年末数额
减:累计折旧	—	15 000
固定资产净值	75 000	60 000
资产总计	199 800	211 350
短期借款	20 000	25 000
应付账款	25 000	27 500
长期负债	60 000	60 000
股本	75 000	75 000
未分配利润	19 800	23 850
负债和股东权益总计	199 800	211 350

表7-9 利润及利润分配表

（历史成本）

单位:元

项目	金额	
营业收入		187 500
营业成本		
期初存货(1月1日)	37 500	
本期购货	127 500	
可供销售的存货	165 000	
期末存货(12月31日)	52 500	112 500
营业利润		75 000
期间费用		43 500
折旧费用		15 000
利润总额		16 500
所得税费用		4 950
净利润		11 550
年初未分配利润		19 800
可供分配利润		31 350
应付利润		7 500
未分配利润		23 850

有关资料如下：

①固定资产的现行成本为87 000元,固定资产为年初一次性购入,使用期限为5年。

②营业成本的现行成本为117 000元。

③存货的现行成本为55 500元。

(1)资产负债表项目的调整

①货币性项目。由于资产负债表中的货币性项目都是现行成本,年初数为上年年末的现行成本,年末数为本年年末的现行成本,因此不需调整。

②非货币性项目。由于非货币性项目是按取得时的历史成本表示的,因而应将年末账面数调整为现行成本。

"存货"项目。存货的年末账面余额为52 500元,现行成本为55 500元,计入本期未实现持有损益的数额为3 000元(55 500 - 52 500)。会计分录如下:

借:存货　　3 000
　　贷:未实现持有损益　　3 000

"固定资产"项目。固定资产的年末账面余额为75 000元,现行成本为87 000元,应计入未实现持有损益的数额为12 000元(87 000 - 75 000)。会计分录如下:

借:固定资产　　12 000
　　贷:未实现持有损益　　12 000

③股东权益项目。股东权益项目余额保持原有数额,随资产调整及利润表调整结果而变动。

(2)利润及利润分配表项目的调整

①"营业收入"、"期间费用"及"所得税费用"项目反映了该期间的现行价值,故不需调整。

②"营业成本"项目按现行成本调整。营业成本账面金额为112 500元,现行成本为117 000元,应计入已实现持有损益的数额为4 500元(117 000 - 112 500)。会计分录如下:

借:营业成本　　4 500
　　贷:已实现持有损益　　4 500

③"折旧费用"项目。利润表中折旧费用的账面余额为15 000元,因资产负债表中固定资产原价已按现行成本调整为87 000元,本期以现行成本表述的折旧费用也应调整为17 400元(87 000/5),因此还应补提折旧2 400元(17 400 - 15 000)。会计分录如下:

借:增补折旧费　　2 400
　　贷:累计折旧　　2 400

同时:

借:未实现持有损益　　2 400
　　贷:已实现持有损益　　2 400

后一笔分录为结转已计入固定资产的未实现持有损益。

注:在本例中固定资产为年初购入,年初余额即年初固定资产的现行成本,此处的补提折旧费即年末按现行成本应补提的折旧费。

④其他项目。如期初未分配利润、应付股利等,按实际发生额填列。

(3)汇总计算持有损益

根据上述对资产负债表和利润表及利润分配表的调整结果,汇总计算持有损益如下:

未实现持有损益 = 3 000(存货部分) + 9 600(固定资产部分) = 12 600(元)

已实现持有损益 = 4 500(存货部分) + 2 400(固定资产补提折旧部分) = 6 900(元)

以现行成本会计为基础编制的财务报表见表 7－10、表 7－11。

表 7－10

资产负债表

（以现行成本为基础）

单位:元

项目	年初数额	年末数额
货币资金	75 300	81 000
应收账款	12 000	17 850
存货	37 500	55 500
固定资产原价	75 000	87 000
减:累计折旧	—	17 400
固定资产净值	75 000	69 600
资产总计	199 800	223 950
短期借款	20 000	25 000
应付账款	25 000	27 500
长期负债	60 000	60 000
股本	75 000	75 000
未分配利润	19 800	36 450
负债和股东权益总计	199 800	223 950

表 7－11

利润及利润分配表

（以现行成本为基础）

单位:元

项目	金额
营业收入	187 500
营业成本	117 000
营业利润	70 500
期间费用	43 500
折旧费用	17 400
利润总额	9 600
所得税费用	4 950
净利润	4 650
年初未分配利润	19 800
可供分配利润	24 450
应付利润	7 500
未分配利润	16 950
已实现持有损益	6 900
未实现持有损益	12 600
期末未分配利润	36 450

在上述调整后的财务报表中，将持有损益列入利润表属于财务资本维护的观念。应该说不管是未实现的持有损益还是已实现的持有损益，都是企业的不可分配利润。因此，在实物资本维护的观念下，应将持有损益作为资本维护调整数，列入资产负债表股东权益项下。仍按前例，实物资本维护观念下现行成本会计财务报表见表7-12、表7-13。

表7-12

资产负债表

（以现行成本为基础）

单位：元

项目	年末数额
货币资金	81 000
应收账款	17 850
存货	55 500
固定资产原价	87 000
减：累计折旧	17 400
固定资产净值	69 600
资产总计	223 950
短期借款	25 000
应付账款	27 500
长期负债	60 000
股本	75 000
持有损益	19 500①
未分配利润	16 950
负债和股东权益总计	223 950

①持有损益 19 500 = 6 900 + 12 600。

表7-13

利润及利润分配表

（以现行成本为基础）

单位：元

项目	金额
营业收入	187 500
营业成本	117 000
营业利润	70 500
期间费用	43 500
折旧费用	17 400
利润总额	9 600
所得税费用	4 950

续表

项目	金额
净利润	4 650
年初未分配利润	19 800
可供分配利润	24 450
应付利润	7 500
未分配利润	16 950

7.3.3 现行成本会计评述

1. 现行成本会计的优点

(1)可以更好地维护企业的实际生产能力。现行成本会计以现行成本计算和弥补生产中所耗用的各项资产,以保证所耗资产的回收和重置,从而可以维护企业实物资产的更新、维护企业的实际生产能力和生产经营规模。

(2)增强了会计信息对决策的有用性。以现行成本所确定的经营成果和财务状况如实地反映企业拥有的经营规模和生产能力,所确定的经营成果和财务状况也能更好地体现企业的工作成果。

(3)可以较为客观地考核和评价企业的经营业绩,促进企业经营管理的改进。采用现行成本会计将已实现的持有损益及未实现的持有损益单独列示,进而可以分清企业的经营成果中哪些为经营管理者的业绩,哪些是由于物价变动原因造成的,有利于对管理人员业绩的评估。

2. 现行成本会计的不足

(1)现行成本的确定带有主观性。现行成本的计算选择有一定难度,往往会带有主观性。

(2)不同时期的会计信息缺乏可比性。因为不同时期的资产是以当期现行成本调整的,因而不同时期的财务状况和经营成果无法进行比较。同时,现行成本会计模式在会计核算、记录方面也较费时、费力,掌握起来有一定难度。

【随堂小测验 7-3】

1. 单项选择题

(1)企业期初存货 150 件,单价 10 元;本期销售 100 件,单价 16 元,单位重置成本 11 元。在现行成本会计下,企业本期发生的资产持有损益为(　　)。

A. 已实现持有损益 100 元,未实现持有损益 250 元

B. 已实现持有损益 160 元,未实现持有损益 50 元

C. 已实现持有损益 300 元,未实现持有损益 250 元

D. 已实现持有损益 100 元,未实现持有损益 50 元

(2)在现行成本会计模式下用现行成本调整财务报表数据时,(　　)。

A. 货币性项目不予调整

B. 无形资产项目必须调整

C. 固定资产各项目采用相同的调整方法

D. 利润表中与资产转移价值有关的项目不予调整

(3)资产持有损益是由于物价变动而形成的实物资产历史成本与现行成本之间的差额,(　　)。

A. 既包括资产持有利得也包括资产持有损失

B. 仅指已实现资产持有损益

C. 仅指未实现资产持有损益

D. 必须列入调整后的利润表

(4)现行成本财务报表的编制方法是(　　)。

A. 将传统财务会计各报表项目金额按一般物价指数换算后编制

B. 根据现行成本账户余额结合传统财务报表项目余额编制

C. 将传统财务会计各报表项目金额按个别物价指数换算后编制

D. 根据现行成本账户体系余额编制

(5)资产持有损益作为权益类项目,其余额直接列入资产负债表的权益类"持有损益"项内单独反映,属于(　　)。

A. 按名义货币考虑的财务资本维护观念

B. 按货币购买力考虑的财务资本维护观念

C. 按实物生产能力考虑的实物资本维护观念

D. 按实物生产能力考虑的财务资本维护观念

(6)在财务资本维护观念下,"持有损益"账户期末余额应(　　)。

A. 调整存货项目　　B. 调整本年利润项目

C. 调整固定资产项目　　D. 调整利润分配项目

2. 多项选择题

(1)对于现行成本法,下述说法正确的有(　　)。

A. 货币性项目不需要调整

B. 货币性项目需要调整

C. 非货币性项目需要将账面上的历史成本调整为现行成本

D. 要计算资产的已实现持有损益和未实现持有损益

(2)财务资本维护观念下和实物资本维护观念下资产负债表的不同之处在于(　　)。

A. 财务资本维护观念下的资产负债表以稳值货币为计价单位

B. 实物资本维护观念下的资产负债表以历史成本为计量属性

C. 实物资本维护观念下的持有损益作为权益类项目,其余额直接在权益类的"持有损益"项内单独反映

D. 财务资本维护观念下的持有损益是本年利润的组成部分,包含在"未分配利润"项目内,在报表权益类中反映

(3)以下关于“持有损益”账户的说法,正确的有(　　)。

A.在财务资本维护观念下,属于损益类科目

B.在实物资本维护观念下,属于权益类科目

C.期末余额如在借方,反映现行成本会计财务成果

D.期末余额如在贷方,反映维护企业实物资本的生产规模所需资本维护金的数额

3.判断题

(1)资产持有损益是对所有资产根据一般物价变动按现行成本重新计量而确定的资产历史成本与现行成本之差。(　　)

(2)资产持有损益可以列入利润表,也可以列入资产负债表,两种方法对资产负债表留存收益总额的影响是相同的。(　　)

(3)现行成本会计模式即现行成本/名义货币会计模式。(　　)

(4)现行成本净收益由购买力损益和持有损益两部分构成。(　　)

(5)实物资本维护观念认为,持有损益应作为资本保全调整数,列在资产负债表股东权益项目下。(　　)

(6)在实物资本维护观念下,“持有损益”账户属于损益类科目。(　　)

7.4 现行成本/稳值货币会计

7.4.1 现行成本/稳值货币会计的基本原理

一般购买力会计(历史成本/稳值货币)改变的是计量单位,以稳值货币替代名义货币反映和消除一般物价水平变动对传统财务会计信息的影响,但不反映和消除个别物价变动对传统财务会计信息的影响。现行成本会计(现行成本/名义货币会计)改变的是计量属性,用现行成本替代历史成本,以反映和消除个别物价变动对传统财务会计信息的影响,但却无法反映和消除一般物价变动对传统财务会计信息的影响。这两种会计模式各有特色,也都存在着不足。一般来说,会计信息可能会同时受一般物价水平变动和个别物价水平变动的影响,而现行成本/稳值货币会计是以现行成本为计量属性,稳值货币为计量单位,可以全面反映和消除物价变动影响的会计程序和方法。

与其他物价变动会计模式比较,现行成本/稳值货币会计的特征是:

(1)以现行成本为计量属性,反映各项资产、负债的现行成本,并计算其持有损益。

(2)现行成本按稳值货币进行换算,反映货币性项目的购买力损益。

利润表需要反映两个指标:一是货币性项目的购买力损益,二是非货币性项目消除一般物价水平变动后的现行成本变动额。

7.4.2 现行成本/稳值货币会计的基本程序或方法

现行成本/稳值货币会计的处理程序如下:

(1)确定和反映各项资产的现行成本;

(2)确定和反映持有损益;

(3)编制现行成本财务报表;

(4)按稳值货币对现行成本财务报表进行调整;

(5)计算货币性项目的购买力损益；

(6)计算非货币性项目消除一般物价水平变动后的现行成本变动额；

(7)按现行成本/稳值货币重新编制财务报表。

现行成本/稳值货币会计可以反映和消除物价变动对传统财务会计的影响，提供更为有用的会计信息。该会计模式所提供的会计数据反映了市场的现行价格，便于人们对企业财务状况和经营成果的理解，同时它又以稳值货币为计量单位，保持了货币计量单位的一致性，全面反映了一般物价水平变动和个别物价变动对企业财务状况和经营成果的不同影响。因此，它综合了其他物价变动会计模式的优点，提供的信息更广泛、更相关、更可比，可满足报表使用者的不同需求。但这种会计模式也存在一些不足，比如，核算程序复杂，核算成本比较高，推行起来也比较困难，提供的会计信息不易被报表使用者所理解。

由于现行成本/稳值货币会计在实务中很少运用，故不再作详细介绍。

本章小结

本章主要阐述了物价变动会计的概念和理论基础，物价变动会计的模式资本及资本维护的意义，以及一般购买力、现行成本会计和现行成本/稳值货币会计的基本原理、程序和方法。

(1)物价变动会计的概念和理论基础

物价变动会计是指利用一定的物价变动资料对企业原提供的会计信息进行换算调整，或对会计的计量方式进行改进，以反映或消除物价变动对财务报告的影响，从而保证企业财务报表的使用者能够注意到物价变动对企业经营成果和财务状况等会计信息的影响。

物价变动会计产生的外在条件是物价持续地大幅变动，内在动因是来自资本保全和确定收益的要求。

按照财务资本的概念，资本是投资者投入企业的货币数量或购买力。在物价变动的情况下，以货币表示的财务资本数额随反映购买力水平变动的一般物价指数变动而相应变动。

按照实物资本的概念，资本如同营运能力，被看做是以每日生产量等为基础的企业生产能力，以与其相当的实物量表示。在物价变动情况下，实物资本的变动随企业拥有的具体实物个别物价水平变动而变动并计量。

财务资本维护，是指维护企业资本所具有的货币数量或购买力规模。财务资本维护又可分为名义货币维护和购买力维护。

实物资本维护是指维护企业资本所拥有的生产经营能力。

(2)物价变动会计模式

会计模式是指在会计核算中，将一定会计计量单位和会计计量属性、一定会计程序与会计方法相结合的固定程式。会计计量单位和计量属性是会计模式的最基本构成要素。将两种计量单位(名义货币、稳值货币)和两种计量属性(历史成本、现行成本)相结合，可以组成历史成本/名义货币会计、历史成本/稳值货币会计、现行成本/名义货币会计、现行成本/稳值货币会计四种不同的会计模式，其中，后三种为物价变动会计模式。

(3)一般购买力会计的基本原理和程序

一般购买力会计保持历史成本的计量属性,以币值固定、购买力相等的货币(即稳值货币)为计量单位,采用一般物价指数,将传统财务报表中各项会计数据换算调整为按购买力计价的企业财务状况和经营成果,目的是消除一般物价水平变动对财务报表的影响,所以又称为一般物价水平会计。

一般购买力会计的处理程序为:划分货币性项目与非货币性项目;将以名义货币表述的财务报表项目换算为稳值货币表述;计算货币性项目的购买力损益;编制一般购买力财务报表。

(4)现行成本会计的基本原理和程序

现行成本会计以名义货币为计量单位,以资产的现行成本(现行重置成本、重置生产成本)替代历史成本,提供企业的财务状况和经营成果,以反映和消除通货膨胀条件下个别物价变动对传统财务会计的影响。

现行成本会计的处理程序为:按现行成本调整财务报表数据;计算现行成本变动额(持有损益);编制现行成本财务报表。

(5)现行成本/稳值货币会计的基本原理和程序

现行成本/稳值货币会计将现行成本会计与一般购买力会计相结合,以现行成本为计量属性,以稳值货币为计量单位,全面反映并消除物价水平变动对财务报表的影响。

现行成本/稳值货币会计的处理程序为:①确定和反映各项资产的现行成本;②确定和反映持有损益;③编制现行成本财务报表;④按稳值货币对现行成本财务报表进行调整;⑤计算货币性项目上的购买力损益;⑥计算非货币性项目消除物价变动后的现行成本变动数;⑦按现行成本/稳值货币重新编制财务报表。

关键概念

物价变动　物价指数　通货膨胀　购买力　购买力损益　资本维护　财务资本维护　实物资本维护　会计模式　一般购买力会计　现行成本会计　稳值货币与名义货币　货币性项目　非货币性项目　持有损益

思考题

1. 简述物价变动对历史成本会计的冲击。

2. 怎样计算物价指数?个别物价指数与一般物价指数的关系如何?

3. 一般物价指数、个别物价指数与货币单位购买力的关系如何?

4. 什么是资本维护?在财务资本维护观念下和实物资本维护观念下分别怎样确定净收益?

5. 什么是会计模式?简述几种物价变动会计模式的含义。

6. 一般购买力会计的特征是什么?其基本程序是怎样的?

7. 在物价变动时期,划分货币性项目和非货币性项目的意义是什么?

8. 如何计算货币购买力损益?

9. 现行成本会计的特征是什么?其基本程序是怎样的?

10. 什么是持有损益?

练习题

1. 目的:掌握一般购买力会计的核算方法。

资料:甲公司2009年12月31日的资产负债表及该年度的利润表如下。

资产负债表

(历史成本)

编制单位:甲公司　　2009年12月31日　　单位:元

项目	年初数	年末数
货币资金	70 000	36 000
应收账款		160 000
固定资产原价	1 000 000	1 000 000
减:累计折旧		100 000
固定资产净值	1 000 000	900 000
资产总计	1 070 000	1 096 000
应付账款	470 000	200 000
股本	600 000	600 000
未分配利润		296 000
负债和股东权益总计	1 070 000	1 096 000

利润表

(历史成本)

编制单位:甲公司　　2009年度　　单位:元

项目	金额
营业收入	1 200 000
减:营业成本	760 000
销售费用	40 000
折旧费用	100 000
利润总额	300 000
减:所得税费用	4 000
净利润	296 000

相关物价指数资料：

2009年1月1日一般物价指数是100,2009年度平均物价指数是110,2009年12月31日一般物价指数是120。

固定资产为2008年12月1日购入,预计使用寿命为10年,净残值为零,按直线法计提折旧。普通股发行时的物价指数为100。收入、费用及存货购入为年内均匀发生,期初、期末无存货。

要求:按一般购买力会计编制甲公司2009年的资产负债表和利润表。

2. 目的:掌握现行成本会计的核算方法。

资料:乙公司采用现行成本会计,2009年购入A产品2 500件,购入成本为每件50元。销售A产品1 500件,每件售价80元,货款收到并存入银行。期末结存A产品1 000件,A产品的现行成本为每件60元。

要求:

(1)计算A产品的已实现损益和未实现损益。

(2)编制A产品销售及结转营业成本的会计分录。

3. 目的:掌握资产持有损益的处理方法。

资料:丙公司2009年度部分会计资料如下:

①期初存货600件,单位成本48元,2009年以每件60元购入5 000件,年末结存800件。公司采用先进先出法对发出存货进行计价,年末存货的现行成本是每件65元。

②年初购入设备一台,买价80 000元,预计使用5年,假设无残值,按直线法计提折旧。该固定资产年末的重置成本是96 000元。

要求:

(1)按年末存货现行成本计算2009年的营业成本及存货的持有损益。

(2)按年末固定资产现行成本计算2009年的折旧费用及固定资产的持有损益。

4. 目的:掌握货币购买力损益的计算。

资料:长江公司2009年1月1日的货币性项目如下:

单位:元

库存现金	60 000	应付账款	48 000
应收账款	24 000	短期借款	12 000

长江公司本年度发生了以下有关经济业务:

①销售商品180 000元,购货150 000元。

②以银行存款支付销售费用48 000元。

③支付所得税12 000元(假设以上三项均匀发生)。

④年末支付股利24 000元。

⑤年末出售汽车一辆,取得收入96 000元。

有关物价指数的资料如下:

年初物价指数为100,年末物价指数为130,全年平均物价指数为115。

要求:以年末货币为稳值货币计算货币购买力损益。

5. 目的:掌握现行成本的核算方法。

资料:丁公司2010年1月购入一项固定资产,原值63 000元,预计使用寿命为4年,预计净残值为零,其现行成本每年年末增加21 000元。假设丁公司从2020年1月份开始按直线法计提折旧,并增补折旧费。

要求:

(1)计算丁公司:

每年年末按历史成本计提的折旧额;

每年年末的现行成本;

每年年末按现行成本计提的折旧额;

每年年末按现行成本应计提的累计折旧额;

每年年末新增的未实现持有损益;

每年年内转入的已实现持有损益。

(2)根据以上资料,进行相应的会计处理。

案例题

案例资料:

宏达公司于2008年1月1日建立并开始经营。由于物价上涨幅度较大,A公司管理层认为现有的以历史成本为基础编制的财务报表不能为企业决策提供更加准确有效的财务信息,因此要求财务部门在按历史成本编制财务报表的同时,再提交一份按一般购买力会计编制的财务报表,以反映一般物价水平变动对会计信息的影响。公司管理层要求对2009年度报表数据进行相应的调整。

宏达公司以历史成本为基础编制的资产负债表和利润表如下:

资产负债表

编制单位:宏达公司　　（历史成本基础）

2009年12月31日　　单位:千元

项目	年初余额	年末余额
资产:		
货币资金	196 800	430 500
应收账款	137 760	182 040
存货(先进先出)	118 080	142 680
长期股权投资	142 680	142 680
固定资产原价	492 000	738 000
其中:设备	492 000	492 000
厂房	—	246 000

续表

项目	年初余额	年末余额
减:累计折旧	98 400	127 920
其中:设备	98 400	118 080
厂房	—	9 840
资产总计	988 920	1 507 980
负债:		
应付账款	216 480	241 080
应交税费	—	49 200
负债合计	216 480	390 280
股东权益:		
股本	492 000	787 200
盈余公积	276 000	276 000
未分配利润	4 440	154 500
股东权益合计	772 440	1 217 700
负债和股东权益总计	988 920	1 502 980

利润表

编制单位:宏达公司 （历史成本）

2009 年度 单位:千元

项目	金额	
营业收入		720 780
营业成本(先进先出法)		
期初存货	118 080	
本期购货	418 200	
可供销售的存货	536 280	
期末存货	142 680	393 600
营业利润		327 180
期间费用		98 400
折旧费用		29 520
利润总额		199 260
所得税费用		49 200
净利润		150 060

补充资料：

(1)营业收入720 280 000元，为年内均匀实现。

(2)购货418 200 000元，为年内均匀发生。

(3)设备购入时间为2008年1月1日，当时一般物价指数为105。

(4)长期股权投资为2008年3月1日购入的甲公司股份142 680 000元，当时一般物价指数为108。

(5)期间费用98 400 000元，为年内均匀发生。

(6)新增固定资产为2009年1月1日以银行存款246 000 000元购入，当时一般物价指数为107。

(7)2009年10月30日按票面发行股份295 200 000元，当时一般物价指数为112。2008年1月1日初次发行股票492 000 000元，当时一般物价指数为105。

(8)所得税费用49 200 000元，为2009年年内均匀发生，并于次年年初缴纳。

(9)2009年年内平均物价指数为110，期末一般物价指数为115。

(10)2009年年初存货形成时一般物价指数为102，期末存货购入期间的一般物价指数为110。

要求：

(1)计算货币购买力损益，编制货币购买力损益计算表。

(2)编制一般购买力会计报表。

货币购买力损益计算表

2009年

单位：千元

项目	历史成本	换算系数	调整后金额
年初货币性项目净额			
货币资金	196 800		
应收账款	137 760		
应付账款	(216 480)		
小计	118 080		
加：本年货币性项目增加			
营业收入	720 780		
发行股份	295 200		
小 计	1 015 980		
减：本年货币性项目减少			
购入存货	418 200		
期间费用	98 400		
所得税费用	49 200		
购入厂房	246 000		
小 计	811 800		

续表

项目	历史成本	换算系数	调整后金额
年末货币性项目			
货币资金	430 500		
应收账款	182 040		
应付账款	(241 080)		
应交税费	(49 200)		
小 计			
净货币性项目购买力损失			

资产负债表

编制单位:宏达公司　　（按一般物价指数调整）

2009 年 12 月 31 日　　单位:千元

项目	年初余额	年末余额
资产:		
货币资金		
应收账款		
存货(先进先出)		
长期股权投资		
固定资产		
其中:设备		
厂房		
减:累计折旧		
其中:设备		
厂房		
资产总计		
负债:		
应付账款		
应交税费		
负债合计		
股东权益:		
股本		
盈余公积		
未分配利润		
股东权益合计		
负债和股东权益总计		

利润表

编制单位:宏达公司　　（按一般物价指数调整）

2009 年度　　单位:千元

项目	金额
营业收入	
营业成本(先进先出法)	
期初存货	
本期购货	
可供销售的存货	
期末存货	
营业利润	
期间费用	
折旧费用	
利润总额	
所得税费用	
货币性项目购买力损益	
净利润	

随堂小测验答案

随堂小测验 7－1

1. 单项选择题　(1)B　(2)B　(3)D　(4)C
2. 多项选择题　(1)ABC　(2)AB　(3)ABC　(4)ABCD　(5)BC　(6)BD
3. 判断题　(1)√　(2)×　(3)×

随堂小测验 7－2

1. 单项选择题　(1)A　(2)D　(3)D　(4)B　(5)A　(6)A　(7)A　(8)A
2. 多项选择题　(1)ABD　(2)CD　(3)AD　(4)ACD　(5)BD
3. 判断题　(1)√　(2)√　(3)√　(4)√　(5)√

随堂小测验 7－3

1. 单项选择题　(1)D　(2)A　(3)A　(4)B　(5)C　(6)B
2. 多项选择题　(1)ACD　(2)CD　(3)ABD
3. 判断题　(1)×　(2)√　(3)√　(4)×　(5)√　(6)×

第8章　分部报告与中期财务报告

学习目标

知识目标：掌握分部报告和中期报告的含义与编制；熟悉分部报告和中期报告的内容和格式；了解编制分部报告和中期报告的意义及理论依据和编制原则。

能力目标：能够运用本章所学知识正确解读和编制分部报告和中期报告。

导入案例

康佳集团股份有限公司(000016)在2009年度报告中披露："业务分部，是指企业内可区分的、能够提供单项或一组相关产品或劳务的组成部分。该组成部分承担了不同于其他组成部分的风险和报酬。"该公司的业务分部包括彩电业务、手机业务和其他业务分部。这些分部是如何划分的？分部信息从何而来？含义是什么？

8.1 分部报告

企业提供分部报告是为了帮助会计信息使用者更好地理解企业的经营业绩，评估其风险和报酬，以及从整体上对企业的经营情况作出更准确的判断。

> **关键概念——分部报告**
>
> 分部报告是指从事跨地区、跨行业经营活动的大型企业将所属部门、机构的重要财务状况和经营成果等信息按一定分部标准归类而编制的财务报告。

8.1.1 分部报告的意义

1. 使会计信息使用者更好地理解企业的经营业绩及其差异性

跨地区、跨行业的经营，必然造成母公司及所属分公司或子公司在不同地区或不同行业中投入的技术、资金、劳动力等各方面的不同，它们的获利能力、投资风险、发展前景等均可能存在很大区别。

2. 更好地评估企业的风险和回报

公司跨地区、跨行业经营时，合并财务报表通常不能提供不同地区、不同行业的盈利能力、增长趋势及风险等重要信息，而不同地区、不同行业或不同产品通常并不具有同样风险的经营环境或同样报酬的经营机会。当投资者掌握了按地区或按业务等披露的会计信息后，就能从整体上对企业作出更合理的判断。

3. 有助于宏观经济管理

大型企业的生产经营对国家的宏观经济有很大影响。国家需要通过有关的会计信息，掌握这些企业的生产经营状况及其发展规划对有关地区、有关行业甚至国家经济的影响，制定相应的制度、政策，进行必要的宏观调控，以保证有关地区、有关行业和国家经济健康地发展。

4. 有助于企业管理

公司管理层在制订公司发展计划，作出投资、筹资决策，或根据既定发展计划控制整个公司的生产经营过程时，需要将公司经营活动按地区或业务等类别加以划分，以了解其各分部生产经营、获利能力、投资风险、发展前景等情况。

8.1.2 报告分部的确定

1. 分部的确定

企业存在多种经营或跨地区经营的，应当按规定披露分部信息。企业披露分部信息，可以根据具体情况按不同的分部类型划分分部。划分分部的依据是风险和报酬。分部类型包括业务、地区、客户、独立核算单位、生产线、产品等。确定分部划分的基础主要取决于分部报告的目标。一般来讲，分部报告的目标是提供不同产品和劳务以及企业经营所在不同地区的信息，所以，最常见的分部类型是按业务和地区划分，本节着重介绍这两种分部。

(1) 业务分部

一个业务分部不应当包含在风险和报酬方面存在重大差异的产品和劳务。

> **☞ 关键概念——业务分部**
>
> 业务分部是指企业内可区分的、能够提供单项或一组相关产品或劳务的组成部分，该组成部分承担了不同于其他组成部分的风险和报酬。

企业在确定业务分部时，应当结合企业内部管理要求，并应考虑以下主要因素：

①各单项产品或劳务的性质

各单项产品或劳务的性质，包括产品或劳务的规格、型号、最终用途等。一般情况下，生产的产品和提供的劳务性质相同或类似，其风险、报酬率可能较为接近，因此，可以将其划分到同一业务分部之中。

②生产过程的性质

生产过程的性质，包括采用劳动密集或资本密集方式组织生产、使用相同或者相似设备和原材料、采用委托生产或加工方式等。一般情况下，生产过程的性质相同或相似，其成本驱动因素、成本构成可能较为接近，因此，可以将其划分到同一业务分部之中。

③产品或劳务的客户类型

产品或劳务的客户类型，包括大宗客户、零散客户等。一般情况下，产品或劳务的客户类型相同或类似，其销售条件会基本相同，如相同或相似的销售价格、销售折扣，相同或相似的售后服务，因而具有相同或相似的风险、报酬，因此，可以将其划分到同一业务分部之中。

④销售产品或提供劳务的方式

销售产品或提供劳务的方式,包括批发、零售、自产自销、委托销售、承包等。一般情况下,销售产品或提供劳务的方式相同或相似,其承受的风险、报酬可能较为接近,因此,可以将其划分到同一业务分部之中。

⑤生产产品或提供劳务受法律、行政法规的影响

生产产品或提供劳务受法律、行政法规的影响,包括经营范围或交易定价限制等。一般情况下,生产产品或提供劳务受法律、行政法规的影响,必然会对企业的生产经营活动产生影响。对相同或类似法律、行政法规环境下的产品生产和劳务提供归为一个分部,以提供相关信息,有利于清晰地反映该类产品生产和劳务提供的会计信息。

(2)地区分部

地区分部可以按企业的生产或劳务设施及其资产所在地确定,也可以按其市场和客户所在地确定,关键是确定主要的地区风险是来自资产所在地——销售的来源地,还是来自客户所在地——销售目的地。一个地区分部的范围可以是一个国家内的一个区域、一个国家、两个或两个以上国家的组合,但具有重大不同风险和回报的经营,即使是处于同一地区也不得划入同一地区分部。

关键概念——地区分部

企业内可区分的、能够在一个特定的经济环境内提供产品或劳务的组成部分。该组成部分承担了不同于在其他经济环境内提供产品或劳务的组成部分的风险和报酬。

企业在确定地区分部时,应当结合企业内部管理要求,并考虑以下主要因素:

①所处经济、政治环境的相似性

所处经济、政治环境的相似性,包括境外经营所在地区经济和政治的稳定程度等。所处经济、政治环境相似意味着其生产经营活动所面临的政治、经济风险基本相同,在确定地区分部时,应将其划为一个地区分部。

②在不同地区经营之间的关系

在不同地区经营之间的关系,包括在某地区进行产品生产而在其他地区进行销售等。在不同地区经营之间存在着紧密关系,意味着这些不同地区的生产经营活动风险和报酬基本相同,在确定地区分部时,应将其划为一个地区分部。

③经营的接近程度

经营的接近程度大小,包括在某地区生产的产品是否需在其他地区进一步加工生产等。经营的接近程度较高的地区,表明其生产经营活动所面临的风险和报酬基本相同,在确定地区分部时,应将其划为一个地区分部。

④与某一特定地区经营相关的特别风险

与某一特定地区经营相关的特别风险,包括气候异常变化等。如果某一特定地区在生产经营上存在特别风险,则在确定地区分部时,不能将其与其他地区划为一个地区分部。

⑤外汇管理规定

外汇管理规定,即境外经营所在地区是否实行外汇管制。外汇管理规定直接影响企业内部资金的调度和转移,从而可能影响企业的经营风险。所以,不能将实行外汇管制的

国家和地区与外汇自由流动的国家和地区划为一个地区分部。

⑥外汇风险

外汇风险，即外汇汇率变动的风险。通常情况下，外汇汇率波动不大的国家和地区，其生产经营所面临的风险和报酬基本相同，可以划为一个地区分部；而在外汇汇率波动较大的国家和地区，其生产经营所面临的风险和报酬不同，不能划为一个地区分部。

注意，企业在具体确定分部时，特定的分部一般不会同时符合上述业务分部和地区分部的全部因素，所以当包含了上述的大部分因素时，就可认定某个分部。

(3)分部与企业内部管理要求

企业确定分部时，通常以企业的内部组织和管理结构以及向董事会或者类似机构的内部报告制度为基础。但是，如果一个企业的内部组织和管理结构以及向董事会或类似机构的内部报告制度既不以产品或劳务为基础，也不以地区为基础，则该内部报告制度所使用的分部符合业务分部或地区分部定义的，即认定为相应分部。内部报告制度所使用的分部不符合业务分部或地区分部定义的，管理层就需要对内部管理单位作进一步细分，使其所报告的信息与企业的产品和劳务分类或者企业的地区分类相一致。

【例 8-1】某公司生产甲、乙、丙、丁 4 种产品，根据管理要求，该公司设立 6 个生产经营部门，每个部门均生产经营上述 4 种产品，公司允许 6 个部门经营上相对独立，公司向董事会提交的财务报告列出了 6 个部门的总收入和费用。则该公司在确定分部时，应该按产品划分为甲、乙、丙、丁 4 个业务部门。

(4)分部的合并

企业所有内部报告的业务分部或地区分部并不一定都作为独立的业务分部或地区分部来考虑。两个或两个以上的业务分部或地区分部如果确定业务分部或地区分部时所考虑的因素类似，同时具有相近的长期财务业绩，包括具有相近的长期平均毛利率、资金回报率、未来现金流量等，可以合并为一个报告分部。

【例 8-2】某公司生产 A、B、C、D、甲、乙、丙、丁、戊等产品，每种产品均由独立的业务部门完成。该公司各项业务 2009 年 12 月 31 日的相关信息如表 8-1 所示。

表 8-1　　单位：千元

项目	A	B	C	D	甲	乙	丙	丁	戊	合计
营业收入	212 000	260 000	200 000	190 000	520 000	460 000	138 000	540 000	100 000	2 620 000
其中：对外交易收入	200 000	240 000	160 000	180 000	160 000	300 000	100 000	540 000	100 000	1 980 000
分部间交易收入	12 000	20 000	40 000	10 000	360 000	160 000	38 000			640 000
营业费用	148 400	184 600	138 000	133 000	312 000	285 200	110 400	440 000	60 000	1 811 600
其中：对外交易费用	120 000	156 600	114 000	124 000	14 000	264 000	94 400	410 000	60 000	1 357 000

续表

项目	A	B	C	D	甲	乙	丙	丁	戊	合计
分部间交易费用	28 400	28 000	24 000	9 000	298 000	21 200	16 000	30 000		454 600
营业利润	63 600	75 400	62 000	57 000	208 000	174 800	27 600	100 000	40 000	
销售毛利率(%)	30	29	31	30	40	38	20	18.5	40	
资产总额	640 000	740 000	560 000	460 000	1 300 000	1 180 000	500 000	1 400 000	800 000	7 580 000
负债总额	300 000	340 000	260 000	200 000	600 000	400 000	300 000	600 000	360 000	3 360 000

假如经预测,A、B、C、D 4 个部门今后 5 年内平均销售毛利率与本年差异不大,并且其生产产品类型、生产过程、客户类型、销售方式等类似,确定业务分部时所考虑的因素相似。该公司在确定业务分部时,可以将生产 4 个水平的分部予以合并,成立一个 ABCD 部。合并后 ABCD 部的分部收入为 862 000 000 元,分部费用为 604 000 000 元,分部利润为 258 000 000 元。

2. 报告分部

> **关键概念——报告分部**
>
> 报告分部是分部报告信息分类的基础,是指根据重要性原则,对符合业务分部或地区分部定义的分部进行筛选确定的应予报告的分部。

业务分部和地区分部是以分部的风险和报酬为基础划分的,对于有些生产或提供风险与报酬大不相同的产品或劳务的企业,可能会有数量较多的业务分部和地区分部,如果就此披露所有分部的报告信息,既不符合重要性原则,也不符合成本与效益原则。所以,分部报告的会计信息应在真实、可靠、正确的基础上,对重要的、实质性的、对信息使用者的决策有重大影响的信息予以披露,这就需要确定报告分部。

确定报告分部,首先要确定重要性标准。一般的重要性标准根据分部收入、分部利润(亏损)、分部资产等因素予以衡量。

(1)符合重要性标准的报告分部

企业应当以业务分部或地区分部为基础确定报告分部。业务分部或地区分部的大部分收入是对外交易收入,且满足下列条件之一的,应当将其确定为报告分部:

①该分部的分部收入占所有分部收入合计的 10% 或者以上。

分部收入包括对外交易收入和对内交易收入。当某分部收入大部分是对外收入并占所有分部收入合计的 10% 或者以上,则可以将其确定为报告分部。

【例 8-3】 沿用【例 8-2】某公司资料。

首先,计算各分部收入是否达到所有分部收入合计的 10% 或者以上的重要性标准,计算见表 8-2。

表 8-2

单位:千元

项目	ABCD	甲	乙	丙	丁	戊	合计
营业收入	862 000	520 000	460 000	138 000	540 000	100 000	2 620 000
占收入合计百分比(%)	32.9	19.8	17.6	5.3	20.6	3.8	100

通过计算,满足10%或以上条件的分部为:ABCD、甲、乙、丁。

但是,分部甲的对外交易收入占该分部收入合计的比例为30.8%,不符合大部分收入是对外交易收入的要求。如果该公司的内部管理不是按垂直一体化经营的层次来划分的,则甲分部不能确定为报告分部;如果该公司的内部管理是按垂直一体化经营的层次来划分的,则甲分部可以确定为报告分部。

②该分部的分部利润(亏损)的绝对额,占所有盈利分部利润合计额或者所有亏损分部亏损合计额的绝对额两者中较大者的10%或者以上。

分部利润(亏损),是指分部收入减去分部费用后的余额。分部费用,是指可归属于分部的对外交易费用和对其他分部交易费用。当某分部的分部收入大部分是对外收入,且该分部的分部利润(亏损)的绝对额,占所有盈利分部利润合计额或者所有亏损分部亏损合计额的绝对额两者中较大者的10%或者以上时,应将其确定为报告分部。

【例8-4】某公司在A、B、C、D、E、F、G、H、I地区均设有分公司,假定各分公司之间不存在内部交易,其营业收入均为对外交易而取得。各分公司有关财务信息见表8-3。

表 8-3

单位:千元

项目	A	B	C	D	E	F	G	H	I	合计
营业收入	20 000	4 000	10 000	1 000	600	7 000	2 000	1 400	6 000	52 000
营业费用	16 000	3 000	7 000	1 400	1 900	5 000	3 160	1 200	4 800	43 460
营业利润	4 000	1 000	3 000	(400)	(1 300)	2 000	(1 160)	200	1 200	8 540

分析:

a. 各分公司之间不存在内部交易,其营业收入均为对外交易而取得,因而各分公司均符合大部分收入是对外交易收入的要求。

b. 确定所有盈利分部利润合计额或者所有亏损分部亏损合计额的绝对额两者中较大者。盈利分部为A、B、C、F、H、I,利润合计额为11 400 000元;亏损分部为D、E、G,亏损合计的绝对额为2 860 000元;两者中较大者为11 400 000元。该公司在对各分部的分部利润或亏损进行比较时,应当以11 400 000元作为比较基数,根据各分部利润或亏损的绝对额占11 400 000元的百分比是否达到10%或以上来确定是否应确定为报告分部。

c. 计算各分部的分部利润(亏损)的绝对额是否达到占所有盈利分部利润合计额或者所有亏损分部亏损合计额的绝对额两者中较大者的10%或者以上的重要性标准,计算见表8-4。

表8-4 单位:千元

项目	A	B	C	D	E	F	G	H	I	合计
营业收入	20 000	4 000	10 000	1 000	600	7 000	2 000	1 400	6 000	52 000
营业费用	16 000	3 000	7 000	1 400	1 900	5 000	3 160	1 200	4 800	43 460
营业利润	4 000	1 000	3 000	(400)	(1 300)	2 000	(1 160)	200	1 200	8 540
占利润百分比(%)	35	8.8	26	3.5	11.4	17.5	10.2	1.8	10.5	—

d. 通过计算,满足10%或以上条件的分部为A、C、E、F、G、I,应确定为报告分部。

③该分部的分部资产占所有分部资产合计额的10%或者以上。

分部资产,是指分部经营活动使用的可归属于该分部的资产,不包括递延所得税资产。分部资产应当按照扣除相关累计折旧或摊销额以及累计减值准备后的金额确定。当某分部的分部收入大部分是对外收入,且该分部的分部资产占所有分部资产合计额的10%或者以上,则应将其确定为报告分部。

【例8-5】 仍沿用【例8-2】某公司资料。

计算各分部的分部利润(亏损)的绝对额,是否达到占所有盈利分部利润合计额或者所有亏损分部亏损合计额的绝对额两者中较大者的10%或者以上的重要性标准,计算见表8-5。

表8-5 单位:千元

项目	ABCD	甲	乙	丙	丁	戊	合计
资产总额	2 400 000	1 300 000	1 180 000	500 000	1 400 000	800 000	7 580 000
占资产合计百分比(%)	32.8	17.1	15.6	6.6	18.5	10.6	100

通过计算,满足10%或以上条件的分部为ABCD、甲、乙、丁、戊,应确定为报告分部。

(2)其他报告分部

不符合上述条件的分部可以采用下列方法确定为报告分部:

①指定为报告分部。

②被指定的不符合条件的分部,可与其他类似不符合条件的一个或几个分部合并为一个报告分部。

③对于上期符合10%条件而本期未达到10%的分部,如果管理层认为其重要,仍可确定为报告分部。

④企业的内部管理按照垂直一体化经营的不同层次来划分的,即使其大部分收入不是通过对外交易取得的,仍可将垂直一体化经营的不同层次确定为独立的报告分部。

如【例8-3】中的分部甲的对外交易收入占该分部收入合计的比例为30.8%,不符合大部分收入是对外交易收入的要求。但如果该公司的内部管理属于按垂直一体化经营的层次来划分的,则甲分部可以确定为报告业务分部。

⑤不单独报告且不与其他分部合并报告的分部,企业应当将其作为其他项目(即未分配项目)单独披露。

如【例8-2】中的甲(如果该公司的内部管理不属于按垂直一体化经营的层次来划分的)、丙,【例8-4】中的B、D、H。

⑥所有报告分部的对外交易收入合计至少应占合并总收入或企业总收入的75%,如果所有报告分部的对外收入占合并总收入或企业总收入的比重不足75%,应将更多的分部确定为报告分部,直到达到75%为止。

【例8-6】 仍沿用【例8-2】某公司资料。

计算所有报告分部的对外交易收入合计是否达到合并总收入或企业总收入的75%(假设甲分部可以确定为报告分部)。

表8-6 单位:千元

项目	ABCD	甲	乙	丁	戊	小计	……	合计
营业收入	862 000	520 000	460 000	540 000	100 000	2 482 000	……	2 620 000
其中:对外交易收入	780 000	160 000	300 000	540 000	100 000	1 880 000	……	1 980 000
分部间交易收入	82 000	360 000	160 000			402 000	……	640 000

根据表8-6资料,通过计算,所有报告分部的对外交易收入合计已达到企业总收入的94.9%(1 880 000 ÷ 1 980 000 × 100%),符合75%的限制性标准,不需要增加报告分部的数量。

【例8-7】 沿用【例8-4】某公司资料。

计算所有报告分部的对外交易收入合计是否达到合并总收入或企业总收入的75%。

表8-7 单位:千元

项目	A	C	E	F	G	I	小计	……	合计
营业收入	20 000	10 000	600	7 000	2 000	6 000	45 600	……	52 000

根据表8-7资料,通过计算,所有报告分部的对外交易收入合计达到企业总收入的87.7%(45 600 ÷ 52 000 × 100%),符合75%的限制性标准,不需要增加报告分部的数量。

8.1.3 分部报告的编制

1. 分部会计政策

分部会计政策,是指编制合并财务报表或企业财务报表时所采用的会计政策,以及与分部报告特别相关的会计政策。

(1)编制分部报告所采用的会计政策应与编制合并财务报表或企业财务报表所采用的会计政策相一致。企业应当以对外提供的财务报表为基础披露分部信息。对外提供合并财务报表的企业,应当以合并财务报表为基础披露分部信息。分部报告的目的是帮助财务报表使用者更好地从整体上理解企业财务状况和经营成果,并对其作出更合理的判断。所以分部报告采用与企业财务报表一致的会计政策,有利于报表使用者在一致的基础上对整体和分部信息及其关系进行正确的分析,作出相应的判断。

(2)与分部报告特别相关的会计政策包括分部的确定、分部间转移价格的确定方法,以及将收入和费用分配给分部的基础等。分部间转移交易应当以实际交易价格为基础计量。转移价格的确定基础及其变更情况,应当予以披露。

(3)分部会计政策变更影响重大的,应当按照《企业会计准则第 28 号——会计政策、会计估计变更和差错更正》进行披露,并提供相关比较数据。提供比较数据不切实可行的,应当说明原因。企业改变分部的分类且提供比较数据不切实可行的,应当在改变分部分类的年度,分别披露改变前和改变后的报告分部信息。

(4)企业在披露分部信息时,应当提供前期比较数据。但是,提供比较数据不切实可行的除外。

2. 分部报告的内容

(1)分部收入

分部收入,是指可归属于分部的对外交易收入和对其他分部交易收入。分部收入主要由可归属于分部的对外交易收入构成,通常为营业收入。分部的对外交易收入和对其他分部交易收入,应当分别披露。可归属于分部的收入有两个来源:一是可以直接归属于分部的收益,即直接由分部的业务交易而产生;二是可以间接归属于分部的收入,即将企业交易产生的收入在相关的分部之间进行分配,按归属于某分部的收入金额确认为分部收入。

分部报告中"对外交易收入"是各分部对整个企业以外的单位销售所产生的收入;"分部间交易收入"是各分部与其他分部销售业务所产生的收入,应在"抵销"栏进行抵销。

分部收入不包括:

①营业外收入。营业外收入不是产生于企业的日常活动,因而属于预期不会频繁发生或者不会有规则地发生的事项或交易形成的收益,如处置固定资产、无形资产等产生的净收益。

②利息和股利收入。利息收入和股利收入包括采用成本法核算的长期股权投资的股利收入(投资收益)、债券投资的利息收入、对其他分部贷款的利息收入等。但是,如果分部的日常活动是金融性质的,利息收入应当作为分部收入进行披露。分部收入信息应反映分部经营业绩,即分部日常活动的情况,与利息和股利收入相对应的投资活动通常是企业层次上的日常活动而非某个分部层次上的活动,因此,利息和股利收入不应包括在分部收入中。

③采用权益法核算的长期股权投资在被投资单位实现的净利润中应享有的份额。但是,如果分部的日常活动是金融性质的,本项应当作为分部收入进行披露。企业在采用权益法核算长期股权投资时,应当在取得股权投资后,按照应享有或应分担的被投资单位实现的净利润的份额,确认投资收益并调整长期股权投资的账面价值。由于非金融企业的投资收益不属于企业营业收入的范畴,因此,不应当包括在分部收入中。

④处置投资产生的净收益。但是,如果分部的日常活动是金融性质的,本项应当作为分部收入进行披露。企业处置投资产生的净收益,包括出售投资获得的收益以及债务清

偿所获得的收益两部分。由于非金融企业处置投资产生的净收益不属于企业营业收入的范畴,因此不应当包括在分部收入中。分部收入应当与企业的对外交易收入(包括企业对外交易取得的未包括在任何分部收入中的收入)相衔接。

(2)分部费用

分部费用,是指可归属于分部的对外交易费用和对其他分部交易费用。分部的折旧费用、摊销费用以及其他重大的非现金费用,应当分别予以披露。可归属于分部的费用来源有两个:一是可以直接归属于分部的费用,即直接由分部的业务交易而产生;二是可以间接归属于分部的费用,即将企业交易产生的费用在相关的分部之间进行分配,按归属于某分部的费用金额确认为分部费用。分部费用主要由可归属于分部的对外交易费用构成,通常包括营业成本、营业税金及附加、销售费用等。分部报告中"营业费用"是各分部对整个企业以外的单位销售所产生和各分部与其他分部销售业务所产生的费用。分部费用中折旧费用、摊销费用以及其他非现金费用应在"补充信息"中单独予以披露。

分部费用不包括:

①营业外支出,如处置固定资产、无形资产等发生的净损失。营业外支出不是产生于企业的日常活动,因而属于预期不会频繁发生或者不会有规则地发生的事项或交易形成的费用。

②利息费用,如发行债券、向其他分部借款的利息费用等。但是,分部的日常活动是金融性质的,利息费用应当作为分部费用进行披露。与利息费用相对应的筹资活动,通常是企业层次上的日常活动而非某个分部层次上的活动,因此,利息费用不应包括在分部费用中。

③采用权益法核算的长期股权投资在被投资单位发生的净损失中应承担的份额。但是,分部的日常活动是金融性质的,本项应当作为分部费用进行披露。

④所得税费用。所得税费用通常是针对公司整体而非公司内部的某个分部而言的,因此不能计入分部费用,如果将公司所得税费用分摊给不同分部,其分摊的基础必然带有随意性,从而影响分部经营成果的可靠性。

⑤与企业整体相关的管理费用和其他费用。但是,企业代所属分部支付的与分部经营活动相关的且能直接归属于或按合理的基础分配给该分部的费用,属于分部费用。管理费用包括一般行政费、总部的费用以及其他在企业层次上形成的与整个企业相关的费用,一般不分摊计入分部费用。财务费用是企业为筹集生产经营所需资金而发生的费用,包括作为期间费用的利息支出(减利息收入)、汇兑损失(减汇兑收益)以及相关的手续费。由于筹资活动通常是企业总体计划活动,因此不应计入分部费用。但是,销售费用是企业在销售商品或提供劳务过程中发生的费用,是与分部的经营活动密切相关的费用,应计入分部费用,可以直接归属于或采用合理的基础分配给分部。

(3)分部利润(亏损)

分部利润(亏损),是指分部收入减去分部费用后的余额。因此,不属于分部收入的总部收入和营业外收入等,以及不属于分部费用的所得税费用、营业外支出等,在计算分部利润(亏损)时,不得作为考虑的因素。从这个意义上讲,分部利润(亏损)与企业利润(亏损)总额或净利润(净亏损)包含的内容不同。企业在披露分部信息时,分部利润(亏损)应当单独进行披露。在合并利润表中,分部利润(亏损)应当在调整少数股东损益前确定。分部利润(亏损)应当在进一步考虑不属于分部的收入或费用等因素后与企业营业利润(或亏损)和企业净利润(或净亏损)相衔接。

(4)分部资产

分部资产,是指分部经营活动使用的可归属于该分部的资产。分部资产包括企业在分部的经营中使用的可归属于该分部的资产,以及能够以合理的基础分配给该分部的资产,不包括递延所得税资产。分部资产应当按照扣除相关累计折旧或摊销额以及累计减值准备后的金额确定。

分部资产与分部利润、分部费用等之间通常存在一定的对应关系:

①如果分部利润(亏损)包括利息或股利收入,则分部资产中就应包括相应的应收账款、贷款、投资或其他金融资产。

②如果分部费用包括某项固定资产的折旧费用,则分部资产中就应包括相应的固定资产。

③如果分部费用包括某项无形资产或商誉的摊销额或减值额,则分部资产中就应包括相应的无形资产或商誉。

(5)分部负债

分部负债,是指分部经营活动形成的可归属于某分部的负债。分部负债包括可直接归属于该分部的负债,以及能够以合理的基础分配给该分部的负债,不包括递延所得税负债。常见的分部负债包括应付账款、其他应付款、预收账款、预计负债等,一般不包括借款、应付债券、融资租入固定资产所发生的相关债务、在经营活动之外为融资目的而承担的负债、递延所得税负债等。不属于任何一个分部的负债,应当作为其他项目单独予以披露。分部负债总额应当与企业负债总额相衔接。

8.1.4 分部报告的报告形式

企业应当区分主要报告形式和次要报告形式披露分部信息。在确定分部信息的主要报告形式和次要报告形式时,应当以企业的风险和报酬的主要来源和性质为依据,同时结合企业的内部组织结构、管理结构以及向董事会或类似机构的内部报告制度。

企业的风险和报酬的主要来源和性质,主要与其提供的产品或劳务,或者经营所在国家或地区密切相关。企业在分析其所承担的风险和报酬时,应当注意以下相关因素:

(1)所生产产品或提供劳务的性质、过程、客户类型、销售方式等;

(2)所生产产品或提供劳务受法律、行政法规的影响等;

(3)所处经济、政治环境等。

企业的内部组织结构、管理结构以及向董事会或类似机构内部报告制度的安排,通常会考虑或结合企业风险和报酬的主要来源和性质等相关因素。

1. 主要报告形式和次要报告形式的确定

(1)如果企业的风险和报酬主要受其产品和劳务的差异的影响,则报告分部信息的主要形式应是业务分部,次要形式应是地区分部。

(2)如果企业的风险和报酬主要受其在不同国家或地区经营活动的影响,则报告分部信息的主要形式应是地区分部,次要形式应是业务分部。

(3)如果企业的风险和报酬同时较大地受其产品和劳务的差异以及经营所在国家或地区差异的影响,则报告分部信息的主要形式应是业务分部,次要形式应是地区分部。

2. 主要报告形式和次要报告形式的披露内容

(1)主要报告形式的披露内容

对于主要报告形式,企业应当披露对外交易对外交易收入、分部费用、分部利润(亏损)、分部资产总额和分部负债总额等。

(2)次要报告形式的披露内容

对于次要报告形式,企业应当披露对外交易收入和分部资产总额等。

①主要报告形式为业务分部的披露内容

a. 对外交易收入占企业对外交易收入总额10%或者以上的地区分部,以外部客户所在地为基础披露对外交易收入;

b. 分部资产占所有地区分部资产总额10%或者以上的地区分部,以资产所在地为基础披露分部资产总额。

②主要报告形式为地区分部的披露内容

a. 对外交易收入占企业对外交易收入总额10%或者以上的业务分部,应当披露对外交易收入;

b. 分部资产占所有业务分部资产总额10%或者以上的业务分部,应当披露分部资产总额。

8.1.5 分部报告格式

分部报告格式见表8-8。

表8-8　　分部报告　　单位:千元

项目	××业务		××业务		……	其他		抵销		合计	
	本期	上期	本期	上期		本期	上期	本期	上期	本期	上期
一、营业收入											
其中:对外交易收入											
分部间交易收入											
二、营业费用											
三、营业利润(亏损)											
四、资产总额											
五、负债总额											
六、补充信息											
1. 折旧和摊销费用											
2. 资本性支出											
3. 折旧和摊销以外的非现金费用											

主要报告形式是地区分部的，比照业务分部格式进行披露，并将“××业务”栏等改为“××地区”。

在主要报告形式的基础上，对于次要报告形式，企业还应披露对外交易收入、分部资产总额等。

【例 8－8】 仍沿用【例 8－2】某公司资料，并设该公司总部资产总额为 40 000 000 元，总部负债总额为 24 000 000 元，其他资料见表 8－9。

表 8－9　　单位：千元

项目	A	B	C	D	甲	乙	丙	丁	戊	合计
折旧费用	16 500	17 700	11 800	10 640	41 240	26 300	16 200	47 240	29 000	216 620
摊销费用	1 500	1 800	2 080	980	1 720	2 700	460	420		11 660
资本性支出	40 000	30 000	100 000	17 000	70 000	15 200		1 700	800	274 700

分析：

(1)上述资料表明，该公司应当以业务分部为主要报告形式披露分部信息。

(2)确定的报告分部为 ABCD、甲、乙、丁、戊分部，丙为其他分部。

(3)分部报告见表 8－10。

表 8－10　　**分部报告**　　单位：千元

项目	ABCD	甲	乙	丁	戊	其他	抵销	合计
一、营业收入	862 000	520 000	460 000	540 000	100 000	138 000	(640 000)	1 980 000
其中：对外交易收入	780 000	160 000	300 000	540 000	100 000	100 000		
分部间交易收入	82 000	360 000	160 000			38 000	(640 000)	
二、营业费用	604 000	312 000	285 200	440 000	60 000	110 400	(454 600)	1 357 000
三、营业利润(亏损)	258 000	208 000	174 800	100 000	40 000	27 600	(185 400)	623 000
四、资产总额	2 400 000	1 300 000	1 180 000	1 400 000	800 000	540 000		7 620 000
五、负债总额	1 100 000	600 000	400 000	600 000	360 000	324 000		3 84 000
六、补充信息								
1. 折旧和摊销费用	63 000	42 960	29 000	47 660	29 000	16 660		
2. 资本性支出	187 000	70 000	15 200	1 700	800			

【随堂小测验 8－1】

1. 业务分部划分的依据是(　　)。

A. 生产产品的相似性

B. 提供劳务的相似性

C. 承担不同于其他业务部门所承担的风险和报酬

D. 业务分部所在地区相同

2. 企业编制分部报告时,不需要在其分部报告中披露的项目是(　　)。

A. 分部间营业收入　　B. 分部营业费用

C. 分部间营业利润　　D. 资产总额

3. 下面各项中,不是判断报告分部重要性主要依据的标准是(　　)。

A. 一个分部的收入(包括对外交易收入和对其他分部的交易收入)达到企业分部收入总额的10%以上

B. 一个分部披露的对外营业收入合计额应达到合并总收入(或企业总收入)的75%

C. 一个分部的营业利润(或营业亏损)绝对额达到所有盈利分部利润合计额或者所有亏损分部亏损合计额的绝对额两者中较大者的10%

D. 一个分部的资产达到各分部资产总额的10%或以上

4. 分部报告是指在企业的财务会计报告中,按照确定的企业内部组成部分(业务分部或地区分部)提供的有关各组成部分(　　)等信息的报告。

A. 收入　　B. 费用和利润

C. 资产和负债　　D. 利润

8.2 中期财务报告

中期财务报告可以是月度财务报告,也可以是季度财务报告或半年度财务报告,当然也包括年初至期中和期末的财务报告。至于企业以什么中期为基础编制财务报告,应当根据有关法律、行政法规和规章的规定,或者会计信息使用者的要求而定。

> **关键概念——中期财务报告**
>
> 中期财务报告是指以中期为基础编制的财务报告。中期是指短于一个完整的会计年度的报告期间,如一个月、一个季度、半年或其他短于一个会计年度的期间。

8.2.1 中期财务报告的意义

1. 提供更及时的会计信息

在信息化经济的环境下,会计信息的及时性显得尤为重要。会计信息使用者希望能够尽可能快地获得企业的财务状况、经营成果和现金流量的相关信息,以预测其未来的赢利和发展能力,从而作出相关的经济决策。企业的年度财务报告在年度终了后120天内才对外提供,因年度财务报告的报告期间隔过长,致使许多会计信息在提供的时间上滞后,难以满足及时性要求。中期财务报告在一定程度上缩短了报告期间隔,从而提供更及时的会计信息,满足会计信息使用者及时掌握企业会计信息的需求。编制中期财务报告,有助于会计信息使用者了解企业的中期财务状况、经营成果和现金流量情况,为其决策及时提供有用的信息。

2. 建立更完善的会计信息披露制度

在经济全球化环境下,建立完善的会计信息披露制度是我国经济走向成熟、走向世界的重要条件。中期财务报告是会计信息披露制度的一个组成部分,编制中期财务报告可以更广泛地满足国内外信息使用者对更高质量的会计信息的需求。

3. 强化监控与管理

财务报告是对企业进行监控与管理的重要依据，中期财务报告的及时性使企业内部的管理层和企业外部的监管部门能够获得及时的信息，从而有助于其及时发现问题，并积极地采取相应的措施进行更有效的监控和管理。

8.2.2 中期财务报告的理论依据

中期财务报告的理论依据主要有以下两种：

1. 独立观

在这一观点下，中期财务报告中所采用的会计政策和确认与计量原则与年度财务报告一致，所应用的会计估计、成本分配、递延和应计项目的处理等也与年度财务报告一致。采用这一理论编制中期财务报告，可以直接利用企业在编制年度财务报告时已有的会计政策和确认与计量原则，可行性较强，中期财务报告中所反映的财务状况和经营成果等相对比较可靠，不容易被操纵；这一方法的问题是容易导致各中期收入与费用的不合理配比，影响会计信息使用者对企业业绩的评价和对年度业绩的预测。

> **关键概念—— 独立观**
>
> 独立观认为，每一中期为一个独立的会计期间。

2. 一体观

一体观认为，中期财务报告中应用的会计估计、成本分配、递延和应计项目的处理必须考虑到全年将要发生的情况，即需要考虑会计年度剩余期间的经营成果，为此，会计年度内发生的成本和费用需要按年度预计业务水平，如预计受益期间、预计销售量和产量等为基础，分配至各个中期。这一方法可以避免会计期间的缩短而导致的各中期收益的非正常波动，有利于年度收益的预测。但问题是许多成本和费用需要以年度结果为基础进行估计，因此需要依赖较高的职业判断能力，而且因估计结果缺乏可查证性，收益容易被操纵，影响中期财务报告的客观性和可靠性。

> **关键概念—— 一体观**
>
> 一体观认为，每一中期为年度会计期间的一个组成部分而不是一个独立的会计期间。

综合考虑我国会计信息质量、证券市场发育水平、会计人员职业判断能力、外部监管要求的现状及国际惯例，我国的企业会计准则对中期财务报告的编制要求主要以独立观为依据，在尽可能保证中期财务报告信息可靠性的前提下，提供相关的信息，以满足会计信息使用者的需要。

可见，独立观与一体观的主要区别在于对费用的确认与计量。在独立观下，企业中期费用的确认与计量原则与年度财务报告一致，即以每一中期的实际发生额作为确认和计量的基础，处理比较简单；而一体观按费用项目与收入的相关程度，采用不同的中期处理方法。以下举例说明两种理论在应用中的差异及影响。

【例8-9】 某企业按季度编制财务报告，该企业只生产和销售一种产品且各个季度和年度的产销量平衡，无其他投资和营业外收支活动。某年该企业预计销售产品40万件，各季度相关资料见表8－11。

表8－11

单位：元

季度	预计			实际		
	销售数	平均单价	销售金额	销售数	平均单价	销售金额
1	40 000	30	1 200 000	38 000	30	1 140 000
2	80 000	40	3 200 000	82 000	40	3 280 000
3	80 000	40	3 200 000	78 000	40	3 120 000
4	200 000	40	8 000 000	194 000	40	7 760 000
合计	400 000		15 600 000	392 000		15 300 000

各季度预计数与实际数的差异经各季度末评估均属正常，不需调整年度预计数。

该年固定制造成本和固定期间费用平均发生，变动费用不变，且实际与预计相符：

单位变动制造成本　　10元/件

固定制造成本　　150万元/季度

单位变动期间费用　　2元/件

固定期间费用　　50万元/季度

(1)按照独立观，各季度制造成本和期间费用均按实际发生数计入利润表。其中：

各季度变动制造成本＝实际单位变动制造成本×各季度实际销售量

各季度变动期间费用＝实际单位变动期间费用×各季度实际销售量

具体计算见表8－12。

表8－12

单位：元

季度	一	二	三	四	合计
销售收入	1 140 000	3 280 000	3 120 000	7 760 000	15 300 000
减：制造成本	1 880 000	2 320 000	2 280 000	3 440 000	9 920 000
其中：变动制造成本	380 000	820 000	780 000	1 940 000	3 920 000
固定制造成本	1 500 000	1 500 000	1 500 000	1 500 000	6 000 000
减：期间费用	576 000	664 000	656 000	888 000	2 784 000
其中：变动期间费用	76 000	164 000	156 000	388 000	784 000
固定期间费用	500 000	500 000	500 000	500 000	2 000 000
税前利润	－1 316 000	296 000	184 000	3 432 000	2 596 000

(2)按照一体观，全年发生的固定制造成本和期间费用根据全年预计销售量和各季度实际销售量分摊计入各季度。其中：

前三季度各季度固定制造成本＝预计全年固定制造成本总额/全年预计销售量×各季度实际销售量

前三季度各季度固定期间费用＝预计全年固定期间费用总额/全年预计销售量×各

季度实际销售量

第四季度固定制造成本 = 全年固定制造成本总额 - 前三季度固定制造成本合计

第四季度固定期间费用 = 全年固定期间费用总额 - 前三季度固定期间费用合计

具体计算见表 8 - 13。

表 8 - 13

单位:元

季度	一	二	三	四	合计
销售收入	1 140 000	3 280 000	3 120 000	7 760 000	15 300 000
减:制造成本	950 000	2 050 000	1 950 000	4 970 000	9 920 000
其中:变动制造成本	380 000	820 000	780 000	1 940 000	3 920 000
固定制造成本	570 000	1 230 000	1 170 000	3 030 000	6 000 000
减:期间费用	266 000	574 000	546 000	1 398 000	2 784 000
其中:变动期间费用	76 000	164 000	156 000	388 000	784 000
固定期间费用	190 000	410 000	390 000	1 010 000	2 000 000
税前利润	-76 000	656 000	624 000	1 392 000	2 596 000

8.2.3 中期财务报告的编制原则

1. 一致性原则

(1)编制中期财务报告应当采用与年度财务报告相一致的会计政策,包括中期财务报告各会计要素的确认与计量标准应当与年度财务报告相一致。不得在中期内随意变更会计政策,以保持前后各期会计政策的一致性,即企业在中期根据所发生交易和事项,对资产、负债、所有者权益、收入、费用和利润等各会计要素进行确认和计量时,应当符合这些会计要素的定义、确认与计量标准,这些标准与年度报表一致。上年度资产负债表日之后发生了会计政策变更,且变更后的会计政策将在年度财务报表中采用的,中期财务报表应当采用变更后的会计政策,并按照《企业会计准则第 28 号——会计政策、会计估计变更和会计差错更正》的规定处理,同时在附注中作相应披露。

(2)编制中期财务报告应当采用与年度财务报告相一致的会计原则,包括真实性原则、相关性原则、明晰性原则、可比性原则、实质重于形式原则、重要性原则、谨慎性原则和及时性原则等。

(3)中期财务报告格式和内容应当与年度财务报告相一致。中期资产负债表、利润表和现金流量表应当是完整报表,其格式和内容,如各项目的名称、内容及其含义、各项目在报表中的排列顺序等,应当与上年度财务报表相一致。在上年度财务报告中编制合并财务报表的企业,其中期财务报告也应当编制合并财务报表。如果中期合并范围发生了变化,应按规定区别情况处理。在中期末除了需要编制中期末资产负债表、中期利润表和现金流量表之外,各报表有关栏次应当根据中期会计报表的要求作必要调整。

中期资产负债表的日期应为中期期末日,如"××××年 3 月 31 日"、"××××年 6 月 30 日"等;中期利润表和中期现金流量表应为中期期间,如"××××年 1 月 1 日至 3

月31日”、“××××年4月1日至6月30日”等。自上一会计年度末到本中期末期间，如有新的会计准则或有关法规对会计报表的格式和内容进行了修订并生效，中期财务报告则应按新的会计准则或法规编制。企业中期财务报告中如提供上年度有关比较会计报表，比较会计报表的格式和内容也应按照新准则或有关规定进行相应的调整。当年新施行的会计准则对财务报表格式和内容作了修改的，中期财务报表应当按照修改后的报表格式和内容编制，上年度比较财务报表的格式和内容也应当作相应调整。

2. 重要性原则

中期会计报表应当提供与理解企业中期末财务状况和中期经营成果及其现金流量相关的、如不提供则会误导信息使用者的决策的重要交易或者事项信息。

企业在判断重要性程度时应当注意：

(1)重要性判断应以中期财务数据为基础。

企业在编制中期财务报告时，重要性程度的判断应以中期财务数据为基础，而不应以年度财务数据为基础。中期财务数据包括本中期的财务数据和年初至本中期末的财务数据。因为有些对于预计的年度财务数据重要性、相关性不强的信息，对于中期会计报表可能是重要的和相关的，应在中期会计报表中予以披露。

(2)中期财务报告应保证包括企业中期末相关的财务信息。

重要性原则的运用应以不会因某些信息不确认、不披露或被忽略而对信息使用者的决策产生误导为前提，保证提供有助于理解企业中期末财务状况、本中期经营成果及现金流量的相关信息。

(3)在判断某一项目的重要性程度时，通常需要将项目的金额和性质结合起来加以考虑。

重要性程度的判断需要根据具体情况作具体分析和职业判断。在判断某一项目的重要性程度时，通常需要将项目的金额和性质结合起来加以考虑，而且在判断项目的重要性程度时，应当以资产、负债、净资产、营业收入、净利润等直接相关项目数字作为比较基础，并综合考虑其他相关因素。在某些特殊情况下，单独依据项目的金额或性质就可以判断其重要性。

3. 及时性原则

中期财务报告所涵盖的会计期间短于一个会计年度，其编报的时间通常也短于年度财务报告，所以，中期财务报告应该能够提供比年度财务报告更加及时的信息，以提高会计信息决策的有用性。

4. 以年初至本中期末为基础

财务报告的频率不应当影响其年度结果的计量，无论企业中期财务报告的频率是月度、季度还是半年，中期会计计量的结果最终应当与年度会计报告的会计计量结果相一致，为此，中期会计计量应当以年初至本中期末为基础，而不应当以本中期作为会计计量的期间基础，披露自上年度资产负债表日之后发生的，有助于理解企业财务状况、经营成果和现金流量变化情况的重要交易或者事项。

【例8-10】某企业于第一年11月利用专门借款资金开始自建厂房工程。第二年

3月1日,该工程由于资金周转困难而停工。企业预计在一个半月之内即可补充专门借款,解决资金周转问题,重新施工。企业在第二年6月15日获得补充专门借款,工程继续施工。

根据我国《企业会计准则第17号——借款费用》的规定,固定资产的购建活动发生非正常中断,并且中断时间连续超过3个月的,应当暂停借款费用的资本化,将其确认为当期费用,直至固定资产的购建活动重新开始。第一季度末,因企业预计其厂房建造工程非正常中断将短于3个月,所以,在编制第二年第一季度财务报表时没有暂停借款费用的资本化,将3月份发生的符合资本化条件的借款费用继续资本化,计入在建工程成本。可是,企业直到第二年6月15日才获得补充专门借款,工程才得以继续。在编制第二年第二季度财务报告时,如果仅以第二季度发生的业务作为会计计量的基础,则企业在第二季度发生的工程非正常中断的时间仅为两个半月,短于借款费用应暂停资本化的3个月的期限,因而在第二季度内将4月1日至6月15日之间所发生的与固定资产建造有关的借款费用继续资本化,计入在建工程成本。这样处理显然是错误的。因为,如果企业只编制年度会计报表,不必编制季度会计报表,从全年看,企业建造固定资产工程发生非正常中断的时间为3个半月,应当暂停这一期间所发生的借款费用的资本化。即以整个会计年度作为会计计量基础,上述非正常中断期间的借款费用应当予以费用化,计入当期损益。而以各报告季度为会计计量基础,则上述借款费用将继续资本化,计入在建工程成本,导致季度会计计量的结果与年度会计计量结果发生不一致,而这种不一致是由于财务报告的频率由年度编报变为季度编报造成的。

显然,单纯以季度为基础对上述固定资产建造中断所发生的借款费用进行计量是不正确的。如果以年初至本中期末为期间基础进行中期会计计量,则由第二年1月1日至6月30日,厂房建造工程非正常中断期间超过了3个月,应当将中断期间所发生的所有借款费用全部费用化,所以在编制第二季度财务报告时,不仅第二季度4月1日至6月15日之间所发生的借款费用应当费用化,计入第二季度的损益,而且第一季度已经资本化的借款费用也应当费用化,调减在建工程成本,调增财务费用,这样计量的结果才能够保证中期会计计量结果与年度会计计量结果相一致,避免因财务报告的频率影响年度计量的目标。

本例还涉及会计估计变更事项。中期财务报告会计计量过程中,会计估计变更应当符合《企业会计准则第28号——会计政策、会计估计变更和会计差错更正》的规定。如果会计年度内以前中期的会计报告项目在以后中期发生了会计估计变更,则在以后中期财务报告中应当反映这种会计变更的金额,对以前中期财务报告中已反映的金额不再作调整。

5.更大程度上依赖于估计

出于时间上的限制或对成本效益等因素的考虑,中期会计计量与年度财务数据相比,可以在更大程度上依赖于估计。比如,按照现行会计制度规定,企业库存商品应当定期盘点,每年至少盘点一次。通常企业会在会计年度末对库存商品进行全面盘点,但是在中期末并不一定对库存商品进行全面的实地盘点。为了节约成本和时间,企业在各中期末对库存商品计量时,可以比会计年度末采用更多的会计估计。对于购货折扣,如果企业在中期末可以判断基本确定已经取得或将要取得,应当抵减购货成本。

再如,在每一中期末,企业都应当按照与会计年度末一致的标准计提坏账准备、库存商品跌价准备及固定资产、无形资产等资产的减值准备,确认减值损失。为了节约成本和时间,企业可以不对各相关资产进行全面、详细的减值测试和计算,而只对自上一会计年度末以来所发生的重大减值迹象进行检查,加以测试、计算和确认。

企业在采用估计时应当注意:

(1)确保所提供的中期财务报告包括了相关的重要信息。

(2)在同一会计年度内,以前中期财务报告中报告的某项估计金额在最后一个中期发生了重大变更而企业又不单独编制该中期财务报告的,应当在年度财务报告的附注中披露该项估计变更的内容、理由及其影响金额。

(3)在同一会计年度内,以前中期财务报表项目在以后中期发生了会计估计变更的,以后中期财务报表应当反映该会计估计变更后的金额,但对以前中期财务报表项目金额不作调整。同时,该会计估计变更应当按照要求在附注中作相应披露。

8.2.4 中期财务报告的内容

中期财务报告至少应包括资产负债表、利润表、现金流量表和会计报表附注四个部分。

1. 中期资产负债表

(1)中期资产

在中期资产负债表中所反映的资产应当符合资产的定义,即资产是过去的交易或事项形成并由企业拥有或者控制的资源,该资源预期会给企业带来经济利益。企业在中期资产负债表日对某些项目进行判断时应当采用与年度会计报表一样的标准,即能否给企业带来未来经济利益。

【例8-11】某企业需要编制季度财务报告。2009年3月31日,该企业发现一台账面价值为20万元的设备盘亏,该设备不会再给企业带来经济利益,因而不再符合资产的定义。在编制该企业第一季度资产负债表时不能作为资产列报。

(2)中期负债

在中期资产负债表中所反映的负债应当符合负债的定义,即负债是过去的交易或事项形成的现时义务,该义务预期会给企业带来经济利益的流出。企业在中期资产负债表日对某些项目进行判断时,应当采用与年度会计报表一样的标准,即负债必须反映当时的现时义务,并预期会给企业带来未来经济利益的流出。

(3)中期所有者权益

在中期资产负债表中所反映的所有者权益应当符合所有者权益的定义,即所有者权益是所有者在企业资产中享有的经济利益,其金额为资产减去负债的余额。年度会计报表中确认为所有者权益的项目,在中期会计报表中也应当确认为所有者权益。

2. 中期利润表

(1)中期收入

在中期利润表中所反映的收入应当符合收入的定义,即收入是企业在日常活动中形成的、会导致所有者权益增加的、与投资者投入资本无关的经济利益的总流入。企业中期收入的确认条件和计量方法应当与年度会计报表一致。

企业取得的季节性、周期性或者偶然性收入,除了在会计年度末允许预计之外,应当在发生时予以确认和计量,不应在中期财务报表中预计或者递延。

(2)中期费用

在中期利润表中所反映的费用应当符合费用的定义,即费用是企业在日常活动中发生的、会导致所有者权益减少的、与投资者分配利润无关的经济利益的总流出。企业中期费用的确认条件和计量方法应当与年度会计报表一致,严格按照配比原则、权责发生制原则、划分资本性支出和收益性支出原则等会计原则来确认和计量。

对会计年度内不均匀发生的费用,除了在会计年度末允许递延(待摊)之外,企业应当在发生时予以确认和计量,不应当在中期财务报告中递延(待摊)。

【例8-12】某公司根据培训计划,在2009年7月对员工进行了专业技术培训,共发生培训费20万元。

公司应当将该项培训费直接、全额计入7月的损益,而不能在7月之前预提或在7月之后摊销。

(3)中期利润

中期利润和年度利润一样,应当反映企业在中期期间的经营成果。中期利润包括中期收入减去中期费用后的净额、直接计入本中期利润的利得和损失等。基本的和稀释的每股收益应当在中期利润表中单独列报。

3. 中期现金流量表

中期现金流量表是以中期为基础编制的反映企业现金和现金等价物流入和流出的报表。现金流量表应当分别经营活动、投资活动和筹资活动列报现金流量。

(1)经营活动现金流量,是指企业投资活动和筹资活动以外的所有交易和事项产生的现金流量。

(2)投资活动现金流量,是指企业长期资产的购建和不包括在现金等价物范围内的投资及其处置活动产生的现金流量。

(3)筹资活动现金流量,是指导致企业资本及债务规模和构成发生变化的活动产生的现金流量。

4. 中期合并财务报表和母公司财务报表

(1)上年度编制合并财务报表的,中期期末应当编制合并财务报表。

合并财务报表的合并范围、合并原则、编制方法和格式与内容应当与上年度合并财务报表相一致。但当年企业会计准则有新规定的除外。

(2)上年度财务报告除了合并财务报表外,还包括母公司财务报表的,中期财务报告也应当包括母公司财务报表。

在这种情况下，企业的中期财务报告既包括合并财务报表，也包括母公司财务报表。

(3)上年度财务报告包括合并财务报表，但报告中期内处置了所有应当纳入合并财务报表编制范围的子公司的，中期财务报告只需提供母公司财务报表，但上年度比较财务报表仍应当包括合并财务报表，上年度可比中期没有子公司的除外。

(4)如果企业在报告中期内新增子公司，企业在中期末应当将该子公司财务报表纳入合并财务报表的合并范围。

5. 比较财务报表

为了提高财务报告信息的可比性、相关性和有用性，企业在中期末除了编制中期末资产负债表、中期利润表和中期现金流量表以外，还应当按照下列规定提供比较财务报表：

(1)本中期末的资产负债表和上年度末的资产负债表。

(2)本中期的利润表、年初至本中期末的利润表以及上年度可比期间的利润表。上年度可比期间的利润表包括上年度可比中期的利润表和上年度年初至上年度可比中期末的利润表。

(3)年初至本中期末的现金流量表和上年度年初至可比本中期末的现金流量表。

【例 8－13】某公司按要求需要提供半年度中期财务报告。该公司在截至 2007 年 6 月 30 日的上半年财务报告中应当提供的财务报表见表 8－14。

表 8－14

报表	本年度中期财务报表时间(期间)	上年度比较财务报表时间(期间)
资产负债表	2007 年 6 月 30 日	2006 年 12 月 31 日
利润表	2007 年 1 月 1 日至 6 月 30 日	2006 年 1 月 1 日至 6 月 30 日
现金流量表	2007 年 1 月 1 日至 6 月 30 日	2006 年 1 月 1 日至 6 月 30 日

6. 中期会计报表附注

会计报表附注是对会计报表信息的补充说明，目的是使会计报表信息对信息使用者的决策更加相关、有用。期中会计报表附注并不要求企业提供像年度会计报表那样完整的附注信息，它相对于年度会计报表附注而言可以适当简化，但应遵循重要性原则，以会计年度年初至本中期末为基础，披露自上年度资产负债表日之后发生的，有助于理解企业财务状况、经营成果和现金流量变化情况的重要交易或者事项。对与理解本中期末财务状况、本中期经营成果和现金流量有关的重要交易或者事项，也应当在附注中作相应披露。

中期会计报表附注至少应当包括下列信息：

(1)中期会计报表所采用的会计政策与上年度会计报表相一致的说明。如果发生了会计政策的变更，应当说明会计政策变更的内容、理由及其影响数；如果会计政策变更的累积影响数不能合理确定，应当说明理由。

(2)会计估计变更的内容、理由及其影响数；如果影响数不能确定，应当说明理由。

(3)前期重大会计差错的内容及其更正金额。

(4)企业经营的季节性或周期性特征。

(5)存在控制关系的关联企业发生变化的情况;关联方之间发生交易的,应当披露关联方关系的性质、交易的类型和交易要素。

(6)合并财务报表的合并范围发生变化的情况。

(7)对性质特别或者金额异常的会计报表项目的说明。

(8)债务性证券和权益性证券的发行、回购和偿还情况。

(9)向企业所有者分配利润的情况(包括中期内实施的利润分配和已提出或者已批准但尚未实施的利润分配情况)。

(10)根据规定应当披露分部报告信息的,应当披露主要报告形式的分部收入与分部利润(亏损)。

(11)中期资产负债表日至中期财务报告批准报出日之间发生的非调整事项。

(12)上年度资产负债表日以后所发生的或有负债和或有资产的变化情况。

(13)企业结构变化情况,包括企业合并,对被投资单位具有重大影响、共同控制关系或者控制关系的长期股权投资的购买或者处置,终止经营等。

(14)其他重大交易或者事项,包括重大的长期资产转让及其出售情况、重大的固定资产和无形资产取得情况、重大的研究和开发支出、重大的资产减值损失情况等。

【随堂小测验8-2】

1. 下列有关中期财务报告的表述中,正确的是(　　)。

A. 中期会计报表的附注应当以本中期期间为基础编制

B. 中期会计计量应当以年初至本中期期末为基础进行

C. 编制中期会计报表时应当以年度数据为基础进行重要性的判断

D. 对于年度中不均匀发生的费用,在中期会计报表中应当采用预提或摊销的方法处理

2. 中期财务报告提供比较财务报表,其中不包括(　　)。

A. 截至本中期期末的资产负债表

B. 上一会计年度与本中期可比期间的资产负债表

C. 上一会计年度与本中期可比期间的现金流量表

D. 上一会计年度与本中期可比期间的利润表

3. 在编制中期财务报告判断项目的重要性程度时,应当以(　　)为基础。

A. 年度会计报表　　B. 上期会计报表

C. 中期财务数据　　D. 估计财务数据

4. 某公司2010年4月10日经核准对外公开发行股票,所发股票于2010年6月15日正式在证券交易所挂牌交易,证券交易所要求在该所交易股票的公司必须编制季度财务报告。该公司2010年度第二季度的利润表涵盖的期间为(　　)。

A. 2010年4月1日至2010年6月30日

B. 2010年6月15日至2010年6月30日

C. 2010年4月10日至2010年6月30日

D. 2010年1月1日至2010年6月30日

本章小结

本章主要阐述了分部报告的确定，分部报告的内容、形式和编制；中期财务报告的内容和编制方法。

(1)分部报告是指从事跨地区、跨行业经营活动的大型企业将所属部门、机构的重要财务状况和经营成果等信息按一定分部标准归类而编制的财务报告。企业提供分部报告是为了帮助会计信息使用者更好地理解企业的经营业绩，评估其风险和报酬，以及从整体上对企业的经营情况作出更准确的判断。

(2)报告分部是分部报告信息分类的基础，是指根据重要性原则，对符合业务分部或地区分部定义的分部进行筛选确定的应予报告的分部。确定报告分部，首先要确定重要性标准。一般的重要性标准根据分部收入、分部利润(亏损)、分部资产等因素予以确定。

(3)编制分部报告所采用的会计政策应与编制合并财务报表或企业财务报表所采用的会计政策相一致。

(4)分部报告的内容包括分部收入、分部费用、分部利润(亏损)、分部资产和分部负债。

(5)企业应当区分主要报告形式和次要报告形式披露分部信息。在确定分部信息的主要报告形式和次要报告形式时，应当以企业的风险和报酬的主要来源和性质为依据，同时结合企业的内部组织结构、管理结构以及向董事会或类似机构的内部报告制度。

(6)中期财务报告的理论依据有独立观和一体观两种。

(7)中期财务报告的编制原则包括一致性原则、重要性原则、及时性原则、以年初至本中期末为基础、更大程度上依赖于估计。中期财务报告至少应包括资产负债表、利润表、现金流量表和会计报表附注四个部分。

关键概念

分部报告　业务分部　地区分部　报告分部　合并总收入　中期报告　独立观　一体观

思考题

1. 如何确定业务分部和地区分部?
2. 何谓报告分部? 如何确定报告分部?
3. 分部报告的主要内容有哪些?
4. 怎样确定分部报告信息的报告形式?
5. 何谓中期财务报告?
6. 中期财务报告的两种主要理论依据分别是什么?
7. 中期财务报告的主要内容有哪些?

练习题

1. 某公司有关资料如下：

单位：元

分部	营业收入			经营利润（亏损）	资产
	对外交易收入	分部间交易收入	合计		
甲	100 000	15 000	115 000	22 500	140 000
乙	20 000	0	20 000	(5 000)	40 000
丙	230 000	40 000	270 000	65 000	550 000
丁	45 000	5 000	50 000	(30 000)	160 000
戊	37 000	8 000	45 000	12 500	147 500
己	140 000	14 000	154 000	42 500	380 000
合计	572 000	82 000	654 000	107 500	1 417 500

注：各分部间销售均按成本销售，对外销售成本均占对外营业收入的 40%。

要求：

(1) 确定报告分部。

(2) 编制该公司分部报告。

2. 某公司为需要编制季度财务报告的企业，于 2010 年年初签订了一项工程合同，合同总额为 600 万元。工程于 2010 年 1 月开工，2012 年 3 月完工。建造该项工程的其他资料如下：

单位：万元

项目	2010 年	2011 年	2012 年
本年实际发生成本	120	240	120
至本年年末止累计已发生成本	120	360	480
完成合同尚需发生成本	360	120	0
当年已结算工程价款	150	270	180
当年实际收到价款	120	240	240

2010 年各季度建造该项工程的有关资料如下：

单位：万元

项目	第一季度	第二季度	第三季度	第四季度
本季度实际发生成本	24	30	18	48
至本季度末止累计已发生成本	24	54	72	120

续表

项目	第一季度	第二季度	第三季度	第四季度
完成合同尚需发生成本	456	426	408	360
合同预计总成本	480	480	480	480
当季已结算工程价款	15	45	30	60
当季实际收到价款	9	36	30	45

公司采用累计实际发生的合同成本占合同预计总成本的比例计算确定合同完工进度。

要求：确认、计量2010年各季度的合同收入、费用和毛利。

案例题

案例资料：

华夏公司签订一项总金额为4 000 000元、期限为半年的培训合同，最初预计总成本3 600 000元。合同于2010年4月1日开始执行，第二季度实际发生成本2 400 000元，预计第三季度还要发生成本1 800 000元。

问题：

(1)为什么华夏公司要编制中期报告？

(2)华夏公司在编制中期报告时应遵循哪些原则？

(3)华夏公司在编制半年度中期报告时如何确定下列金额？

①收入；

②毛利；

③费用；

④损益。

随堂小测验答案

随堂小测验 8－1

1. C　2. C　3. B　4. ABCD

随堂小测验 8－2

1. B　2. B　3. C　4. A

第9章　上市公司信息披露

学习目标

知识目标：掌握上市公司信息披露的内容；了解上市公司信息披露的必要性；了解我国对上市公司信息披露义务的规范。

能力目标：能够运用本章所学知识分析上市公司信息披露对信息使用者决策的影响。

导入案例

2011年，中国证监会公布了对某上市公司信息披露违规处罚结果。证监会对该公司责令改正、警告，并处以罚款；对该公司法人代表给予警告，并处以罚款。证监会在2009年对该公司涉嫌违法违规案正式立案。后经核实、查明，该公司存在违法事实。其中包括对债券投资信息披露不及时、不完整，事实是该项投资已被法院列为被投资企业破产债权。另外，该公司对董事被司法羁押事项亦未及时披露。证监会作为证券市场的监管机构，对未能依法履行信息披露义务的上市企业进行处罚，表明了信息披露对投资者决策和建设有效率证券市场的重要意义。那么，上市公司需要以何种形式披露哪些信息以飨投资者呢？

9.1 上市公司信息披露的意义和原则

> **关键概念——披露**
>
> 披露从广义上说，包含一个特定公司的任何信息发布，包括公司发布的年度报告、新闻稿、新闻报道等。就会计人员而言，披露仅指反映特定公司的财务报告中的信息，如资产负债表、利润表和现金流量表以及会计报表附注等。

证券市场信息披露制度实质上是指证券发行公司于证券发行与流通诸环节中将与其证券有关的一切真实信息予以公开，以供投资者作证券投资选择参考的法律制度。为了提高上市公司（也称为公开发行股票公司）素质，增强投资者信心，打击市场操纵和内幕交易活动，修正信息非对称状态，各国政府均制定了严格的信息披露制度。该制度源于1844年的英国公司法；确立于美国《1933年证券法》和《1934年证券交易法》;此后,其他国家,如日本、加拿大、韩国等国家都采纳了这一制度,使信息披露制度成为全球证券市场监管中最主要的法律制度。我国亦是如此。尽管中国证券市场仅有20余年的历史,但从建立伊始,信息披露制度的持续建设就是证券监管、会计准则制定机构的工作重点。

披露通常分为财务披露和非财务披露。其中,财务披露是指以货币金额披露的信息项目;非财务披露指不宜以货币定量化的叙述性说明、事实或意见,或指不以货币而以其他方式定量化的信息项目。会计信息披露还可以按披露主动性,分为强制披露和自愿披露;按披露的时间,分为首次披露、定期披露和临时披露。

9.1.1 上市公司信息披露的作用

衡量市场有效程度的标准一般是:价格能够自由地随有关信息而变动;证券的有关信息能充分地披露,从而每个投资者在同一时间内得到等量、等质的信息。证券市场的信息公开就是为了提高市场有效性而采取的必要措施。

第一,信息披露是证券监管机构实现其保护投资者使命的最重要手段。各国对上市公司都规定了信息披露义务,目的在于扭转投资者在公司信息获得时间和内容上的劣势。

第二,上市公司通过会计信息披露来履行其对投资者的受托责任和经管责任,也是为了降低资本市场的筹资成本。

第三,实现对有限经济资源的优化配置。资本作为社会生产稀缺资源的一种,必须通过市场进行配置以提高利用效率。市场机制对资本或稀缺资源的有效配置,在很大程度上取决于可获得信息的充分性、真实性和及时性。

9.1.2 上市公司信息披露的原则与程序

上市公司进行信息披露应当遵循以下原则:公正、公平、公开和诚实守信;及时、准确、完整;禁止欺诈行为及内幕交易。

上市公司进行信息披露的一般程序为:公司将需要披露的文件提交证券交易所;证券交易所对公司与披露的文件进行形式审核后,向社会披露;公司将披露的信息报中国证监会备案。

【随堂小测验9-1】

1. 按照披露信息是否以货币为主要披露方式,上市公司信息披露可以分为(　　)。

A. 首次披露、定期披露和临时披露　　B. 强制披露和自愿披露

C. 财务披露和非财务披露　　D. 规范披露和非规范披露

2. 按照信息披露的时间,上市公司信息披露可以分为(　　)。

A. 首次披露、定期披露和临时披露　　B. 强制披露和自愿披露

C. 财务披露和非财务披露　　D. 规范披露和非规范披露

3. 衡量资本市场是否有效的主要标准是(　　)。

A. 市场买卖交易活跃,成交金额稳定　　B. 价格反映了所有可获得的信息

C. 会计信息可靠性和相关性高　　D. 资本市场是国民经济的晴雨表

4. 证券市场信息披露制度源于(　　)。

A. 美国　　B. 英国

C. 荷兰　　D. 德国

9.2 我国上市公司信息披露的一般规定

我国上市公司信息披露体系主要包括首次披露、定期报告和临时报告等。首次披露的内容有招股说明书和上市公告书等;定期报告包括年度报告和中期报告等;临时报告有重大事件公告、公司收购公告、配股公告和股权变动公告等。公开发行股票公司信息披露的内容及方式都应依据有关规范的要求披露。

我国上市公司信息披露制度法律框架包括四个层次:

第一层次是国家法律,主要包括《中华人民共和国公司法》和《中华人民共和国证券法》等。

第二层次是行政法规,主要包括《股票发行与交易管理暂行条例》、《国务院关于股份有限公司境内上市外资股的规定》、《国务院关于股份有限公司境外募集股份及上市的特别规定》等。

第三层次是部门规章,主要包括《禁止证券欺诈行为暂行办法》、《股份有限公司境内上市外资股规定的实施细则》、《证券交易所管理办法》等。

第四层次是自律性规则,如《深圳证券交易所股票上市规则》等。

上市公司应当制定信息披露事务管理制度,明确公开发行股票公司披露信息的内容和披露标准,信息的传递、审核、披露流程,信息披露事务管理部门及其负责人在信息披露中的职责、保密责任,以及责任追究机制等。公开发行股票公司信息披露事务管理制度应当经公司董事会审议通过,报注册地证监局和证券交易所备案。

中国证监会依法对信息披露文件及公告的情况、信息披露事务管理活动进行监督,对上市公司控股股东、实际控制人和信息披露义务人的行为进行监督。证券交易所应当对上市公司及其他信息披露义务人披露信息进行监督,督促其依法、及时、准确地披露信息,对证券及其衍生品种交易实行实时监控。证券交易所制定的上市规则和其他信息披露规则应当报中国证监会批准。

从结构上看,我国上市公司信息披露主要包括首次披露、定期报告和临时报告等。

【随堂小测验 9-2】

1.《公司法》属于信息披露制度法律框架的(　　)层次。

A. 国家法律　　B. 行政法规

C. 部门规章　　D. 自律性规则

9.3 上市公司首次信息披露和定期报告

9.3.1 首次披露

上市公司首次披露内容主要包括招股说明书和上市公告书。如果公开发行的证券为债券,则应编制债券募集说明书。公开发行证券的申请经中国证监会核准后,发行人应当在证券发行前公告招股说明书。凡是对投资者作出投资决策有重大影响的信息,发行人均应当在招股说明书中披露。

发行人申请首次公开发行股票的,中国证监会受理申请文件后,在发行审核委员会审核前,发行人应当将招股说明书申报稿在中国证监会网站预先披露。预先披露的招股说明书申报稿不是发行人发行股票的正式文件,不能含有价格信息,发行人不得据此发行股票。证券发行申请经中国证监会核准后至发行结束前发生重要事项的,发行人应当向中国证监会书面说明,并经中国证监会同意后,修改招股说明书或者进行相应的补充公告。申请证券上市交易,应当按照证券交易所的规定编制上市公告书,并经证券交易所审核同意后公告。

招股说明书、上市公告书引用保荐人、证券服务机构的专业意见或者报告的,相关内容应当与保荐人、证券服务机构出具的文件内容一致,确保引用保荐人、证券服务机构的意见不会产生误导。发行人的董事、监事、高级管理人员,应当对招股说明书、上市公告书签署书面确认意见,保证所披露的信息真实、准确、完整,并加盖发行人公章。

1. 招股说明书

申请在中华人民共和国境内首次公开发行股票并上市的公司(以下简称发行人)应编制招股说明书及其摘要,作为向中国证监会申请首次公开发行股票的必备法律文件,并按规定披露。招股说明书经政府有关部门批准后,即具有法律效力,公司发行股份和发起人、社会公众认购股份的一切行为,除应遵守国家有关规定外,都要遵守招股说明书中的有关规定,违反者要承担相应的责任。

关键概念——招股说明书

招股说明书是供社会公众了解发起人和将要设立公司的情况,说明公司股份发行的有关事宜,指导公众购买公司股份的规范性文件。

根据中国证监会2006年修订的《公开发行证券的公司信息披露内容与格式准则第1号——招股说明书》,完整的招股说明书的内容与格式包括:(1)封面、书脊、扉页、目录;(2)概览;(3)本次发行概况;(4)风险因素;(5)发行人基本情况;(7)业务和技术;(8)同业竞争与关联方交易;(9)董事、监事、高级管理人员与核心技术人员;(10)公司治理;(11)财务会计信息;(12)管理层讨论与分析;(13)业务发展目标;(14)募集资金运用;(15)股利分配政策,发行人应披露最近三年股利分配政策、实际股利分配情况以及发行后的股利分配政策;(16)其他重要事项;(17)董事、监事、高级管理人员及有关中介机构声明;(18)备查文件部分。如果发行人认为提供盈利预测报告将有助于投资者对发行人及投资于发行人的股票作出正确判断,且发行人确信有能力对最近的未来期间的盈利情况作出比较切合实际的预测,发行人可以披露盈利预测报告。发行人本次募集资金拟用于重大资产购买的,则应当披露发行人假设按预计购买基准日完成购买的盈利预测报告及假设发行当年1月1日完成购买的盈利预测报告。发行人披露盈利预测报告的,应声明:"本公司盈利预测报告是管理层在最佳估计假设的基础上编制的,但所依据的各种假设具有不确定性,投资者进行投资决策时应谨慎使用。"

此外,公司首次公开发行股票并上市还须编制招股说明书摘要。招股说明书摘要的目的仅为向公众提供有关本次发行的简要情况,无须包括招股说明书全文各部分的主要内容,但内容必须忠实于招股说明书全文,不得出现与招股说明书相矛盾之处,做到简明扼要、通俗易懂,便于信息使用者阅读。招股说明书摘要内容主要包括重大事项提示、本次发行概况、发行人基本情况、募集资金运用、风险因素和其他重要事项、本次发行各方当事人和发行时间安排和备查文件。

招股说明书通常由股票发行人和主承销商共同编制,它们对招股说明书中披露信息的真实性、准确性和完整性负责,保证招股说明书没有虚假、严重误导性陈述或者遗漏,并承担连带责任。

2. 上市公告书

上市公告书的内容应包括下列事项:证券获准在交易所交易的日期和批准文号;证券发行情况;公司创立大会或股东大会同意公司证券在证券交易所交易的决议;公司董事、监事和高级管理人员简历及其持有本公司证券情况;公司近三年或成立以来的经营业绩和财务状况以及下一年的盈利预测;证券交易所要求载明的其他事项。

关键概念——上市公告书

上市公告书是指上市公司按照证券法规和证券交易所业务规则的要求,于其证券上市前,就其公司自身情况及证券上市的有关事宜,通过证券上市管理机构指定的媒体向社会公众公布的宣传和说明材料。

9.3.2 定期报告

定期报告是股票发行人定期向投资者披露其经营业绩和财务状况的法定形式,主要包括年度报告和中期报告,中期报告包括半年度、季度和月度财务会计报告。年度报告应当在每个会计年度结束之日起4个月内,半年度报告应当在每个会计年度的上半年结束之日起2个月内,季度报告应当在每个会计年度前3个月、前9个月结束后的1个月内编制完成并披露。第一季度季度报告的披露时间不得早于上一年度年度报告的披露时间。我国证券监管部门在2001年之前要求上市公司提供半年度财务报告,自2002年1月1日起要求所有上市公司提供季度财务报告。年度报告和中期报告应当符合国家的会计制度和中国证监会的有关规定,由上市公司授权的董事或经理签字,并由上市公司盖章。年度、半年度会计报表至少应当反映两个年度或者相关两个期间的比较数据。

1. 年度报告

年度报告应当披露公司会计数据和财务指标,财务会计报告和审计报告,公司股票、债券发行及变动情况,公司大股东持股情况,董事、监事、高级管理人员的任职、持股、年度报酬情况,还应披露董事会报告、管理层讨论与分析、报告期内重大事件及对公司的影响等内容。

根据《公开发行证券的公司信息披露内容与格式准则第2号——年度报告的内容与格式》,年度报告的内容与格式包括:

(1)封面、目录。封面应载明公司的名称、“年度报告”的字样、报告期年份,也可以载有公司的外文名称、徽章或其他标记、图案等。年度报告的目录应编排在显著位置。

(2)年度报告正文。①重要提示及目录。公司应在年度报告文本扉页刊登如下(不限于)重要提示:本公司董事会及其董事保证本报告所载资料不存在任何虚假记载、误导性陈述或者重大遗漏,并对其内容的真实性、准确性和完整性承担个别及连带责任。公司负责人、主管会计工作负责人及会计机构负责人(会计主管人员)应当声明:保证年度报告中财务报告的真实、完整。②公司基本情况简介。③会计数据和业务数据摘要。④股本变动及股东情况。⑤董事、监事、高级管理人员和员工情况。⑥公司治理结构。⑦股东大会情况简介。⑧董事会报告。⑨监事会报告。⑩重要事项。⑪财务报告。⑫备查文件目录。

(3)年度报告摘要。公司应当在每个会计年度结束之日起4个月内将年度报告刊登在中国证监会指定的网站上,将年度报告摘要刊登在至少一种中国证监会指定的报纸上。

公司年度报告的主要内容是财务会计报告。公司的财务会计报告由财务报表、财务报表附注和财务情况说明书组成。财务报表包括公司年度末及其前一个年度末的比较资产负债表、两个年度的比较利润表、所有者权益(或股东)变动表及现金流量表。除此之外,公司还应向外提供诸如资产减值准备明细表、股东权益变动明细表等附表。会计报表附注是为便于会计报表使用者理解会计报表的内容而对会计报表的编制基础、编制依据、编制原则和方法及主要项目等所作的解释。会计报表附注至少应当包括下列内容:①不符合基本会计假设的说明;②重要会计政策和会计估计及其变更情况、变更原因及其对财务状况和经营成果的影响;③或有事项和资产负债表日后事项的说明;④关联方关系及其交易的说明;⑤重要资产转让及其出售情况;⑥企业合并、分立;⑦重大投资、融资活动;⑧会计报表中重要项目的明细资料;⑨有助于理解和分析会计报表需要说明的其他事项。

2. 中期报告

为保证信息的充分、及时披露,证券监管部门要求自2002年1月1日起,上市公司除提供半年度财务报告外,还要提供季度财务报告。与年度报告相比,中期报告的内容要简略一些。但对投资者决策重要的信息,中期报告也应披露。根据《公开发行证券的公司信息披露内容与格式准则第3号——半年度报告的内容与格式》的规定,半年度报告的内容与格式包括:①重要提示、释义及目录;②公司基本情况;③股本变动和主要股东持股情况;④董事、监事、高级管理人员情况;⑤管理层讨论与分析;⑥重要事项;⑦财务报告。此外,上市公司还须提供半年度报告摘要以方便信息使用者快速阅读,了解概况。

公司应在会计年度前3个月、前9个月结束后的1个月内编制季度报告。《公开发行证券的公司信息披露编报规则第13号——季度报告内容与格式特别规定》对季度报告的内容与格式作出了相关规定。季度报告正文包括:①重要提示;②公司基本情况;③管理层讨论与分析。在报告的附录中,公司应编制季度报告的附录部分。该部分包括资产负债表、利润表、现金流量表。

公司董事、高级管理人员应当对定期报告签署书面确认意见,监事会应当提出书面审核意见,说明董事会的编制和审核程序是否符合法律、行政法规和中国证监会的规定,报告的内容是否能够真实、准确、完整地反映上市公司的实际情况。董事、监事、高级管理人员对定期报告内容的真实性、准确性、完整性无法保证或者存在异议的,应当陈述理由和发表意见,并予以披露。上市公司未在规定期限内披露年度报告和中期报告的,中国证监会应当立即立案稽查,证券交易所应当按照股票上市规则予以处理。

【随堂小测验9-3】

1. 我国上市公司首次披露的内容主要包括(　　)。

①招股说明书

②上市公告书

③股价异动公告

④股权变动公告

A. ①和②　　B. ②和③　　C. ③和④　　D. ①和④

2. 为了使社会公众了解发起人和将要设立公司的情况,用来说明公司股份发行的有关事宜,指导公众购买公司股份,由股份有限公司制作的规范性文件是(　　)。

A. 招股说明书　　B. 上市公告书

C. 定期报告　　D. 临时报告

3. (　　)是上市公司按照证券法规和证券交易所业务规则的要求,于其证券上市前,就其公司自身情况及证券上市的有关事宜,通过证券上市管理机构指定的报刊向社会公众公布的宣传和说明材料。

A. 招股说明书　　B. 上市公告书

C. 定期报告　　D. 临时报告

4. 上市公司提供的会计报表至少反映(　　)的比较数据。

A. 两个年度或者相关两个期间　　B. 两个年度

C. 三个年度或者相关三个期间　　D. 三个年度

5. 上市公司的年度报告中不包括(　　)。

A. 财务会计报告　　B. 公司治理结构

C. 年度报告摘要　　D. 审计报告

6. 公司应在会计年度前3个月、前9个月结束后的(　　)内编制季度报告,并将季度报告正文刊登于至少一种中国证监会指定的报纸上,将季度报告全文(包括正文及附录)刊登于中国证监会指定的互联网网站上。

A. 半个月　　B. 1个月　　C. 2个月　　D. 3个月

9.4 上市公司临时报告

上市公司的临时公告主要包括重大事件公告和公司收购公告等。

(一)重大事件公告

凡发生可能对上市公司证券及衍生品种交易价格产生较大影响的重大事件(价格敏感性信息)的,上市公司均应披露事件的起因、目前的状态和可能产生的影响。重大事件包括:

(1)公司的经营方针和经营范围的重大变化。

(2)公司的重大投资行为和重大的购置财产的决定。

(3)公司订立重要合同,可能对公司的资产、负债、权益和经营成果产生重要影响。

(4)公司发生重大债务和未能清偿到期重大债务的违约情况,或者发生大额赔偿责任。

(5)公司发生重大亏损或者重大损失。

(6)公司生产经营的外部条件发生重大变化。

(7)公司的董事、1/3 以上监事或者经理发生变动;董事长或者经理无法履行职责。

(8)持有公司 5% 以上股份的股东或者实际控制人,其持有股份或者控制公司的情况发生较大变化。

(9)公司减资、合并、分立、解散及申请破产的决定,或者依法进入破产程序、被责令关闭。

(10)涉及公司的重大诉讼、仲裁,股东大会、董事会决议被依法撤销或者宣告无效。

(11)公司涉嫌违法违规被有权机关调查,或者受到刑事处罚、重大行政处罚;公司董事、监事、高级管理人员涉嫌违法违纪被有权机关调查或者采取强制措施。

(12)新公布的法律、法规、规章、行业政策可能对公司产生重大影响。

(13)董事会就发行新股或者其他再融资方案、股权激励方案形成相关决议。

(14)法院裁决禁止控股股东转让其所持股份;任一股东所持公司 5% 以上股份被质押、冻结、司法拍卖、托管、设定信托或者被依法限制表决权。

(15)主要资产被查封、扣押、冻结或者被抵押、质押。

(16)主要或者全部业务陷入停顿。

(17)对外提供重大担保。

(18)获得大额政府补贴等可能对公司资产、负债、权益或者经营成果产生重大影响的额外收益。

(19)变更会计政策、会计估计。

(20)因前期已披露的信息存在差错、未按规定披露或者虚假记载,被有关机关责令改正或者经董事会决定进行更正。

(21)中国证监会规定的其他情形。

前款未作规定但确属可能对公司股票价格产生重大影响的事件也应当视为重大事件。

上市公司应当在最先发生的以下任一时点,及时履行重大事件的信息披露义务:董事会或者监事会就该重大事件形成决议时;有关各方就该重大事件签署意向书或者协议时;董事、监事或者高级管理人员知悉该重大事件发生并报告时。上市公司披露重大事件后,已披露的重大事件出现可能对上市公司证券及其衍生品种交易价格产生较大影响的进展或者变化的,应当及时披露进展或者变化情况可能产生的影响。

(二)公司收购公告

公司可以采取要约收购、协议收购及其他合法方式收购上市公司。通过证券交易所的证券交易,投资者持有或者通过协议、其他安排与他人共同持有一个上市公司已发行的股份达到 5% 时,应当在该事实发生之日起 3 日内,向国务院证券监督管理机构、证券交易所作出书面报告,通知该上市公司,并予公告。

持有或者通过协议、其他安排与他人共同持有一个上市公司已发行的股份达到 5%

后，其所持该上市公司已发行的股份比例每增加或者减少5%，应依上面所述进行报告和公告。公告应当包括持股人的名称、住所，持有的股票的名称、数额，持股达到法定比例或者持股增减变化达到法定比例的日期等内容。

通过证券交易所的证券交易，投资者持有或者通过协议、其他安排与他人共同持有一个上市公司已发行的股份达到30%时，继续增持股份的，应当依法向该上市公司所有股东发出收购上市公司全部或者部分股份的要约。收购上市公司部分股份的收购要约应当约定，被收购公司股东承诺出售的股份数额超过预定收购的股份数额的，收购人按比例进行收购。收购人必须事先向国务院证券监督管理机构报送上市公司收购报告书，并载明下列事项：

(1)收购人的名称、住所；

(2)收购人关于收购的决定；

(3)被收购的上市公司名称；

(4)收购目的；

(5)收购股份的详细名称和预定收购的股份数额；

(6)收购期限、收购价格；

(7)收购所需资金额及资金保证；

(8)报送上市公司收购报告书时持有被收购公司股份数占该公司已发行的股份总数的比例。

收购人在报送上市公司收购报告书之日起15日后，公告其收购要约。收购人需要变更收购要约的，必须事先向国务院证券监督管理机构及证券交易所提出报告，经批准后，予以公告。

以协议方式收购上市公司时，达成协议后，收购人必须在3日内将该收购协议向国务院证券监督管理机构及证券交易所作出书面报告，并予公告。

采取协议收购方式的，收购人收购或者通过协议、其他安排与他人共同收购一个上市公司已发行的股份达到30%时，继续进行收购的，应当向该上市公司所有股东发出收购上市公司全部或者部分股份的要约。收购行为完成后，收购人应当在15日内将收购情况报告国务院证券监督管理机构和证券交易所，并予公告。

【随堂小测验9-4】

1. 除了定期报告之外，对发生的可能对上市公司证券价格产生较大影响的重大事件，公司应进行(　　)。

A. 临时报告　　B. 中期财务报告

C. 上市公告　　D. 年度报告

本章小结

本章主要阐述了上市公司信息披露的意义、上市公司信息披露的分类和我国上市公司信息披露体系等内容。

(1)上市公司的信息披露义务。披露包含特定公司的任何信息发布。市场的有效性主要体现在价格对可获得信息的及时而充分的反映。从理论与实践两方面看,市场机制对资本或稀缺资源的有效配置,在很大程度上取决于可获得信息的充分性、真实性和及时性。但是现实生活中的信息并不像古典经济学和新古典经济学所假定的那样具有充分和完全的性质。信息具有非对称性和不完全性。因此,建立并健全信息披露制度就成为证券市场健康发展的必要条件。

上市公司的所有权与控制权分离,信息不对称状况尤其明显,上市公司通过会计信息披露来履行其对投资者的受托责任和经管责任。

(2)上市公司信息披露的分类。财务报告的披露通常分为财务披露和非财务披露。其中,财务披露是指以货币金额披露的信息项目;非财务披露指不宜以货币定量化的叙述性说明、事实或意见,或指不以货币而以其他方式定量化的信息项目。会计信息披露还可以按披露主动性,分为强制披露和自愿披露;按披露的时间,分为首次披露、定期披露和临时披露。

(3)上市公司信息披露的意义:第一,资本作为社会生产稀缺资源的一种,必须通过市场进行配置以提高利用效率。第二,增强投资者信心,打击市场操纵和内幕交易活动,改善信息非对称状态。上市公司信息披露制度实质上是指证券发行公司于证券发行与流通诸环节中将与其证券有关的一切真实信息予以公开,以供投资者作证券投资选择参考的法律制度。

(4)我国上市公司信息披露制度法律框架有四个层次:第一层次是国家法律;第二层次是行政法规;第三层次是部门规章;第四层次是自律性规则。

(5)我国上市公司信息披露体系。我国上市公司信息披露制度是一个主要由首次披露、定期报告和临时报告等组成的体系。上市公司首次披露的内容有招股说明书和上市公告书等。定期报告包括年度报告和中期报告等。临时报告包括重大事件公告、公司收购公告、配股公告和股权变动公告等。

关键概念

披露　首次披露　定期披露　临时披露　招股说明书　上市公告书　首次公开发行

思考题

1. 上市公司信息披露的意义有哪些?
2. 如何对上市公司信息披露进行分类?
3. 我国上市公司信息披露制度法律框架包括哪几个层次?
4. 我国上市公司信息披露的基本框架是怎样的?

案例题

案例资料：

按照《证券法》、《公司法》、《首次公开发行股票并在创业板上市管理暂行办法》等有关规定，中国证监会批复"巨潮资讯网"、"中证网"、"中国证券网"、"证券时报网"、"中国资本证券网"等五家网站为创业板信息披露指定网站。各指定网站为创业板上市公司法定信息披露提供专门平台，将免费登载所有创业板上市公司的招股说明书、上市公告、临时公告、定期报告以及中国证监会、深圳证券交易所发布的相关政策和法规等有关信息。

中国证监会有关部门负责人表示，明确和规范指定网站这一信息披露渠道，是创业板市场体系建设的重要组成部分，将有利于丰富和拓展创业板信息披露渠道，降低创业板上市公司信息披露成本，方便投资者搜集使用相关信息，并有助于进一步深化和完善我国证券市场信息披露媒体制度。指定网站须按照《证券法》、《公司法》、《首次公开发行股票并在创业板上市管理暂行办法》等有关规定，依法合规运作，及时、准确、完整、无偿为创业板上市公司提供信息披露服务。广大投资者可通过指定网站，免费、方便地获取创业板上市公司法定披露信息和其他市场信息。

要求：

(1)上市公司信息披露制度主要满足哪些信息使用者的需求？请列举并解释其具体用途。

(2)请判断下面观点的正误，并给出解释。

由于中小板上市公司的规模比主板企业小，以满足外部信息使用者为目的的信息披露内容可以简化，频率可以适当降低。

随堂小测验答案

随堂小测验9－1

1. C　2. A　3. B　4. B

随堂小测验9－2

1. A

随堂小测验9－3

1. A　2. A　3. B　4. A　5. C　6. B

随堂小测验9－4

1. A

第10章　合伙会计

学习目标

知识目标：掌握合伙企业的基本概念及其特点，合伙企业的初始投资及权益变动以及合伙企业的清算等的会计处理。

能力目标：能够运用本章所学知识正确确定合伙投资及权益变动、合伙经营损益的分配和合伙企业的清算的金额并进行会计处理。

导入案例

康达企业是由甲、乙、丙共同出资组建的合伙企业，因合伙人之间多次发生矛盾，合伙企业决定解散。合伙企业全部资产为60万元，所欠债务共100万元，其中，欠职工工资12万元，欠税款20万元，欠银行贷款68万元；另外发生清算费用1万元。该合伙企业在清算时，财产应如何分配？

10.1 合伙概述

合伙关系是由合伙人之间订立契约而建立的。确定合伙关系的契约称为合伙契约，或称合伙协议、合伙合同、合伙条款等。合伙契约可以由口头约定，也可以以书面议定。由于口头契约在发生争议时缺乏可查证性，所以最好签订书面契约。

> **关键概念——合伙企业**
>
> 合伙企业是指两人或两人以上互约出资，共同经营的企业。

10.1.1 合伙企业的特点

（1）非独立法人。合伙企业是独立的会计实体，但不是独立的法律实体。

（2）企业寿命有限。任何一个合伙人死亡、退出或新增合伙人，原有的合伙关系即自行解除。

（3）经营责任无限。各合伙人在作为合伙企业成员的期间内，对于合伙企业所发生一切债务都负有责任。

（4）合伙财产共有。合伙企业的资产为合伙人所共有，合伙企业的负债由合伙人共同负担。

(5)合伙人互为代理。各合伙人在处理合伙企业内的事务时,可以代表所有其他合伙人。

(6)经营利益共享。合伙企业的利润,按合伙契约规定的方法在合伙人之间进行分配。

10.1.2 合伙契约的主要内容

合伙契约的主要内容包括:

(1)合伙人及合伙企业名称;

(2)合伙契约生效时间;

(3)合伙企业性质;

(4)经营业务地点;

(5)各合伙人投资额;

(6)合伙人的权利及义务;

(7)利润确定及分配日期;

(8)利润分配方法;

(9)合伙人定期提取限额;

(10)持续经营年限;

(11)合伙、散伙及合伙人亡故的处理程序和方法;

(12)合伙人之间的仲裁条款。

【随堂小测验 10-1】

1. 合伙企业的出资人至少为(　　)人。

A. 1　　B. 2　　C. 3　　D. 5

2. 合伙企业的特点不包括(　　)。

A. 独立法人　　B. 寿命有限　　C. 责任无限　　D. 互为代理

10.2 合伙投资及权益变动

10.2.1 合伙投资

合伙投资是指各合伙人按合伙契约的规定,投入企业的资本。合伙投资通过“资本”科目进行核算,按各合伙人分别设置明细账。

以现金投入的资本,应按照实际投入或存入企业开户银行的金额,借记“银行存款”科目,贷记“资本”科目。

以非现金资产投入的资本,应按根据投资日资产的公允价值所确定的投资合同或协议约定的价值确定,借记有关资产科目,贷记“资本”科目。

以无形资产投入的资本,应根据投资日资产的公允价值,按投资合同或协议约定的价值确定,借记“无形资产”科目,贷记“资本”科目。

境外合伙人投入的外币，应按收到出资额当日的汇率或采用按照系统、合理的方法确定的与收到投资额当日即期汇率近似的汇率折合的人民币金额，借记“银行存款”，贷记“资本”科目。

【例 10-1】某合伙企业的两个合伙人甲、乙分别向企业投入现金 80 000 元、160 000 元。

借：银行存款　　240 000
　　贷：资本——甲　　80 000
　　　　　　——乙　　160 000

10.2.2 权益变动

1. 提取

合伙人在合伙期间可以定期从企业提出现金或其他资产用于个人需要，称为“提取”。各合伙人定期从企业提取时，可直接借记“资本”，也可单独设置“提取”账户，并按各合伙人设明细账户，作为“资本”账户的备抵账户。在设置“提取”账户的企业，合伙人可自行规定提取限额及超额提取的处罚规定，以避免无限制提取，影响企业的正常生产经营。规定了提取限额的企业，提取额小于、等于规定提取限额时，借记“提取”账户，提取额超过提取限额时，限额内部分借记“提取”账户，超过限额部分借记“资本”账户；未规定提取限额的企业，所有提取金额借记“提取”账户，贷记“银行存款”或其他资产账户。

【例 10-2】承上例，该合伙企业规定了提取限额，各合伙人均为 10 000 元。本期内，两个合伙人提取额分别超过提取限额数为：甲超过 4 000 元，乙超过 8 000 元。

借：提取——甲　　10 000
　　　　——乙　　10 000
　　资本——甲　　4 000
　　　　——乙　　8 000
　　贷：银行存款　　32 000

2. 新合伙人入伙

新合伙人入伙通常采用两种方式：一种是新合伙人向一个或几个原合伙人购买全部或部分权益，此时，新合伙人直接付款给原合伙人，而合伙企业并未收到任何新增投资和资产，所以企业的资本总额不变，资产总额也不变；另一种是新合伙人投资于合伙企业，此时，企业的资本增加，资产同时增加。

在第一种方式下，新合伙人入伙对企业的唯一影响是，将出售权益的原合伙人的资本金额转入购买权益的新合伙人的资本账户。

【例 10-3】某合伙企业合伙人甲和乙在企业的投资各为 80 000 元，新合伙人丙现在与原合伙人甲商定，支付 80 000 元购买其在企业的全部权益；乙同意丙作为新的合伙人入伙。企业记录此新合伙人入伙的会计分录为：

借：资本——甲　　80 000
　　贷：资本——丙　　80 000

因合伙企业并未收到任何新增投资和资产，即使丙支付给甲 70 000 元或 90 000 元，合伙企业的分录仍同上。

在第二种方式下，新合伙人入伙对企业的影响是，合伙企业的资本金额因新合伙人投入新的资本而增加，企业的资产也因此而增加。由于原合伙企业在新合伙人入伙之前已经经营了一段时期，其资产的账面价值与新合伙人入伙时的公允价值通常会不同。为避免新合伙人因其入伙前合伙企业净资产的账面价值与其入伙时公允价值不同而引起的不合理损益分配，在新合伙人入伙时，应按当时的公允价值对企业的资产和负债进行确认和评估。评估结果有三种情形：原合伙企业净资产账面价值等于其公允价值；原合伙企业净资产账面价值低于其公允价值；原合伙企业净资产账面价值高于其公允价值。如果原合伙企业净资产账面价值等于其公允价值，新合伙人则可按公允价值取得合伙人权益；如果原合伙企业净资产账面价值低于其公允价值，表明原合伙企业净资产通过经营已经升值，新合伙人则应按高于公允价值的价格取得合伙人权益；如果原合伙企业净资产账面价值高于其公允价值，表明原合伙企业经营不当，已经贬值，新合伙人则可按低于公允价值的价格取得合伙人权益。

【例10-4】 新合伙人丙将其原来的独资企业的资产及负债投入某合伙企业，包括银行存款120 000元，应收账款64 000元，库存商品96 000元，应付账款208 000元，按公允价值取得合伙人权益。企业记录新合伙人入伙的会计分录为：

借：银行存款　　　　120 000
　　应收账款　　　　64 000
　　库存商品　　　　96 000
　　贷：应付账款　　　　208 000
　　　　资本——丙　　　　72 000

如果新合伙人按高于（或低于）公允价值的价格取得合伙人权益时，有两种不同的方法可供会计处理时选择：商誉法和红利法。

（1）商誉法

在商誉法下，将新合伙人投入资本中高于（或低于）公允价值的部分，作为“商誉”入账。

关键概念——商誉法

在商誉法下，新合伙人按高于（或低于）公允价值的价格取得合伙人权益时，将高于（或低于）公允价值的部分，作为“商誉”入账。

【例10-5】 某合伙企业的有关资料如表10-1所示。

表10-1　　　　单位：元

合伙人	资本	损益分配比例
甲	96 000	50%
乙	168 000	50%

丙以100 000元现金投资入伙，取得合伙企业25%的权益，损益分配比例为1:1:1。

新合伙人丙入伙时，对原合伙企业的资产和负债进行评估的结果为：库存商品增值3 200元，固定资产增值20 800元，其他各项不变。

合伙企业账面价值应作如下调整：

借：库存商品　　3 200

　固定资产　　20 800

　贷：资本——甲　　12 000

　　　——乙　　12 000

丙投入100 000元取得了25%的权益，因而合伙企业的总权益为400 000元。而根据上述资料，合伙企业的净资产为388 000元（甲108 000元，乙180 000元，丙100 000元），12 000元的差额即原合伙企业的商誉，由甲、乙二人所有。

按损益分配比例分配商誉的会计分录为：

借：商誉　　12 000

　贷：资本——甲　　6 000

　　　——乙　　6 000

企业记录丙投资入伙的会计分录为：

借：银行存款　　100 000

　贷：资本——丙　　100 000

将上述分录过账后，各合伙人权益如表10－2所示。

表10－2

单位：元

合伙人	资本	损益分配比例
甲	114 000	1/3
乙	186 000	1/3
丙	100 000	1/3
合计	400 000	—

【例10－6】 承上例，假设丙投入88 000元现金取得合伙企业25%的权益。

这表明丙除投入现金外，还投入了另一项资产——商誉。因为合伙企业合伙人权益为甲108 000元、乙180 000元，加上丙投入的88 000元，合计为376 000元，而丙若取得其25%的权益，表明丙除投入现金88 000元外，还投入了商誉。

总权益×25%＝丙投资

（108 000＋180 000＋丙投资）×25%＝丙投资

丙投资＝96 000（元）

商誉＝96 000－88 000＝8 000（元）

企业记录丙投资入伙的会计分录为：

借：银行存款　　88 000

　商誉　　8 000

　贷：资本——丙　　96 000

将上述分录过账后，各合伙人权益如表10－3所示。

表 10－3

单位:元

合伙人	资本	损益分配比例
甲	108 000	1/3
乙	180 000	1/3
丙	96 000	1/3
合计	384 000	—

(2)红利法

在红利法下,在新合伙人入伙时不确认商誉,只按新合伙人占新合伙企业权益份额来确定新合伙人权益。新合伙人因原合伙企业的商誉所多付或少付的金额,应作为红利按损益分配比例在原合伙人之间进行分配。

关键概念——红利法

在红利法下，新合伙人按高于（或低于）公允价值的价格取得合伙人权益时，将高于（或低于）公允价值的部分，作为红利按损益分配比例在原合伙人之间进行分配。

【例 10－7】 仍沿用【例 10－5】资料。

新合伙人丙入伙时,根据对原合伙企业的资产和负债的评估结果对原合伙人权益进行调整,调整后的有关账户余额如表 10－4 所示。

表 10－4

单位:元

合伙人	资本
甲	108 000
乙	180 000

丙以 100 000 元现金投入新合伙企业,该企业合伙人权益总额为 388 000 元(108 000 + 180 000 + 100 000),25% 的权益应为 97 000 元,可见,丙多付了 3 000 元(100 000 − 97 000),说明原企业有未确认商誉,由原合伙人所有。丙因原合伙企业的商誉所多付的 3 000 元,应作为红利按损益分配比例在原合伙人甲、乙之间进行分配。

企业记录丙投资入伙的会计分录为:

借:银行存款	100 000	
贷:资本——甲		1 500
——乙		1 500
——丙		97 000

将上述分录过账后,各合伙人权益如表 10－5 所示。

表 10－5

单位:元

合伙人	资本
甲	109 500
乙	181 500

续表

合伙人	资本
丙	97 000
合计	388 000

【例10-8】 沿用【例10-7】资料,假设丙投入88 000元现金取得合伙企业25%的权益。

这表明丙除投入现金外,还投入了商誉。丙以88 000元现金投入新合伙企业后,该企业合伙人权益总额为376 000元(108 000+180 000+88 000),25%的权益应为94 000元,可见,丙少付了6 000元(97 000-94 000),说明丙投资有未确认商誉,由新合伙人所有。丙投入新合伙企业的商誉应由原合伙人按损益分配比例将其资本作为红利分配给丙。

此时,丙投资的会计分录为:

借:银行存款　　88 000

　　资本——甲　　3 000

　　　　——乙　　3 000

　贷:资本——丙　　94 000

将上述分录过账后,各合伙人权益如表10-6所示。

表10-6　　单位:元

合伙人	资本
甲	105 000
乙	177 000
丙	94 000
合计	376 000

3. 原合伙人退伙

在某些情况下,现有合伙人可能因亡故但未指定继承人、违反合伙契约被开除或其他原因等而主动或被动退出合伙企业,即退伙。退伙有两种方式:将其权益出售给新合伙人或从合伙企业撤出资本。

退出合伙人的实际权益通常会因记账的差错、净资产的公允价值与账面价值的差异、未入账商誉等原因与账面的资本余额不同。为保护现有合伙人及退伙合伙人的权益,企业应在办理有关合伙人退伙之前更正发现的差错、调整差异并根据合伙契约的规定在各合伙人之间进行分配。

(1)将权益出售给新合伙人时,新合伙人直接付款给原合伙人,而合伙企业并未因此而减少资本和资产,所以企业的资本总额不变,资产总额也不变。

原合伙人退伙对企业的唯一影响是,将出售权益的原合伙人的资本金额,转入到购买权益的新合伙人的资本账户。

【例10－9】某合伙企业合伙人甲和乙在企业的投资各为80 000元，新合伙人丙现在与原合伙人甲商定，支付80 000元购买其在企业的全部权益。乙同意甲退伙，丙作为新的合伙人入伙。企业记录原合伙人退伙的分录为：

借：资本——甲　　80 000

　贷：资本——丙　　80 000

因合伙企业并未减少资本和资产，即使丙支付给甲70 000元或90 000元，合伙企业的分录仍同上。

(2)原合伙人从合伙企业撤出资本，此时，企业的资本减少，资产同时减少。其会计处理也有商誉法和红利法两种。

【例10－10】甲、乙、丙合伙企业在丙退出前的有关资料如表10－7所示。

表10－7　　单位：元

合伙人	资本	损益分配比例
甲	38 400	40%
乙	21 600	40%
丙	15 000	20%
合计	75 000	100%

原合伙人丙退伙时，对原合伙企业的资产和负债进行评估的结果为：库存商品增值1 200元，固定资产增值7 200元，其他各项不变。

企业账面价值应作如下调整：

借：库存商品　　1 200

　固定资产　　7 200

　贷：资本——甲　　3 360

　　　——乙　　3 360

　　　——丙　　1 680

将上述分录过账后，各合伙人权益如表10－8所示。

表10－8　　单位：元

合伙人	资本
甲	41 760
乙	24 960
丙	16 680

在征得其他合伙人同意后，合伙企业支付给丙现金18 000元。

①商誉法：包括确认退伙人部分商誉和确认全部商誉两种方法。

a. 按确认退伙人部分商誉方法，商誉为1 320元(18 000－16 680)。

企业确认商誉的会计分录为：

借：商誉　　1 320
　贷：资本——丙　　1 320

企业记录合伙人丙退伙的会计分录为：

借：资本——丙　　18 000
　贷：银行存款　　18 000

b. 按确认全部商誉方法，企业全部商誉为 6 600 元（1 320 ÷ 20%）。

企业确认商誉的会计分录为：

借：商誉　　6 600
　贷：资本——甲　　2 640
　　　　——乙　　2 640
　　　　——丙　　1 320

企业记录合伙人丙退伙的会计分录为：

借：资本——丙　　18 000
　贷：银行存款　　18 000

②红利法：不确认商誉，将企业多付给退伙人的部分，作为未退伙合伙人分配给其的红利。

企业记录合伙人丙退伙的会计分录为：

借：资本——甲　　660
　　　　——乙　　660
　　　　——丙　　16 680
　贷：银行存款　　18 000

【随堂小测验 10－2】

1. 记录各合伙人按合伙契约的规定投入企业的资本不包括借记（　　）。

A.“银行存款”　B.“资本”　C.“固定资产”　D.“无形资产”

2. 以非现金资产投入的资本，应根据投资日资产的（　　）入账。

A. 账面价值　B. 历史成本　C. 公允价值　D. 净值

3. 合伙人在合伙期间定期从企业提出现金或其他资产用于个人需要，应借记（　　）。

A.“库存现金”　B.“银行存款”　C.“提取”　D.“费用”

4. 新合伙人向一个原合伙人支付 5 万元购买其全部 3 万元权益，企业记录此项新合伙人入伙的分录为（　　）。

A. 借记“资本”（新合伙人）3 万元

B. 借记“资本”（原合伙人）3 万元

C. 借记“资本”（新合伙人）5 万元

D. 借记“资本”（原合伙人）5 万元

10.3 合伙经营损益的分配

合伙企业的损益应按损益分配比例来进行分配,如合伙人之间未明确约定损益分配比例,损益在各合伙人之间平均分配;如合伙人之间已经规定利益分配比例,而未规定损失分配比例,则按利益分配比例分配损失。

10.3.1 影响损益分配的因素

合伙企业在确定损益分配比例时,应考虑的主要因素包括:

(1)各合伙人投入的资本量,包括投入的有形资产和无形资产。

(2)各合伙人提供的劳务量,其衡量标准不仅要考虑合伙人为合伙企业所花费的时间,同时要考虑各合伙人的经营能力、管理经验、交易范围及对企业盈利的贡献等因素。

(3)各合伙人承担的风险量,指合伙人资产将来可能发生的损失程度。其衡量标准包括各合伙人投入的资本量及其可能用于偿付合伙企业所负债务的私人财产的数额。

10.3.2 损益分配方法

合伙组织常用的损益分配方法包括约定比例法、资本额比例法和顺序比例法。

1. 约定比例法

约定比例法,即在考虑上述损益分配各主要因素的基础上确定分配比例,并按该比例分配合伙组织的损益。

【例 10-11】设甲、乙二人合伙企业的当年度净利润额为 96 000 元,在考虑影响损益分配各主要因素的基础上,确定分配比例为 1∶2,按该比例分配的结果如表 10-9 所示。

表 10-9　　单位:元

合伙人	分配比例	分配金额
甲	1/3	32 000
乙	2/3	64 000
合计		96 000

2. 资本额比例法

如果合伙人投入的资本是合伙企业利润的主要来源,而其他损益分配的因素影响很小,或这些因素在各合伙人之间基本均等时,则可按各合伙人投入的资本额比例分配损益。按资本额比例分配包括按期初资本额比例分配和按期末资本额比例分配两种。

(1)按期初资本额比例分配

【例 10-12】甲、乙二人合伙企业的资本账户的期初余额如下:

甲　　80 000 元

乙　　160 000 元

设当年度净利金额为 96 000 元,按期初资本额比例分配的结果如表 10-10 所示。

表 10－10

单位:元

合伙人	期初资本额	分配比例	分配金额
甲	80 000	1/3	32 000
乙	160 000	2/3	64 000
合计	240 000		96 000

(2)按期末资本额比例分配

采用这种分配比例进行损益的分配,可以约束各合伙人在经营期间提取大量款项私用,并鼓励各合伙人在企业需用资金时向企业增投资本。

【例 10－13】 承【例 10－12】,设本期甲、乙各新增投资 16 000 元。

新增投资时会计分录为:

借:银行存款　　　　32 000

　贷:资本——甲　　　　16 000

　　　　——乙　　　　16 000

仍设当年度净利金额为 96 000 元,按期末资本额比例分配的结果如表 10－11 所示。

表 10－11

单位:元

合伙人	期末资本额	分配比例	分配金额
甲	96 000	6/17	33 882
乙	176 000	11/17	62 118
合计	272 000		96 000

3. 顺序分配法

采用这种方法,在确定损益分配比例时,既考虑投入资本额,又考虑其他影响因素,并将各因素的分配顺序进行排列,按顺序分配损益。

【例 10－14】 承【例 10－12】,设合伙条款规定,企业损益先按投资额的 6% 进行分配,剩余部分平均分配。投资额按期初资本额计算确定。分配结果如表 10－12 所示。

表 10－12

单位:元

	甲	乙	合计
按期初资本额分配			
80 000 × 6%	4 800		4 800
160 000 × 6%		9 600	9 600
合计			14 400
余额平均分配	40 800	40 800	81 600
分配金额	45 600	50 400	96 000

【例10－15】承【例10－12】,如合伙条款规定,企业损益先按劳务报酬进行分配,剩余部分平均分配。设甲每年的报酬为28 800元,乙每年的报酬为38 400元。分配结果如表10－13所示。

表10－13 单位:元

	甲	乙	合计
劳务报酬	28 800	38 400	67 200
余额平均分配	14 400	14 400	28 800
分配金额	43 200	52 800	96 000

【例10－16】承【例10－12】,如合伙条款规定,企业损益先按提供劳务的报酬进行分配,再按投资额6%进行分配,剩余部分平均分配。甲每年的报酬为28 800元,乙每年的报酬为38 400元。分配结果如表10－14所示。

表10－14 单位:元

	甲	乙	合计
劳务报酬	28 800	38 400	67 200
按期初资本额分配			
80 000 × 6%	4 800		4 800
160 000 × 6%		9 600	9 600
合计			81 600
余额平均分配	7 200	7 200	14 400
分配金额	40 800	55 200	96 000

需要特别说明的是,这里所使用的资本比例或劳务报酬均为用于分配合伙企业净损益的量化指标,而不是费用,因而不反映在利润表内。

【例10－17】承【例10－16】,若当年企业净利润为72 000元,而不是96 000元,按上述合伙条款进行分配时,先按劳务报酬进行分配、再按投资额的6%进行分配的利润额合计为81 600元,超过可供分配净利润额9 600元,即剩余部分为－9 600元。

企业按合伙条款分配如表10－15所示。

表10－15 单位:元

	甲	乙	合计
劳务报酬	28 800	38 400	67 200
按期初资本额分配			
80 000 × 6%	4 800		4 800
160 000 × 6%		9 600	9 600
合计			81 600

续表

	甲	乙	合计
余额平均分配	-4 800	-4 800	-9 600
分配金额	28 800	43 200	72 000

【随堂小测验 10-3】

1. 甲、乙二人合伙企业的当年度净利润额为60 000元，在考虑影响损益分配各主要因素的基础上，确定分配比例为1:2，按该比例分配的结果为（　　）。

A. 甲30 000元　　B. 乙30 000元

C. 甲20 000元　　D. 乙40 000元

2. 合伙企业常用的损益分配方法包括（　　）。

A. 约定比例法　　B. 期初资本额比例分配法

C. 期末资本额比例分配法　　D. 顺序分配法

10.4 合伙企业清算

合伙企业具有经营期间有限的特点。合伙企业因各种原因不再持续经营之日，就是合伙企业清算之时。

10.4.1 清算程序

合伙企业清算程序如下：

(1)变卖企业资产：将企业全部非现金资产进行变卖，变卖过程中所产生的损益按损益分配比例在各合伙人之间进行分配。

(2)清理债权债务：收回企业的全部应收账款，清偿全部应付账款。

(3)支付清理费用：支付清理过程中所发生的有关费用，如人工费、手续费等。

(4)分配剩余财产：按合伙契约约定的条款分配剩余变现资产或分担损失。

【例10-18】某合伙企业在即将清算时的资产负债表见表10-16。

表10-16　　某合伙企业资产负债表

2009年9月30日　　单位：元

资产		负债及合伙人权益	
银行存款	40 000	应付账款	72 000
库存商品	240 000	资本——甲	240 000
固定资产	200 000	资本——乙	160 000
减：累计折旧	8 000		
资产总额	472 000	负债及合伙人权益总额	472 000

首先,将企业的非现金资产变卖,售价416 000元。会计分录如下:

借:银行存款　　416 000
　　累计折旧　　8 000
　　变卖资产损益　　16 000
　　贷:库存商品　　240 000
　　　　固定资产　　200 000

其次,将企业的非现金资产变卖损益在合伙人之间进行分配。设该企业合伙条款规定的损益分配比例为平均分配。分配变卖资产损失16 000元的会计分录如下:

借:资本——甲　　8 000
　　　　——乙　　8 000
　　贷:变卖资产损益　　16 000

再次,清偿企业债务:

借:应付账款　　72 000
　　贷:银行存款　　72 000

最后,将剩余变现资产384 000元(40 000 + 416 000 − 72 000)在合伙人之间进行分配:

借:资本——甲　　232 000
　　　　——乙　　152 000
　　贷:银行存款　　384 000

有的合伙企业由于经营亏损,提取超额或清算时的变现损失及清理费用金额较大,在变卖企业资产、清理债权债务和支付清理费用等过程中,可能会发生合伙人资本账户出现借方余额的情况。这一金额应被视为该合伙人欠合伙企业的,清算时,可以由该合伙人直接支付给相关合伙人,也可以先由该合伙人偿还企业,再由企业支付给相关合伙人。

【例10－19】甲、乙合伙企业在变卖企业资产、清理债权债务和支付清理费用等后各账户余额如表10－17所示。

表10－17　　单位:元

	借方余额	贷方余额
银行存款	160 000	
资本——甲	40 000	
资本——乙		200 000
合计	200 000	200 000

合伙企业分配剩余资产的会计分录如下:

借:资本——乙　　200 000
　　贷:银行存款　　160 000
　　　　资本——甲　　40 000

企业全部变现资产分配给甲后,"资本——乙"仍有贷方余额40 000元,应由甲支付给乙。

【例 10 - 20】合伙企业在完成清算过程的变卖企业资产、清理债权债务和支付清理费用等后各账户余额如表 10 - 18 所示。

表 10 - 18

单位:元

	借方余额	贷方余额
银行存款	160 000	
资本——甲	40 000	
资本——乙		120 000
资本——丙		80 000
合计	200 000	200 000

各合伙人的损益分配比例是甲 20%,乙 40%,丙 40%,即 2:4:4。

由甲合伙人先向合伙企业偿付 40 000 元,用于弥补资本账户的借方余额,再由企业支付乙、丙两个合伙人应分配的剩余变现资产。

合伙人甲弥补资本账户的借方余额的会计分录如下:

借:银行存款　　40 000
　贷:资本——甲　　40 000

分配剩余资产的会计分录如下:

借:资本——乙　　120 000
　　——丙　　80 000
　贷:银行存款　　200 000

如甲合伙人无力偿还其资本账户的借方余额,这部分金额则应作为合伙企业的损失,由其他两个合伙人按损益分配比例分担。因两人损益分配比例为 4 :4,即平均分配,所以甲合伙人无力偿还的 40 000 元损失,应由乙、丙两人各负担 20 000 元。

分配甲资本账户的借方余额的会计分录如下:

借:资本——乙　　20 000
　　——丙　　20 000
　贷:资本——甲　　40 000

分配剩余资产的会计分录如下:

借:资本——乙　　100 000
　　——丙　　60 000
　贷:银行存款　　160 000

合伙企业可能希望通过必要的程序转制为股份公司,在此情况下,企业可以选择进行必要的调整后,继续使用原合伙企业账簿;也可以选择将原合伙企业账簿结清后,开设新的公司账簿。

【例 10－21】某合伙企业结账后各账户余额如表 10－19 所示。

表 10－19　　单位:元

	借方余额	贷方余额
银行存款	1 600	
应收账款	16 800	
库存商品	47 200	
固定资产	276 000	
坏账准备		1 600
累计折旧		52 000
应付账款		8 000
应付票据		4 800
资本——甲		128 000
资本——乙		147 200
合计	341 600	341 600

该合伙企业经批准于当日改制为股份公司,核发股票 5 000 股,每股面值为 80 元。原合伙人权益折合为公司股票 3 700 股。

1. 进行必要的调整后,继续使用原合伙企业账簿

先将合伙企业的有关账户按照转给公司数额进行调整,调整损益按损益分配比例分配到各合伙人资本账户。

设各合伙人同意将合伙企业的资产按下列数额转给公司:

表 10－20　　单位:元

银行存款	1 600
应收账款	14 400
库存商品	47 200
固定资产	245 600

有关账户调整如下:

固定资产账面价值为 224 000 元(276 000－52 000),按 245 600 元价值转入公司,其调整收益为 21 600 元(245 600－224 000);应收账款账面价值为 15 200 元(16 800－1 600),按 14 400 元价值转入公司,其调整损失为 800 元(15 200－14 400)。

借:固定资产　　21 600

　贷:坏账准备　　800

　　调整损益　　20 800

调整损益按损益分配比例分配到各合伙人资本账户，设损益分配比例为平均分配：

借：损益调整　　20 800
　贷：资本——甲　　10 400
　　　　　——乙　　10 400

将合伙人权益转给公司时，借记原合伙企业"资本"账户，将该账户结清，以反映原企业组织形式——合伙的结束；贷记公司的"股本"账户，以反映新企业组织形式——公司的建立：

借：资本——甲　　138 400
　　　　——乙　　157 600
　贷：股本　　296 000

如果各合伙人转给公司的资本金额之和超过合伙人所取得的股票面额，则应将超额部分作为资本溢价记入公司"资本公积"账户。例如，【例 10－21】中股票面值为每股 70 元而不是 80 元，其他条件不变，则上笔分录应改为：

借：资本——甲　　138 400
　　　　——乙　　157 600
　贷：股本　　259 000
　　　资本公积　　37 000

2. 将原合伙企业账簿结清后，开设新的公司账簿

先将合伙企业的有关账户按照转给公司数额进行调整，调整损益按损益分配比例分配到各合伙人资本账户。各项条件如前例，相应的会计处理如下：

有关账户调整如下：

借：固定资产　　21 600
　贷：坏账准备　　800
　　　调整损益　　20 800

调整损益按损益分配比例分配到各合伙人资本账户，设损益分配比例为平均分配：

借：损益调整　　20 800
　贷：资本——甲　　10 400
　　　　　——乙　　10 400

结清合伙企业所有账户，以反映原企业组织形式——合伙的结束：

借：坏账准备　　2 400
　　累计折旧　　52 000
　　应付账款　　8 000
　　应付票据　　4 800
　　资本——甲　　138 400
　　　　——乙　　157 600
　贷：银行存款　　1 600
　　　应收账款　　16 800
　　　库存商品　　47 200
　　　固定资产　　297 600

至此,原合伙企业的账户全部结平,公司可根据规定和需要,开设新的公司账簿。

10.4.2 清算方式

1. 一次付款清算

按顺序完成上述所有分配程序后,一次性将企业剩余的现金资产和非现金资产的变现金额,分配并支付给各合伙人。

2. 分次付款清算

企业在清算时,通常需要花费较长的时间用于债权、债务的清理和非现金资产的变卖。因此,合伙企业可以根据实际情况,在各合伙人都同意的前提下,在未完成所有清算程序时,提前分次对可供分配的现金资产进行分配,并付款给相关的合伙人。

分次付款清算,也称为"安全清算",必须遵守的原则是:其各次分配的现金资产的总和不得超过企业完成清算程序时可供分配的现金资产和非现金资产变现金额的总和。为保证这一原则的执行,在每次现金分配时,企业必须在下列假设下进行:①所有非现金资产可能全部损失;②所有合伙人均无力偿还其对企业的欠款;③企业可能存在需要偿还或支付的未记录和或有负债及损失。

(1)分次付款清算的计算程序

分次付款清算的计算应按下列顺序依次进行:

①计算确定各合伙人在企业的权益:将各合伙人"资本"账户余额调整各自往来账户的金额;

②计算确定各合伙人应负担的非现金资产的可能损失:假定所有非现金资产可能全部损失,将这一损失按损益分配比例分配给各个合伙人;

③计算确定各合伙人应负担的企业可能存在的需要偿还或支付的未记录和或有负债及损失,将这一损失按损益分配比例分配给各个合伙人;

④计算确定各合伙人应负担的因其他合伙人无力偿还其对企业的欠款而可能发生的损失:各合伙人权益在负担上述损失后,有些合伙人的权益可能出现负数,由于分次付款清算是建立在所有合伙人均无力偿还其对企业的欠款的假设前提下,所以出现的负数应由其他合伙人按损益分配比例进行分摊,直到该负数为零为止。

⑤计算确定付款金额:剩余的现金资产分配给相关合伙人。

(2)清算款的计算

某合伙人某次得到的清算款=该合伙人资本账户余额+该合伙人往来账户贷方余额-该合伙人往来账户借方余额-该合伙人负担的各项可能的损失

如开始清算时各合伙人资本账户的余额比例与损益分配比例相等,同时合伙人往来账户余额为零,企业即可按损益分配比例分配及支付清算款;否则,可编制分期清算表进行分次付款清算的计算。

【例10-22】 某合伙企业将于某年12月31日开始清算。其合伙人甲、乙、丙的损益分配比例为5:3:2。企业决定采用分次付款清算方式进行清算,保留2 500元现金,用于支付未记录和或有负债及损失,剩余现金分期分配并支付给各有关合伙人。该企业当年12月31日资产负债表如10-21所示。

表 10 - 21　　某合伙企业资产负债表

某年 12 月 31 日　　单位:元

资产		负债及合伙人权益	
银行存款	20 000		
合伙人往来——乙	2 500	合伙人往来——丙	5 000
		资本——甲	12 500
固定资产	40 000	资本——乙	17 500
		资本——丙	27 500
合计	62 500	合计	62 500

可编制分期清算表(见表 10 - 22)进行分次付款清算的计算。

表 10 - 22　　某合伙企业分期清算表　　单位:元

项目	甲	乙	丙	合计
某年 12 月 31 日合伙人权益	12 500	15 000	32 500	60 000
减:非现金资产的可能损失	-20 000	-12 000	-8 000	-40 000
小计	-7 500	3 000	24 500	20 000
减:未记录和或有负债及损失	-1 250	-750	-500	-2 500
小计	-8 750	2 250	24 000	17 500
负担合伙人甲无力偿还金额	8 750	-5 250	-3 500	0
小计	0	-3 000	20 500	17 500
负担合伙人乙无力偿还金额		3 000	-3 000	0
小计				
分配现金		0	17 500	17 500

根据上表的计算,本期清算应付给合伙人丙 17 500 元,先用于支付其往来账户的余额,剩余部分支付其资本。会计分录为:

借:合伙人往来——丙　　5 000
　资本——丙　　12 500
　贷:银行存款　　17 500

以后各期也依照同样方法进行分配计算,直至清算全部完成。

【例 10 - 23】 某合伙企业将于某年 12 月 31 日开始清算。其合伙人甲、乙、丙的损益分配比例为 5∶3∶2。企业决定采用分次付款清算方式进行清算,即每月保留 5 000 元现金,用于支付未记录和或有负债及损失,剩余现金分配并支付给各有关合伙人。该企业当年 12 月 31 日资产负债表如表 10 - 23 所示。

表 10－23　　某合伙企业资产负债表

某年 12 月 31 日　　单位:元

资产		负债及合伙人权益	
银行存款	60 000	应付账款	75 000
应收账款	70 000	应付票据	50 000
合伙人往来——丙	10 000	合伙人往来——乙	5 000
库存商品	100 000	资本——甲	85 000
固定资产	100 000	资本——乙	85 000
无形资产	10 000	资本——丙	50 000
合计	350 000	合计	350 000

企业清算期间发生事项及其会计处理如下：

①次年 1 月，将丙的往来账户抵减其资本账户，核销无形资产，应收账款收回 50 000 元，售出成本为 40 000 元的库存商品，价款为 50 000 元。

月末分配并支付当期清算额：

a. 将丙的往来账户抵减其资本账户：

借:资本——丙　　10 000
　贷:合伙人往来——丙　　10 000

b. 核销无形资产，作为清算损益按损益分配比例分配给各合伙人：

借:资本——甲　　5 000
　　——乙　　3 000
　　——丙　　2 000
　贷:无形资产　　10 000

c. 应收账款收回 50 000 元：

借:银行存款　　50 000
　贷:应收账款　　50 000

d. 售出库存商品并在各合伙人之间分配资产变卖损益：

借:银行存款　　50 000
　贷:库存商品　　40 000
　　资本——甲　　5 000
　　　——乙　　3 000
　　　——丙　　2 000

e. 清偿"合伙人往来"以外的债务：

借:应付账款　　75 000
　应付票据　　50 000
　贷:银行存款　　125 000

f. 月末分配并支付当期清算额。

各期清算额的确定，可以通过编制下列清算表（见表 10－24）来完成。

表 10－24 某合伙企业分期清算表（第一期）

次年 1 月 31 日 单位：元

	甲	乙	丙	合计
次年 1 月 31 日合伙人权益	85 000	90 000	40 000	215 000
减：非现金资产的可能损失	－90 000	－54 000	－36 000	－180 000
小计	－5 000	36 000	4 000	35 000
减：未记录和或有负债及损失	－2 500	－1 500	－1 000	－5 000
小计	－7 500	34 500	3 000	30 000
负担合伙人甲无力偿还金额	7 500	－4 500	－3 000	0
分配现金	0	30 000	0	30 000

借：合伙人往来——乙 5 000
　　资本——乙 25 000
　　贷：银行存款 30 000

为反映分期清算的进展情况，保证清算的正常进行，并为今后的工作做好准备。每期清算完成后，还应编制合伙清算表（见表 10－25）。

表 10－25 某合伙企业合伙清算表 单位：元

项目	现金	非现金资产	对外负债	资本（甲）	合伙人往来（乙）	资本（乙）	资本＋合伙人往来（丙）
1 月 1 日余额	60 000	290 000	125 000	85 000	5 000	85 000	50 000
清理合伙人往来借方余额		－10 000					－10 000
核销无形资产		－10 000		－5 000		－3 000	－2 000
收回应收账款	50 000	－50 000					
售出库存商品	50 000	－40 000		5 000		3 000	2 000
1 月份分配付款前余额	160 000	180 000	125 000	85 000	5 000	85 000	40 000
偿还对外负债	－125 000		－125 000				
分配剩余现金（见分期清算表）	－30 000				－5 000	－25 000	
2 月 1 日余额	5 000	180 000	0	85 000	0	60 000	40 000

②次年 2 月，售出账面价值为 20 000 元的固定资产，价款 15 000 元，出售剩余库存商品，价款 45 000 元，支付清算费用 1 000 元，发现未入账负债 2 000 元，月末分配并支付当期清算额。

a. 出售固定资产：

借：银行存款　　15 000

　资本——甲　　2 500

　　——乙　　1 500

　　——丙　　1 000

　贷：固定资产　　20 000

b. 出售剩余库存商品：

借：银行存款　　45 000

　资本——甲　　7 500

　　——乙　　4 500

　　——丙　　3 000

　贷：库存商品　　60 000

c. 支付清算费用：

借：资本——甲　　500

　　——乙　　300

　　——丙　　200

　贷：银行存款　　1 000

d. 发现未入账负债：

借：资本——甲　　1 000

　　——乙　　600

　　——丙　　400

　贷：应付账款　　2 000

e. 偿还新发现的负债：

借：应付账款　　2 000

　贷：银行存款　　2 000

f. 月末分配并支付当期清算额（见表 10－26）。

表 10－26　　某合伙企业分期清算表（第二期）

次年 2 月 28 日　　单位：元

	甲	乙	丙	合计
次年 2 月 28 日合伙人权益	73 500	53 100	35 400	162 000
减：非现金资产的可能损失	－50 000	－30 000	－20 000	－100 000
小计	23 500	23 100	15 400	62 000
减：未记录和或有负债及损失	－2 500	－1 500	－1 000	－5 000
分配现金	21 000	21 600	14 400	57 000

借:资本——甲　　21 000
　　——乙　　21 600
　　——丙　　14 400
　贷:银行存款　　57 000

本期清算完成后,还应编制合伙清算表(见表10－27):

表10－27　　某合伙企业合伙清算表　　单位:元

项目	现金	非现金资产	对外负债	资本(甲)	合伙人往来(乙)	资本(乙)	资本＋合伙人往来(丙)
1月1日余额	60 000	290 000	125 000	85 000	5 000	85 000	50 000
清理合伙人往来借方余额		－10 000					－10 000
核销无形资产		－10 000		－5 000		－3 000	－2 000
收回应收账款	50 000	－50 000					
售出库存商品	50 000	－40 000		5 000		3 000	2 000
1月份分配付款前余额	160 000	180 000	125 000	85 000	5 000	85 000	40 000
偿还对外负债	－125 000		－125 000				
分配剩余现金(见分期清算表)	－30 000				－5 000	－25 000	
2月1日余额	5 000	180 000	0	85 000	0	60 000	40 000
出售固定资产	15 000	－20 000		－2 500		－1 500	－1 000
出售库存商品	45 000	－60 000		－7 500		－4 500	－3 000
支付清算费用	－1 000			－500		－300	－200
新发现负债			2 000	－1 000		－600	－400
月末分配前余额	64 000	100 000	2 000	73 500		53 100	35 400
偿还负债	－2 000		－2 000				
分配现金	－57 000			－21 000		－21 600	－14 400

③次年3月,出售固定资产,账面价值25 000元,售价37 500元;支付清理费1 250元;月末分配并支付当期清算额。

a. 出售固定资产:

借:银行存款　　37 500
　贷:资本——甲　　6 250
　　　——乙　　3 750
　　　——丙　　2 500
　　固定资产　　25 000

b. 支付清理费：

借:资本——甲　　625

　　——乙　　375

　　——丙　　250

　贷:银行存款　　1 250

c. 月末分配并支付当期清算额。因上期期末各合伙人均获现金分配,则以后各期可按损益分配比例进行分配而不必再编制分期清算表。

借:资本——甲　　18 125

　　——乙　　10 875

　　——丙　　7 250

　贷:银行存款　　36 250

④次年 4 月,出售剩余固定资产,售价 37 500 元;核销不能收回应收账款账面余额;月末分配并支付当期清算额。

a. 出售剩余固定资产：

借:银行存款　　37 500

　资本——甲　　8 750

　　——乙　　5 250

　　——丙　　3 500

　贷:固定资产　　55 000

b. 核销应收账款账面余额：

借:资本——甲　　10 000

　　——乙　　6 000

　　——丙　　4 000

　贷:应收账款　　20 000

c. 月末分配并支付当期清算额：

借:资本——甲　　21 250

　　——乙　　12 750

　　——丙　　8 500

　贷:银行存款　　42 500

本期清算完成后,还应编制合伙清算表(表 10－28)。

表 10－28　　某合伙企业合伙清算表　　单位:元

项目	现金	非现金资产	对外负债	资本(甲)	合伙人往来(乙)	资本(乙)	资本+合伙人往来(丙)
1 月 1 日余额	60 000	290 000	125 000	85 000	5 000	85 000	50 000
清理合伙人往来		－10 000					－10 000
核销无形资产		－10 000		－5 000		－3 000	－2 000

续表

项目	现金	非现金资产	对外负债	资本(甲)	合伙人往来(乙)	资本(乙)	资本+合伙人往来(丙)
收回应收账款	50 000	-50 000					
售出库存商品	50 000	-40 000		5 000		3 000	2 000
月末付款前余额	160 000	180 000	125 000	85 000	5 000	85 000	40 000
偿还对外负债	-125 000		-125 000				
分配现金(见分期清算表)	-30 000				-5 000	-25 000	
2月1日余额	5 000	180 000	0	85 000	0	60 000	40 000
出售固定资产	15 000	-20 000		-2 500		-1 500	-1 000
出售库存商品	45 000	-60 000		-7 500		-4 500	-3 000
支付清算费用	-1 000			-500		-300	-200
新发现负债			2 000	-1 000		-600	-400
月末分配前余额	64 000	100 000	2 000	73 500		53 100	35 400
偿还负债	-2 000		-2 000				
分配现金	-57 000			-21 000		-21 600	-14 400
3月1日余额	5 000	100 000		52 500		31 500	21 000
出售固定资产	37 500	-25 000		6 250		3 750	2 500
支付清算费用	-1 250			-625		-375	-250
月末分配前余额	41 250	75 000		58 125		34 875	23 250
分配现金	-36 250			-18 125		-10 875	-7 250
4月1日余额	5 000	75 000		40 000		24 000	16 000
出售剩余固定资产	37 500	-55 000		-8 750		-5 250	-3 500
核销应收账款		-20 000		-10 000		-6 000	-4 000
月末分配前余额	42 500	0		21 250		12 750	8 500
分配现金	-42 500			-21 250		-12 750	-8 500
清算完成	0	0	0	0	0	0	0

【随堂小测验 10-4】

1. 合伙企业清算程序包括(　　)。

A. 变卖企业资产　　　　B. 清理债权债务

C. 支付清理费用　　D. 分配剩余财产

2. 分次付款清算时，影响某合伙人某次得到的清算款的因素包括(　　)。

A. 该合伙人资本账户余额　　B. 该合伙人往来账户贷方余额

C. 该合伙人往来账户借方余额　　D. 该合伙人的各项可能的利得

本章小结

本章主要阐述了合伙的特点、合伙协议的主要内容，合伙投资及权益变动，合伙经营损益的分配和合伙企业的清算等会计问题。

(1)合伙是两人或两人以上互约出资，共同经营的企业。合伙关系是由合伙人之间订立契约而建立的。确定合伙关系的契约称为合伙契约，或称合伙协议、合伙合同、合伙条款等。合伙企业具有非独立法人、企业寿命有限、经营责任无限、合伙财产共有、合伙人互为代理、经营利益共享等特点。

(2)各合伙人按合伙契约的规定，投入企业的资本，在"资本"科目进行核算，按各合伙人分别设置明细账。合伙人在合伙期间可以定期从企业提出现金或其他资产用于个人需要，称为"提取"。

(3)新合伙人入伙通常采用两种方式：一种是新合伙人向一个或几个原合伙人购买全部或部分权益；另一种是新合伙人投资于合伙企业。如果新合伙人按高于(或低于)公允价值的价格取得合伙人权益时，有两种不同的方法可供选择：商誉法和红利法。在某些情况下，现有合伙人可能因亡故但未指定继承人、违反合伙契约被开除或其他原因等而主动或被动退出合伙企业，即退伙。退伙有将其权益出售给其他合伙人和从合伙企业撤出资本两种方式，其会计处理也有商誉法和红利法两种。

(4)合伙企业的损益应按损益分配比例来进行，如合伙人之间未明确约定损益分配比例，各合伙人之间的损益平均分配；如合伙人之间已经规定利益分配比例，而未规定损失分配比例，则按利益分配比例分配损失。合伙企业常用的损益分配方法包括约定比例法、资本额比例法、顺序分配法等。

(5)合伙企业的清算步骤依次为变卖企业资产、清理债权债务、支付清理费用和分配剩余财产。清算方式有一次付款清算和分次付款清算两种。

关键概念

合伙企业　合伙契约　红利法　商誉法　提取

思考题

1. 简述合伙企业的主要特点有哪些?
2. 引起合伙企业权益变动的主要因素有哪些?
3. 在合伙契约中确定损益分配比例时，应考虑的主要因素有哪些?

4. 何谓红利法、商誉法？其主要内容分别是什么？

5. 合伙企业在清算时的程序是怎样的？

练习题

1. 甲、乙、丙合伙企业 2010 年 1 月 1 日的有关资料如下：

单位：元

合伙人	资本	损益分配比例
甲	480 000	30%
乙	480 000	50%
丙	300 000	20%

2010 年 7 月 1 日，经各合伙人同意，新合伙人丁以 960 000 元现金投资入伙，取得合伙企业 40% 的权益。

要求：

(1) 用商誉法编制会计分录。

(2) 用红利法编制会计分录。

(3) 分别确定上述分录过账后各合伙人权益。

2. 甲、乙、丙合伙企业 2010 年 1 月 1 日的有关资料如下：

单位：元

合伙人	资本	损益分配比例
甲	480 000	30%
乙	576 000	50%
丙	300 000	20%

2010 年 1 月 1 日，乙退出合伙企业，企业付给乙现金 651 600 元。

要求：

(1) 用商誉法编制会计分录。

(2) 用红利法编制会计分录。

3. 甲、乙、丙合伙企业有关资料如下：

单位：元

	甲	乙	丙
劳务报酬	80 000	120 000	40 000
期末资本账户余额	600 000	400 000	1 200 000
约定损益分配比例	30%	50%	20%

企业本期净利润为 320 000 元。

要求：

分别按约定比例法、资本额比例法、顺序分配法（分配合伙条款规定，企业损益先按劳务报酬进行分配，再按期末投资额的 10% 进行分配，剩余部分按约定比例进行分配）分配损益，并编制相关会计分录。

4. 甲、乙、丙合伙企业在即将清算时的资产负债表如下：

某合伙企业资产负债表

2010 年 8 月 31 日　　　　单位：元

资产：	
银行存款	168 000
存货	400 000
固定资产	200 000
减：累计折旧	73 600
资产总额	694 400
负债：	
应付账款	235 200
合伙人权益：	
资本——甲	336 000
资本——乙	179 200
资本——丙	(56 000)
负债及合伙人权益总额	694 400

2010 年 9 月 1 日清算开始，将企业价值 257 600 元的存货变卖，售价 190 400 元，发生清算费用 22 410 元，估计还将发生清理费用 17 922 元。合伙契约未明确损益分配比例。

要求：编制清算过程有关会计分录。

案例题

案例资料：

文如合伙企业于 2010 年 1 月 1 日进行清算，所有的对外债务已经清偿完毕。现经全体合伙人同意，除保留 50 000 元现金用于支付清算费用外，其余的可进行分配，损益分配比为 2∶2∶1。2010 年 1 月 1 日文如合伙企业资产负债表如下：

文如合伙企业资产负债表

2010 年 1 月 1 日　　　　单位：元

资产		负债及合伙人权益	
现金	300 000	应付合伙人丙贷款	50 000
存货	200 000	资本——甲	150 000
固定资产(净值)	500 000	资本——乙	350 000
		资本——丙	450 000
资产总额	1 000 000	负债及合伙人权益总额	1 000 000

该企业的后续清算和付现事项如下：

(1)2 月 26 日,出售全部存货,收款 1 650 000 元,出售净值为 250 000 元的固定资产,收款 415 000 元。

(2)2 月 27 日,将其余的固定资产全部出售,收款 840 000 元,并支付 25 000 元清算费用。

问题：

(1)如何理解合伙企业经营期间有限?

(2)合伙企业的清算程序是怎样的?

(3)分次付款清算的原则是什么?

(4)编制文如合伙企业的分期清算表。

随堂小测验答案

随堂小测验 10 – 1

1. B　2. A

随堂小测验 10 – 2

1. B　2. C　3. C　4. B

随堂小测验 10 – 3

1. CD　2. ABCD

随堂小测验 10 – 4

1. ABCD　2. ABC

第 11 章　租赁会计

学习目标

知识目标：了解租赁和租赁会计的基本问题；熟悉融资租赁的确认条件；掌握承租人和出租人对融资租赁、经营租赁和售后租回的会计处理方法。

能力目标：能够运用本章所学知识对融资租赁与经营租赁进行会计处理，并比较和分析，确定其对企业经济结果的影响。

导入案例

1985 年 12 月 30 日，中国租赁有限公司（以下简称租赁公司）与齐齐哈尔人造毛皮厂（以下简称毛皮厂）签订一份融资租赁合同，约定由租赁公司购进毛皮制造设备出租给毛皮厂，租期为 65 个月，租金总额为 6 114 706 马克，毛皮厂分十次给付租金。该合同所涉及的项目已经黑龙江省齐齐哈尔市计划委员会批准。租赁合同签订后，租赁公司履行了合同约定的义务，但毛皮厂未能依约偿付租金，至 1992 年 11 月 26 日尚欠租赁公司租金 2 700万元人民币。此案中涉及的主要问题有：什么是融资租赁？融资租赁的租赁期如何确定？租金总额如何计量和进行会计处理？

11.1 租赁会计概述

租赁是随着经济的发展而发展的。目前，企业普遍将租赁作为筹措资金的重要手段。我国在一个相当长的历史时期内不存在以融资为主要目的的现代租赁业务，因此有关租赁业务的财务会计制度也非常简单。20 世纪 80 年代，国家制定了一系列对外开放、对内搞活的方针和政策，有力地推动了我国各项经济事业，包括租赁业的发展。随着我国租赁业务的壮大和发展，客观上需要对租赁业务进行会计规范。本节概括说明与租赁会计有关的基本问题。

11.1.1 租赁概述

1. 租赁的性质

租赁是指在约定的期间内，出租人将资产使用权让与承租人以获取租金的活动。租赁以让渡资产的使用权为特征，在租赁期内，资产的所有权属于出租人，资产的使用权属于承租人。

租赁有广义和狭义之分。广义的租赁泛指一切财产使用权的转让活动,它不仅包括现代租赁,而且还包括为满足短期的、暂时的需要而发生的转让财产使用权的活动,以及那些不订立契约的不动产财产使用权的转让活动,如传统租赁中的租车、租房、租地等。狭义的租赁是指现代租赁。它与传统租赁相比有明显的不同:现代租赁主要为设备租赁,企业为进行设备投资而向租赁公司提出租赁所需的设备;现代租赁以融资为主要目的,实质上是企业进行长期资本融资的一种新手段,企业在获得设备使用权的同时,实际上减少了长期资本的支出;现代租赁通常涉及三方当事人和两项合同,三方当事人即承租企业、租赁公司和设备供应商,两项合同是指购买合同与租赁合同。现代租赁的各方是订立租约的。

2. 租赁的特征

租赁与一般的金融和贸易比较,具有显著的特点。

(1)融资与融物相结合。

现代租赁是以融资与融物相结合而达到融通资金为主要目的的交易。出租人按照承租人的需要购买资产后,再将其出租给承租人使用,目的在于收取超过贷款本息的租金,这是一种新形式的金融投资;而承租人通过取得设备的使用权,解决其设备投入资金不足的问题,用所租入的设备生产出具有高报酬率的产品以偿还租金,这是一种筹措设备所需资金的新方式。

(2)所有权与使用权相分离。

租赁与一般的商品交易不同。在一般的商品交易中,买方既取得商品的所有权,同时也取得商品的使用权。而在租赁期内,租赁设备的所有权属于出租方,承租方在按时支付租金并履行租约各项条款的前提下,对设备享有完全的使用权。

(3)承租人对租赁财产具有选择的权利和责任。

现代租赁由承租人自行选择设备和供货商,因此承租人要对设备的质量、规格、型号、数量和技术上的鉴定验收等负责。而且,承租人在租赁期间也要承担设备的保管、维修、保险等责任和相关的风险。

(4)租赁方式灵活方便。

现代租赁在还款方式上与分期付款销售很相似,都是用户先取得财产,然后在较长的时间内分期偿还财产的价值。但分期付款销售与租赁相比显得比较呆板,它只能解决购货一次性支付能力不足的问题,而不能满足购买方只为短期使用财产,而不是为了永久拥有财产的需要。租赁的选择就比较灵活,承租人可以根据其意愿,在租赁期满时选择续租、退还或留购等方式。

3. 租赁的种类

由于租赁业务是为了满足各种不同的需要,租赁的形式也多种多样。目前国际上流行的几种主要租赁形式如下:

(1)按租赁的目的,租赁可分为融资租赁和经营租赁。

融资租赁是与资产所有权有关的风险和报酬发生转移的租赁。与资产所有权有关的全部风险主要来自两个方面:第一,由于经营情况变化造成相关收益的变动,如国家宏观经济政策调整、经营环境变化造成相关收益降低的风险。第二,由于资产闲置、技术陈旧等造成的损失,产品销路不畅会导致开工不足,设备利用率下降,会直接带来收益减少的风险;新的、性能更好的设备的不断推出,使技术落后、陈旧的租赁设备发生贬值的风险。上述这些与所有权有关的风险,在融资租赁时实质上全部转移给了承租人。与所有权有关的报酬主要包括在资产可使用年限内直接使用资产而获得的经济利益、资产的增值、处置资产所实现的收益等。

关键概念——融资租赁

融资租赁也称资本租赁、金融租赁、现代租赁,是指实质上转移了与资产所有权有关的全部风险和报酬的租赁。

经营租赁是指除融资租赁以外的其他租赁。在这种租赁下,出租人根据租赁市场的需要选购通用性设备,供承租人选择使用;承租人为了满足经营上短期的、临时的或季节性的需要租入所需要的资产,并没有添置资产的打算。在这种租赁下,承租人和出租人可以订立租约,也可以不订立租约。即使订立租约,承租人也可以在合理的条件限制范围内,提出终止合同的要求,退还设备,而无须支付违约金。在一次租赁的租赁期内,出租人只能收回租赁设备的部分投资,需要经过多次租赁才能收回资产的投资并产生利润。

(2)按租赁资产的资金来源和付款对象,租赁可分为直接租赁、转租赁和售后租回。

直接租赁就是购进租赁资产然后租出的做法,购置租赁资产所需全部资金由出租人垫付,购置租赁资产所需资金可使用自有资金,也可在资金市场上筹措,资产购进后直接出租给用户。普通的直接租赁一般涉及两项合同,即出租人与承租人签订一项租赁合同,出租人按承租人订货要求与供应商签订一项买卖合同。

转租赁就是租进租赁资产然后租出的做法,由出租人从租赁公司或厂商租进一项资产后再转租给用户。有时国内租赁公司同时兼有承租人和出租人的双重身份,先作为承租人从国内、外其他租赁公司或厂商租进用户所需的设备,然后再转租给承租企业使用。转租赁一般涉及三项合同,即直接租赁公司与制造厂商签订买卖合同,直接租赁公司与转租赁公司签订租赁合同1,转租赁公司与用户签订租赁合同2。

售后租回是企业在缺乏资金时,为改善其财务状况而采用的对企业非常有利的做法。承租人可以利用出售资产所得的资金进行再投资,同时又可以继续使用自己的原有资产,企业在出售时便可收回折旧实现相应的利润。

关键概念——售后租回

售后租回也称回租租赁,就是承租人将自制或外购的资产先出售给出租人,然后再租回的方法。

(3)按出租人对所购置租赁资产的出资比例,租赁可分为单一投资租赁和杠杆租赁。

单一投资租赁就是在租赁交易中,设备购置成本百分之百由承租人独自承担。

杠杆租赁也称平衡租赁,就是出租人只支付全部设备价款的20%~40%即可取得设备,设备价款中的其他大部分资金则通过以出租的设备为抵押,向银行、保险公司、证券公司等金融机构借款解决。杠杆租赁的原理在于利用财务杠杆来增加租赁公司的利润。

11.1.2 租赁会计的相关概念

1. 租赁会计的特征

有关租赁的会计准则属于特殊业务准则,从承租人的角度看,它不同于企业的一般固定资产业务,属于特殊业务;从出租人的角度看,租赁业作为一个特殊行业,其业务范围、经营方式都与其他工商企业有许多不同。租赁会计与普通业务会计相比具有以下特点。

(1)更加强调以企业控制资产作为资产确认的标准。一般会计以资产的所有权作为资产确认的基本条件。在租赁业务中,更加强调资产的确认以控制资产作为标准。这种观念通过资产的所有权和使用权的分离,更重视资产的使用价值。

(2)坚持实质重于形式的处理原则。融资租赁的会计处理是会计原则中实质重于形式的处理原则应用的典型。按照实质重于形式原则,企业应当按照交易或事项的经济实质进行会计核算,而不应当仅仅以它们的法律形式作为会计核算的依据。如果某项租赁实质上转移了与资产所有权有关的全部风险和报酬,则该项租赁应认定为融资租赁。在融资租赁方式下,虽然在法律形式上资产的所有权在租赁期间仍属于出租人,但由于资产的租赁期基本上包括了资产的有效使用年限(一般租赁期大于有效使用年限的75%),承租人实质上获得了租赁资产提供的主要经济利益,同时承担了与资产所有权有关的全部风险。因此,承租人应将融资租入资产作为一项固定资产入账,同时采用与自有固定资产相一致的会计处理方法。如果某项租赁业务实质上并没有转移与资产所有权有关的全部风险和报酬,则该项租赁应认定为经营租赁。

2. 租赁开始日

> **☞ 关键概念——租赁开始日**
>
> 租赁开始日是指租赁协议日与租赁各方就主要条款作出承诺日中的较早者。

租赁开始日可以理解为租赁各方对租赁合同的主要条款实质上承担了责任并享有了相应的权利的日期。租赁开始日的确定对租赁业务的会计处理有重要影响。确定租赁开始日的目的有两个:第一,用于确定租赁资产的公允价值和入账价值。例如,在租赁开始日,承租人通常应当将租赁开始日租赁资产原账面价值与最低租赁付款额的现值两者中较低者作为租入资产的入账价值。可见,租赁开始日的确定对租赁资产原账面价值的影响不大,而对最低租赁付款额的现值的确定有直接影响。第二,用于租赁的分类。租赁开始日的确定对融资租赁的确定有直接影响。例如,在租赁开始日能否合理确定承租人将会行使购买租赁资产的选择权;在租赁开始日,最低租赁付款额的现值或最低租赁收款额的现值与租赁资产原账面价值的比较结果。

在融资租赁和经营租赁中,企业应当将起租日作为租赁开始日。但是,在售后租回交易下,租赁开始日是指买主(即出租人)向卖主(即承租人)支付第一笔款项之日。

3. 租赁期

租赁期是指租赁合同规定的不可撤销的租赁期间。租赁期限的长短,决定了支付租金年限的长短。我国租赁准则对租赁期间进行了进一步规定:如果承租人有权选择继续租赁该资产,而且在租赁开始日就可以合理确定承租人将会行使这种选择权,则不论是否再支付租金,续租期应当包括在租赁期内。如果租赁协议中包含了续租选择权,那么租赁期限是可以展期的。所谓在租赁开始日就可以合理确定承租人将会行使这种选择权，就是说租赁期终了时，出租人允许承租人以远低于公允租金的价格继续承租租赁资产的权利。在租赁开始日，预计的公允租金要远高于续租选择权的租金，以使人们合理相信在租赁期终了时，承租人会行使这种权利。

4. 租赁期开始日

租赁期开始日是指承租人有权行使其使用租赁资产权利的日期，表明租赁行为的开始。在租赁期开始日，承租人应当对租入资产、最低租赁付款额和未确认融资费用进行初始确认；出租人应当对长期应收款（应收融资租赁款）、未担保余值和未实现融资收益进行初始确认。

5. 最低租赁付款额

最低租赁付款额具体包括以下内容：

> **关键概念——最低租赁付款额**
>
> 就承租人而言，最低租赁付款额，是指在租赁期内，承租人应支付或可能被要求支付的各种款项。

（1）最低租金付款额

最低租金付款额是承租人根据租赁协议每期向出租人支付的租金总额。最低租金付款额与最低租赁付款额有时相同，有时不同。除最低租金付款额外，最低租赁付款额还包括其他项目。

（2）担保的资产余值

资产余值是指在租赁开始日估计的租赁期届满时租赁资产的公允价值。担保余值对承租人而言，是指由承租人或与其有关的第三方担保的资产余值；对出租人而言，是指由承租人或与其有关的第三方担保的资产余值，加上由独立于承租人和出租人但在财务上有能力担保的第三方担保的资产余值。当租赁期限短于租赁资产的使用寿命时，在租赁期届满时，租赁资产通常会有较高的预计余值。如果一项租赁协议未规定租赁资产的所有权在租赁期届满时转给承租人或不包含优惠购买选择权，那么租赁合同就意味着租赁期届满时，租赁资产将归还给出租人，这样租赁资产余值就归出租人所有。

出租人对租赁资产的余值可以要求承租人予以担保，这是因为这样做可以促使承租人谨慎使用租赁资产，从而使出租人能避免因承租人过度使用租赁资产所可能遭受的损失，以使出租人充分实现租赁资产净投资上的收益。如果在租赁期终了时，实际余值低于所担保的余值，承租人就必须向出租人补足这一差额；如果租赁资产的实际余值大于所担保的余值，则出租人在租赁期届满时就产生一项利得。

未担保余值是指租赁期届满时所预计的资产余值中，未经承租人或与其有关的第三方以及独立于承租人和出租人但在财务上有能力担保的第三方担保的那部分资产余值，也就是租赁资产余值中扣除就出租人而言的担保余值以后的资产余值。

最低租赁付款额中不包括或有租金和履约成本，因为这些支出既不代表承租人的付款额，也不表示对出租人债务的减少数。

6. 租赁总投资和租赁净投资

租赁总投资（即租赁投资总额）= 最低租赁收款额 + 未担保余值

最低租赁收款额 = 最低租赁付款额 + 第三方担保余值

租赁净投资(即租赁投资净额)=租赁总投资-未实现融资收益

或 =最低租赁收款额现值+未担保余值现值

未实现融资收益=租赁总投资-租赁净投资

11.1.3 融资租赁的确认

承租人和出租人应当在租赁开始日将租赁分为融资租赁和经营租赁。满足下列标准之一的,即应认定为融资租赁,除融资租赁以外的租赁为经营租赁:

(1)在租赁期届满时,租赁资产的所有权转移给承租人。

如果在租赁协议中已经约定,或者根据其他条件在租赁开始日就可以合理地判断,租赁期届满时出租人会将资产的所有权转移给承租人,那么该项租赁应当认定为融资租赁。

(2)承租人有购买租赁资产的选择权。

这条标准仍然是解决财产所有权转移的问题,也称为优惠购置权。某些租赁协议约定,在租赁期届满时,承租人有购买租赁资产的选择权,所订立的购价预计远低于行使选择权时的公允价值,因而在租赁开始日就可以合理确定承租人将会行使这种选择权。

例如,B公司租入一台为期5年、每月支付2 000元租金的设备,在租赁开始日,预计租赁期届满时该设备的公允价值约为20 000元,而租赁协议中约定的优惠购置权的价格仅为1 000元,因此认为A公司会行使这种优惠购置权。

(3)即使资产的所有权不转移,但租赁期占租赁资产尚可使用年限的大部分。

这一标准是解决租赁期与租赁资产使用寿命之间的关系。通常,如果租赁期限等于或超过资产使用寿命的75%,则此项租赁应归类为融资租赁。需要说明的是,这里的量化标准只是指导性标准,企业在具体运用时,必须根据准则规定的相关条件进行判断。之所以采用这一标准来判别融资租赁,其原因是:第一,如果约定的租赁期与租赁资产的经济寿命相等,那么租赁双方为避开这条标准,就有可能将租赁期约定为略短于资产的经济寿命,从而使融资租赁得不到客观反映,引起所谓的资产负债表表外融资的问题。因此,即使租赁期稍短于资产的经济寿命,仍然归类为融资租赁。第二,一般认为一项资产的使用价值大多是在资产经济寿命的大部分。但是,如果租赁资产在开始租赁前已使用年限超过该资产全新时可使用年限的大部分,则该项标准不适用。也就是说,如果租赁资产在开始租赁前的已使用年限已接近资产的经济寿命,则该项租赁应归类为经营租赁。

(4)租赁资产的付款额。

这一标准说明的是租赁财产的付款额问题。就承租人而言,租赁开始日最低租赁付款额现值几乎相当于租赁开始日租赁资产公允价值。就出租人而言,在租赁开始日最低租赁收款额的现值,几乎相当于租赁开始日租赁资产公允价值。需要说明的是,这里的量化标准是指导性标准,企业在具体运用时,必须以准则规定的相关条件进行判断。

(5)租赁资产性质特殊,如果不作较大改造,只有承租人才能使用。

这条标准是指租赁资产是由出租人根据承租人对资产型号、规格等方面的特殊要求专门购买或建造的,具有专购、专用性质。这些租赁资产如果不做较大的重新改制,其他企业通常难以使用。这种情况下,该项租赁应归类为融资租赁。

【随堂小测验 11 -1】

1. 承租人为了满足经营上短期的、临时的或季节性的需要租入所需资产的租赁叫做(　　)。

A. 资本租赁　　B. 金融租赁　　C. 经营租赁　　D. 融资租赁

2. (　　)是指承租人有权行使其使用租赁资产权利的日期,表明租赁行为的开始。

A. 租赁开始日　　B. 租赁期开始日　　C. 租赁协议签订日　　D. 起租日

3. 担保余值对(　　)而言,是指由承租人或与其有关的第三方担保的资产余值。

A. 承租人　　B. 财务上有能力担保的第三方

C. 出租人　　D. 转租人

4. 未实现融资收益等于(　　)。

A. 最低租赁收款额 + 未担保余值　　B. 租赁总投资 - 未实现融资收益

C. 最低租赁付款额 + 第三方担保余值　　D. 租赁总投资 - 租赁净投资

5. 在融资租赁中,租赁期占租赁资产尚可使用年限的大部分,是指租赁期限等于或超过资产使用寿命的(　　)。

A. 75%　　B. 80%　　C. 70%　　D. 90%

6. 以下条件中,满足后应认定为融资租赁的是(　　)。

A. 租赁期届满时,租赁资产的所有权转移给承租人

B. 承租人有购买租赁资产的选择权

C. 在租赁开始日最低租赁收款额的现值,几乎相当于租赁开始日租赁资产公允价值

D. 即使资产的所有权不转移,但租赁期占租赁资产尚可使用年限的大部分

11.2 承租人融资租赁的会计处理

11.2.1 会计处理的一般原则

1. 租赁资产和相关负债的记录

在融资租赁下,承租人应将租入的资产确认为自有的资产,同时将未来的定期付款义务确定为负债。在租赁期开始日,承租人应当将租赁开始日租赁资产公允价值与最低租赁付款额现值两者中较低者作为租入资产的入账价值。这一原则表明,租赁资产原则上是按公允价值入账,但租赁资产的入账价值不能超过租赁资产最低租赁付款额现值。同时,将最低租赁付款额作为长期应付款的入账价值,并将两者的差额确认为未确认融资费用。

2. 初始直接费用

初始直接费用是承租人在租赁谈判和签订租赁合同过程中发生的,可直接归属于租赁项目的直接费用,它主要包括印花税、佣金、律师费、差旅费等。初始直接费用发生时,应当计入租入资产价值。

3. 折现率

折现率是承租人在计算最低租赁付款额现值时所使用的贴现率。我国租赁准则规定,承租人在计算最低租赁付款额现值时,如果知悉出租人的租赁内含利率,应当采用出

租人的租赁内含利率作为折现率；否则，应当采用租赁合同规定的利率作为折现率。如果出租人的租赁内含利率和租赁合同规定的利率均无法知悉，应当采用同期银行贷款利率作为折现率。可见，承租人在计算最低租赁付款额现值时，首先选择的折现率是出租人的租赁内含利率，其次是租赁合同规定的利率，最后是同期银行贷款利率。

租赁内含利率是出租人租赁资产的投资报酬率，是指在租赁开始日，使最低租赁收款额的现值与未担保余值的现值之和等于租赁资产公允价值的折现率。之所以要求承租人使用出租人使用的租赁内含利率为首选的折现率来计算最低租赁付款额现值，主要原因是：①出租人使用的租赁内含利率比银行贷款利率更客观；②如果银行贷款利率高于租赁内含利率，使用了较高的银行贷款利率，则折现系数就小，所计算出来的最低租赁付款额现值就小，那么就有可能在租赁开始日，使得最低租赁付款额现值不能达到几乎相当于租赁开始日租赁资产公允价值，结果就可能使本应作为融资租赁的业务归类为经营租赁，从而引起所谓的资产负债表表外融资问题，歪曲财务比率，人为地粉饰承租人的偿债能力；③如果银行贷款利率低于租赁内含利率，使用了较低的银行贷款利率，则折现系数就大，所计算出来的最低租赁付款额现值就大，有可能高于租赁资产的公允价值，而资产是不能按超过其公允价值的金额来记录的。

4. 未确认融资费用的分摊

在融资租赁下，承租人向出租人支付的租金中包含本金和利息两部分。承租人支付租金时，一方面应减少长期应付款，另一方面应同时将未确认的融资费用按一定的方法确认为当期融资费用。

在分摊未确认的融资费用时，按照租赁准则的规定，承租人应当采用实际利率法。在采用实际利率法的情况下，由于租赁开始日租赁资产和负债的入账价值基础不同，融资费用分摊率的选择也不同。未确认融资费用的分摊率的确定具体分为下列几种情况：

(1)以出租人的租赁内含利率为折现率将最低租赁付款额折现，且以该现值作为租赁资产入账价值的，应当将租赁内含利率作为未确认融资费用的分摊率。

(2)以租赁合同规定的利率为折现率将最低租赁付款额折现，且以该现值作为租赁资产入账价值的，应当将租赁合同规定的利率作为未确认融资费用的分摊率。

(3)以银行同期贷款利率为折现率将最低租赁付款额折现，且以该现值作为租赁资产入账价值的，应当将银行同期贷款利率作为未确认融资费用的分摊率。

(4)以租赁资产公允价值作为其入账价值的，应当重新计算分摊率，该分摊率是使最低租赁付款额的现值等于租赁资产公允价值的折现率。

存在优惠购买选择权的，在租赁期届满时，未确认融资费用应全部摊销完毕，并且租赁负债也应当减少为优惠购买金额。在承租人或与其有关的第三方对租赁资产提供了担保或由于在租赁期届满时没有续租而支付违约金的情况下，在租赁期届满时，未确认融资费用应当全部摊销完毕，租赁负债应减少至担保余值。

5. 租赁资产折旧

(1)折旧政策

计提租赁资产折旧时，承租人应当采用与自有应折旧资产相一致的折旧方法，将租赁资产的成本在预计使用期内系统地分摊于每一个会计期间。如果承租人或与其有关的第三方对租赁资产余值提供了担保,则应计折旧总额为租赁期开始日固定资产的入账价值扣除担保余值后的余额;如果承租人或与其有关的第三方未对租赁资产余值提供担保,应计折旧总额为租赁期开始日固定资产的入账价值。

(2)折旧年限

在融资租赁方式下,由于融资租赁的判别标准直接影响租赁资产折旧年限的确定,在不同的租赁协议下租赁资产折旧年限的确定是不同的,具体分为以下两种情况:

①如果能够合理地确定租赁届满时承租人将会取得租赁资产所有权,应当在租赁资产尚可使用年限内计提折旧。也就是说,如果租赁符合在租赁期届满时,租赁资产的所有权转移给承租人以及承租人有购买租赁资产的选择权这两条标准,那么就应以租赁资产的经济寿命作为折旧年限,理由是承租人将最终购入这项租赁资产,将拥有该项资产的全部使用年限。

②如果无法合理确定租赁届满时承租人将会取得租赁资产所有权,应当在租赁期与租赁资产尚可使用年限两者中较短的期间内计提折旧。也就是说,如果租赁不符合上述两个判别标准,但却符合租赁期占租赁资产尚可使用年限的大部分以及租赁开始日最低租赁付款额现值几乎相当于租赁开始日租赁资产公允价值这两条标准,就应采用较短的年限。因为在这种情况下,承租人拥有租赁资产全部使用年限的可能性很小。

11.2.2 账户设置

1. 固定资产——融资租入固定资产

该账户主要核算租赁资产的入账价值。该账户借方记录租赁开始日租赁资产的公允价值或最低租赁付款额的现值,贷方记录租赁期满租赁资产的转出情况,余额反映企业现有融资租入固定资产的价值。

2. 未确认融资费用

该账户主要核算企业融资租入固定资产所发生的未实现融资费用。我国会计准则规定,在租赁期开始日,承租人应当将租赁开始日租赁资产公允价值与最低租赁付款额现值两者中较低者作为租入资产的入账价值,同时将最低租赁付款额作为长期应付款的入账价值,并将两者的差额记录为未确认融资费用。可见,未确认融资费用即租赁资产公允价值或最低租赁付款额现值与最低租赁付款额的差额,其性质是递延费用,类似于租赁资产的利息费用。该账户借方记录上述差额,贷方记录未确认融资费用在租赁期内各个期间分摊的数额,期末借方余额反映企业未确认融资费用的摊余价值。

3. 长期应付款——应付融资租赁款

该账户主要核算融资租入固定资产的最低租赁付款额。该账户贷方记录租赁开始日租赁资产最低租赁付款额,借方记录按租赁协议规定每期支付的租赁费用,期末贷方余额反映尚未支付的融资租赁款。

11.2.3 会计处理方法

【例 11-1】 出租人(A 公司)和承租人(B 公司)于 2010 年 1 月 1 日签订了一项设备租赁协议,该协议于同日生效。租赁协议条款及其他有关资料如下:

第一,租赁期限为 5 年,租赁资产的尚可使用年限为 6 年,无残值。

第二,租赁开始日,租入设备的公允价值为102 000元,租入设备需于每年年初等额支付租金22 396元。

第三,租赁期届满时不转移租赁资产的所有权,设备归还出租人,租赁协议中未包含承租人的续租选择权。

第四,承租人的银行贷款利率为7%,租赁协议披露的出租人预期投资报酬率为6%。

第五,承租人采用实际利率法分摊未确认融资费用。

第六,承租人对租赁资产采用与自有资产相同的折旧方法——直线法计提折旧。

对本例的处理程序和方法如下:

(1)租赁类别的判断。该租赁归为融资租赁,因为:①租赁年限5年,超过租赁资产经济寿命6年的75%;②租赁开始日最低租赁付款额现值几乎相当于租赁开始日租赁资产原账面价值。

最低租赁付款额现值的计算如下:

最低租赁付款额总额 = 22 396 × 5 = 111 980元

最低租赁付款额现值 = 22 396 × (P_{5-1}, 6%, +1) = 22 396 × 4.4651 = 100 000(元)

最低租赁付款额现值几乎等于租赁资产公允价值102 000元。上述计算中,由于是每年年初等额支付租金,所以在计算最低租赁付款额现值时,要使用即付年金系数,其表达式为:(P_{n-1}, r, +1)。

(2)租金计算表的编制。按实际利率法分摊未确认融资费用,折现率采用租赁协议披露的出租人预期投资报酬率6%。B公司(承租人)租金计算表见表11-1。

表11-1 租金计算表(承租人B公司) 单位:元

年份	年租金	未确认融资费用	债务偿还数额	未偿还债务数额	应付租赁款
	(1) = 111 980/5	(2) = 上一期的(4) × 6%	(3) = (1) - (2)	(4) = 上一期的(4) - (3)	(5) = 上一期的(5) - (1)
2010年1月1日				100 000	111 980
2010年1月1日	22 396	0	22 396	77 604	89 584
2011年1月1日	22 396	4 656.24	17 739.76	59 864.24	67 188
2012年1月1日	22 396	3 591.85	18 804.15	41 060.09	44 792
2013年1月1日	22 396	2 463.61	19 932.39	21 127.70	22 396
2014年1月1日	22 396	1 268.30	21 127.70	0	0
合计	111 980	11 980	100 000		

说明:表中数字计算忽略尾差。

(3)编制会计分录。

①2010年1月1日,租赁期开始日应记录租赁资产和租赁负债:

借:固定资产——融资租入固定资产 100 000

　　未确认融资费用 11 980

　　贷:长期应付款——应付融资租赁款 111 980

②2010 年 1 月 1 日,租赁期开始日支付第一笔租金:

借:长期应付款——应付融资租赁款　　22 396

　贷:银行存款　　22 396

③2011 年 1 月 1 日,支付租金和分摊未确认融资费用:

借:长期应付款——应付融资租赁款　　22 396

　贷:银行存款　　22 396

借:财务费用　　4 656.24

　贷:未确认融资费用　　4 656.24

④2012 年 1 月 1 日,支付租金和分摊未确认融资费用:

借:长期应付款——应付融资租赁款　　22 396

　贷:银行存款　　22 396

借:财务费用　　3 591.85

　贷:未确认融资费用　　3 591.85

⑤2013 年 1 月 1 日,支付租金和分摊未确认融资费用:

借:长期应付款——应付融资租赁款　　22 396

　贷:银行存款　　22 396

借:财务费用　　2 463.21

　贷:未确认融资费用　　2 463.21

⑥2014 年 1 月 1 日,支付租金和分摊未确认融资费用:

借:长期应付款——应付融资租赁款　　22 396

　贷:银行存款　　22 396

借:财务费用　　1 268.30

　贷:未确认融资费用　　1 268.30

⑦B 公司每年按折旧年限 5 年计提折旧:

借:制造费用　　20 000

　贷:累计折旧　　20 000

⑧租赁期满时,B 公司按租赁协议将设备归还 A 公司:

借:累计折旧　　100 000

　贷:固定资产——融资租入固定资产　　100 000

11.2.4 承租人融资租赁的列示与披露

承租人应当在资产负债表中,将与融资租赁相关的长期应付款减去未确认融资费用的差额,分别长期负债和一年内到期的长期负债进行列示。

承租人应当在报表附注中披露与融资租赁相关的下列信息:

(1)每类租入固定资产的期初和期末原价、累计折旧额。

(2)资产负债表日后连续三个会计年度每年将支付的最低租赁付款额,以及以后年度将支付的最低租赁付款额总额;

(3)未确认融资费用的余额,分摊未确认融资费用所采用的方法。

【随堂小测验 11 - 2】

1. 在分摊未确认融资费用时，按照租赁准则的规定，承租人应当采用(　　)。

A. 票面利率法　　B. 浮动利率法　　C. 实际利率法　　D. 固定利率法

2. 如果承租人或与其有关的第三方对租赁资产余值提供了担保，则应计折旧总额为租赁期开始日(　　)。

A. 固定资产的入账价值

B. 固定资产的原值

C. 固定资产的公允价值

D. 固定资产的入账价值扣除担保余值后的余额

3. 在融资租赁中，承租人应当将租赁开始日租赁资产公允价值与最低租赁付款额现值两者中较低者作为租入资产的入账价值，同时将(　　)作为长期应付款的入账价值，并将两者的差额记录为未确认融资费用。

A. 最低租赁付款额　　B. 最低租赁付款额现值

C. 租赁资产公允价值　　D. 租赁资产账面价值

4. 2011 年 3 月 21 日，甲公司与乙公司签订了一项大型机床融资租赁合同，合同规定：租赁期开始日为 2011 年 4 月 1 日，租赁期为 3 年，每年年末支付租金 100 000 元，租赁内含利率 5%，租赁期届满大型机床的估计净残值为 50 000 元，其中甲公司担保余值为 40 000 元，未担保余值为 10 000 元，租赁开始日大型机床的公允价值为 310 000 元，则大型机床的入账价值为(　　)元。

A. 310 000　　B. 300 000　　C. 306 878　　D. 315 510

5. 某项大型生产线融资租赁，起租日为 2010 年 12 月 31 日，最低租赁付款现值为 600 万元，承租人另发生安装费 50 万元，设备于 2010 年 10 月 25 日达到预定可使用状态并交付使用，承租人担保余值为 100 万元，未担保余值为 20 万元，租赁期为 4 年，设备尚可使用年限为 6 年。承租人对租入的设备采用年限平均法计提折旧，该设备在 2010 年应计提的折旧额为(　　)万元。

A. 26　　B. 22　　C. 34　　D. 23

6. A 公司 2010 年 7 月 13 日采用融资租赁方式租入设备一台。租赁合同规定：租赁期为 6 年，每年支付租金 40 万元，承租人有关的第三方担保的资产余值为 20 万元，或有租金 10 万元，履约成本 7 万元。则 A 公司的最低租赁付款额为(　　)万元。

A. 260　　B. 270　　C. 277　　D. 240

7. 2011 年 1 月 1 日，甲公司以融资租赁方式租入大型设备一台，该设备租赁期为 6 年，尚可使用年限为 7 年。预计该设备在租赁期届满时的公允价值为 100 万元，承租人届时可以以 5 万元的价格购买该设备。则甲公司应对其提取(　　)年的折旧。

A. 6　　B. 7　　C. 1　　D. 5

11.3 出租人融资租赁的会计处理

11.3.1 会计处理的一般原则

1. 租出资产和债权的记录

在租赁期开始日,出租人应当将租赁开始日最低租赁收款额作为长期应收款(应收融资租赁款)的入账价值,并同时记录未担保余值,将最低租赁收款额、初始直接费用与未担保余值之和与其现值之和的差额记录为未实现融资收益。

2. 初始直接费用

初始直接费用是出租人在租赁谈判和租赁合同签订过程中发生的可直接归属于租赁项目的费用,如印花税、佣金、律师费、差旅费等。这些初始直接费用在发生时应包括在长期应收款(应收融资租赁款)的初始确认金额中,并减少租赁期内确认的收益金额。

3. 未实现融资收益

未实现融资收益应在租赁期内各个期间进行分配,转入租赁收益。出租人应当采用实际利率法计算当期应当确认的融资收入。

4. 逾期的租金

超过一个租金支付期未收到的租金,应当停止确认融资收入,其已确认的融资收入,应予冲回,转作表外核算。在实际收到租金时,再将租金中所含的融资收入确认为当期收入。

5. 计提坏账准备

出租人应当根据承租人的财务及经营管理情况以及租金的逾期期限等因素,分析长期应收款(应收融资租赁款)的风险程度和回收的可能性,对长期应收款(应收融资租赁款)减去未实现融资收益的差额部分合理计提坏账准备。

6. 未担保余值的定期检查

出租人应当对未担保余值定期进行检查,至少于每年年末检查一次,对检查结果分别情况进行处理:

(1)如有证据表明未担保余值已经减少,应当重新计算租赁内含利率,并将由此而减少的租赁投资净额确认为当期损失,以后各期根据修正后的租赁投资净额和重新计算的租赁内含利率确定应确认的融资收入。如已确认为损失的未担保余值得以恢复,应当在原已确认的损失金额内转回,并重新计算租赁内含利率,以后各期根据修正后的租赁投资净额和重新计算的租赁内含利率确定应确认的融资收入。

(2)未担保余值增加时,不作任何调整。

11.3.2 账户设置

租赁业务的出租方多为租赁公司,并设有专门核算资产出租业务的账户。

1. 长期应收款——应收融资租赁款

该账户主要核算公司进行融资租赁业务向承租单位收取的租赁物资的应收款项。该账户借方记录在租赁开始日的租赁总投资,即最低租赁收款额、初始直接费用和未担保余值,贷方记录各期收到的租赁款,期末借方余额反映出租人尚未收到的租赁款。该账户应按承租单位设置明细账户。

2. 未实现融资收益

该账户主要核算公司融资租赁业务应收但尚未收到的收益总额。该账户贷方记录租赁总投资(最低租赁收款额和未担保余值之和)与租赁净投资(最低租赁收款额现值和未担保余值现值之和)的差额,借方记录每期收到租金款时分配转出的租赁收益,期末贷方余额反映出租人尚未实现的融资收益。

3. 融资租赁资产

该账户主要核算公司进行融资租赁业务租出租赁物资的实际成本。该账户贷方记录租赁净投资,借方记录租赁合同到期租赁资产的所有权转移。

11.3.3 会计处理方法

【例 11-2】出租人(E 公司)和承租人(F 公司)于 2010 年 1 月 1 日签订了一项设备租赁协议,该协议于同日生效。租赁协议有关条款及其他有关资料如下:

第一,租赁期限为 5 年,租赁协议不可撤销,租赁资产的尚可使用年限为 6 年,无残值。

第二,租赁开始日,租赁设备的成本为 239 562 元,于每年年末等额支付租金 60 000 元。

第三,租赁期届满,租赁资产的所有权转移给承租人。

第四,租赁协议披露的出租人预期投资报酬率为 8%。

第五,出租人采用实际利率法分配未实现融资收益。

对本例的处理程序和方法如下:

(1)租赁类别的判断。该租赁归为融资租赁,因为:①租赁期届满时,转移租赁资产的所有权给承租人;②租赁年限 5 年,占了租赁资产经济寿命 6 年的大部分;③租赁开始日,最低租赁收款额现值等于租赁开始日租赁资产公允价值。

最低租赁收款额现值的计算如下:

租赁设备的成本 = 239 562(元)

年租赁收款额 = 239 562 ÷ (P/A ,8% ,5) = 60 000(元)

折现率 8%,期限 5 年的年金现值系数为 3.9927。

最低租赁收款额现值 = 239 562(元)

(2)编制租金计算表,见表 11－2。

表 11－2　　租金计算表(出租人 E 公司)　　单位:元

年份	年租金	确认的融资收益	债权偿还数额	未偿还债权数额	应收租赁款
	(1)	(2) = 上一期的 (4) × 8%	(3) = (1) － (2)	(4) = 上一期的 (4) － (3)	(5) = 上一期的 (5) － (1)
2010 年 1 月 1 日				239 562	300 000
2010 年 12 月 31 日	60 000	19 165	40 835	198 727	240 000
2011 年 12 月 31 日	60 000	15 898	44 102	154 625	180 000
2012 年 12 月 31 日	60 000	12 370	47 630	106 995	120 000
2013 年 12 月 31 日	60 000	8 560	51 440	55 555	60 000
2014 年 12 月 31 日	60 000	4 445	55 555	0	0
合计	300 000	60 438	239 562		

说明:表中数字四舍五入到元。

(3)编制会计分录。

①2010 年 1 月 1 日,租赁期开始日出租人记录租赁资产和有关债权的变化:

借:长期应收款——应收融资租赁款　　300 000
　贷:融资租赁资产　　239 562
　　未实现融资收益　　60 438

②2010 年 12 月 31 日,计算并确认本年租赁收益:

借:未实现融资收益　　19 165
　贷:租赁收入　　19 165

③收到承租人支付的第一笔租金:

借:银行存款　　60 000
　贷:长期应收款——应收融资租赁款　　60 000

④2011 年 12 月 31 日,计算并确认本年应收租赁收益:

借:未实现融资收益　　15 898
　贷:租赁收入　　15 898

⑤收到承租人支付的租金:

借:银行存款　　60 000
　贷:长期应收款——应收融资租赁款　　60 000

⑥2012 年 12 月 31 日,计算并确认本年租赁收益:

借:未实现融资收益　　12 370
　贷:租赁收入　　12 370

⑦收到承租人支付的租金:

借:银行存款　　60 000
　贷:长期应收款——应收融资租赁款　　60 000

⑧2013 年 12 月 31 日,计算并确认本年租赁收益:

借:未实现融资收益　　　　　　　　　　8 560

　贷:租赁收入　　　　　　　　　　　　　8 560

⑨收到承租人支付的租金:

借:银行存款　　　　　　　　　　　　60 000

　贷:长期应收款——应收融资租赁款　　　60 000

⑩2014 年 12 月 31 日,计算并确认本年租赁收益:

借:未实现融资收益　　　　　　　　　　4 445

　贷:租赁收入　　　　　　　　　　　　　4 445

⑪收到承租人支付的租金:

借:银行存款　　　　　　　　　　　　60 000

　贷:长期应收款——应收融资租赁款　　　60 000

11.3.4 出租人融资租赁的列示与披露

出租人应当在资产负债表中,将长期应收款(应收融资租赁款)减去未实现融资收益的差额,作为长期债权列示。

出租人应当在报表附注中披露与融资租赁相关的下列信息:

(1)资产负债表日后连续三个会计年度每年将收到的最低租赁收款额,以及以后年度将收到的最低租赁收款额总额。

(2)未实现融资收益的余额,以及分摊未实现融资收益所采用的方法。

【随堂小测验 11 -3】

1. 对于出租人来说,进行杠杆租赁与售后租回和进行直接租赁没有差别。(　　)

2. 出租人应当对长期应收款(应收融资租赁款)减去未实现融资收益的差额部分合理计提坏账准备。(　　)

3. 出租人应当对未担保余值定期进行检查,如有证据表明未担保余值已经减少,应当重新计算租赁内含利率,并将由此而减少的租赁投资净额确认为当期损失。(　　)

4. 出租人应当对未担保余值定期进行检查,如有证据表明未担保余值已经增加,须按担保余值现额调增资产价值。(　　)

11.4 经营租赁的会计处理

11.4.1 承租人经营租赁的会计处理

1. 承租人的会计处理原则

经营租赁是指与租赁资产所有权有关的风险和报酬未发生转移的租赁。就承租人而言,经营租赁的会计处理原则与融资租赁有显著的不同:

(1)不需要将租赁资产资本化。由于承租人不承担租赁资产的风险,租赁期限较短,而且承租人可以中途撤销租赁合同,一切使用成本也由承租人承担,租赁期届满时,承租人没有留购或续租资产的选择权,因此承租人不需要将租赁资产进行资本化,也无须将其正式入账,只在备查簿中进行登记,以便查考。

(2)应付的租金作为当期费用处理。承租人按租约规定定期支付租金,并列为当期费用。经营租赁的租金应当在租赁期内的各个期间按直线法确认为费用;如果其他方法更合理,也可以采用其他方法。

(3)在租赁期内,租赁资产的保险、维修和计提折旧等,一般均由出租人承担;若租约中规定由承租人负责租赁资产的日常修理工作,所发生的费用直接列作当期费用。

(4)承租人发生的初始直接费用应当确认为当期费用。初始直接费用是承租人在租赁谈判和签订租赁合同过程中发生的可直接归属于租赁项目的费用,主要包括印花税、佣金、律师费、差旅费等。

(5)或有租金应当在实际发生时确认为当期费用。

(6)租入固定资产进行改良工程所发生的支出,应由承租人承担,改良工程的支出作为企业的递延资产处理,在租赁有效期内分摊。

2. 承租人的会计处理方法

【例 11-3】 W 公司(承租人)与 Y 公司(出租人)在 2010 年 1 月 1 日达成一项经营租赁方式的设备租赁合同。设备的原始成本为 240 000 元,租赁期为 3 年,每年年初支付租金 25 200 元,设备的修理费用由出租人承担。W 公司 2010 年 1 月 10 日发生改良工程支出 5 600 元,2011 年 3 月 1 日发生修理费 1 200 元,年折旧率为 8.4%。

承租人的会计处理如下:

(1)在备查簿中记录租赁资产。

(2)每年支付租金的会计分录如下:

借:制造费用	25 200	
贷:银行存款		25 200

(3)支付改良工程支出的会计分录如下:

借:长期待摊费用	5 600	
贷:银行存款		5 600

(4)租赁期届满,在备查簿中冲销原来的记录。

承租人一般不需要在财务报告中对经营租赁作专门的披露,但应当对重大的经营租赁作如下披露:

(1)资产负债表日后连续三个会计年度每年将支付的不可撤销经营租赁的最低租赁付款额。

(2)以后年度将支付的不可撤销经营租赁的最低租赁付款额总额。

11.4.2 出租人经营租赁的会计处理

1. 出租人的会计处理原则

(1)出租人应当按资产的性质,将用作经营租赁的资产包括在资产负债表的相关项目内。

(2)出租人计提租赁资产的折旧。对于经营租赁资产中的固定资产,应当采用出租人对类似应折旧资产通常所采用的折旧政策计提折旧;对于其他经营租赁资产应采用合理的方法进行摊销。

(3)出租人收到的租金应确认为收入。经营租赁的租金应当在租赁期内的各个期间按直线法确认为收入;如果其他方法更合理,也可以采用其他方法。

(4)出租人发生的初始直接费用应当确认为当期费用。初始直接费用是出租人在租赁谈判和签订租赁合同过程中发生的可直接归属于租赁项目的费用,主要包括印花税、佣金、律师费、差旅费等。

(5)其他在租赁协议中规定的由出租人负担的支出,如保险、修理费等使用成本,在支出发生时作为费用处理。

(6)或有租金应当在实际发生时确认为当期收入。

(7)出租人为租赁公司的情况下,由于其专营租赁业务,会计处理上一般应设置一些专用的账户,如"经营租赁资产"等。

出租人为一般企业的情况下,其出租的资产通常是闲置资产,不需要专设账户核算。

2. 出租人的会计处理方法

下面沿用【例 11-3】的有关资料分别说明出租人为租赁公司和出租人为一般企业的不同情况下的会计处理方法,见表 11-3。

表 11-3 出租人经营租赁的会计处理

业务摘要	租赁公司(出租人)	一般企业(出租人)
租赁开始日,记录出租资产	借:经营租赁资产——已出租资产 240 000 贷:经营租赁资产——未出租资产 240 000	借:固定资产——租出固定资产 240 000 贷:固定资产——不需用固定资产 240 000
每年年初收到租金	借:银行存款 25 200 贷:预收账款 25 200	与租赁公司相同
每期将预收租金转为收益	借:预收账款 2 100 贷:租赁收入 2 100	借:预收账款 2 100 贷:其他业务收入 2 100
每期对租赁资产计提折旧	借:主营业务成本 1 680 贷:累计折旧 1 680	借:其他业务成本 1 680 贷:累计折旧 1 680
发生的修理费用	借:销售费用 1 200 贷:银行存款 1 200	借:其他业务成本 1 200 贷:银行存款 1 200
租赁期满收回资产	借:经营租赁资产——未出租资产 240 000 贷:经营租赁资产——已出租资产 240 000	借:固定资产——不需用固定资产 240 000 贷:固定资产——租出固定资产 240 000

出租人经营租赁应在报表附注中披露每类租出资产在资产负债表日的账面价值。

【随堂小测验 11－4】

1. 经营租赁中，在租赁期内，租赁资产的保险、维修和计提折旧等，一般均由(　　)承担。

A. 出租人　　B. 与出租人有关的第三方

C. 与承租人有关的第三方　　D. 承租人

2. A公司将一台固定资产以经营租赁方式租赁给B公司，租赁期为5年，第一年免租金，第二年租金为300万元，第三年到第五年租金均为400万元，此外，A公司还承担了B公司费用5万元，则B公司每年应分摊的租金为(　　)万元。

A. 300　　B. 301　　C. 375　　D. 376.25

3. 经营租赁中，承租人发生的初始直接费用应当确认为当期费用。初始直接费用主要包括(　　)。

A. 印花税　　B. 差旅费　　C. 律师费　　D. 佣金

4. 经营租赁，就承租人而言，(　　)。

A. 应付的租金作为当期费用处理

B. 或有租金应当在实际发生时确认为当期费用

C. 计提租赁资产的折旧

D. 不需要将租赁资产资本化

11.5 售后租回的会计处理

11.5.1 售后租回交易概述

售后租回也称为回租租赁，是指卖主将一项资产卖给出租人，转移了资产的所有权，然后又将该资产租回，从而获得资产使用权的租赁。在售后租回交易中，卖主既是销售者又是承租人。售后租回业务过程见图11－1。

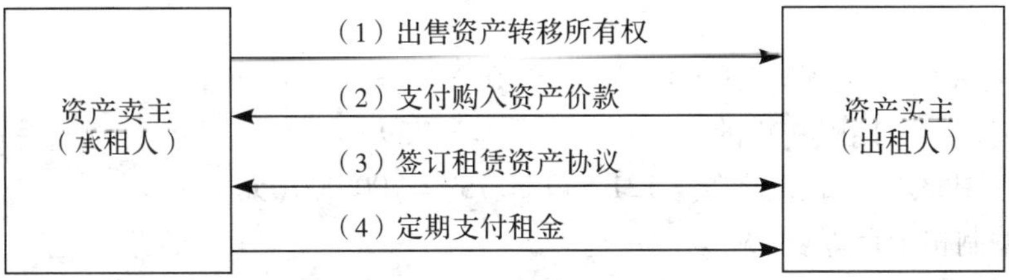

图11－1　售后回租

按照租赁的性质不同，售后租回也仍然可以分为融资租赁和经营租赁。承租人和出租人应当根据前面所述有关融资租赁和经营租赁的判断标准，将售后租回确定为融资租赁或经营租赁。

11.5.2 售后租回的会计处理原则

(1)售后租回交易下的租赁开始日是指买主(出租人)向卖主(承租人)支付第一笔

款项之日。

(2)如果售后租回交易形成一项融资租赁,售价与资产账面价值的差额应予以递延,并按该项租赁资产的折旧进度进行分摊,作为折旧费用的调整。承租人对售后租回交易中售价与资产账面价值的差额应通过"递延收益——未实现售后租回损益(融资租赁)"科目进行核算,分摊时,按既定比例减少未实现售后租回损益,同时相应增加或减少折旧费用。

(3)如果售后租回交易形成一项经营租赁,应当分别情况处理:如果有确凿证据表明售后租回交易是按照公允价值达成的,售价与资产账面价值的差额计入当期损益。如果售后租回交易不是按照公允价值达成的,有关损益应于当期确认;但若该损失将由低于市价的未来租赁付款额补偿,应将其递延,并按与确认租金费用一致的方法分摊于预计的资产使用期限内;售价高于公允价值的,其高于公允价值的部分应予以递延,并在预计的资产使用期限内分摊,可在租赁期内按租金支付比例进行分摊。

11.5.3 售后租回的会计处理方法

【例 11-4】 丙公司在 2009 年 1 月 1 日将成本为 610 000 元的设备以 700 000 元的价格出售给丁公司,并立即签订一份租赁合同将其租回。双方签订的租赁协议的有关条款及其他有关资料如下:

(1)租赁期为 9 年,租赁协议不可撤销,承租人每年年末等额支付租金。

(2)设备的经济寿命为 9 年,承租人的折旧方法为直线法。

(3)租赁协议披露的出租人预期投资报酬率为 10%。

(4)租赁期届满时转移租赁资产的所有权给承租人。

对本例的处理程序和方法如下:

(1)租赁类别的判断。该租赁对于丙、丁公司都应归为融资租赁,因为:①租赁期届满时,转移租赁资产的所有权给承租人;②租赁年限 9 年,与租赁资产经济寿命相同;③租赁开始日最低租赁收(付)款额现值等于租赁开始日租赁资产的成本。

最低租赁收(付)款额现值的计算如下:

租赁设备的成本 = 700 000(元)

年租赁收(付)款额 = 700 000/(P/A ,10% ,9) = 121 549(元)

折现率 10%,期限 9 年的年金现值系数 = 5.759

最低租赁收(付)款额现值 = 121 549/5.759 = 700 000(元)

(2)编制租金计算表,见表 11-4。

表 11-4 **租金计算表** 单位:元

日期	年租款付(收)款额	年利息费用(收益)	债权债务偿还数	未偿还债权债务	应付(收)租赁款
2009 年 1 月 1 日				7 000 000	1 093 941
2009 年 12 月 31 日	121 549	70 000	51 549	648 451	972 392
2010 年 12 月 31 日	121 549	64 845.10	56 703.90	591 747.10	850 844

续表

日期	年租款付(收)款额	年利息费用(收益)	债权债务偿还数	未偿还债权债务	应付(收)租赁款
2011 年 12 月 31 日	121 549	59 174.71	62 374.29	529 372.81	729 294
2012 年 12 月 31 日	121 549	52 937.28	68 611.72	460 761.09	607 745
2013 年 12 月 31 日	121 549	46 076.11	75 472.89	385 288.20	486 196
2014 年 12 月 31 日	121 549	38 528.82	83 020.18	302 268.02	364 647
2015 年 12 月 31 日	121 549	30 226.80	91 322.20	210 945.82	243 098
2016 年 12 月 31 日	121 549	21 094.58	100 454.42	110 491.40	121 549
2017 年 12 月 31 日	121 549	11 057.60	110 491.40	0	0
合计	1 093 941	393 941	700 000		

(3)编制丙公司(承租人)的会计分录。

①2009 年 1 月 1 日,出售并回租设备:

借:固定资产清理　　610 000
　贷:固定资产　　610 000
借:银行存款　　700 000
　贷:固定资产清理　　610 000
　　递延收益——未实现售后租回损益(融资租赁)　　90 000
借:固定资产——融资租入固定资产　　700 000
　未确认融资费用　　393 941
　贷:长期应付款——应付融资租赁款　　1 093 941

②2009 年 12 月 31 日,支付租金和分摊未确认融资费用:

借:长期应付款——应付融资租赁款　　121 549
　贷:银行存款　　121 549
借:财务费用　　70 000
　贷:未确认融资费用　　70 000

以后每年做类似的会计分录,金额根据租金计算表确定。

③2009 年 12 月 31 日,计提折旧并摊销递延收益的会计分录如下:

借:制造费用　　77 778
　贷:累计折旧　　77 778
借:递延收益——未实现售后租回损益(融资租赁)
　　10 000
　贷:制造费用　　10 000

以后每年做相同的会计分录。

④租赁期届满,租赁资产转移:

借:固定资产——生产用固定资产　　700 000

　　贷:固定资产——融资租入固定资产　　700 000

(4)编制丁公司(出租人)的会计分录。

①2009 年 1 月 1 日,购买并出租设备:

借:融资租赁资产　　700 000

　　贷:银行存款　　700 000

借:长期应收款——应收融资租赁款　　1 093 941

　　贷:融资租赁资产　　700 000

　　　　未实现融资收益　　393 941

②2009 年 12 月 31 日,计算并确认当年租赁收益:

借:未实现融资收益　　70 000

　　贷:租赁收入　　70 000

③收到承租人支付的第一笔付款额的会计分录如下:

借:银行存款　　121 549

　　贷:长期应收款——应收融资租赁款　　121 549

以后每年度类似的会计分录,金额根据租金计算表确定。

11.5.4 售后租回的披露

对于售后租回,承租人和出租人除了按本章前述的经营租赁和融资租赁的要求进行必要的信息披露外,还应对售后租回合同中的重要条款作出披露。

【随堂小测验 11 -5】

1. 如果售后租回交易形成一项融资租赁,售价与资产账面价值的差额应予以递延,并按该项租赁资产的折旧进度进行分摊,作为折旧费用的调整。(　　)

2. 售后租回交易中,承租人和出租人应按照经营租赁和融资租赁的要求进行必要的信息披露,对于售后租回合同中的特殊条款则不需进行专门披露。(　　)

本章小结

本章主要阐述了租赁的性质、特征、种类,租赁会计的相关概念,融资租赁的确认,融资租赁、经营租赁和售后租回的会计处理。

(1)租赁是指在约定的期间内,出租人将资产使用权让与承租人以获取租金的协议。租赁的特点有:融资与融物相结合;所有权与使用权相分离;承租人对租赁财产具有选择的权利和责任;租赁方式灵活方便。

(2)租赁开始日是指租赁协议日与租赁各方就主要条款作出承诺日中的较早者。租赁期是指租赁合同规定的不可撤销的租赁期间。租赁期开始日是指承租人有权行使其使用租赁资产权利的日期,表明租赁行为的开始。

在租赁期开始日，承租人应当对租入资产、最低租赁付款额和未确认融资费用进行初始确认；出租人应当对长期应收款（应收融资租赁款）、未担保余值和未实现融资收益进行初始确认。就承租人而言，最低租赁付款额，是指在租赁期内，承租人应支付或可能被要求支付的各种款项，具体包括最低租金付款额和担保的资产余值。

(3)满足下列标准之一的，即应认定为融资租赁，除融资租赁以外的租赁为经营租赁：①在租赁期届满时，租赁资产的所有权转移给承租人。②承租人有购买租赁资产的选择权。③即使资产的所有权不转移，但租赁期占租赁资产尚可使用年限的大部分。④就承租人而言，租赁开始日最低租赁付款额现值几乎相当于租赁开始日租赁资产公允价值；就出租人而言，在租赁开始日最低租赁收款额的现值几乎相当于租赁开始日租赁资产公允价值。⑤租赁资产的性质特殊，如果不作较大改造，只有承租人才能使用。

(4)承租人融资租赁的会计处理。在租赁期开始日，承租人应当将租赁开始日租赁资产公允价值与最低租赁付款额现值两者中较低者作为租入资产的入账价值。承租人在计算最低租赁付款额现值时，应按照顺序选择租赁内含利率、租赁合同规定的利率、同期银行贷款利率作为折现率。承租人在支付租金时，应当将未确认融资费用按一定的方法确认为当期融资费用。计提租赁资产折旧时，承租人应当采用与自有应折旧资产相一致的折旧方法。

(5)出租人融资租赁的会计处理。在租赁期开始日，出租人应当将租赁开始日最低租赁收款额作为长期应收款（应收融资租赁款）的入账价值，并同时记录未担保余值，将最低租赁收款额、初始直接费用与未担保余值之和与其现值之和的差额记录为未实现融资收益。初始直接费用在发生时应包括在长期应收款（应收融资租赁款）的初始确认金额中，并减少租赁期内确认的收益金额。未实现融资收益应在租赁期内各个期间进行分配，转入租赁收益。出租人应当采用实际利率法计算当期应当确认的融资收入。

(6)承租人经营租赁的会计处理。承租人不需要将租赁资产进行资本化，承租人按租约规定定期支付租金，并列为当期费用。租赁资产的保险、维修和计提折旧等，一般均由出租人承担。承租人发生的初始直接费用应当确认为当期费用。或有租金应当在实际发生时确认为当期费用。固定资产改良工程所发生的支出，应由承租人承担。

(7)出租人经营租赁的会计处理。出租人应当按资产的性质，将用作经营租赁的资产包括在资产负债表的相关项目内。对于经营租赁资产中的固定资产，出租人应计提租赁资产的折旧。出租人收到的租金应确认为收入，发生的初始直接费用应当确认为当期费用。其他在租赁协议中规定的由出租人负担的支出，在支出发生时作为费用处理。或有租金应当在实际发生时确认为当期收入。

(8)售后租回的会计处理。售后租回也称为回租租赁，是指卖主将一项资产卖给出租人，转移了资产的所有权，然后又将该资产租回，从而获得资产使用权的租赁。在售后租回交易中，卖主既是销售者又是承租人。

如果售后租回交易形成一项融资租赁，售价与资产账面价值的差额应予以递延，并按该项租赁资产的折旧进度进行分摊，作为折旧费用的调整。

如果售后租回交易形成一项经营租赁，应当分别情况处理。

关键概念

融资租赁　售后租回　租赁开始日　最低租赁付款额

思考题

1. 融资租赁的意义和特征有哪些?
2. 租赁有哪些种类?
3. 经营租赁如何进行会计处理?
4. 融资租赁如何进行会计处理?
5. 售后租回如何进行会计处理?

练习题

1. 目的:练习判断租赁交易类型,掌握租赁的会计处理。

资料:出租人(A 公司)和承租人(B 公司)于 2009 年 1 月 1 日签订了一项租赁协议,该协议于同日生效。租赁协议的主要条款和其他有关资料如下:

①租赁期:2009 年 1 月 1 日至 2012 年 12 月 31 日。租赁协议不可撤销,租赁资产的尚可使用年限为 5 年,无残值。2012 年 12 月 31 日,B 公司将这一设备归还给 A 公司,租赁协议中未包含承租人的续租选择权。

②租赁开始日,租入设备的公允价值为 132 000 元,租金支付方式为每年年末等额支付租金 35 000 元。

③租赁协议的年利率为 6%。

④对于与租赁相关的未确认融资费用,承租人采用实际利率法摊销。

⑤承租人对租赁设备采用年限平均法计提折旧。

要求:

(1)判断租赁类型。

(2)编制 B 公司在起租日及租赁期间的相关会计分录。

2. 目的:练习判断租赁交易类型和租赁的会计处理。

资料:出租人 C 公司和承租人 D 公司于 2009 年 1 月 1 日签订了一项租赁协议,该协议于同日生效。租赁协议的有关条款和其他有关资料如下:

①租赁期限为 3 年,租赁协议不可撤销,租赁资产的尚可使用年限为 5 年,无残值。

②租赁开始日,租赁设备的公允价值为 570 000 元,于每年年初等额支付租金 175 000 元。

③租赁期满时租赁设备的余值为 95 000 元,其中,担保余值为 90 000 元,未担保余值为 5 000 元。

④承租人对租赁设备采用年限平均法计提折旧。

⑤租赁期届满时，承租人将设备交还出租人。

⑥租赁协议披露的出租人预期投资报酬率为7%。

⑦出租人采用实际利率法分摊未实现融资收益。

要求：

(1)判断租赁类型。

(2)编制C公司在起租日及租赁期间的相关会计分录。

3. 目的：练习经营租赁的会计处理。

资料：承租人E公司与出租人F公司在2009年1月1日达成一项经营租赁方式的设备租赁合同。设备的原始成本为400 000元，租赁期为3年，租金总额为108 000元，合同规定在起租日需支付租金20 000元，第1年年末支付租金20 000元，第2年年末支付租金32 000元，租赁期满支付余额36 000元。

要求：编制E公司与该项租赁相关的会计分录。

4. 目的：练习售后租回形成融资租赁的会计处理。

资料：2009年12月31日，甲公司将某大型生产线以780万元的价格销售给乙公司。该生产线2008年12月31日的账面原值为650万元，已计提折旧50万元。同日，甲公司又签订了一份租赁合同将该生产线融资租回。该生产线按年限平均法计提折旧，并分摊未实现售后租回损益，资产的使用年限为6年。

要求：

(1)编制2009年12月31日有关出售固定资产的会计分录。

(2)计算2009年12月31日甲公司未实现售后租回损益并编制有关会计分录。

(3)编制2010年12月31日分摊未实现售后租回损益的会计分录。

5. 目的：练习售后租回形成经营租赁的会计处理。

资料：2009年12月31日，甲公司将某大型生产线以公允价值520万元的价格销售给乙公司。该生产线2008年12月31日的账面原值为600万元，已计提折旧50万元。同日，甲公司又签订了一份经营租赁合同将该生产线租回。该生产线按年限平均法计提折旧，使用年限为6年。

要求：

(1)编制2009年12月31日有关出售固定资产的会计分录。

(2)计算2009年12月31日甲公司未实现售后租回损益并编制有关会计分录。

(3)编制2010年12月31日分摊未实现售后租回损益的会计分录。

案例题

案例资料：

21世纪到来之际，美国接连发生多起震惊世界的巨额财务舞弊和欺诈案件，继美国最大的石油公司安然之后，施乐公司财务欺诈案也浮出水面。2002年4月8日，美国施乐公司（以下简称施乐）宣布愿意接受美国证券交易委员会（SEC）的条件与其达成和解。自此，若隐若现的施乐财务欺诈案（以下简称“施乐案”）浮出水面。6月28日，施乐按照和解的要求,向SEC提交了未经审计的1997年至2000年的重述年度财务报表,确认在此期间虚计收入64亿美元、税前利润14亿美元(SEC认为应为15亿美元),由此在资本市场上激起轩然大波。

施乐于1959年首创静电复印术,当时规模甚小,只有二三十人,复印机销售额为零。但此项发明却也是一项里程碑式的技术变革。施乐主要制造和销售办公成像设备,并开展有关的租赁业务,提供相关耗材和服务,是世界最大的复印机生产商。施乐总部位于美国康涅狄格州的斯坦福,业务范围遍及美国及其他130个国家。该公司的股票在纽约股票交易所和芝加哥股票交易所挂牌交易。2000年,施乐共实现收入187亿美元,其1997至年1999年各年每股收益分别为1.99美元、2.33美元和1.95美元。与世通公司和安然公司的快速成长不同,施乐一直以稳健增长的蓝筹股形象示人。作为著名跨国公司,施乐是美国技术创新的代表性公司。该公司是600多项技术专利的拥有者,人们今天熟知的激光打印机、鼠标、个人电脑的图形操作界面等技术都是在施乐的帕洛阿尔托研究中心诞生的。

施乐公司最重要的虚计利润的会计造假方法就是利用融资租赁,主要的手段是:

(1)通过高估租赁资产的公允价值,在租赁开始日提前确认与融资租赁有关的收入。

按照美国公认会计原则(GAAP),只有租赁资产公允价值大于账面价值的部分才能在当期确认为销售利润,因此施乐在每期租赁收款总额中故意高估租赁资产的公允价值,低估服务的公允价值,从而多计租赁期开始日的当期利润。从效果上看,这是将未来的利息等其他收入作为销售型租赁在当期形成的销售收入整体提前确认。不过,想要随便高估租赁资产的公允价值也并不容易。对此,施乐采用的是迂回战术。施乐在销售型租赁活动中,每期只向客户收取一笔款项,其中包括租赁费、维修保养费、销售耗材、融资收益(即初始确认的未实现利息收入在当期确认实现的部分)。这种设计被称为"所有权费用总额"(TCO)方法,也就是说,对租赁资产公允价值的补偿包含在其中。按照有关准则,施乐应当按公允价值将所有权费用总额在各项服务和租赁资产之间合理分配。但施乐声称其无法直接获得租赁资产的公允价值,因此将所有权费用总额中减去融资服务和技术服务的公允价值后的差额作为租赁资产的公允价值。可是根据美国公认会计原则的规定,所谓公允价值的最直接形式是公平交易条件下的市场报价,这种公允价值被称为公允市场价值;其次,才是根据一定方法或模型合理确定的估算价值;再次,是参照市场上其他近似商品或服务得出的结果。施乐本身既是销售商也是生产商,所以很难想象其租赁商品竟然会没有市场报价(即只租不卖)。因此,施乐这种做法的理由值得怀疑。

(2)施乐在其会计处理上具体采用了两种手段来高估租赁资产的公允价值:一是利用"权益报酬率"(Return on Equity,ROE)方法故意低估融资服务的公允价值(利息),另一种是利用"利润标准化"(Margin Normalization)方法故意降低技术服务的公允价值。通过这两种方法,施乐增加了租赁资产的公允价值。给定租赁资产的账面价值,其公允价值越大,租赁开始日可确认的当期销售利润就越大。

①权益报酬率方法。为了降低每期所有权费用总额中融资服务的公允价值,最好的方法就是降低融资服务的利率(融资服务单位价格)。利率低了,每期所有权费用总额中未实现融资收益就低了,给定每期的所有权费用总额,每期补偿租赁资产价值的收入就高

了,因此就有理由在租赁期开始日确认较高的租赁资产公允价值,也就能在租赁期开始日当期多确认一些销售利润。所以施乐宣称其融资服务的权益报酬率不超过15%,并且该数字是以独立第三方金融机构的有关利率为依据确定的。事实上,因为施乐的经营范围遍及许多国家和地区,因此第三方的有关贷款利率从6%到22%不等,而施乐只是简单地选择了当时最有利于其操纵利润的15%,没有对此提供充分依据。1997年前,权益报酬率方法只在美国和巴西使用,1998年扩大到欧洲,1999年扩大到其他国家和地区。施乐对此没有向投资者作出任何披露,这使得施乐提供的不同年份的会计信息失去了起码的可比性,严重违背了公认会计原则。有关证据显示,大多数权益报酬率方法的决策都是由施乐高层作出的,但地区负责人为了迎合公司高层的喜好,有时也会采取一些变本加厉的做法。每期所有权费用总额中的租赁资产公允价值增加后,按照一定租赁内含利率折现的租赁设备在租赁期开始日的公允价值自然也就增加了。施乐就是用这种方法,提前在租赁期开始日确认了本应在租赁期内逐步确认的22亿美元收入,总共造成提前确认税前利润3.53亿美元。

②利润标准化。施乐不仅故意低估融资服务公允价值,更大幅低估未来应提供的技术服务公允价值,以增加租赁资产在租赁期开始日的公允价值。技术服务的收入与融资服务的收入性质类似,都是未实现收益,只能在租赁期内逐步确认。因此施乐需要人为降低技术服务的公允价值,才能进一步高估租赁资产的公允价值。为此施乐提出了"利润标准化"这样一个理由。20世纪90年代以来,办公成像行业的激烈竞争导致设备价格不断下降,而技术服务的利润几乎没有下降。施乐认为必须在所有权费用总额中作一些人为调整,以均衡销售产品和提供技术服务业务之间的利润率,其理由是技术服务的高利润是建立在租赁资产"销售"基础上的,因此有必要将有关收入和利润重新"合理"分配。但事实上,通过调整,一部分收入和利润从技术服务转移到"销售"租赁资产业务上,这样就有更多收入和利润可以在租赁期开始日得到确认。如果施乐将这种方法用于内部考核和分析,是无可厚非的。但如果在财务报告中运用这种方法,就严重影响了其每期报告的经营成果,这是违反公认会计原则的。借助这种方法,施乐在1997年至2000年间共提前确认收入6.17亿美元、税前利润3.58亿美元。

(3)提高租赁价格和租赁展期。在许多国家和地区,施乐会在租赁期内经过与承租人的协商后,提高租赁价格或将租赁展期(延长租赁期)并相应增加收费。按照美国《财务会计准则第13号——租赁》和《财务会计准则第27号——对现存销售型租赁或直接融资租赁的续租或展期时的再分类》的有关规定,该收费应在有关租赁期内逐步确认为收入,但施乐仍然将其一次确认,导致了部分收入的提前确认。这种做法导致施乐在1997年至2000年间提前确认设备租赁收入3亿美元、税前利润2亿美元。这种做法严重违反了有关证券法律和公认会计原则,美国证券交易所(SEC)对此高度关注。

(4)提高净残值。上述两个准则还明确规定,租赁资产的净残值在初始确认后不允许变动。而施乐在1997年至2000年间,对其欧洲、美国、墨西哥、巴西、阿根廷等分部大幅提高了租赁资产净残值,有时增幅高达50%。这些租赁资产净残值的增加额贷记了"销售成本"科目,共导致虚增税前利润4 300万美元。尽管绝对利润影响额并不算大,但因为其性质严重,证券交易所对此也十分关注。

问题:

(1)施乐利用哪些手段在租赁业务中操纵利润?

(2)分析其采用的每种手段的特点。

(3)如何对利用租赁业务造假进行防范和监管?

随堂小测验答案

随堂小测验 11-1

1. C 2. B 3. A 4. D 5. A 6. ABCD

随堂小测验 11-2

1. C 2. D 3. A 4. C 5. D 6. A 7. B

随堂小测验 11-3

1. × 2. √ 3. √ 4. ×

随堂小测验 11-4

1. A 2. A 3. ABCD 4. ABD

随堂小测验 11-5

1. √ 2. ×

第 12 章　衍生金融工具会计

学习目标

知识目标:掌握衍生金融工具资产、负债和相关损益的会计确认、计量和财务报告列报,重点掌握公允价值套期、现金流量套期和境外经营净投资三种套期的会计核算及其特点;熟悉金融资产和负债的分类;了解金融工具及其风险特征。

能力目标:能够运用本章所学知识对衍生金融工具的财务影响进行会计确认、计量和列报。

导入案例

美国自2008年以来,由次贷危机为导火索的经济衰退被部分归咎于金融工具公允价值计量,认为是公允价值计量方法放大了经济危机的后果。此后,公允价值计量的适用范围较危机前缩小,由必需的计量属性转变为可选用的计量属性。金融工具会计信息的决策有用性要求与经济后果影响的矛盾再次尖锐。金融工具会计计量属性影响了企业财务报表的哪些要素?对信息使用者决策有用的金融工具计量属性是什么?

12.1 金融工具会计概述

金融工具的不断创新和衍生品交易市场的飞速发展,促进了国际金融市场的巨大变革。衍生金融工具市场发展超前与监管滞后的矛盾已经严重困扰着整个国际金融市场。作为监管重要一环的会计,从金融工具确认、计量和报告等方面完善会计监管有助于金融工具市场的健康发展。

12.1.1 金融工具创新与财务会计

从会计的角度来看,金融工具,尤其是衍生金融工具对传统的财务会计体系产生了很大的影响和冲击。

衍生金融工具是一种在未来结算的合约,是一种未来交易,但由于合约的签订是未来交易的起点,我国的准则认为企业在成为金融工具合同一方时,应当对由此产生的资产或负债进行会计确认。

在会计计量方面,对于金融工具,尤其是衍生金融工具,采用历史成本计量基础不能向信息使用者提供决策有用的会计信息。传统财务会计是以历史成本为计量基础的,而衍生金融工具的初始净投资为零或者很少,其价格又随标的(underlying)工具价格的变动而波动,如以历史成本为计量基础,则难以反映其价值变动,缺乏相关性。

金融工具创新对损益确定和信息披露也产生了重大影响。比如,衍生金融工具的未实现损失或利得(简称未实现损益)是否计入利润表,与套期相关的盈亏如何处理。金融创新对会计理论和会计准则的挑战和推动是非常明显的。

2006 年,我国财政部发布的 38 项具体准则中与金融工具会计和报告相关的准则包括《企业会计准则第 22 号——金融工具确认和计量》、《企业会计准则第 23 号——金融资产转移》、《企业会计准则第 24 号——套期保值》和《企业会计准则第 37 号——金融工具列报》,上述具体会计准则对金融工具确认、计量和报告的相关问题进行了规范,这将有助于提高财务会计信息的可比性。

12.1.2 金融工具的定义

金融工具具体包括:

(1)现金。

(2)在某一主体内拥有业主权益的证据。

(3)以下两种合同:①使某一主体承担如下的合同义务:将现金或其他金融工具交付给另一主体,或在潜在不利的条件下与另一主体交换金融工具。②将如下的合同权利转让给另一主体:从该主体收取现金或其他金融工具,或在潜在有利的条件下与该主体交换其他金融工具。

> **☞ 关键概念——金融工具**
>
> 金融工具是指形成一个企业的金融资产,并形成其他单位的金融负债或权益工具的合同。

其中,“金融资产”、“金融负债”和“权益工具”的定义如下:

(1)金融资产,是指企业的下列某项资产:①现金;②持有的其他单位的权益工具;③从其他单位收取现金或其他金融资产的合同权利;④在潜在有利的条件下与其他单位交换金融工具的合同权利;⑤将来须用或可用企业自身权益工具进行结算的非衍生金融工具的合同权利,企业根据该合同将收到非固定数量的自身权益工具;⑥将来须用或可用企业自身权益工具进行结算的衍生金融工具的合同权利,但企业以固定金额的现金或其他金融资产换取固定数量的自身权益工具的衍生金融工具合同权利除外。其中,企业自身权益工具不包括本身就是在将来收取或支付企业自身权益工具的合同。

(2)金融负债,是指企业的下列某项负债:①向其他单位交付现金或其他金融资产的合同义务;②在潜在不利的条件下与其他单位交换金融工具的合同义务;③将来须用或可用企业自身权益工具进行结算的非衍生金融工具的合同义务,企业根据该合同将交付非固定数量的自身权益工具;④将来须用或可用企业自身权益工具进行结算的衍生金融工具的合同义务,但企业以固定金额的现金或其他金融资产换取固定数量的自身权益工具的衍生金融工具合同义务除外。其中,企业自身权益工具不包括本身就是在将来收取或支付企业自身权益工具的合同。

(3)权益工具,是指能证明拥有某个企业在扣除所有负债后的资产中的剩余权益的合同。

12.1.3 基本金融工具

一般来说，在金融工具中有我们熟知的项目，如现金、应收款项和应付款项、债务证券（就发行者而言是应付债券）或债权证券（就持有者而言属于债权投资）、权益证券（普通股和各类优先股票，按现行资产负债表结构都归入股东权益），它们早已是资产负债表的表内项目，符合财务会计概念框架给出的财务报表要素的定义、确认标准和计量基础，这已经形成一种普遍认同的传统。

12.1.4 衍生金融工具

衍生金融工具，即衍生金融产品，也称为金融衍生工具（financial derivative instruments），有时简称为衍生工具（derivative instruments），也可称为衍生品（derivatives）。通常，衍生工具允许净额交割。衍生金融工具的交易者主要包括套期保值者（hedger）、投机者（speculator）和套利者（arbitrageur）。套期保值者参加衍生品交易是为了减少某种现有风险，投机者参加衍生品交易的目的则是通过对市场变动方向的估计来进行投机，而套利者则从事无风险的套利活动。三类交易者的同时存在对市场形成均衡是有利的。值得注意的是，三类交易者可能是无法区分的，某个具体的交易者可能在某笔交易中套期，而在另一笔交易中进行投机或套利，还有可能在同一笔交易前期进行套期保值，到后期由于市场的变动而转为投机或套利。

> **关键概念——衍生金融工具**
>
> 衍生金融工具是指具有以下特征的金融工具或其他合同：（1）其价值随特定利率、金融工具价格、商品价格、汇率、价格指数、费率指数、信用等级、信用指数，或其他类似变量（称作“标的”）的变动而变动，变量为非金融变量的，该变量与合同的任一方不存在特定关系；（2）不要求初始净投资，或与对市场情况变化有类似反应的其他类型合约相比，要求很少的初始净投资；（3）在未来某一日期结算。

衍生金融工具在形式上都是将在远期执行的经济合约。衍生金融工具一般以一个或几个基本金融工具作为标的，从这个角度上也可以说，衍生金融工具是从基本金融工具派生来的，签约的目的不仅是为交易者转移风险，即套期避险，还包括利用合同期间标的变动的不确定性伺机投机牟利。签约时不要求净投资，如用于套期保值的外汇远期合同，或只要求很少的净投资，如期权合约在签约时需交纳的期权费或权利金。衍生金融工具的持有者往往可以自由选择在未来某一日期结算交割，而且可以采用净额交割的方式，也就是按衍生工具的价值变动额进行结算，净额交割大大地方便了投机活动。

当前，国际金融市场上已知的衍生金融工具品种有两千多种。但尽管品目繁多，创新不断，它的基本类型主要包括远期、期货、期权和互换等。

（1）远期

远期（forward）是指在将来某一确定时间按确定的价格购买或出售某项资产的合约。根据标的的不同，远期主要包括远期外汇合约、远期利率协议、远期股票合约和远期商品合约等。由于是非标准化合约，因此远期合同流通性差，难以转让，绝大部分远期合同都必须到期进行实物交割。

(2)期货

期货(future)是指买卖双方在有组织的交易所内,以公开竞价的方式达成协议,约定在未来某一特定时间交割标准数量特定金融工具或商品的交易合约。与远期不同的是,由于期货是标准化合约,具有较强的流动性,绝大多数合约在到期前被平仓,到期交割的比例极小。另外,期货交易采取保证金(marginal deposit)结算制度,有较强的杠杆效应。根据标的的不同,期货主要包括外汇期货、利率期货、股票指数期货和商品期货等。

(3)期权

期权(option)又称交易选择权,有两种基本类型:一种叫买权或看涨期权(call option),买权的持有者有权在某一确定时间以某一确定价格购买标的资产;另一种叫卖权或看跌期权(put option),卖权的持有者有权在某一确定时间以某一确定价格出售标的资产。在这两类期权中,有交易选择权的一方即买方为了取得履约选择权,必须支付给卖方的费用,称为权利金,又称为期权价格、期权费或期权保险金。按照权利行使时间不同,期权可以分为欧式期权和美式期权。欧式期权只能在到期日执行;美式期权可以在期权有效期内的任意时间执行。根据标的资产不同,期权可以分为外汇期权、利率期权和股票指数期权等。

期权合约是一种选择权合约,其持权人(主动签约方,即买方)享有在合约期满或期满之前按行权价格购买或销售一定数额的某种金融资产的权利。如果行情有利,他有权选择买进或卖出该种金融资产;如果行情不利,他可以放弃行使买进或卖出的权利。而期权合约的立权人(卖方,即发行方)则有义务在买方要求履约时出售或购入该种金融资产。行权价格是指期权合约所规定的买入或卖出所交易商品或有价证券的价格,又称敲定价格、执行价格。

由此可见,期权合约是一种债权性证券,要求卖方向买方转让或从买方受让的金融资产,则是交易的标的物。在签约时,买方(主动签约方)应向卖方(发行方)交纳一笔期权费(option premium),这是买方的初始净投资,买方承担的风险就以不执行合约时损失这笔期权费为限,而卖方则需承担在对其不利的情况下买方要求执行合约的全部损失。因此,期权对买方而言,损失有限,利益无限,而对卖方而言,损失无限,利益有限。

(4)互换

互换(swap)是指当事人按一定的条件在金融市场上进行不同金融工具交换的交易合约,是交易双方根据互换合同,按照事先约定的公式,交换未来各自债务现金流量的一种金融交易方式。其实质是一种长期债券多头与另一种长期债券空头的组合,或是一种一系列远期合同的组合,它可以被认为是对期货、期权和远期合同交易的一种扩展。互换的参与者多为一些大公司和机构,他们为了满足某些特殊的需求而进行金融工具的互换(互换的期间通常较长)。金融互换交易由于考虑了交易各方的独特情况和利用了交易各方的独特优势,常常可以同时增加交易各方的经济利益,达到双赢或多赢的效果。互换主要包括货币互换、利率互换和货币利率互换等形式。

(5)其他衍生金融工具

其他衍生金融工具主要是指金融工具(包括衍生金融工具)的组合。例如,可转换债券、认股权证等金融工具是基本金融工具与金融期权的结合体。其他衍生金融工具还包括一些新型的衍生金融工具(如执行价格与时间挂钩的衍生金融工具、信用衍生金融工具、通货膨胀衍生金融工具等)。由于衍生金融工具处于不断地发展和创新之中,故各种新型衍生金融工具还会不断产生。

宽泛地说,衍生金融工具还包括担保合同、保险合同,以及根据气候、地理等变量进行支付的合约等。这些合约与前面所述的几类主要衍生金融工具一样,代表了未来的或有负债或者或有权利。不同的是,担保合同、保险合同等的或有性是由人为因素、自然因素导致的,而期货、期权、互换等的或有性是金融市场的价格波动导致的。这些区别导致这两种或有合约存在明显不同的特性,如期权、互换等由衍生金融工具会计准则加以规范,而担保合同、保险合同以及根据气候、地理等变量进行支付的合约由或有事项会计准则加以规范或另外制定单独的会计准则(如保险会计准则)。当然,这些会计准则都反映了对发生的可能性和金额都不确定的或有事项所包含的面向未来的权利义务关系进行的会计规范,准则之间应该是逻辑一致和相互协调的。另外,企业发行的雇员福利计划下的期权和认股权证等由于在很大程度上是企业的内部交易而非外部合约,也不在本章介绍。

综上所述,本章所涉及的衍生金融工具不包括一般的担保合同、保险合同、根据气候或地理等变量进行支付的合约以及企业发行的雇员福利计划下的期权和认股权证等。这也是与国际会计准则相一致的。

【随堂小测验12-1】

1. 企业发行金融工具时,应确认为权益工具的是(　　)。

A. 如果该工具合同条款中没有包括交付现金或其他金融资产给其他单位的合同义务,也没有包括在潜在不利条件下与其他单位交换金融资产或金融负债的合同义务

B. 如果该工具合同条款中包括交付其他金融资产给其他单位的合同义务

C. 如果该工具合同条款中包括在潜在不利条件下与其他单位交换金融资产的合同义务

D. 如果该工具合同条款中包括交付现金给其他单位的合同义务

2. 与基本金融工具相比,下列选项中属于衍生金融工具特点的是(　　)。

A. 其标的可能包括商品价格、汇率、价格指数、费率指数、信用等级等,但不能是非金融变量

B. 要求很高的初始净投资

C. 多数情况下进行实物交割

D. 通常,衍生金融工具允许净额交割

12.2 金融工具确认与计量

确认是将符合要素定义和确认标准的项目计入资产负债表或利润表的过程。会计确认的关键,除了符合财务报表要素的定义外,还必须符合确认的条件。一项符合要素定义的项目在符合以下条件时应当予以确认:(1)与该项目有关的未来经济利益将会流入或

流出企业;(2)对该项目的成本或价值能可靠地加以计量。确认金融工具的目的是把金融工具代表的权利、义务纳入资产负债表,相关的收益或损失纳入利润表,以避免因合约标的物在金融市场上的价格变动而导致的风险和报酬未反映在表内。

12.2.1 金融工具的确认与计量

会计确认分为初始确认和后续确认。与此相对应,会计计量也可分为初始计量和后续计量。广义的后续计量包括终止计量。

1. 金融工具的确认

企业从事金融工具业务,其结果不外乎两种:有利或者不利。金融工具代表了符合资产或负债定义的权利(rights)或义务(obligations),因此,应该在财务报表中予以确认。在有利的情况下,金融工具的结算导致现金或其等价物的流入,或者收到金融资产或非金融资产,这时,它代表获取可预期的未来经济利益的权利;反之,在不利的情况下,企业在进行金融工具结算时,需要支付现金、交付金融资产或非金融资产,即承担了可预期的经济利益的未来牺牲。它们符合资产、负债的基本特征。因此,当企业成为金融工具合同的一方时,应当在其资产负债表内确认金融资产或金融负债。

(1)金融工具的初始确认

当企业成为金融工具合同的一方时,应当确认一项金融资产或金融负债。

金融资产在初始确认时,应当划分为如下四类:①以公允价值计量且其变动计入当期损益的金融资产,包括交易性金融资产和指定为以公允价值计量且其变动计入当期损益的金融资产;②持有至到期投资;③贷款和应收款项;④可供出售金融资产。

金融负债在初始确认时,应当划分为交易性金融负债和指定为以公允价值计量且其变动计入当期损益的金融负债或者其他金融负债。

金融工具分类决定了会计计量属性。这个问题将在后面金融资产会计计量的有关内容中讲述。

(2)金融工具的终止确认

金融资产满足下列条件之一的,应当终止确认:①收取该金融资产现金流量的合同权利终止;②该金融资产已转移,且符合《企业会计准则第 23 号——金融资产转移》规定的金融资产终止确认条件。

金融负债的现时义务全部或部分已经解除的,才能终止确认金融负债或其一部分。

2. 金融工具的计量

以公允价值计量衍生金融工具能够向财务报表使用者提供有用的会计信息。尤其是企业取得衍生金融工具时的成本很小甚至为零,与其公允价值相比,按照历史成本计量不能提供金融工具的真实价值。同时,以公允价值计量金融工具必然导致未实现损益,未实现损益的会计处理备受关注。

与会计初始计量和后续计量相对应,金融工具计量包括初始计量和后续计量。

(1)初始计量

金融工具初始计量时按照取得时的公允价值计量。如果发生交易费用,在计量金融工具时则须区别对待,具体见表 12 - 1。金融资产或金融负债的公允价值通常以市场交易价格为基础确定。企业在从事金融工具业务时发生的可直接归属于购买、发行或处置金融工具新增的外部费用,属于交易费用。

(2)后续计量

金融资产或金融负债公允价值变动形成的利得或损失,除与套期保值有关外,按表 12 - 1 的规定处理。以套期为目的而进行的金融工具交易产生的未实现利得或损失依据套期保值的类型进行会计核算。

表 12 - 1　　金融工具的计量属性及其对损益的影响

分类	初始计量	后续计量	对损益的影响
以公允价值计量且其变动计入当期损益的金融资产/负债	取得时的公允价值; 交易费用计入当期损益	公允价值	计入当期损益
持有至到期投资	取得时的公允价值; 交易费用计入初始确认金额	摊余成本	—
贷款和应收款项	取得时的公允价值; 交易费用计入初始确认金额	摊余成本	—
可供出售金融资产	取得时的公允价值; 交易费用计入初始确认金额	公允价值	发生时计入所有者权益,终止确认时计入损益
其他金融负债	取得时的公允价值; 交易费用计入初始确认金额	摊余成本	—

12.2.2 以投资为目的的金融工具的会计处理

传统金融工具的会计处理请参考中级财务会计的相关内容。在下面的举例中,我们主要结合衍生金融工具来说明以投资为目的的金融工具的会计确认与计量。

1. 账户设置

(1)"衍生工具"①账户。该账户核算企业衍生工具的公允价值及其变动形成的衍生资产或衍生负债。该账户按照衍生工具类别进行明细核算。该账户期末借方余额,反映企业衍生工具形成资产的公允价值;贷方余额,反映企业衍生工具形成负债的公允价值。衍生工具作为套期工具的,在"套期工具"账户核算。

(2)"公允价值变动损益"②账户。该账户核算企业以公允价值计量的资产或负债公允价值变动形成的应计入当期损益的利得或损失。该账户按照以公允价值计量的资产或负债的类别进行明细核算。期末该账户余额转入"本年利润"账户后应无余额。企业开展套期保值业务的,有效套期关系中套期工具或被套期项目的公允价值变动,可以单独设

① 在《企业会计准则——应用指南》中,"衍生工具"科目属于"共同类"会计科目,其会计科目编号为"3101"。

② 在《企业会计准则——应用指南》中,"公允价值变动损益"科目属于"损益类"会计科目,其会计科目编号为"6101"。

置“套期损益”账户核算。

2. 远期合同的会计处理

远期合同是衍生金融工具最基本的类别。企业在签订合约时，应同时确认一项金融资产和金融负债。以投资为目的的远期合同，在初始确认后，以公允价值对远期合同进行后续计量，产生的利得或损失计入当期损益。

【例 12 -1】 公司预期某外币(FC)汇率将下跌，与外汇银行于 12 月 1 日签订了于次年 1 月 30 日按 FC: LC[①] = 1: 0.2100 的汇率卖出 FC 1 000 000 的远期外汇合约。有关汇率见表 12 -2。

表 12 -2

日期	即期汇率(FC: LC)	相对于 1 月 30 日的远期汇率(FC: LC)
12 月 1 日(交易发生日)	1: 0.2200	1: 0.2100
12 月 31 日(资产负债表日)	1: 0.2150	1: 0.2050
次年 1 月 30 日(结算日)	1: 0.2000	1: 0.2000

该公司有关该远期合同的会计处理如下：

①12 月 1 日，签订出售 FC 的外汇远期合同。

公司取得衍生工具时，应按其公允价值，借记“衍生工具”账户；按发生的交易费用，借记“投资收益”账户；按实际支付的金额，贷记“银行存款”等账户。12 月 1 日，公司所签远期合同公允价值为 0，所以无需编制会计分录。

②12 月 31 日，FC 汇率下降，确认外汇远期合同利得。

资产负债表日，按衍生工具的公允价值与其账面余额的差额，借记“衍生工具”账户，贷记“公允价值变动损益”账户。

借：衍生工具——外汇远期合同　　5 000

　　贷：公允价值变动损益　　5 000

外汇远期合同收益 = 1 000 000 × (0.2100 - 0.2050) = LC 5 000

③1 月 30 日，按约定汇率卖出 FC1 000 000。外汇远期合同损益为 LC 10 000[1 000 000 × (0.205 - 0.2)]。按实际收到的金额 LC10 000，借记“银行存款”账户，按外汇远期合同的账面余额，贷记“衍生工具”账户，按其差额，贷记“投资收益”账户。

借：银行存款　　10 000

　　贷：衍生工具　　5 000

　　　　投资收益　　5 000

同时，将原记入“公允价值变动损益”的金额转出，并记入“投资收益”账户。

借：公允价值变动损益　　5 000

　　贷：投资收益　　5 000

① LC 表示本币。

公司对汇率变动的预期与市场汇率走势一致，通过签订卖出外汇远期合同获利 LC 10 000。

3. 期货合同的会计处理

关于期货合同，以利率期货为例来说明其会计处理。所谓利率期货交易，是指买卖双方在期货交易所内通过公开竞价方式，买卖标准数量的特定金融证券合约的交易。

利率期货在场内进行，必须交纳保证金。此外，由于期货交易实行每日价差结算无负债制度，事实上每天都必须确认市场价格变动带来的损益，并按交易所要求补充追加保证金（maintenance marginal deposit），也可以提取相应的盈利。需要说明的是，为便说明，以下举例仅给出了在会计结账日的会计处理。

【例 12－2】 某公司为期货交易所和结算所会员，于 1 月 10 日购进 100 份面值为 1 000 000 元的短期国债合约，买入时价格指数为 85，1 月末价格指数为 87，2 月末价格指数为 88，3 月份转出合约时价格指数为 87.5。企业于建仓时交纳了初始保证金 3 000 000 元（保证金率为 3%），1 月末取出 500 000 元。价格指数[①]变动的每点价值为 25 元。该公司有关期货合同的会计处理如下：

①1 月 10 日，建仓，交纳初始保证金。企业将款项存入清算代理机构时，借记"存出保证金"[②]或"其他应收款"账户，贷记"银行存款"账户。

借：其他应收款　　3 000 000

　　贷：银行存款　　3 000 000

②1 月末，合约价值上涨 500 000 元（25 × 200 × 100）：

借：其他应收款　　500 000

　　贷：公允价值变动损益　　500 000

③1 月末，提取保证金 500 000 元：

借：银行存款　　500 000

　　贷：其他应收款　　500 000

④2 月末，合约价值上涨 250 000 元（25 × 100 × 100）：

借：其他应收款　　250 000

　　贷：公允价值变动损益　　250 000

⑤3 月份平仓时，合约价值下降 125 000 元（25 × 50 × 100）：

借：投资收益　　125 000

　　银行存款　　3 125 000

　　贷：其他应收款　　3 250 000

---

① 价格指数是用 100 减去利率。如 90 就是利率在 10% 的时候的价格指数。每一个变动点指的是利率变动 0.01% 时价格指数的变动，如从 91 变到 89，价格指数降低了 200 个点，实际表示利率升高了 2%。

② "存出保证金"账户核算企业因办理业务需要存出或交纳的各种保证金款项。本科目期末借方余额反映企业存出或交纳的各种保证金余额。

借:公允价值变动损益　　750 000

　贷:投资收益　　750 000

其中,625 000 = 25 × 250 × 100。

在本次交易中,企业盈利625 000元。

4. 期权交易的会计处理

在期权交易中,期权价格是通过期权的买卖双方在交易所内公开竞价的方式形成的。它是期权卖方因承担必须履约义务而获得的利润,也是期权买方在出现最不利变化时所要承担的最大损失金额。

期权价格是标的物的现行市价与期权合约的执行(敲定)价格之差。它由两部分组成:内含价值和时间价值,即,期权价格 = 内含价值 + 时间价值。其中,内含价值指某一时刻标的物市场价格与执行价格的差额。对于买入(看涨)期权,内含价值等于标的物市场价格减去执行价格;对于卖出(看跌)期权,内含价值等于标的物执行价格减去市场价格。

时间价值是指期权价格超出内含价值的部分。期权通常是以高于内含价值的价格出售的,高于内含价值的这一部分权利金,就是时间价值。时间价值的大小取决于期权剩余有效期的长短。期权的剩余有效期越长,其时间价值也就越大。时间价值也随到期的时间临近而减少,直至期满时其时间价值为零。

【例12-3】某公司于2009年1月2日购入看涨期权,约定按敲定价格每股100元购买S公司的1 000股股票,期权到期日为2009年4月30日,支付权利金(即期权价格)400元。2009年3月31日,公司股票价格涨至每股120元,期权的内含价值为20 000元。市场评估该期权时间价值为100元。4月1日,公司转让了该期权。

①2009年1月2日,购入期权:

借:衍生金融工具——股票看涨期权　　400

　贷:银行存款　　400

当日该期权的内含价值为零,时间价值为400元。

②2009年3月31日,S公司股票价格上涨至每股120元:

借:衍生金融工具——股票看涨期权　　20 000

　贷:公允价值变动损益　　20 000

借:公允价值变动损益　　300

　贷:衍生金融工具——股票看涨期权　　300

③2009年4月1日,转让期权:

借:银行存款　　20 000

　投资收益　　100

　贷:衍生金融工具——股票看涨期权　　20 100

借:公允价值变动损益　　19 700

　贷:投资收益　　19 700

5. 互换业务的会计处理

互换合同是指公司间达成的债务互换协议。第一份互换合同是1981年8月世界银行与美国国际商用电器公司(IBM 公司)签订的。在这笔互换交易中,当时持有美元债务的世界银行与持有瑞士法郎和德国马克债务的 IBM 公司通过互换,交换各自债务,给双方都带来了巨大的经济利益。据《欧洲货币》杂志 1983 年 4 月测算,在美国所罗门兄弟公司安排的这笔互换中,IBM 把 10% 利率的西德马克债务换成 8.15% 利率的美元债务,世界银行将 16% 利率的美元债务换成 10.13% 利率的西德马克债务,交易双方都降低了筹资成本,效果十分显著。自那以后,随着其内容逐步被公开,互换交易技术逐步普及,导致互换二级市场出现,以至于西方大银行在投资业务中"言必谈互换",使互换市场迅速壮大成长。当前全球互换交易每年签约金额达数十万亿美元之巨。因而,互换被公认为是 20 世纪 80 年代最重大的金融创新之一。

跨国公司和金融企业是互换市场的大户。对于这些企业来说,利用互换管理资产可以避免金融市场上利率变动和汇价变动带来的巨大财务风险,使得企业资产和负债的利率差价能获得较好的匹配,并可以此设计、开发各种新型融资债券,以筹措资金。金融企业最初参与互换是为了帮助跨国公司合理避税(如英国海外投资扣税),并收取 0.5% 至 1% 的手续费。保险公司将互换应用到租赁业务,以满足其开拓国际化业务的需要。养老金基金组织也在一定范围内采用金融互换,以使其基金保值增值。当前,除跨国公司以外,出口信贷部门、政府机构也都十分热心参与这种金融交易活动。

互换一般可分为利率互换和货币互换两大类。利率互换(interest rate swap),是指将同种货币债务以不同的利率进行调换的一种金融交易。货币互换(currency swap),是指在相同的利率水平下,将不同货币的债务进行调换的一种金融交易。随着互换技术的不断复杂和完善,互换创新形式的不断涌现,在利率互换和货币互换的基础上,又出现了涉及不同货币、不同利率的交叉货币利率互换(cross - currency interest rate swap)。目前,互换形式层出不穷,主要有期权互换、远期互换、指数互换、多边互换等。

互换交易的基本条件包括:(1)货币单位。最低货币交易单位是相当于 1 000 万美元的货币金额。(2)交易币种。互换交易使用较多的货币有美元、日元、德国马克、英镑、瑞士法郎等。(3)合同期限。互换交易期限一般为 5 至 7 年,有的甚至超过 10 年。(4)资金利率。利率由双方参照市场利率商定。(5)偿还方式。经双方协商可采用多种形式,如分期偿还、到期一次还本付息、本利均等偿还等。(6)履约义务。交易双方互换债务、交换资金,双向契约制约双方未来履行义务,如果一方停止支付,则另一方当然也可不履行义务。(7)中途解约。交易双方规定合同中途解约、互换终止的各项条件。(8)其他事项。除上述内容以外的其他有关内容,如适用的有关法律、支付中介手续费、其他费用分配等。上述基本条件经双方商定后最终体现在互换合同上,签字后生效执行。

下面以利率互换合同为例来说明互换合同的操作,以及合同各方如何通过互换达到规避有关风险的目的。

【例 12 -4】 A 公司需要固定利率借款以固定筹资成本,而 B 公司需要浮动利率借款。A 公司信用等级为 AAA, B 公司信用等级为 BBB,市场给予两家公司的利率如表 12 -3 所示。

表 12－3

	固定利率	浮动利率
A 公司	9.8%	LIBOR＋0.1%
B 公司	10.3%	LIBOR＋1.5%

可以看出，在固定利率市场上，A 公司比 B 公司的绝对优势为 0.5%，而在浮动利率市场上，A 公司比 B 公司的绝对优势为 1.4%，即 A 公司在浮动利率市场上有比较优势，而 B 公司在固定利率市场上有比较优势，双方可以通过各自的比较优势为双方借款，然后互换。利率互换的过程如表 12－4 所示。

表 12－4

	互换前	互换后	节约
A 公司	9.8%	9.4%	0.4%
B 公司	LIBOR＋1.5%	LIBOR＋1.1%	0.4%

可见，通过利率互换，双方的筹资成本降低了 0.8%（9.8%＋LIBOR＋1.5%－9.4%－LIBOR－1.1%），最终达到共同降低筹资成本的效果，通过谈判，双方平均分享互换所带来的利益。最终实际筹资成本为：A 公司实际支付 9.4% 的固定利率，而 B 公司实际支付 LIBOR＋1.1% 的浮动利率。

B 公司现金流量为：(1) 发行公司债券，按年利率 10.3% 向投资者支付利息；(2) 根据与银行的互换合同，获得 9.2% 的利息；(3) 同时，向银行支付 LIBOR 利率的利息；(4) B 公司净现金流量为 LIBOR＋1.1%（10.3%＋LIBOR－9.2%）的利息支出，比它在浮动利率市场上筹资减少了 0.4%［（LIBOR＋1.5%）－（LIBOR＋1.1%）］的利息支出。

A 公司现金流量为：(1) 筹措资金，向贷款人支付 LIBOR＋0.1% 年利息；(2) 根据与银行互换合同，获得 LIBOR 利率的利息；(3) 同时，向银行支付 9.3% 的利息；(4) A 公司净现金流量为 9.4%（LIBOR＋0.1%－LIBOR＋9.3%）的利息支出，比它在固定利率市场上筹资减少了 0.4%（9.8%－9.4%）的利息支出。中介银行，熟悉市场行情，在甲乙双方均不知对方的情况下，与他们签订合同，每天对冲可能产生的外汇风险，并获得净现金流量为 0.1%（9.3%＋LIBOR－9.2%－LIBOR）的利息收入。

从这笔互换交易中可知：一是 A、B 两家公司在债务本金不交换的情况下，债务利率即固定利率与浮动利率实现交换；二是这笔利率互换潜在总收益为 0.9%｛［（LIBOR＋1.5%）－（LIBOR＋0.1%）］－（10.3%－9.8%）｝，在交易三方中得到分配，其中甲公司 0.4%，乙公司 0.4%，银行 0.1%。

【随堂小测验 12－2】

1. 在资产负债表中对金融资产或负债的初始确认条件是（　　）。

A. 与金融工具有关的未来经济利益将会流入或流出企业

B. 金融工具的成本或价值能够可靠地计量

C. 成为金融工具合同的一方

D. 符合资产或负债的定义

2. 金融工具的分类决定了其后续计量。企业成为衍生金融工具合同一方时确认的金融资产或负债的可能分类是(　　)。

A. 持有至到期投资　　B. 可供出售金融资产

C. 交易性金融资产或负债　　D. 贷款和应收款项

3. 下列金融资产中按公允价值进行后续计量,且其未实现公允价值变动损益直接计入利润表的是(　　)。

A. 持有至到期投资　　B. 可供出售金融资产

C. 交易性金融资产　　D. 贷款和应收款项

4. "衍生工具"账户期末贷方余额反映企业衍生工具形成的(　　)的公允价值。

A. 资产　　B. 负债

C. 所有者权益　　D. 收入

5. 从事衍生金融工具交易形成的资产或负债,应当按照(　　)进行初始和后续计量。

A. 公允价值　　B. 可变现净值

C. 现值　　D. 重置成本

12.3 套期会计

12.3.1 套期会计概述

1. 套期概念

套期,也称套期保值或避险,是指企业降低某些风险的经济行为。国际会计准则规定,套期是指定一个或多个套期工具,以使其公允价值的变动全部或部分地抵销被套期项目的公允价值或现金流量变化。衍生工具和某些非衍生工具可以用作套期避险的工具。

> **关键概念——套期**
>
> 根据《企业会计准则第24号——套期保值》,套期是指企业为规避外汇风险、利率风险、商品价格风险、股票价格风险、信用风险等,指定一项或一项以上套期工具,使套期工具公允价值或现金流量变动,预期抵销被套期项目全部或部分公允价值或现金流量变动。

2. 套期会计的必要性

套期会计要求在资产负债表中将用于套期的金融工具确认为资产或负债,并以公允价值进行计量。套期工具作为避险工具,其产生的损益能与被套期项目上产生的损益实现对冲的效果。

套期工具代表一定的权利和义务,符合资产与负债的定义,应确认为资产或负债,在财务报表中进行报告。若无套期会计,金融工具合约及其损益情况和签订这些合约的避险意图与结果在会计上就得不到反映。套期会计的目的就是要在财务报表中将管理者采取避险策略及其取得的效果公正、客观地反映出来。

3. 套期关系的认定

企业通过套期活动,可以在套期工具与被套期项目之间形成套期关系,使套期工具公允价值或未来现金流的变动方向与被套期项目相反,进而有效地抵销特定风险导致的被套期项目价值变动可能带来的损失。

> **关键概念——套期会计**
>
> 套期会计是指在相同会计期间将套期工具和被套期项目公允价值变动的抵销结果计入当期损益的方法,也就是使套期工具和被套期项目的相互冲抵的公允价值或现金流量变动能够同时计入会计利润的会计处理方法。

套期工具是企业为进行套期而指定的、其公允价值或现金流量变动预期可抵销被套期项目的公允价值或现金流量变动的衍生工具。对外汇风险进行套期还可以将非衍生金融资产或非衍生金融负债指定为套期工具。被套期项目主要包括使企业面临风险损失的资产、负债、尚未确认的确定承诺或很可能发生的预期交易。

为了保证会计信息的可比性和透明性,防止管理层进行盈余管理活动,套期活动必须在符合一定条件的情况下,才能按照套期会计处理。当且仅当符合以下条件时,套期关系才能按套期会计进行核算:

(1)在套期开始时,企业对套期关系有正式指定,并准备了关于套期关系、套期活动的风险管理目标和套期策略正式的书面文件。该份文件应至少包括套期工具、被套期项目、被套期风险的性质以及套期有效性评价方法等内容。

(2)在抵销公允价值或可归属于被套期风险的现金流量的变动方面,该套期预期高度有效,且符合企业最初为该套期关系所确定的风险管理策略。

(3)对预期交易现金流量套期,套期中的预期交易必须是很可能会发生的,且必须存在最终可能影响报告净利润的现金流量变动风险。

(4)套期的有效性能够可靠地计量,也就是说,被套期项目的公允价值或现金流量、套期工具的公允价值可以可靠地计量。在套期开始和整个期间内,企业可以预期被套期项目的公允价值或现金流量变动几乎全部可以由套期工具的公允价值或现金流量变动抵销,且实际抵销效果在80% ~125%的范围内。套期有效性是指套期工具的公允价值或现金流量变动能够抵销被套期风险引起的被套期项目公允价值或现金流量变动的程度。

(5)企业应持续地对套期有效性进行评价,并确保套期在套期关系被指定的会计期间内高度有效。

12.3.2 套期的类别及其会计处理

根据套期的对象和对冲风险的不同,套期主要分为公允价值套期、现金流量套期以及境外经营净投资套期。在会计上对套期作如此细分,理由在于:不同种类的套期,其套期的目的和操作不同,进而决定其对冲效果不同,因此应当作不同的会计反映。

1. 主要核算账户

(1)"套期工具"[1]账户。该账户核算企业开展套期保值业务中套期工具公允价值变动形成的资产或负债。该账户应按照套期工具类别进行明细核算。该账户期末余额反映企业套期工具形成的资产或负债的公允价值。

(2)"被套期项目"[2]账户。该账户核算企业开展套期保值业务中被套期项目公允价值变动形成的资产或负债。该账户应按照被套期项目类别进行明细核算。该账户期末余额反映企业被套期项目形成的资产或负债的公允价值。

2. 公允价值套期的会计处理

> **关键概念——公允价值套期**
>
> 公允价值套期是指对已确认资产或负债、尚未确认的确定承诺,或该资产或负债、尚未确认的确定承诺中可辨认部分的公允价值变动风险进行的套期。

公允价值套期的会计核算方法是:套期工具的公允价值变动形成的利得或损失应立即计入当期损益;被套期项目因被套期风险形成的利得或损失计入当期损益,并同时调整被套期项目的账面价值,或者如果被套期项目是未确认的确定承诺,且该确定承诺与购买资产或承担负债有关,则因被套期风险引起的公允价值变动累计额而确认的资产或负债,应调整履行该确定承诺所取得的资产或承担的负债的初始确认金额。

(1)以可供出售金融资产为被套期项目的公允价值套期业务

【例12-5】P公司于4月1日以每股100元的价格购入某公司100股普通股股票,P公司作为可供出售金融资产管理。

借:可供出售金融资产　　10 000

　　贷:其他货币资金——存出投资款(股票投资)　　10 000

12月31日,股票价格涨至125元。

借:可供出售金融资产　　2 500

　　贷:资本公积——其他资本公积　　2 500

P公司认为股票风险需要规避,以锁定股票投资收益,为此购入了该股票的看跌期权。该期权使P公司拥有按每股125元的价格卖出股票的选择权,签约日执行价格与市价相同。次年1月2日,P公司指定该期权为股票投资公允价值套期的套期工具。

P公司将已确认的资产或负债指定为被套期项目时,应按其账面价值,借记或贷记"被套期项目"账户,贷记"可供出售金融资产"、"库存商品"、"长期借款"等账户。

借:被套期项目——可供出售金融资产　　12 500

　　贷:可供出售金融资产　　12 500

根据企业会计准则,在资产负债表日,对于有效套期部分,按被套期项目产生的利得,

---

① 根据《企业会计准则——应用指南》,"套期工具"科目属于"共同类"会计科目,其会计科目编号为"3201"。

② 根据《企业会计准则——应用指南》,"被套期项目"科目属于"共同类"会计科目,其会计科目编号为"3202"。

借记“被套期项目”账户;如果被套期项目属于公允价值套期,贷记“套期损益”或者“公允价值变动损益”账户,如果被套期项目属于现金流量套期或者境外经营净投资额套期,则贷记“资本公积——其他资本公积”账户。被套期项目产生损失做相反的会计分录。

至年底,股票价格降至每股120元。P公司的账务处理如下:

借:套期损益　　500
　贷:被套期项目——可供出售金融资产　　500
借:套期工具　　500
　贷:套期损益　　500

本例中,套期工具和被套期项目上的套期损益相同,套期完全有效。

(2)以存货为被套期项目的公允价值套期业务

【例12-6】 T公司决定为一批存货进行套期,以规避存货价格变动风险。该批存货的成本为60 000元,当前售价为80 000元。11月1日,T公司签订3个月期的远期合同,按80 000元的价格出售同种存货。12月31日,存货价格下跌5 000元,远期合同获利5 000元。次年1月31日,存货价格再次下跌3 000元,远期合同获利3 000元。11月1日远期合同价值为零。T公司的账务处理如下:

11月1日,签订远期合同:

借:被套期项目——库存商品　　60 000
　贷:库存商品　　60 000

12月31日,套期工具和被套期项目的公允价值变动损益均计入当期损益,并按照损益金额调整两者的账面价值:

借:套期损益　　5 000
　贷:被套期项目——库存商品　　5 000
借:套期工具——远期合同　　5 000
　贷:套期损益　　5 000

次年1月31日,远期合同到期,进行净额结算;存货按72 000元售出,货款存入银行:

借:套期损益　　3 000
　贷:被套期项目——库存商品　　3 000
借:套期工具——远期合同　　3 000
　贷:套期损益　　3 000
借:银行存款　　8 000
　贷:套期工具——远期合同　　8 000
借:银行存款　　72 000
　贷:主营业务收入　　72 000
借:主营业务成本　　52 000
　贷:被套期项目——库存商品　　52 000

T公司如果11月1日出售该批存货,可获得毛利20 000元。通过使用衍生金融工具套期,3个月以后,虽然该批存货价格已下降了8 000元,T公司出售该批存货仍然获得了

20 000 元的毛利。本例中,套期完全有效,被套期项目公允价值的减少或增加通过套期工具公允价值的增加或减少完全抵销。如果套期不是完全有效,套期工具无效套期部分的价值应当计入当期损益。其他处理与套期完全有效的情形相同。

【例 12－7】承上例,假设存货第一次跌价 5 000 元,远期合同增值 4 600 元;第二次存货跌价 3 000 元,远期合同增值 2 400 元。T 公司的账务处理如下:

11 月 1 日,签订远期合同:

借:被套期项目——库存商品　　60 000

　　贷:库存商品　　60 000

12 月 31 日,存货跌价,远期合同增值:

借:套期损益　　5 000

　　贷:被套期项目——库存商品　　5 000

借:套期工具——远期合同　　4 600

　　贷:套期损益　　4 600

次年 1 月 31 日,远期合同到期,进行净额结算;存货按 72 000 元售出,货款存入银行:

借:套期损益　　3 000

　　贷:被套期项目——库存商品　　3 000

借:套期工具——远期合同　　2 400

　　贷:套期损益　　2 400

借:银行存款　　7 000

　　贷:套期工具——远期合同　　7 000

借:银行存款　　72 000

　　贷:主营业务收入　　72 000

借:主营业务成本　　52 000

　　贷:被套期项目——库存商品　　52 000

T 公司在第一年年末无效套期部分为 400 元,第二年远期合同结算和出售货物时又产生无效套期部分 600 元,均在当期损益中确认。

(3)以互换合同为被套期项目的公允价值套期业务

【例 12－8】J 公司于 2007 年年初发行面值 1 000 000 元、5 年期、固定利率 8% 的公司债券。为规避市场利率下降的风险,J 公司于同日签订了一项 5 年期的利率互换合同,将固定利率负债转换为浮动利率负债:

①J 公司将从签约对方收到按 1 000 000 元、固定利率 8% 计算的金额。

②J 公司按 LIBOR 利率作为利率互换市场利率向签约对方支付金额。2007 年年初的市场利率为 6.8%。

互换结算日与利息支付日相同,为每年的 12 月 31 日。在每一个支付日(即结算日),J 公司与签约对方计算市场利率和固定利率之间的差额,确定互换的价值:如果利率下降,对 J 公司而言,则互换的价值上升,J 公司获得利得;同时,J 公司在固定利率债券上遭受损失。

2007 年年末,J 公司支付公司债券利息,当日的市场利率出现严重下降,因此互换合同的价值上升。即,J 公司将收到 80 000 元固定利息,同时按 LIBOR 利率支付利息 68 000 元。12 000 元为 J 公司在第一个付息日收到的差额。利率互换的市场价值增长 40 000 元。

J 公司的账务处理如下:

①2007 年年初,发行公司债券:

借:银行存款　　1 000 000

　贷:应付债券　　1 000 000

②同日,签订互换合同:

借:应付债券　　1 000 000

　贷:被套期项目——应付债券　　1 000 000

由于利率合同价值为零,因此无须记录,但需在备查登记簿中记录签订该项利率互换合同。

③2007 年 12 月 31 日,向债券投资者支付债券利息:

借:财务费用——债券利息　　80 000

　贷:银行存款　　80 000

④利率互换需要核算互换交易费。互换交易费是指在互换日支付利息时,利息支出额较大的一方向另一方支付的利息差额。

2007 年 12 月 31 日,收到互换合同第一年的差额 12 000 元:

借:银行存款　　12 000

　贷:财务费用——互换交易费　　12 000

⑤2007 年 12 月 31 日,记录互换合同升值:

借:套期工具——利率互换合同　　40 000

　贷:套期损益——利率互换合同利得　　40 000

同时,记录公司债券公允价值上升:

借:套期损益——债券公允价值损失　　40 000

　贷:被套期项目——应付债券　　40 000

通过签订利率互换合同,J 公司在互换资产上获利 40 000 元,减少了财务费用、增加了资产;同时,该公司在债券上则损失 40 000 元,增加了财务费用、增加了负债。

(4)以确定承诺为被套期项目的公允价值套期业务

确定承诺是指在未来某特定日期或期间,以约定价格交换特定数量资源,具有法律约束力的协议。我国会计准则将对未确认的确定承诺的套期作为公允价值套期进行会计处理,该确定承诺因被套期风险引起的公允价值变动累计额应确认为一项资产或负债,相关的利得或损失计入当期损益。如果该确定承诺与购买资产或承担负债有关,因被套期风险引起的公允价值变动累计额应调整履行该确定承诺所取得的资产或承担的负债的初始确认金额。

【例 12-9】 A 公司 2007 年 12 月 1 日与国外 B 供货商协议在 2008 年 1 月 31 日购买金额为 FC 270 000 的设备,货款将于当日支付。同日,A 公司签订了 60 天后购买 TC 240 000 的期汇合同。有关汇率如下:

2007 年 12 月 1 日,60 天远期汇率为 LC 0.6125 = TC 1, LC 0.5454 = FC 1;

2007年12月31日，30天远期汇率为LC 0.5983 = TC 1，LC 0.5317 = FC 1；

2008年1月31日，即期汇率为LC 0.5777 = TC 1，LC 0.5137 = FC 1。

A公司以期汇合同对要买入的设备进行套期保值，以2007年12月1日60天远期汇率计算，FC 270 000大体等于TC 240 000，期汇合同的结算和确定承诺的实现在同一日，近年来LC对TC的价值变动与LC对FC的价值变动高度相关。

A公司账务处理如下：

①2007年12月1日，期汇合同公允价值为零，不做会计分录。

②2007年12月31日，结账日记录期末汇率变动产生的影响。一方面，按2007年12月31日30天远期汇率计算，A公司买入的TC 240 000的LC等值为LC 143 592(240 000 × 0.5983)，按2007年12月1日汇率计算的LC等值为LC 147 000(0.6125 × 240 000)，差额LC 3 408(147 000 − 143 592)视同一种损失。另一方面，购买设备的确定承诺，按2007年12月1日远期汇率计算的LC等值比按2007年12月31日远期汇率计算的LC等值多LC 3 699[(0.5454 − 0.5317) × 270 000]，视同一种利得。会计分录如下：

借：套期损益——期汇合同　　3 408

　贷：套期工具——期汇合同　　3 408

借：被套期项目——确定承诺　　3 699

　贷：套期损益——确定承诺　　3 699

③2008年1月31日，首先记录汇率变动产生的影响。期汇合同的损失金额为LC 4 944[(0.5983 − 0.5777) × 240 000]，确定承诺的利得为LC 4 860[(0.5317 − 0.5137) × 270 000]。会计分录如下：

借：套期损益——期汇合同　　4 944

　贷：套期工具——期汇合同　　4 944

借：被套期项目——确定承诺　　4 860

　贷：套期损益——确定承诺　　4 860

记录购入的设备和支付的款项：

借：固定资产　　147 528(270 000 × 0.5454)

　贷：银行存款　　138 699(270 000 × 0.5137)

　　被套期项目——确定承诺　　8 559(4 860 + 3 699)

记录期汇合同进行净额结算：

借：套期工具——期汇合同　　8 352(3 408 + 4 944)

　贷：银行存款　　8 352

3. 现金流量套期的会计处理

> **关键概念——现金流量套期**
>
> 现金流量套期是指对被套期项目的现金流量变动风险进行的套期。

现金流量套期中的被套期项目可以是已确认的资产或负债，也可以是将来很可能发生的预期交易；外汇确定承诺也可以按现金流量套期进行账务处理。预期交易指的是尚未承诺但预期会发生的交易。上述被套期项目现金流量变动源于与已确认的资产或负债、很可能发生的预期交易有关的某类特定风险。需要注意区别的是,对以企业报告货币表示的固定价格买卖资产的一项未确认的确定承诺,国际会计准则要求按现金流量套期处理。

我国企业会计准则规定现金流量套期的会计处理方法是:

(1)套期工具利得或损失中属于有效套期的部分直接确认为所有者权益,无效套期的部分应计入当期损益。

(2)当被套期项目是很可能发生的预期交易时,须视预期交易的结果进行会计处理:

①如果预期交易使企业随后确认一项金融资产或一项金融负债,原已计入所有者权益的相关利得或损失,在该金融资产或金融负债影响企业损益的相同期间转出,计入当期损益。

②如果预期交易使企业随后确认一项非金融资产或一项非金融负债,原已计入所有者权益的相关利得或损失,企业可以选择下面任一方法进行会计处理:在该非金融资产或非金融负债影响企业损益的相同期间转出,计入当期损益;或者,将原已计入所有者权益的相关利得或损失转出,计入该非金融资产或非金融负债的初始确认金额。需要注意的是,企业选择上述两种处理方法之一作为会计政策后,应一致地运用于相关的所有预期交易套期,不得随意变更。

(3)其他情形的现金流量套期,原已计入所有者权益的相关利得或损失,在被套期预期交易影响企业损益的相同期间转出,计入当期损益。

①以矿石采购预期交易为被套期项目的套期业务。

【例 12-10】2007 年 9 月,某公司拟于 2008 年 1 月购入 1 000 吨矿石。公司担心到购买时市场价格上涨,于是公司为该预期采购购入履约价格 1 550 元、2008 年 1 月交割的 1 000 吨矿石的期货合同。2007 年 12 月 31 日,2008 年 1 月交割的矿石价格为1 575 元。2008 年 1 月,公司按市场价格每吨 1 575 元购入 1 000 吨矿石。

在本例中,公司拥有按照每吨 1 550 元的价格购入矿石的权利和义务。该期货合同的标的物为矿石价格。如果该矿石价格高于 1 550 元,期货合同价值升高,因为公司可以按照 1 550 元的价格购入矿石。

对上述交易,公司的账务处理如下:

a. 2007 年 9 月,签约日无需做会计分录。

b. 2007 年 12 月 31 日,矿石价格上涨:

借:套期工具——期货合同　　25 000

　　贷:资本公积——其他资本公积　　25 000

c. 2008 年 1 月,购入 1 000 吨矿石:

借:原材料　　1 575 000

　　贷:银行存款　　1 575 000

d. 同时,期货合同到期,进行净额交割:

借:银行存款　　25 000

　　贷:套期工具——期货合同　　25 000

如果公司的会计政策规定套期工具损益于交易发生日计入非金融资产或负债的初始确认金额,则编制如下会计分录:

借:资本公积 25 000
　　贷:原材料 25 000

此时,预期交易的结果对损益没有影响,因此,原已计入所有者权益的相关利得或损失暂不计入损益。

e. 假设上述矿石被加工成产成品并已出售。产成品成本 1 700 000 元,售价 2 000 000 元,会计分录如下:

借:银行存款 2 000 000
　　贷:主营业务收入 2 000 000
借:主营业务成本 1 700 000
　　贷:库存商品 1 700 000

f. 此时,对很可能发生的预期交易进行套期保值交易对企业损益产生影响。假如企业选择在该批被套期铁矿石影响企业损益的相同期间转出并计入当期损益,则对原已计入所有者权益的相关利得或损失,编制会计分录如下:

借:资本公积——其他资本公积 25 000
　　贷:主营业务成本 25 000

②以商品出售预期交易为被套期项目的套期业务。

【例 12 - 11】 F 公司决定用衍生工具对 100 000 吨商品的预期销售进行套期。公司计划在期末出售这批商品。期初时,公司签订了一项衍生工具合同,为预期销售套期,其公允价值为零。衍生工具的名义数量也是 100 000 吨,其标的物的等级和相应的价格也与公司拥有的商品相同。衍生工具的结算和商品的出售在期末的最后一天发生。

套期开始时,该公司商品的预计售价总金额是 1 100 000 元。期末,衍生工具的公允价值增加 25 000 元,同时商品的售价减少 25 000 元。F 公司账务处理如下:

a. 期初,签订衍生工具合约:

由于没有发生成本,不做会计分录。

b. 期末,套期工具的公允价值发生变动:

借:套期工具 25 000
　　贷:资本公积——其他资本公积 25 000

c. 对衍生工具进行净额结算:

借:银行存款 25 000
　　贷:套期工具 25 000

d. 确认销售收入:

借:银行存款 1 075 000
　　贷:主营业务收入 1 075 000

e. 结转套期工具利得:

借:资本公积——其他资本公积 25 000
　　贷:主营业务收入 25 000

该公司若在期初出售该批商品会收到 1 100 000 元现金流入,通过签订衍生工具合同,虽然在期末商品售价已下降,公司仍然收到了 1 100 000 元的现金流入。

4. 境外经营净投资套期的会计处理

境外经营净投资套期会计核算与现金流量套期相似:(1)有效套期部分的套期工具利得或损失,应直接确认为所有者权益,直到对该净投资额进行处置时,再将其转出,计入当期损益;(2)无效套期部分,套期工具利得或损失立即计入利润表。

关键概念——境外经营净投资套期

境外经营净投资套期是指针对境外经营净投资的外汇风险所作的套期。境外经营净投资是指企业在境外经营净资产中的权益份额。

下面以以境外净投资汇率变动为被套期项目的套期业务为例,说明境外经营净投资的会计处理。

【例 12-12】 H 公司于 11 月 1 日持有以 FC 计价的境外经营净投资 LC 8 000 000。H 公司的功能货币为 LC,境外经营主体的功能货币是 FC。公司预计将在 3 个月后收回投资,因此签订了一项 3 个月期的远期合同,于 3 个月后出售等值的 FC。12 月 31 日,因 FC 贬值,投资缩水 LC 500 000,远期合同增值 LC 600 000。次年 1 月 31 日,FC 再次贬值,投资缩水 LC 300 000,远期合同增值 LC 360 000。

H 公司的账务处理如下:

①11 月 1 日,H 公司签订远期合同:

借:被套期项目——境外经营净投资　　8 000 000
　　贷:长期股权投资　　8 000 000

外汇远期合同的公允价值为零,不作账务处理。

②境外经营净投资的汇兑差额应当递延并计入所有者权益,直至投资被处置。

12 月 31 日,调整套期工具的账面价值,调整额即汇兑损益计入所有者权益。被套期项目也作相同处理。

借:套期工具——外汇远期合同　　600 000
　　贷:资本公积——其他资本公积　　500 000
　　　　套期损益(或财务费用)——远期利得　　100 000
借:资本公积——其他资本公积　　500 000
　　贷:被套期项目——境外经营净投资　　500 000

③次年 1 月 31 日,记录套期工具与被套期项目公允价值的变动:

借:套期工具——外汇远期合同　　360 000
　　贷:资本公积——其他资本公积　　300 000
　　　　套期损益(或财务费用)——远期利得　　60 000
借:资本公积——其他资本公积　　300 000
　　贷:被套期项目——境外经营净投资　　300 000

④次年 1 月 31 日,远期合同到期结算,同时收回境外投资:

借:银行存款　　960 000
　　贷:套期工具——外汇远期合同　　960 000

借:银行存款　　　　　　　　　　　　　　7 200 000

　贷:被套期项目——境外经营净投资　　　　　　7 200 000

对境外经营净投资的套期保值不适用于被投资方以投资方功能货币为记账本位币的国外实体,因为对这些投资的套期保值实为投机。若人民币为被投资方公司的功能货币,则使用人民币对外币财务报表进行重新计量产生的损益计入净损益。因此,套期保值境外经营净投资产生的损益应作为计算当期净利润的项目,即套期保值产生的损益将抵销重新计量产生的损益。

【随堂小测验 12-3】

1. 衡量套期有效性为有效的实际效果应该在(　　)的范围内。

A. 85% ~120%　　B. 90% ~120%

C. 80% ~125%　　D. 85% ~100%

2. (　　)账户的公允价值变动金额不影响利润表,而是直接计入所有者权益。

A. 交易性金融资产　　B. 交易性金融负债

C. 衍生金融工具　　D. 可供出售金融资产

3. "被套期项目"账户期末余额反映企业被套期项目形成资产或负债的(　　)。

A. 公允价值　　B. 实际成本

C. 实际成本加交易费用　　D. 可实现净值

4. (　　)是指在未来某特定日期或期间,以约定价格交换特定数量资源,具有法律约束力的协议。

A. 预期交易　　B. 远期合同

C. 确定承诺　　D. 期权合约

5. 现金流量套期是对被套期项目的(　　)风险进行的套期。

A. 公允价值变动　　B. 现金流量变动

C. 公允价值或现金流量变动　　D. 没有正确答案

6. (　　)是既可以按照公允价值套期也可以按照现金流量套期进行会计处理的被套期项目。

A. 资产　　B. 负债

C. 将来很可能发生的预期交易　　D. 外汇确定承诺

12.4 金融资产转移

金融资产转移是指企业(转出方)将金融资产让与或交付给该金融资产发行方以外的另一方(转入方)。伴随金融资产转移的会计问题是金融资产的终止确认和终止计量。终止确认,是指将金融资产或金融负债从企业的账户和资产负债表内予以转销。本节讨论的主要问题是金融资产转移是否满足终止确认的条件,其次,如果终止确认条件未能满足,如何对金融资产进行计量。

12.4.1 金融资产转移的确认

企业在判断金融资产转移是否满足金融资产终止确认条件时,应当注重金融资产转移的实质,根据金融资产所有权和控制权是否发生转移,决定金融资产的终止确认。

1. 金融资产转移的情形和分类

企业金融资产转移,按照转移的方式,包括下列两种情形:

情形一,将收取金融资产现金流量的权利转移给另一方。

情形二,将金融资产转移给另一方,但保留收取金融资产现金流量的权利,并承担将收取的现金流量支付给最终收款方的义务,且同时满足下列条件:①从该金融资产收到对等的现金流量时,才有义务将其支付给最终收款方。企业发生短期垫付款,但有权全额收回该垫付款并按照市场上同期银行贷款利率计收利息的,视同满足本条件。②根据合同约定,不能出售该金融资产或作为担保物,但可以将其作为对最终收款方支付现金流量的保证。③有义务将收取的现金流量及时支付给最终收款方。企业无权将该现金流量进行再投资,但按照合同约定在相邻两次支付间隔期内将所收到的现金流量进行现金或现金等价物投资的除外。企业按照合同约定进行再投资的,应当将投资收益按照合同约定支付给最终收款方。

企业应当将金融资产转移区分为金融资产整体转移和部分转移,并分别按企业会计准则相关规定进行处理。金融资产部分转移包括三种具体情形:①将金融资产所产生现金流量中特定、可辨认部分转移,如企业将一组类似贷款的应收利息转移等。②将金融资产所产生全部现金流量的一定比例转移,如企业将一组类似贷款的本金和应收利息合计的一定比例转移等。③将金融资产所产生现金流量中特定、可辨认部分的一定比例转移,如企业将一组类似贷款的应收利息的一定比例转移等。

2. 金融资产终止确认的条件

金融资产终止确认包括所有权和控制权标准。

(1)所有权标准

企业已将金融资产所有权上几乎所有的风险和报酬转移给转入方的,终止确认该金融资产;保留了金融资产所有权上几乎所有的风险和报酬的,不应当终止确认该金融资产。企业在判断是否已将金融资产所有权上几乎所有的风险和报酬转移给了转入方时,应当比较转移前后该金融资产未来现金流量净现值及时间分布的波动使其面临的风险。企业面临的风险因金融资产转移发生实质性改变的,表明该企业已将金融资产所有权上几乎所有的风险和报酬转移给了转入方,如不附任何保证条款的金融资产出售等;企业面临的风险没有因金融资产转移发生实质性改变的,表明该企业仍保留了金融资产所有权上几乎所有的风险和报酬,如将贷款整体转移并对该贷款可能发生的信用损失进行全额补偿等。企业需要通过计算判断是否已将金融资产所有权上几乎所有的风险和报酬转移给了转入方的,在计算金融资产未来现金流量净现值时,应当考虑所有合理、可能的现金流量波动,并采用适当的现行市场利率作为折现率。

企业仍保留与所转移金融资产所有权上几乎所有的风险和报酬的,应当继续确认所转移金融资产整体,并将收到的对价确认为一项金融负债。该金融资产与确认的相关金融负债不得相互抵销。

(2)控制权标准

企业既没有转移也没有保留金融资产所有权上几乎所有的风险和报酬的,应当分别下列情况处理:

①放弃了对金融资产控制的,终止确认该金融资产。企业在判断是否已放弃对所转移金融资产的控制时,应当注重转入方出售该金融资产的实际能力。转入方能够单独将转入的金融资产整体出售给与其不存在关联方关系的第三方,且没有额外条件对此项出售加以限制的,表明企业已放弃对该金融资产的控制。

②未放弃对金融资产控制的,应当按照其继续涉入所转移金融资产的程度确认有关金融资产,并相应确认有关负债。继续涉入所转移金融资产的程度,是指该金融资产价值变动使企业面临的风险水平。

企业在判断金融资产转移是否满足准则规定的金融资产终止确认条件时,应当注重金融资产转移的实质。例如,在附回购协议的金融资产出售中,转出方将予回购的资产与售出的金融资产相同或实质上相同、回购价格固定或是原售价加上合理回报的,不应当终止确认所出售的金融资产,如采用买断式回购、质押式回购交易卖出债券等。再如,转出方在金融资产转移后只保留了优先按照公允价值回购该金融资产的权利的(在转入方出售该金融资产的情况下),应当终止确认所转移的金融资产。又如,在采用保留次级权益或提供信用担保等进行信用增级的金融资产转移中,转出方只保留了所转移金融资产所有权上的部分(非几乎所有)风险和报酬且能控制所转移金融资产的,应当按照其继续涉入所转移金融资产的程度确认相关资产和负债。

企业既没有转移也没有保留金融资产所有权上几乎所有的风险和报酬,且未放弃对该金融资产控制的,应当充分反映保留的权利和承担的义务。

12.4.2 金融资产转移的计量

1. 金融资产整体转移

金融资产整体转移满足终止确认条件的,应当将下列两项金额的差额计入当期损益:①所转移金融资产的账面价值;②因转移而收到的对价与原直接计入所有者权益的公允价值变动累计额(涉及转移的金融资产为可供出售金融资产的情形)之和。具体计算公式如下:

金融资产整体转移形成的损益 = 因转移收到的对价 - 所转移金融资产账面价值 +(或 -)原直接计入所有者权益的公允价值变动累计利得(或损失)

因金融资产转移获得了新金融资产或承担了新金融负债的,在转移日按照公允价值确认该金融资产或金融负债(包括看涨期权、看跌期权、担保负债、远期合同、互换等),并将该金融资产扣除金融负债后的净额作为上述对价的组成部分。

企业与金融资产转入方签订服务合同提供相关服务(包括收取该金融资产的现金流量,并将所收取的现金流量交付给指定的资金保管机构等)的,就该服务合同确认一项服务资产或服务负债。服务负债应当按照公允价值进行初始计量,并作为上述对价的组成部分。

因此,上述公式中的"因转移收到的对价"的计算公式为:

因转移收到的对价 = 因转移交易实际收到的价款 + 新获得金融资产的公允价值 + 因转移获得服务资产的公允价值 - 新承担金融负债的公允价值 - 因转移承担服务负债的公允价值

(1)债券投资转移的确认和计量

【例 12－13】 2009 年 1 月 1 日,S 公司将持有的公司债券出售给 B 公司,出售价格为 5 000 万元,该债券公允价值为 4 960 万元。该债券于 2006 年 1 月 1 日发行,面值 4 900 万元,年利率 6%,利息按年支付。S 公司持有其作为可供出售金融资产管理。

S 公司的账务处理如下:

借:银行存款　　50 000 000

　贷:可供出售金融资产　　49 600 000

　　投资收益　　400 000

借:资本公积——其他资本公积　　600 000

　贷:投资收益　　600 000

(2)股票投资转移的确认和计量

【例 12－14】 2009 年 11 月 3 日,R 公司购入三种普通股,每种股票在被投资企业的股权中比例少于 20%,初始成本 718 550 元,构成如下:

A 公司股票　259 700 元

B 公司股票　317 500 元

C 公司股票　141 350 元

　合计　718 550 元

R 公司管理层指定该投资组合为可供出售金融资产。

根据上述经济业务,编制会计分录如下:

借:可供出售金融资产　　718 550

　贷:银行存款　　718 550

2009 年 12 月 6 日,收到 B 公司股票现金股利 4 200 元。编制会计分录如下:

借:银行存款　　4 200

　贷:投资收益　　4 200

2009 年 12 月 31 日持有股票的成本与公允价值如表 12－5 所示。

表 12－5　　单位:元

项目	成本	公允价值	未实现损益
A 公司股票	259 700	275 000	15 300
B 公司股票	317 500	304 000	－13 500
C 公司股票	141 350	104 000	－37 350
合计	718 550	683 000	－35 550

根据上述资料,编制会计分录如下:

借:资本公积——其他资本公积　　35 550

　贷:可供出售金融资产　　35 550

2010年1月23日,出售A公司股票,出售净收入为287 220元。编制会计分录如下:

借:银行存款　　287 220

　贷:可供出售金融资产　　259 700

　　投资收益　　27 520

借:资本公积——其他资本公积　　15 300

　贷:投资收益　　15 300

2. 金融资产部分转移

金融资产部分转移满足终止确认条件的,将所转移金融资产整体的账面价值,在终止确认部分和未终止确认部分之间,按照各自的相对公允价值进行分摊,并将下列两项金额的差额计入当期损益:①终止确认部分的账面价值;②终止确认部分的对价,与原直接计入所有者权益的公允价值变动累计额中对应终止确认部分的金额之和。其中,原直接计入所有者权益的公允价值变动累计额中对应终止确认部分的金额,应当按照金融资产终止确认部分和未终止确认部分的相对公允价值,对该累计额进行分摊后确定。

3. 金融资产转移的担保物

企业向金融资产转入方提供了非现金担保物(如债务工具或权益工具投资等)的:

(1)如果转入方按照合同或惯例有权出售该担保物或将其再作为担保物,企业应当将该非现金担保物在资产负债表中重新归类,并单独列示为一项资产。

(2)转入方已将该担保物出售的,转入方应当就归还担保物义务,按照公允价值确认一项负债;转出方继续将担保物确认为一项资产。

(3)企业因违约丧失了赎回担保物权利的,应当终止确认该担保物;转入方应当按照公允价值将该担保物确认为一项资产。转入方已出售该担保物的,转入方应当终止确认归还担保物的义务。

4. 未转移金融资产

不符合金融资产转移确认条件的金融资产,包括以下情形:

(1)通过对所转移金融资产提供财务担保方式继续涉入的,应当在转移日按照金融资产的账面价值和财务担保金额两者之中的较低者,确认继续涉入形成的资产,同时按照财务担保金额和财务担保合同的公允价值(提供担保的取费)之和确认继续涉入形成的负债。财务担保金额,是指企业所收到的对价中,将被要求偿还的最高金额。在随后的会计期间,财务担保合同的初始确认金额应当在该财务担保合同期间内按照时间比例摊销,确认为各期收入。因担保形成的资产的账面价值,应当在资产负债表日进行减值测试。

(2)企业因卖出一项看跌期权或持有一项看涨期权,使所转移金融资产不符合终止确认条件,且按照摊余成本计量该金融资产的,应当在转移日按照收到的对价确认继续涉入形成的负债。所转移金融资产在期权到期日的摊余成本和继续涉入形成的负债初始确认金额之间的差额,应当采用实际利率法摊销,计入当期损益;同时,调整继续涉入所形成负债的账面价值。相关期权行权的,应当在行权时,将继续涉入形成负债的账面价值与行权价格之间的差额计入当期损益。

(3)企业因持有一项看涨期权使所转移金融资产不满足终止确认条件,且按照公允

价值计量该金融资产的,应当在转移日仍按照公允价值确认所转移金融资产,同时按照下列规定计量继续涉入形成的负债:

①该期权是价内或平价期权的,应当按照期权的行权价格扣除期权的时间价值后的余额,计量继续涉入形成的负债。

②该期权是价外期权的,应当按照所转移金融资产的公允价值扣除期权的时间价值后的余额,计量继续涉入形成的负债。

(4)企业因卖出一项看跌期权使所转移金融资产不满足终止确认条件,且按照公允价值计量该金融资产的,应当在转移日按照该金融资产的公允价值和该期权行权价格之间的较低者,确认继续涉入形成的资产;同时,按照该期权的行权价格与时间价值之和,确认继续涉入形成的负债。

(5)企业因卖出一项看跌期权和购入一项看涨期权(即上下期权)使所转移金融资产不满足终止确认条件,且按照公允价值计量该金融资产的,应当在转移日仍按照公允价值确认所转移金融资产;同时,按照下列规定计量继续涉入形成的负债:

①该看涨期权是价内或平价期权的,应当按照看涨期权的行权价格和看跌期权的公允价值之和,扣除看涨期权的时间价值后的金额,计量继续涉入形成的负债。

②该看涨期权是价外期权的,应当按照所转移金融资产的公允价值总额和看跌期权的公允价值之和,扣除看涨期权的时间价值后的金额,计量继续涉入形成的负债。

下面以应收票据转移为例说明未转移金融资产的确认与计量。

【例 12－15】 S 公司出售商品收到买方签发承兑的不带息商业汇票,面值 351 000 元,期限 3 个月。相关销售收入符合收入确认条件。

如果持有至到期日,会计分录如下:

借:银行存款　　　　351 000

　　贷:应收票据　　　　351 000

如果向银行贴现,且银行保留了追索权,则表明 S 公司的应收票据贴现不符合金融资产终止确认条件,应将贴现所得确认为一项金融负债。假设 S 公司贴现净额为 340 000 元,则会计分录如下:

借:银行存款　　　　340 000

　　短期借款——利息调整　　　　11 000

　　贷:短期借款——成本　　　　351 000

【随堂小测验 12－4】

1. 2007 年 1 月 2 日,M 公司将持有的公司债券出售给 N 公司,出售价格为 600 万元,该债券 2006 年 12 月 31 日的账面价值为 595 万元。该债券于 2006 年 1 月 1 日按面值发行,年利率 6%,利息按年支付。M 公司于发行日购入面值 500 万元的债券作为可供出售金融资产管理。则出售日计入投资收益的金额为(　　)万元。

A. 5　　B. 95　　C. 100　　D. 130

2. 金融资产终止确认包括(　　)标准。

A. 收益权　　B. 所有权　　C. 控制权　　D. 处置权

3. 金融资产整体转移满足终止确认条件，确认金融资产整体转移形成的损益时，应考虑(　　)。

A. 因转移收到的对价

B. 所转移金融资产账面价值

C. 原直接计入所有者权益的公允价值变动累计利得

D. 原直接计入所有者权益的公允价值变动累计损失

12.5 金融工具列报

金融工具列报，包括金融工具在财务报表上的列示和相关信息的附注披露。符合金融工具定义与确认条件的项目在资产负债表上列示，但有关金融工具更翔实的信息仍需在财务报表附注中披露，这些信息不仅是对表内列报的补充，而且还包括一些具有独立价值的重要资料。金融工具列报是金融工具会计处理的重要组成部分。

12.5.1 金融工具列示

企业发行金融工具，应当按照该金融工具的实质，以及金融资产、金融负债和权益工具的定义，在初始确认时将该金融工具或其组成部分确认为金融资产、金融负债或权益工具。企业发行的非衍生金融工具包含负债和权益成分的，应当在初始确认时将负债和权益成分进行分拆，分别进行处理。

金融资产和金融负债应当在资产负债表内分别列示，不得相互抵销。同时满足下列条件的，以相互抵销后的净额在资产负债表内列示：①企业具有抵销已确认金额的法定权利，且该种法定权利现在是可执行的；②企业计划以净额结算，或同时变现该金融资产和清偿该金融负债。不满足终止确认条件的金融资产转移，转出方不得将已转移的金融资产和相关负债进行抵销。

12.5.2 金融工具披露

企业应当在附注中披露已确认和未确认金融工具的有关信息。企业所披露的金融工具信息，应当有助于财务报告使用者就金融工具对企业财务状况和经营成果影响的重要程度作出合理评价。

披露的信息主要包括：编制财务报表时对金融工具所采用的重要会计政策、计量基础；金融资产或金融负债的账面价值；公允价值变动金额；金融资产重分类；金融资产转移；金融资产担保；每类金融资产减值损失的详细信息；每类套期保值有关的信息；与各类金融工具风险相关的描述性信息和数量信息；公允价值确定方法；与金融工具有关的收入、费用、利得或损失；企业披露与敏感性分析有关的信息。

总体来看，金融工具列报披露的金融工具信息应具有相关性和可靠性；只有重要的金融工具才应予以披露；披露的金融工具信息应具有可理解性。

【随堂小测验 12-5】

1. 下列关于金融工具信息披露的叙述不正确的是(　　)。

A. 企业应当在附注中披露金融工具的有关信息,不包括未确认的金融工具

B. 企业应当对套期保值按照套期保值类别进行披露,披露信息包括套期关系的描述、套期工具的描述及其在资产负债表日的公允价值以及被套期风险的性质

C. 企业应当按照每类金融资产和金融负债披露公允价值信息

D. 企业应当披露每类金融资产减值损失的详细信息

2. 企业应当披露与各类金融工具风险相关的(　　)信息和(　　)信息。

A. 历史　　B. 描述性　　C. 敞口　　D. 数量

3. 金融工具的市场风险(　　)。

A. 是企业在履行与金融负债有关的义务时遇到资金短缺的风险

B. 包括外汇风险、利率风险和其他价格风险

C. 是金融工具的公允价值或未来现金流量因市场价格变动而发生波动的风险

D. 是流动风险的构成部分

本章小结

本章主要阐述了金融工具,主要是衍生金融工具的确认与计量,以及金融工具转移的会计处理。

(1)基本金融工具和衍生金融工具。金融工具包括基本金融工具和衍生金融工具。基本金融工具包括现金、企业应收款和应付款、债券、普通股等,它们是资产负债表的表内项目。

(2)金融工具的确认。金融工具的确认包括初始确认和后续确认(包括终止确认)。当企业成为金融工具合同的一方时,应当确认一项金融资产或金融负债。在初始确认时,企业应根据企业管理层进行金融工具交易的目的对金融工具进行分类。

金融资产满足下列条件之一时终止确认:①收取该金融资产现金流量的合同权利终止;②该金融资产已转移,且符合《企业会计准则第 23 号——金融资产转移》规定的金融资产终止确认条件。

金融负债的现时义务全部或部分已经解除的,才能终止确认金融负债或其一部分。

(3)金融工具的计量。与会计初始确认和后续确认相对应,金融工具计量包括初始计量和后续计量。

衍生金融工具的特点决定了只有以公允价值计量衍生金融工具能够向财务报表使用者提供有用的会计信息。同时,以公允价值计量金融工具必然导致未实现损益,未实现损益的会计处理也是一个重要的会计问题。

衍生金融工具初始计量时按照取得时的公允价值计量;如果发生交易费用,计入当期损益。

金融资产或金融负债按其类别不同分别采用摊余成本或公允价值进行后续计量。衍生金融工具公允价值变动形成的利得或损失,除与套期保值有关外,计入当期损益。以套期为目的的进行金融工具交易产生的未实现利得或损失,依据套期保值的类型进行会计核算。

(4)以投资为目的的金融工具的会计处理。按照目前会计准则对金融工具的分类,衍生金融工具或者属于交易性金融资产或负债,或者作为套期关系中的套期工具进行确认。以投资为目的的衍生金融工具,无论是远期,还是期货等其他衍生金融工具,其初始和后续(含终止)计量都是公允价值计量,相关的公允价值变动损益计入当期损益。

(5)套期及其会计处理。套期是指企业为规避外汇风险、利率风险、商品价格风险、股票价格风险、信用风险等,指定一项或一项以上套期工具,使套期工具公允价值或现金流量变动,预期抵销被套期项目全部或部分公允价值或现金流量变动。

根据套期的对象和对冲风险的不同,套期主要分为公允价值套期、现金流量套期以及境外经营净投资套期。

①公允价值套期,是指对已确认资产或负债、尚未确认的确定承诺,或该资产或负债、尚未确认的确定承诺中可辨认部分的公允价值变动风险进行的套期。公允价值套期的会计核算方法是:套期工具的公允价值变动形成的利得或损失应计入当期损益;被套期项目因被套期风险形成的利得或损失计入当期损益,并同时调整被套期项目的账面价值,或者如果被套期项目是未确认的确定承诺,且该确定承诺与购买资产或承担负债有关,则因被套期风险引起的公允价值变动累计额而确认的资产或负债,应调整履行该确定承诺所取得的资产或承担的负债的初始确认金额。

②现金流量套期,是指对被套期项目的现金流量变动风险进行的套期。现金流量套期中的被套期项目可以是已确认的资产或负债,也可以是将来很可能发生的预期交易;外汇确定承诺也可以按现金流量套期进行会计处理。现金流量套期的会计处理方法是:套期工具利得或损失中属于有效套期的部分直接确认为所有者权益,无效套期部分应计入当期损益。当被套期项目是很可能发生的预期交易时,须视预期交易的结果进行会计处理:如果预期交易使企业随后确认一项金融资产或一项金融负债,原已计入所有者权益的相关利得或损失,在该金融资产或金融负债影响企业损益的相同期间转出,计入当期损益;如果预期交易使企业随后确认一项非金融资产或一项非金融负债,原已计入所有者权益的相关利得或损失,企业可以选择下面任一方法进行会计处理:在该非金融资产或非金融负债影响企业损益的相同期间转出,计入当期损益;或者,将原已计入所有者权益的相关利得或损失转出,计入该非金融资产或非金融负债的初始确认金额。需要注意的是,企业选择上述两种处理方法之一作为会计政策后,应一致地运用于相关的所有预期交易套期,不得随意变更。其他情形的现金流量套期,原已计入所有者权益的相关利得或损失,在被套期预期交易影响企业损益的相同期间转出,计入当期损益。

③境外经营净投资套期是针对境外经营净投资的外汇风险所作的套期。境外经营净

投资,是指企业在境外经营净资产中的权益份额。境外经营净投资套期会计核算与现金流量套期相似。有效套期部分的套期工具利得或损失,应直接确认为所有者权益,在对该净投资额进行处置时,再将其转出,计入当期损益;无效套期部分,套期工具利得或损失应计入当期损益。

(6)金融资产的转移。金融资产转移包括整体转移和部分转移。对符合金融资产转移条件的金融资产需要终止确认。金融资产转移的确认条件有所有权标准和控制权标准。

(7)金融工具列报。金融工具列报,包括金融工具在财务报表上的列示和相关信息的附注披露。对符合会计要素定义的金融资产、金融负债和权益工具及其对损益的影响,一方面要在资产负债表、利润表、所有者权益变动表和现金流量表上列示;另一方面对于表上未尽事项进行表外披露,即在财务报表附注中进行披露。

关键概念

金融工具　衍生金融工具　套期　套期会计　公允价值套期　现金流量套期　境外经营净投资套期

思考题

1. 衍生金融工具的特点有哪些?
2. 金融工具的初始计量和后续计量属性是什么?
3. 套期会计的必要性体现在哪些方面? 其特点有哪些?
4. 套期关系的认定条件有哪些?
5. 如何从会计角度对套期保值交易进行分类?
6. 套期保值交易中可以作为被套期项目的对象有哪些?
7. 金融工具的财务报告披露要求有哪些?

练习题

1. T公司预期利率上升,于4月1日卖出10份面值为1 000 000元的短期国债期货合同,市场价格指数为90;4月30日价格指数为91,5月31日为89,6月份平仓时价格指数为88。期货合同保证金是合约面值的3%,价格指数变动的每点价值为25美元。

要求:根据上述经济业务,编制该公司相关会计分录。

2. T公司预期S公司的股票将上升,于2010年7月1日购入200股S公司股票的看涨期权,敲定价格为每股70元。T公司支付了权利金240元。2011年1月31日期权到期。有关该看涨期权的价格如下所示:

单位:元

日期	股票市场价格	看涨期权时间价值
2010年9月30日	77	180
2010年12月31日	75	65
2011年1月31日	76	30

要求:根据上述经济业务,编制该公司相关会计分录。

3. T公司于2010年12月31日发行面值10 000 000元、利率8%、2年期公司债券。同时,该公司与银行签订利率互换协议:按固定利率8%收取利息,按6个月LIBOR利率支付利息。2010年12月31日LIBOR利率为7%。每隔6个月的LIBOR利率作为利率互换协议的浮动利率。T公司指定该协议作为公允价值套期工具,且符合套期有效性。6个月LIBOR利率、互换协议和债券公允价值如下所示:

单位:元

日期	6个月LIBOR利率	互换公允价值	债券公允价值
2010年12月31日	7.0%	—	10 000 000
2011年6月30日	7.5%	(200 000)	9 800 000
2011年12月31日	6.0%	60 000	10 060 000

要求:根据上述经济业务,编制该公司相关会计分录。

4. A公司于2010年2月1日向E公司发行以自身普通股为标的的看涨期权。根据该期权合同,如果E公司行权(行权价为12元),E公司有权以每股12元的价格从A公司购入普通股100万股。

其他有关资料如下:

(1)合同签订日:2010年2月1日;

(2)行权日(欧式期权):2011年1月31日;

(3)2011年1月31日应支付的固定行权价格:12元;

(4)期权合同中的普通股数量:100万股;

(5)2010年2月1日期权的公允价值:100 000元;

(6)2010年12月31日期权的公允价值:70 000元;

(7)2011年1月31日期权的公允价值:60 000元;

(8)2011年1月31日每股市价:12.6元。

要求:

(1)如期权将以现金净额结算,编制A公司相关会计分录。

(2)如以普通股净额结算,编制A公司相关会计分录。

(3)如以现金换普通股方式结算,编制A公司相关会计分录。

案例题

案例资料：

2004 年 12 月 2 日，中国航油集团公司控股子公司中国航油（新加坡）股份有限公司（简称中航油）因在石油期货交易上巨额亏损 5.5 亿美元而被交易所停牌，并申请法院保护。有着“打工皇帝”美誉的中航油公司总裁陈久霖被集团董事会停职并接受新加坡警方调查。

中航油于 2001 年 12 月 6 日经批准在新加坡交易所上市。在其上市招股说明书中，中航油的石油贸易涉及轻油、重油、原油、石化产品和石油衍生品等五个部分。到底是什么原因使得中航油和陈久霖遭此惨败？中航油仅仅输在运气不好吗？期货这样的衍生金融工具是洪水猛兽吗？

2003 年下半年，中航油开始参与 200 万桶原油期货买卖，初期获利。

2004 年第一季度，国际油价飙升，中航油持淡仓，使得账面亏损 580 万美元。为挽回损失，中航油加大了投资，增持淡仓。之后，为了避免在账目上出现实际亏损，中航油决定将交割日期延后至 2005 年及 2006 年，再加大投资，希望油价回落时可翻身。可是，其后油价继续攀升。

举个例子，2004 年 9 月 1 日中航油签订了 10 万桶石油衍生品协定。根据这项合同，中航油与高盛公司约定：石油 10 月份的平均价格不会超过每桶 37 美元。实际上，在期权合同生效期间，每桶油的平均价格上升至 61.25 美元，中航油因而每桶损失了 24.25 美元，总计损失 240 百万美元。

在国际期货市场上，公司参与衍生品交易十分普遍，它们的目的相当明确，那就是利用衍生品交易来规避现货交易价格波动带来的风险。其基本的模式是：当价格上涨时，公司通过买入期货合同来规避价格上涨带来的采购成本增大的风险，而当价格下跌时，原油供应商通过卖出期货合同规避库存贬值的风险。然而中航油一开始就目的不纯，它想通过参与期货期权交易来改善公司经营业绩。中航油后来一系列的决策失败由此开始。

在市场压力下，公司关于业务发展方向的决策也出现严重失误，而在具有科学决策机制的公司中，这样的失误发生概率是很小的。中航油的决策却带有很大的随意性，所有重大决策几乎是陈久霖一个人说了算，没有什么制衡机制。国家虽然明令“国有企业境外衍生品交易只能作期货套期保值”，但监管并不到位，实际上是一纸空文，对陈久霖而言是形同虚设。没有一个良好的决策机制，决策水平自然不高，陈久霖一人决策的失误，一步步将中航油拉入期货市场的漩涡中。

其实，陈久霖本人一直强调要建立一套完善的风险管理机制。这些措施，陈久霖不仅说了，也在中航油（新加坡）内部一项项都做了。据了解，公司内部的风险管理委员会由 7 人组成，包括 4 名专职人员、1 名运作部主任、1 名财务部主任和 1 名财务经理，均为新加坡公司员工。中航油（新加坡）的《风险管理手册》是由安永会计师事务所制定的，与其他国际石油公司操作规定基本一致。根据安永会计师事务所的设计，风险控制的基本结构是交易员→风险管理委员会→审部交叉检查→CEO（总裁）→董事会，层层上报。每名交易员亏损20万美元时,交易员要向风险管理委员会汇报;亏损达37.5万美元时,向CEO汇报;亏损50万美元时,必须斩仓。制度有了,但是没有被执行。从某种意义上讲,制度的落实甚至比制度本身更重要,因为没有被落实的制度就是一纸空文。普华永道会计师事务所受新加坡地方法院委托,在中航油(新加坡)进入破产重组后,花了半年时间对期货巨亏案作了详尽调查。报告显示,尽管陈久霖对此事件负有主要责任,但由于公司其他高管、交易员和董事未能履行应尽的公司治理职责,也应承担相应的责任。普华永道会计师事务所指出,中航油缺乏适当的风险管理机制并置公司已有的风险管理制度于不顾是其巨亏的主要原因。

中航油(新加坡)对石油期货交易亏损一直未曾披露,直至2004年11月12日仍然在第三季度业绩报告中大唱利好,使海外投资者再度对中资上市公司的治理结构和诚信发出严重质疑。12月3日,新加坡金融管理局和新加坡警察局商业事务局开始调查中航油是否违反证券和期货法律。同时,新加坡正准备调整会计准则,对进行衍生品交易的公司提出更严格的披露要求。新加坡商业管理局和新加坡交易所正在调查该案件中是否存在"信息披露不及时"和"涉嫌内幕交易"的问题。

要求:

(1)中航油从事石油期货交易的目的是什么?对其如何在财务报表中确认?

(2)中航油石油期货交易的计量属性应该是什么?其财务影响是什么?

(3)结合上述案例,分析如何对衍生工具的风险进行防范(至少列举3个方面)。

随堂小测验答案

随堂小测验12-1

1.A 2.D

随堂小测验12-2

1.C 2.C 3.C 4.A 5.A

随堂小测验12-3

1.C 2.D 3.A 4.C 5.B 6.D

随堂小测验12-4

1.C 2.BC 3.ABCD

随堂小测验12-5

1.A 2.BD 3.BC

第13章　资本市场的其他财务会计问题

学习目标

知识目标：掌握关联方关系及其交易的披露，熟悉关联方关系的确认以及关联方交易的类型，了解关联方交易的影响；掌握股份支付的会计处理，了解股份支付的类型；掌握会计政策变更和会计估计变更的会计处理，熟悉会计政策和会计估计的内容；了解资产负债表日后事项的类型和内容，熟悉调整事项的会计处理以及非调整事项的披露。

能力目标：能够运用本章所学知识判断是否存在关联方关系，以及如何披露关联方及其交易；能够理解股份支付的实质，正确处理股份支付业务；能够准确判别会计政策变更与会计估计变更，资产负债表日后调整事项与非调整事项，并作出正确的会计处理和信息披露。

导入案例

*ST新天在2007年的营业利润为-3.24亿元，利润总额为0.52亿元，在这种变化中，"债务重组收益"发挥了重要的作用。*ST新天在2007年的营业外收入总额为3.3亿元，其中2.09亿元来自政府补助，还有1.2亿元来自债务重组利得，如果没有这1.2亿元的债务豁免，*ST新天在取得政府补助之后仍然处于亏损状态，面临极大的退市风险。在如此危急的情况下，*ST新天利用关联方交易，通过与其大股东新天国际经济技术合作集团有限公司进行债务重组直接获得1.2亿元的债务豁免，规避了退市风险。

2007年7月31日，哈空调发布了2007年半年度报告，报告就会计估计变更事项说明如下：本公司自2007年1月1日起变更应收账款坏账准备的计提方法，由账龄分析法改为迁移模型法，变更依据为《企业会计准则——应用指南》，会计估计变更导致当期净利润增加28 165 481.77元。哈空调的一则会计估计变更为哈空调业绩创造了一系列的"神话"，其后果是，中小投资者在利好消息和市场炒作的推动下进入股市，使股价一路走高，大股东在股价高位减持后，股价回落，中小投资者为大股东减持买单。

关联方交易、滥用会计估计已经成为大股东转移上市公司资产、侵吞中小股东利益的重要手段。那么我们需要什么样的信息披露制度对上述行为进行规范和监管呢？

13.1 关联方交易及其披露

13.1.1 关联方确认

关联方交易即关联方之间的交易，只要明确了何为关联方，关联方交易即可明确。关联方确认是对关联方交易进行客观、公允的会计处理和信息披露的前提。我国《公司法》第二百一十七条第四款规定，“关联方关系，是指公司控股股东、实际控制人、董事、监事、高级管理人员与其直接或者间接控制的企业之间的关系，以及可能导致公司利益转移的其他关系。但是，国家控股的企业之间不仅因为同受国家控股而具有关联关系。”其中，控股股东是指其出资额占有限责任公司资本总额百分之五十以上或者其持有的股份占股份有限公司股本总额百分之五十以上的股东，以及出资额或者持有股份的比例虽然不足百分之五十，但依其出资额或者持有的股份所享有的表决权足以对股东会、股东大会的决议产生重大影响的股东。实际控制人，是指虽不是公司的股东，但通过投资关系、协议或者其他安排，能够实际支配公司行为的人。从法律的角度看，关联方关系具有以下法律特征：①存在关联关系的当事人都是独立民事主体。存在关联关系的当事人是法人或自然人，均为平等民事主体，具有独立承担民事责任的能力。②存在关联关系的当事人之间地位不平等，一方占据主导地位，直接或者间接控制另一方。③关联方关系的存在可能会影响交易的公允性。由于关联方之间存在特定的利益关系，关联方交易不可避免地产生交易上的不公平，而给其他利益主体，特别是中小投资者和债权人造成一定的损害，违背了证券市场交易的公开、公平、公正的基本原则。

依据我国《企业会计准则第36号——关联方披露》，关联方范围包括：

1. 存在控制关系的关联方

> **关键概念——关联方**
>
> 一方控制、共同控制另一方或对另一方施加重大影响，以及两方或两方以上同受一方控制、共同控制或重大影响的，构成关联方。

如果一个企业拥有另一个企业财务和经营政策的决定权，并能据以从该企业的经营活动中获取利益，则认为该企业对另一个企业存在控制关系。控制关系可以通过两种途径取得：①以所有权方式达到控制目的，指拥有被投资单位半数以上表决权资本，包括直接控制、间接控制、直接和间接控制三种方式。②以所有权和其他方式达到控制目的，指拥有被投资单位半数以下表决权资本，但通过表决权资本和其他方式达到控制。这里的其他方式包括：通过与其他投资者协议，拥有另一方半数以上表决权资本；根据章程和协议，有权控制另一方财务和经营政策；有权任命董事长等类似权力机构多数成员；在董事会或类似权力机构会议上有半数以上投票权。存在控制关系的关联方一般指母子公司关系，母公司和子公司是重要关联方。

2. 存在共同控制的关联方

共同控制包括共同控制经营、共同控制财产和共同控制实体，准则所述的共同控制仅指共同控制实体。共同控制实体有两种表现形式：①合营方所持表决权资本相同，并按合同约定共同控制；②合营方虽然所持表决权资本不同，但按合同约定共同控制。由此可见,共同控制是存在投资和被投资关系的,但是合营方的投资比例是否相同并不重要,能否形成共同控制关系的关键是看合同约定。如果合营方共同控制一个企业,该企业则称为合营方的合营企业,合营方和合营企业之间是共同控制关系。形成共同控制关系的,构成关联方。

3. 存在重大影响的关联方

这种关联关系是指一方对另一方财务和经营政策的决定过程具有参与权利,可以施加影响但并不能决定决策过程。重大影响可以通过两种途径取得:①拥有20%或以上至50%表决权资本。②拥有20%以下表决权资本但能实施重大影响,包括:在董事会或类似机构派有代表;参与政策制定过程;派出管理人员;依赖投资企业技术资料等。通过上述两种途径形成重大影响关系的企业之间构成联营企业关系,企业与其联营企业构成关联方。

《企业会计准则第36号——关联方披露》同时规定,企业与主要投资者个人、关键管理人员及与其关系密切的家庭成员,企业与主要投资者个人、关键管理人员或与其关系密切的家庭成员控制、共同控制或施加重大影响的其他企业之间构成关联方。依据准则,在判断某一方是否是报告主体的关联方时,关键应关注双方关系的实质,而不应仅仅看到关系的外在形式。只有双方中一方能够控制、共同控制或施加重大影响于另一方财务和经营政策的制定,或双方同受一方的控制或重大影响,使得其中一方难以按其独立意志全力追求和维护自身的独立经济利益,双方才互为关联方。关联方认定应遵循实质重于形式的原则。

13.1.2 关联方交易的定义及常见类型

关联方交易是在具有关联方关系的企业之间、企业与个人之间的经济活动,其目的是通过交易活动获取经济利益。关联方交易的基本特征是资源与义务的相互转移,而不一定伴随款项的收付。关联方交易作为企业间的一种经济行为,本身是中性的。一方面,利用关联方之间信息相对充分的优势,可以降低企业之间的交易成本,通过合理手段享受税收优惠;另一方面,正是由于外界与关联方之间的信息不对称,关联方可能利用自身信息优势,进行损害第三方利益的交易行为。关联方交易在为企业集团带来市场优势的同时也带来诸多不良影响,从而对资本市场的健康发展带来诸多不利影响。

> **关键概念——关联方交易**
>
> 关联方交易是指关联方之间转移资源、劳务或义务的行为,而不论是否收取价款。

《企业会计准则第36号——关联方披露》明确关联方交易的主要类型,包括:①购买或销售商品;②购买或销售商品以外的其他资产;③提供或接受劳务;④担保;⑤提供资金(贷款或股权投资);⑥租赁;⑦代理;⑧研究与开发项目的转移;⑨许可协议;⑩代表企业或由企业代表另一方进行债务结算;⑪关键管理人员薪酬。

针对我国上市公司与关联方之间交易的类型和目的,有学者将上市公司与关联方进行的交易划分为输入利益型关联方交易和抽取利益型关联方交易两大类。抽取利益型关联方交易是指关联方通过关联方交易从上市公司攫取利益,直接侵害公司其他投资者的利益。其惯用的手段包括关联方占用上市公司资金、上市公司违规为关联方提供担保等。输入利益型关联方交易是指关联方通过关联方交易向上市公司转移经济利益。关联方向上市公司输送利益，表面上看对投资者有利，但实质上输入利益型关联方交易只是手段，而抽取利益型关联方交易才是最终目的。关联方进行输入利益型关联方交易的最终目的在于避免上市公司被特别处理和摘牌或者帮助上市公司达到配股和增发新股所要求的业绩门槛。

13.1.3 关联方交易的影响

1. 关联方交易的积极影响

关联方交易是在特定的社会经济发展时期产生的经济行为，它是随着世界范围的公司组织形式和治理结构的演变，即跨国公司和企业集团的兴起而出现的。关联方交易是世界范围内一个非常普遍的现象，为各国的法律所认可，被各国的商业惯例所接受。多个企业通过资本纽带或协议组成企业集团后，可以利用集团内部的市场资源降低交易成本，提高集团公司的资本运营能力和经营效率。跨国集团常常运用关联方交易在高税区和低税区之间转移收入和费用，达到合理避税的目的。

2. 关联方交易的消极影响

关联方交易为企业集团带来市场优势的同时，也带来诸多不良影响。特别是上市公司与关联方进行的关联方交易，给资本市场的健康发展带来很多消极影响。这种消极影响体现在：第一，通过关联方交易操纵上市公司业绩，严重影响上市公司信息披露的真实性，破坏资本市场资源配置的功能，误导投资者。第二，上市公司通过关联方交易进行税负转移，直接导致国家税收和中小股东利益受损。第三，经常性的关联方交易降低了上市公司的竞争能力和独立性。第四，上市公司关联方交易内在的复杂性和隐蔽性使注册会计师面临更大的审计风险。

13.1.4 关联方交易的披露

关联方交易是中性的，遏制关联方交易不是最好的办法，“阳光是最好的消毒剂”，为了减少关联方交易信息不对称导致的道德风险与逆向选择，提高关联方交易的透明度才是治理不当关联方交易的根本途径。我国对关联方交易采用表外披露方法。为规范关联方关系及其交易的披露，中国证监会于 1995 年 2 月发布了《年度报告的内容与格式》，规定上市公司在定期报告中需要披露关联企业；在 1999 年和 2007 年的修订稿中，中国证监会对关联方交易的披露作了进一步的补充。1997 年，我国财政部发布了《企业会计准则——关联方关系及其交易的披露》，作为我国颁布的第一项具体会计准则，足见关联方关系及其交易规范的重要性。2006 年 2 月 15 日，财政部颁布了《企业会计准则第 36 号——关联方披露》，取代了 1997 年发布的这项准则。下面以《企业会计准则第 36 号——关联方披露》为主要依据，阐述关联方及其交易的披露。

1. 关联方的披露

关联方关系的存在，即使没有发生关联方交易也可能会对企业的财务状况和经营成果产生影响。存在关联方关系，就存在进行关联方交易的基础，即使当期没有进行关联方交易,未来期间也有可能进行关联方交易。因此,企业无论是否发生关联方交易,均应当在附注中披露与母公司和子公司有关的下列信息:

(1)母公司和子公司的名称。母公司不是该企业最终控制方的,还应当披露最终控制方名称。母公司和最终控制方均不对外提供财务报表的,还应当披露母公司之上与其最相近的对外提供财务报表的母公司名称。

(2)母公司和子公司的业务性质、注册地、注册资本(或实收资本、股本)及其变化。

(3)母公司对该企业或者该企业对子公司的持股比例和表决权比例。

下面以上市公司年报中关联方关系的披露为例,说明我国对关联方关系披露的要求。

【例 13-1】 W 公司为一家上市公司。

①W 公司的母公司情况,如表 13-1 所示。

表 13-1　W 公司的母公司情况

母公司名称	注册地	业务性质	注册资本	母公司对本公司的持股比例	母公司对本公司的表决权比例
A 有限公司	天津市	经营管理国有资产、投资控股、参股药品生产、销售	80 000 万元	51.36%	51.36%

②W 公司的子公司情况,如表 13-2 所示。

表 13-2　W 公司的子公司情况

公司名称	注册地	业务性质	注册资本	经营范围	本公司实际投资金额	持股比例	表决权比例
S 股份有限公司	天津市	出售中成药	2 751 万元	制造丸剂、软膏剂、膏药等,货物进出口	1 307 万元	52%	52%
H 有限责任公司	天津市	生产及出售西药	8 235.3 万元	制造原料药、颗粒剂、中药材等,自产产品及技术的出口	4 200 万元	51%	51%

关联方关系包括多种形式,对于不是控制与被控制关系的,比如有重大影响的关联方企业,如果没有发生关联方交易,关联方关系对企业的财务状况和经营成果的影响可能相对不重要。因此,准则没有对与报告主体未发生关联方交易的合营企业、联营企业情况作出强制性信息披露的要求。

2. 关联方交易的披露

企业与关联方发生关联方交易,一方面应当在财务报表中确认关联方交易,另一方面应当在附注中充分披露关联方交易的性质、交易类型及交易要素。对关联方交易的充分披露,有助于财务报告使用者全面了解关联方交易的实质和企业对关联方交易的依赖程度,可以在一定程度上消除不当关联方交易的影响,提高会计信息的质量。

具体而言,企业应当在报表附注中披露以下内容:①该关联方关系的性质;②交易类型;③交易要素,交易要素至少应当包括交易的金额,未结算项目的金额、条款和条件以及有关提供或取得担保的信息和未结算应收项目的坏账准备金额;④定价政策。

关联方交易应当分别关联方以及交易类型予以披露。类型相似的关联方交易,在不影响财务报表使用者正确理解关联方交易对财务报表影响的情况下,可以合并披露。

对外提供合并财务报表的,对于已经包括在合并范围内各企业之间的交易不予披露。合并财务报表是将集团作为一个整体来反映与其有关的财务信息,在合并财务报表中,企业集团作为一个整体看待,企业集团内的交易不属于交易,并且已经在编制合并财务报表时予以抵销。因此,关联方披露准则规定,对外提供合并财务报表的,对于已经包括在合并范围内并已抵销的各企业之间的交易不予披露。

下面以上市公司年报中关联方交易的披露为例进行说明。

【例 13－2】仍以上例中上市公司 W 公司为例,W 公司对外披露合并财务报表,其关联方交易的有关情况如下:

①W 公司的联营企业情况,如表 13－3 所示。

表 13－3　W 公司的联营企业情况

被投资单位名称	注册地	业务性质	投资年限	注册资本	本公司持股比例	表决权比例	关联关系
E 股份有限公司	天津市	生产及出售西药及生化药品	29 年	1 794 万美元	25%	25%	联营
F 股份有限公司	大津市	研发及销售基因工程生物制品	31 年	2 851.4 万美元	40%	40%	联营

②W 公司其他关联方情况,如表 13－4 所示。

表 13－4　W 公司其他关联方情况

关联方名称	与本公司关系
M 股份有限公司	受同一大股东控制
N 有限责任公司	受同一大股东控制
X 股份有限公司	受同一大股东控制
Y 股份有限公司	受同一大股东控制

③关联方交易情况,如表 13 - 5 所示。

表 13 - 5 W 公司关联方交易情况

单位:元

关联方	关联方交易类型	关联方交易定价原则	本年发生额	上年发生额
N 有限责任公司	采购货物	公允价值	35 976 115.81	33 027 047.37
E 股份有限公司	采购货物	公允价值	4 370 032.74	9 012 292.70
F 股份有限公司	采购货物	协议定价	2 840 276.47	1 343 656.94
M 股份有限公司	销售货物	公允价值	22 339 116.49	16 301 021.46
X 股份有限公司	销售货物	协议定价	400 392.43	450 303.74
Y 股份有限公司	提供房屋租赁服务及水电气	协议定价	482 139.5	494 780.78

④关联方应收应付款项余额,如表 13 - 6 所示。

表 13 - 6 关联方应收应付款项余额

单位:元

项目名称	关联方	期末数	期初数	条款和条件
应收账款				
M 股份有限公司	受同一大股东控制	5 469 145.28	6 340 902.11	无
X 股份有限公司	受同一大股东控制	3 734 925.13	3 859 857.05	无
合计		9 204 070.41	10 200 759.16	
应收账款——坏账准备				
M 股份有限公司	受同一大股东控制	383 443.79	383 443.79	无
X 股份有限公司	受同一大股东控制	3 643 193.13	3 763 379.05	无
合计		4 026 636.92	4 146 822.84	
应付账款				
N 有限责任公司	受同一大股东控制	3 034 832.57	3 116 285.33	无
E 股份有限公司	联营企业	193 290.14	92 500.90	无
F 股份有限公司	联营企业	1 860 891.67	2 081 692.31	无
合计		5 089 014.38	5 290 478.54	

上市公司关联交易早已成为证券监管部门监管的重要领域,为此,中国证监会 2007 年修订的《年度报告的内容与格式》中对报告期内重大关联交易事项的披露作了进一步的补充规定。上市公司应当根据关联交易所属类型,对关联交易予以披露:①与日常经营相关的关联交易,至少应披露以下内容:关联交易方、交易内容、定价原则、交易价格、交易金额、占同类交易金额的比例、结算方式。可以获得同类交易市场价格的,应披露市场参考价格;实际交易价格与市场参考价格差异较大的,应说明原因。大额销货退回需披露详细情况。此外,公司还应当说明关联交易的必要性、持续性、选择与关联方(而非市场

其他交易方)进行交易的原因,关联交易对公司独立性的影响,公司对关联方的依赖程度,以及相关解决措施。②资产收购、出售发生的关联交易,至少应披露以下内容:关联交易方,交易内容,定价原则,资产的账面价值、评估价值、市场公允价值,交易价格,结算方式及交易对公司经营成果和财务状况的影响情况;交易价格与账面价值或评估价值、市场公允价值差异较大的,应说明原因。③公司与关联方共同对外投资发生的关联交易,至少应披露以下内容:共同投资方、被投资企业的名称、主营业务、注册资本、总资产、净资产、净利润、重大在建项目(如有)的进展情况。④公司与关联方存在债权债务往来、担保等事项的,应披露形成的原因及其对公司的影响。⑤其他重大关联交易。

【随堂小测验 13－1】

1. 下列不属于关联方关系的是(　　)。

A. A公司直接控制B公司,A公司与B公司

B. A公司和B公司共同控制C公司,A公司与B公司

C. B公司和C公司同受A公司控制,B公司和C公司

D. A公司对B公司能够施加重大影响,A公司与B公司

2. 下列各项中,不属于关联方关系的是(　　)。

A. 同一母公司下的各个子公司之间

B. 公司与其供应商之间

C. 企业与联营企业之间

D. 企业与其主要投资者个人之间

3. 在判断是否存在关联方关系时,应当看其关系的实质,这里的"实质"是指(　　)。

A. 达到控制的途径

B. 所持股权的比例

C. 是否存在有碍公平交易的因素,交易结果是否影响投资者和债权人的利益

D. 交易各方是否相互了解

4. 丙公司的最终控制母公司是M公司,同时甲公司是乙公司的母公司,乙公司是丙公司的母公司,丙公司是丁公司的母公司,本期甲公司与丙公司之间发生重要交易事项。对于丙公司对M公司和甲公司、乙公司、丁公司中是否存在不需要披露的关联方关系,下列说法中正确的是(　　)。

A. 甲公司与丙公司不需要披露　　B. 丙公司与乙公司不需要披露

C. 甲公司与丁公司不需要披露　　D. 上述关联方之间关系均要披露

5. 对于下列关联方之间的交易,上市公司可以不在其会计报表附注中披露的是(　　)。

A. 在与合并财务报表一同提供的母公司会计报表中披露关联方交易

B. 与已纳入合并财务报表合并范围的子公司之间的交易

C. 与企业关键管理人员之间的交易

D. 与企业主要投资者个人之间的交易

13.2 股份支付会计

13.2.1 股份支付的定义及种类

随着资本市场的发展,股份支付成为企业越来越广泛使用的一种激励机制。股份支付具有以下特征:一是股份支付是企业与职工或其他方之间发生的交易;二是股份支付是以获取职工或其他方服务为目的的交易;三是股份支付交易的对价或其定价与企业自身权益工具未来的价值密切相关。

> **关键概念——股份支付**
>
> 企业为获取职工和其他方提供服务而授予权益工具或者承担以权益工具为基础确定的负债的交易。

股份支付分为以权益结算的股份支付和以现金结算的股份支付。

1. 以权益结算的股份支付

以权益结算的股份支付是指企业为获取服务,以股份或其他权益工具作为对价进行结算的交易。权益结算的股份支付包括授予限制性股票和股票期权的股份支付,企业最终要对职工或其他方授予股份或认股权等,这种情形下经济利益并未流出企业。

2. 以现金结算的股份支付

以现金结算的股份支付是指企业为获得服务,承担以股份或其他权益工具为基础计算确定的交付现金或其他资产义务的交易。以现金结算的股份支付包括授予虚拟股票和现金股票增值权的股份支付,企业最终要对职工或其他方支付现金。

13.2.2 股份支付的确认与计量

1. 以权益结算的股份支付的确认与计量原则

(1)换取职工服务的以权益结算的股份支付,应当以股份支付所授予的权益工具的公允价值计量。企业应在等待期内的每个资产负债表日,以对可行权权益工具数量的最佳估计为基础,按照权益工具在授予日的公允价值,将当期取得的服务计入相关资产成本或当期费用,同时计入资本公积中的其他资本公积。

对于授予后立即可行权的换取职工提供服务的以权益结算的股份支付(如授予限制性股票的股份支付),应在授予日按照权益工具的公允价值,将取得的服务计入相关资产成本或当期费用,同时计入资本公积中的股本溢价。

(2)换取其他方服务的以权益结算的股份支付,应当以股份支付所换取的服务的公允价值计量。一般而言,应当优先采用其他方提供服务在取得日的公允价值;如果其他方服务的公允价值不能可靠计量,但权益工具的公允价值能够可靠计量,应当按照权益工具在服务取得日的公允价值计量。企业应当根据所确定的公允价值计入相关资产成本或费用。

(3)所授予权益工具的公允价值无法可靠计量的,企业应当在获取对方提供服务的时点、后续的每个报告日以及结算日,以内在价值计量该权益工具,内在价值变动计入当期损益。同时,企业应当以最终可行权或实际行权的权益工具数量为基础,确认取得服务的金额。内在价值是指交易对方有权认购或取得的股份的公允价值,与其按照股份支付协议应当支付的价格的差额。企业对上述以内在价值计量的已授予权益工具进行结算，应当遵循以下要求：

第一，结算发生在等待期内的，企业应当将结算作为加速可行权处理，即立即确认本应于剩余等待期内确认的服务金额。第二，结算时支付的款项应当作为回购该权益工具处理，即减少所有者权益；结算时支付的款项高于该权益工具在回购日内在价值的部分，应当计入当期损益。

2. 以现金结算的股份支付的确认与计量

企业应当在等待期内的每个资产负债表日，以对可行权情况的最佳估计为基础，按照企业承担负债的公允价值，将当期取得的服务计入相关资产成本或当期费用，同时计入负债，并在结算前的每个资产负债表日和结算日对负债的公允价值重新计量，将其变动计入损益。

对于授予后立即可行权的以现金结算的股份支付（如授予虚拟股票或业绩股票的股份支付），企业应当在授予日按照企业承担负债的公允价值计入相关资产成本或费用，同时计入负债，并在结算前的每个资产负债表日和结算日对负债的公允价值重新计量，将其变动计入损益。

13.2.3 股份支付的会计处理

1. 股份支付的主要环节

典型的股份支付通常涉及四个关键日期，即授予日、可行权日、行权日、出售日。

(1)授予日，是指股份支付协议获得批准的日期。除了立即可行权的股份支付外，企业在授予日不进行会计处理。

(2)可行权日，是指可行权条件得到满足，职工或其他方具有从企业取得权益工具或现金权利的日期。从授予日到可行权日的时段，是可行权条件得到满足的期间，因此称为“等待期”，又称“行权限制期”。等待期内的每个资产负债日，企业应当将取得的职工或其他方提供的服务计入成本或费用，同时确认所有者权益或负债。可行权日之后，对于以权益结算的股份支付，不再对已确认的成本或费用和所有者权益总额进行调整；对于以现金结算的股份支付，企业不再确认成本或费用，负债（应付职工薪酬）公允价值的变动应当计入当期损益（公允价值变动损益）。

(3)行权日，是指职工和其他方行使权利，获取现金或权益工具的日期。企业应在行权日根据行权情况确认股本和股本溢价，同时结转等待期内确认的资本公积（其他资本公积）。

(4)出售日，是指股票的持有人将行使期权所取得的期权股票出售的日期。按照我国相关法律法规的规定，用于期权激励的股份支付，应在行权日与出售日之间设立禁售期，其中国有控股上市公司的禁售期不得低于两年。

2. 可行权条件的种类

股份支付中通常涉及可行权条件，具体包括服务期限条件和业绩条件，在满足这些条件之前，职工无法获得股份。服务期限条件是指职工完成规定服务期间才可行权的条件。业绩条件是指企业达到特定业绩目标后，职工才可行权的条件，具体包括市场条件和非市场条件。

市场条件是指行权价格、可行权条件以及行权可能性与权益工具的市场价格相关的业绩条件,如股份支付协议中关于股价至少上升至何种水平职工可相应取得多少股份的规定。企业在确定权益工具在授予日的公允价值时,应考虑市场条件的影响,而不考虑非市场条件的影响。但市场条件是否得到满足,不影响企业对预计可行权情况的估计。

非市场条件是指除市场条件之外的其他业绩条件,如股份支付协议中关于达到最低盈利目标或销售目标才可行权的规定。企业在确定权益工具在授予日的公允价值时,不考虑非市场条件的影响。但非市场条件是否得到满足,影响企业对预计可行权情况的估计。对于可行权条件为业绩条件的股份支付,只要职工满足了其他所有非市场条件(如利润增长率、服务期限等),企业就应当确认已取得的服务。

3. 以权益结算的股份支付的会计处理

以权益结算的股份支付的会计处理涉及三个时间,即授予日、等待期内的每个资产负债表日和行权日。

授予日。无附带行权条件的股份支付在授予后即可行权。企业应当在授予日按照权益工具的公允价值将股份支付计入相关成本或费用,同时增加资本公积(其他资本公积)。有附带行权条件的股份支付,企业在授予日不进行会计处理。

等待期内的每个资产负债日。企业应当在等待期内每个资产负债日,将取得的职工或其他方提供的服务按照授予日权益工具的公允价值计入成本费用和资本公积(其他资本公积)。

可行权日之后,不再对已确认的成本或费用和所有者权益总额进行调整。企业应当在行权日根据行权情况确认股本和股本溢价,同时结转等待期内确认的资本公积(其他资本公积)。

(1)附服务年限条件的以权益结算的股份支付

【例 13-3】N 公司为上市公司。2008 年 1 月 1 日,公司向其 200 名管理人员每人授予 100 股股票期权,这些管理人员从 2008 年 1 月 1 日起在该公司连续服务三年,即可以每股 5 元购买 100 股 N 公司股票。公司估计该期权在授予日的公允价值为 18 元。

第一年有 20 名职员离开 N 公司,N 公司估计三年中离开职员的比例将达到 20%;第二年有 10 名职员离开公司,公司将估计的职员离开比例修正为 15%;第三年有 15 名职员离开。

费用和资本公积计算过程如表 13-7 所示。

表 13-7　　费用和资本公积计算过程　　单位:元

年份	计算	当期费用	累计费用
2008	200×100×(1-20%)×18×1/3	96 000	96 000
2009	200×100×(1-15%)×18×2/3-96 000	108 000	204 000
2010	155×100×18-204 000	75 000	279 000

N 公司的账务处理如下:

①2008 年 1 月 1 日,授予日不作账务处理。

②2008 年 12 月 31 日:

借:管理费用 96 000
　贷:资本公积——其他资本公积 96 000

③2009 年 12 月 31 日:

借:管理费用 108 000
　贷:资本公积——其他资本公积 108 000

④2010 年 12 月 31 日:

借:管理费用 75 000
　贷:资本公积——其他资本公积 75 000

⑤假设 155 名职员全部都在 2011 年 12 月 31 日行权,N 公司股份面值为 1 元:

借:银行存款 77 500
　资本公积——其他资本公积 279 000
　贷:股本 15 500
　　资本公积——资本溢价 341 000

(2)附业绩条件的以权益结算的股份支付

【例 13-4】 2008 年 1 月 1 日,M 公司向其 100 名管理人员每人授予 100 份股票期权,第一年年末的可行权条件为企业净利润增长率达到 20%,第二年年末的可行权条件为企业净利润两年平均增长率为 15%,第三年年末的可行权条件为企业净利润三年平均增长率为 10%。每份期权在 2008 年 1 月 1 日的公允价值为 24 元。

2008 年 12 月 31 日,权益净利润增长了 18%,同时有 8 名管理人员离开企业。企业预计 2009 年权益净利润将以同样速度增长,以此预计将于 2009 年 12 月 31 日可行权。另外,企业预计 2009 年 12 月 31 日将有 8 名管理人员离开企业。

2009 年 12 月 31 日,企业净利润仅增长了 10%,因此无法达到可行权状态。另外,当年实际有 10 名管理人员离开企业,预计第三年将有 12 名管理人员离开企业。

2010 年 12 月 31 日,企业净利润增长了 8%,三年平均增长率为 12%,因此达到可行权状态,当年有 8 名管理人员离开企业。

费用和资本公积计算过程如表 13-8 所示。

表 13-8 费用和资本公积计算过程 单位:元

年份	计算	当期费用	累计费用
2008	(100-8-8)×100×24×1/2	100 800	100 800
2009	(100-8-10-12)×100×24×2/3-100 800	11 200	112 000
2010	(100-8-10-8)×100×24-112 000	65 600	177 600

M 公司的账务处理如下:

①2008 年 1 月 1 日,授予日不作账务处理。

②2008 年 12 月 31 日:

借:管理费用 100 800
　贷:资本公积——其他资本公积 100 800

③2009 年 12 月 31 日：

借：管理费用　　　　　　　　　　　　　　11 200

　　贷：资本公积——其他资本公积　　　　　　　11 200

④2010 年 12 月 31 日：

借：管理费用　　　　　　　　　　　　　　65 600

　　贷：资本公积——其他资本公积　　　　　　　65 600

4. 以现金结算的股份支付的会计处理

以现金结算的股份支付与以权益结算的股份支付的主要区别在于不是确认为权益，而是确认为负债(应付职工薪酬)。

(1)授予日。除了立即可行权的股份支付外，企业在授予日不作会计处理。

(2)等待期内的每个资产负债表日。完成等待期内规定条件以后才可行权的，在等待期内的每个资产负债表日，应当以对行权情况的最佳估计为基础，按照企业承担负债的公允价值金额，将当期取得的服务计入成本或费用和相应的负债。

(3)可行权日。在可行权日，企业应当按实际可行权水平进行调整。可行权日之后，企业不再确认成本或费用，而是将负债(应付职工薪酬)公允价值的变动计入当期损益(公允价值变动损益)。

【例 13－5】 X 股份有限公司经股东大会批准，决定授予总经理 100 万份现金股票增值权，总经理从 2010 年 1 月 1 日起必须在公司服务三年，即可自 2012 年 12 月 31 日起根据股价增长幅度获取现金(即行权日前 30 个交易发生日 X 公司平均收盘价高于激励计划公告前 30 个交易日平均收盘价，每股股票增值权可获得每股价差收益)，该增值权应在 2013 年 12 月末前行使完毕。

X 公司的账务处理如下：

①2010 年 1 月 1 日授予日不作账务处理，因为尚未提供服务，不能确认费用和应付职工薪酬。

②2010 年 12 月 31 日，每股股票增值权的公允价值为 9 元：

借：管理费用　　　　　　　　3 000 000(1 000 000 × 9 ÷ 3)

　　贷：应付职工薪酬　　　　　　3 000 000

③2011 年 12 月 31 日，每股股票增值权的公允价值为 12 元：

借：管理费用　　　　　　　　5 000 000(1 000 000 × 12 ÷ 3 × 2 － 3 000 000)

　　贷：应付职工薪酬　　　　　　5 000 000

④2012 年 12 月 31 日，每股股票增值权的公允价值为 14 元：

借：管理费用　　　　　　　　6 000 000(1 000 000 × 14 － 8 000 000)

　　贷：应付职工薪酬　　　　　　6 000 000

⑤总经理在 2013 年 4 月末行权，假设行权日前 30 个交易发生日 X 公司平均收盘价为 23 元，激励计划公告前 30 个交易发生日平均收盘价 8 元，每股股票增值权可获得每股价差收益 15 元：

借：应付职工薪酬　　　　　　　14 000 000

　　公允价值变动损益　　　　　　1 000 000

　　贷：银行存款　　　　　　　　　15 000 000(1 000 000 × 15)

【随堂小测验13－2】

1. 以权益结算的股份支付的确认与计量原则是(　　)。

A. 按照权益工具在授予日的公允价值将当期取得的服务计入相关资产成本或当期费用，同时计入所有者权益

B. 按照权益工具在授予日的公允价值将当期取得的服务计入相关资产成本或当期费用，同时计入负债

C. 按照权益工具在资产负债表日的公允价值将当期取得的服务计入相关资产成本或当期费用，同时计入所有者权益

D. 按照权益工具在资产负债表日的公允价值将当期取得的服务计入相关资产成本或当期费用，同时计入负债

2. 以现金结算的股份支付的确认与计量原则是(　　)。

A. 按照权益工具在授予日的公允价值将当期取得的服务计入相关资产成本或当期费用，同时计入所有者权益

B. 按照权益工具在授予日的公允价值将当期取得的服务计入相关资产成本或当期费用，同时计入负债

C. 按照权益工具在资产负债表日的公允价值将当期取得的服务计入相关资产成本或当期费用，同时计入所有者权益

D. 按照权益工具在资产负债表日的公允价值将当期取得的服务计入相关资产成本或当期费用，同时计入负债

3. 2006年12月20日，经股东大会批准，甲公司向100名高级管理人员每人授予2万股普通股(每股面值1元)。根据股份支付协议的规定，这些高级管理人员自2007年1月1日起在公司连续服务满三年，即可于2009年12月31日无偿获得授予的普通股。甲公司普通股2006年12月20日的市场价格为每股12元，2006年12月31日的市场价格为每股15元。2007年2月8日，甲公司从二级市场以每股10元的价格回购本公司普通股200万股，拟用于高级管理人员股权激励。在等待期内，甲公司没有高级管理人员离开公司。2009年12月31日，高级管理人员全部行权。当日，甲公司普通股市场价格为每股13.5元。甲公司在确定与上述股份支付相关的费用时，应当采用的权益工具的公允价值是(　　)。

A. 2006年12月20日的公允价值　　B. 2006年12月31日的公允价值

C. 2007年2月8日的公允价值　　D. 2009年12月31日的公允价值

4. 2006年12月20日，经股东大会批准，甲公司向100名高级管理人员每人授予2万股普通股(每股面值1元)。根据股份支付协议的规定，这些高级管理人员自2007年1月1日起在公司连续服务满三年，即可于2009年12月31日无偿获得授予的普通股。甲公司普通股2006年12月20日的市场价格为每股12元，2006年12月31日的市场价格为每股15元。2007年2月8日，甲公司从二级市场以每股10元的价格回购本公司普通股200万股，拟用于高级管理人员股权激励。在等待期内，甲公司没有高级管理人员离开公司。2009年12月31日，高级管理人员全部行权。当日，甲公司普通股市场价格为每股

13.5元。甲公司因高级管理人员行权增加的股本溢价金额是(　　)万元。

A. -2 000　　B. 0

C. 400　　D. 2 400

13.3 会计政策与会计估计

13.3.1 会计政策与会计估计概述

会计政策选择和会计估计是企业会计信息揭示的基础,会计的确认、计量与报告都是以会计政策选择和会计估计为前提的,都是基于对会计原则、方法和程序的选择和运用。不同的会计政策和会计估计会导致不同的结果,导致报表项目的金额不同。可以说,会计政策的选择和会计估计对于会计流程最终生成的会计信息的质量有着重要的影响,而会计信息质量又对整个资本市场的运作及对企业利益相关者的利益有着重要的影响,因而,会计政策的选择和会计估计对于信息使用者来说至关重要。

1. 会计政策的定义及其内容

> **关键概念——会计政策**
>
> 会计政策是指企业在会计确认、计量和报告中所采用的原则、基础和会计处理方法。

会计原则、基础和会计处理方法构成了会计政策的三个层次。其中,会计原则是指按照企业会计准则规定,适合于企业会计核算所采用的具体会计原则。基础是指为了将会计原则应用于交易或者事项而采用的计量基础,主要计量基础包括历史成本、重置成本、可变现净值、现值和公允价值等。会计处理方法是指按照会计原则和基础的要求,依据法律、行政法规或者国家统一的会计制度等规定在会计核算中采用或者选择的适合本企业的具体会计处理方法。会计原则、基础和会计处理方法三者构成一个密不可分、逻辑相联的整体,会计政策通过三者的结合,才能得以应用和落实。

会计政策不仅具有层次性,还具有选择性和强制性的特点。由于经济业务的复杂性和多样性,某些经济业务在符合会计原则和基础的要求下,可以有多种会计处理方法,企业可以在允许的范围内作出指定或具体的选择。通常企业可选择的会计政策是由企业会计准则和会计制度规定的,而会计准则和会计制度属于行政法规,具有一定的强制性。

企业通常应当从会计要素角度出发,根据各项确认条件、计量属性以及相关处理方法、列报要求等确定相应的会计政策。资产要素的会计政策主要包括存货的取得、发出和期末计价的方法,长期投资的取得及后续计量中的成本法和权益法,投资性房地产的确认及后续计量模式,固定资产、无形资产的确认条件及其减值政策以及金融资产的分类等。负债要素的会计政策主要包括借款费用资本化的条件、债务重组的确认和计量、预计负债的确认条件、应付职工薪酬和股份支付的确认和计量以及金融负债的分类等。所有者权益要素的会计政策主要包括权益工具的确认和计量,混合金融工具的分析等。收入要素的会计政策主要包括商品销售收入和提供劳务的确认条件,建造合同、租赁合同、保险合同、贷款合同等合同收入的确认与计量方法。费用要素的会计政策主要包括商品销售成本及劳务成本的结转、期间费用的划分等。除会计要素相关会计政策外,财务报表列报方面所涉及的编制现金流量表的直接法和间接法、合并财务报表合并范围的确定、分部报告中报告分部的确定等,也属于会计政策。

2. 会计估计的定义及内容

> **关键概念——会计估计**
>
> 会计估计是指企业对其结果不确定的交易或事项以最近可利用的信息或基础所作出的判断。

由于商业活动内在不确定因素的影响,许多财务报表项目不能精确地计量,只能加以估计。会计估计源于会计分期和权责发生制,在此基础上对企业的财务状况和经营成果进行定期确认、计量和报告,当应记入的交易或事项涉及未来,而未来的结果在当前又难以准确确定时,就要求企业会计人员根据最近可利用的信息进行估计。合理的估计是会计核算中必不可少的一个方面,它的应用不会影响会计信息的可靠性,同时还能满足及时性的要求。合理地进行会计估计,不仅有助于企业为会计信息使用者提供客观、公允的财务报表,也有助于企业管理层了解企业的真实情况,继而作出正确的经营决策。

会计估计的判断,应当考虑与会计估计相关项目的性质和金额。通常情况下,会计估计包括:存货可变现净值的确定;采用公允价值模式的投资性房地产公允价值的确定;固定资产的预计使用寿命与净残值的确定;固定资产的折旧方法、弃置费用的确定;消耗性生物资产可变现净值的确定,生物资产的预计使用寿命、预计净残值和折旧方法的确定;使用寿命有限的无形资产的预计使用寿命、残值和摊销方法的确定;非货币性资产公允价值的确定;固定资产、无形资产、长期股权投资等非流动资产可收回金额的确定;应付职工薪酬金额的确定;与股份支付相关的公允价值的确定;与债务重组相关的公允价值的确定;预计负债金额的确定;收入金额的确定、提供劳务完工进度的确定;建造合同完工进度的确定;与政府补助相关的公允价值的确定;一般借款资本化金额的确定;应纳税暂时性差异和可抵扣暂时性差异的确定;与非同一控制下的企业合并相关的公允价值的确定;租赁资产公允价值、最低租赁付款额现值、承租人融资租赁折现率、融资费用和融资收入以及未担保余值的确定;与金融工具相关的公允价值、摊余成本和金融减值损失的确定;继续涉入所转移金融资产程度的确定、金融资产所有权上风险和报酬转移程度的确定;套期工具和被套期项目公允价值的确定;保险合同准备金的计算及充足性测试;探明矿区权益、井及相关设施的折耗计提方法的确定;与油气开采活动相关的辅助设备及设施的折旧方法以及弃置费用的确定。

13.3.2 会计政策变更与会计估计变更

企业采用的会计政策并不是一成不变的,当新的会计政策出台,环境发生改变,企业积累新的经验,或会计估计的基础发生变化,都有可能改变原来所使用的会计政策或会计估计。

1. 会计政策变更

会计政策变更是指企业对相同的交易或者事项由原来采用的会计政策改用另一会计政策的行为。企业会计准则规定,企业采用的会计政策,在每一会计期间和前后各期应当保持一致,不得随意变更。但是,满足下列条件之一的,可以变更会计政策:①法律、行政法规或者国家统一的会计制度等要求变更;②会计政策变更能够提供更可靠、更相关的会计信息。

根据会计政策变更发生的原因，可分为强制性会计政策变更和自愿性会计政策变更。其中，强制性会计政策变更是指会计准则的制定者强制性要求企业作出的会计政策变更，如法律、行政法规或者国家统一的会计制度等要求变更，不论企业管理层是否愿意都必须执行。自愿性会计政策变更是指企业管理层根据其生产经营环境变化和经营目标的要求而作出的会计政策变更，因此，自愿性会计政策变更是企业自主选择的结果，变更目的是企业能够向利益相关者提供更可靠、更相关的会计信息。

2. 会计估计变更

会计估计变更是指由于资产和负债的当前状况及预期经济利益和义务发生了变化，从而对资产或负债的账面价值或者资产的定期消耗金额进行的调整。由于企业经营活动中内在的不确定因素，许多财务报表项目不能准确地计量，只能加以估计，估计过程涉及以最近可获取的信息为基础所作的判断。但估计是以现在的环境状况对未来所作的判断，随着时间的推移，如果进行估计的基础发生变化或由于取得了新的信息、积累了更多的经验，可能需要对前期的估计进行修正，但会计估计变更的依据应当真实、可靠。一般而言，会计估计变更包括两种情形：一是由于赖以进行估计的基础发生了变化；二是取得了新的信息，积累了更多的经验。

3. 会计政策变更与会计估计变更的划分

企业应当以变更事项的会计确认、计量基础和列报的项目是否发生变更作为判断该变更属于会计政策变更还是会计估计变更的基础。如果是变更会计确认标准、计量基础和列报的项目，那么属于会计政策的变更；但如果这些因素都没有变化，仅仅是相关金额或者数值的确定方法发生了变更，那就是会计估计变更。

例如，存货期末计价从历史成本法变更为成本与可变现净值孰低法就属于会计政策变更，因为历史成本法和成本与可变现净值孰低法都是计量基础，符合会计政策的定义。固定资产的折旧年限的变化就属于会计估计变更，因为折旧年限的变化并不改变固定资产的折旧基础，它只不过延长或者缩短了固定资产的折旧年限，从固定资产的整个使用期来看，折旧额是不变的，因此不会涉及会计确认、计量基础和列报的项目的变化。

需要注意的是，在无法区分会计估计变更与会计政策变更时，应将其视为会计估计变更。

13.3.3 会计政策变更与会计估计变更的会计处理

1. 会计政策变更的会计处理方法

（1）在法律、行政法规或者国家统一的会计制度等要求变更的情况下，企业应当分别按以下情况进行处理：①国家发布相关的会计处理办法的，按照国家发布的相关会计处理规定进行处理。例如，1993 年我国会计改革，会计政策发生了较大的变动，财政部制定了相关的新旧会计制度衔接处理办法，各行业在执行新制度过程中，应按照该衔接办法的规定对会计政策变更进行处理。②国家没有发布相关的会计处理办法的，则采用追溯调整法进行会计处理。

（2）在会计政策变更能够提供更可靠、更相关的会计信息的情况下，企业应当采用追溯调整法进行会计处理，视同该项交易或事项初次发生时就采用变更后的会计政策，计算累积影响数，按变更后的会计政策追溯调整比较财务报表的最早期初留存收益，其他相关项目的期初余额和比较数据也一并进行调整。

（3）在当期期初确定会计政策变更对以前各期累积影响数不切实可行的，应当采用未来适用法处理，将变更后的会计政策应用于变更日及以后发生的交易或者事项。例如，企业因账簿、凭证超过法定保存期限而销毁，或因不可抗力而毁坏、遗失，如火灾、水灾等，或因人为因素，如盗窃、故意毁坏等，使当期期初确定会计政策变更对以前各期累积影响数无法计算，即不切实可行，在这种情况下，会计政策变更应当采用未来适用法进行处理。

2. 会计估计变更的会计处理方法

对于会计估计变更，企业应采用未来适用法。在会计估计变更当年及以后各期，采用新的会计估计，不改变以前的会计估计，也不调整以前期间的财务报表。采用未来适用法时，会计估计变更仅影响变更当期的，其影响数应当在变更当期予以确认；既影响变更当期又影响未来期间的，其影响数应当在变更当期和未来期间予以确认。

由此可见，会计政策变更与会计估计变更的会计处理方法也存在不同，会计政策变更在可以确定累积影响数的情况下采用追溯调整法，否则可以采用未来适用法；而会计估计变更只能采用未来适用法，一般不需要对过去的会计数字进行追溯调整。采用未来适用法会对本期的报表产生影响；而采用追溯调整法会对本期和前期都产生影响。由于会计准则对会计政策变更的规定比较刚性，自愿性会计政策变更导致的累积影响数必须追溯调整，证券市场对会计政策变更的监管也非常严格，因此，国内上市公司除因强制性会计政策变更以外，自愿性会计政策变更很少。

13.3.4 会计政策变更与会计估计变更的披露

1. 会计政策变更的披露

企业应当在附注中披露与会计政策变更有关的下列信息：

（1）会计政策变更的性质、内容和原因。披露的内容主要包括对会计政策变更的内容、变更日期、变更前采用的会计政策和变更后所采用的新会计政策以及会计政策变更的原因。

（2）当期和各个列报前期财务报表中受影响的项目名称和调整金额。披露的内容包括：采用追溯调整法时，会计政策变更的累积影响数；当期和各个列报前期财务报表中需要调整的净损益及其调整金额，以及其他需要调整的项目名称和调整金额。

（3）无法进行追溯调整的，说明该事实和原因以及开始应用变更后的会计政策的时点、具体应用情况，具体包括：无法进行追溯调整的事实；确定会计政策变更对列报前期影响数不切实可行的原因；在当期期初确定会计政策变更对以前各期累积影响数不切实可行的原因；开始应用新会计政策的时点和具体应用情况。

2. 会计估计变更的披露

对于会计估计变更，企业除了要进行相应的会计处理外，还应在财务报表附注中披露下列信息：

（1）会计估计变更的内容和原因，包括会计估计变更的内容、变更日期以及变更的原因。

（2）会计估计变更对当期和未来期间的影响数，包括会计估计变更对当期和未来期间损益的影响金额，以及对其他各项目的影响金额。

(3)会计估计变更影响额不能确定的原因。企业应当在报表附注中披露不能确定会计估计变更影响额的理由。

【随堂小测验 13-3】

1. 下列项目属于会计政策的有(　　)。

A. 收入确认的方法　　B. 固定资产的使用年限

C. 存货发出采用先进先出法　　D. 固定资产的净残值

E. 长期股权投资采用权益法

2. 下列各项中,属于会计政策变更的有(　　)。

A. 存货跌价准备由按单项存货计提变更为按存货类别计提

B. 固定资产的折旧方法由年限平均法变更为年数总和法

C. 投资性房地产的后续计量由成本模式变更为公允价值模式

D. 发出存货的计价方法由先进先出法变更为加权平均法

E. 应收账款计提坏账准备由余额百分比法变更为账龄分析法

3. 某项固定资产原估计使用年限8年,采用年限平均法计提折旧。因环境变化,重新估计的折旧年限为6年,折旧方法调整为双倍余额递减法。此事项应作为(　　)。

A. 会计政策变更　　B. 会计估计变更

C. 重要的会计差错　　D. 不重要的会计差错

4. 企业发生会计估计变更时,下列各项目需要在财务报表附注中披露的有(　　)。

A. 会计估计变更的内容

B. 会计估计变更的理由

C. 会计估计变更的累积影响数

D. 会计估计变更对当期损益的影响金额

E. 会计估计变更对前期损益的影响金额

13.4 资产负债表日后事项

13.4.1 资产负债表日后事项的定义及其分类

财务报告反映的是企业在特定时点的财务状况以及特定期间的经营成果和现金流量的变动情况。但是,在资产负债表日后至财务报告批准报出日之间发生的事项也可能对企业财务状况、经营成果以及现金流量产生较大影响。因此,为了使财务报告的使用者能够全面、客观地了解企业的财务信息,就必须对这些事项进行分析和判断,确定其应当调整将要报出的报告期的财务报告,还是仅仅在附注中进行说明即可。

> **关键概念——资产负债表日后事项**
>
> 资产负债表日至财务报告批准报出日之间发生的有利或不利的事项。

资产负债表日至财务报告批准报出日之间发生的有利或不利的事项都是资产负债表日后事项。这类事项的发生,或者对企业资产存在状况提出新的证据,或者对企业财务状况或收益评估有重要影响,因而有利于投资者作出正确的判断,规避潜在风险。更为重要的是,通过对资产负债表日后事项的监管,能够有效地防止会计操纵行为。

资产负债表日后事项包括资产负债表日后调整事项和资产负债表日后非调整事项两类。

1. 资产负债表日后调整事项

调整事项是指对资产负债表日已经存在的情况提供了新的或进一步证据的事项。

如果资产负债表日及所属会计期间已经存在某种情况,但当时并不知道其存在或者不能知道确切结果,而资产负债表日后发生的事项能够证实该情况的存在或者提供确切结果,则该事项属于资产负债表日后事项中的调整事项。如果资产负债表日后事项对资产负债表日的情况提供了进一步的证据,证据表明的情况与原来的估计和判断不完全一致,则需要对资产负债表日存在状况的有关金额作出重新估计,并据此对资产负债表日所反映的各报表项目金额进行调整。

2. 资产负债表日后非调整事项

非调整事项是指表明资产负债表日后发生的情况的事项。

非调整事项的发生不影响资产负债表日企业的财务报表数字,只说明资产负债表日后发生了某些情况。对于财务报告使用者来说,非调整事项说明的情况有的重要,有的不重要。其中,重要的非调整事项虽然与资产负债表日的财务报表数字无关,但可能影响资产负债表日以后的财务状况和经营成果,准则要求适当披露。

调整事项与非调整事项的会计处理完全不同,前者需要对影响前期财务报表的金额重新确认,而后者只需在财务报表附注中披露,因此如何确定资产负债表日后发生的某一事项是调整事项还是非调整事项,就成为对有关事项进行会计处理的关键。调整事项和非调整事项都是宽泛的概念,就事项本身来说,可以有各种各样的性质,只要符合会计准则中对这两类事项的定义即可。同一性质的事项可能是调整事项也可能是非调整事项,这取决于该事项表明的情况在资产负债表口或资产负债表日前是否已经存在。若该情况在资产负债表日或资产负债表日前已经存在,则属于调整事项;反之,则属于非调整事项。

13.4.2 资产负债表日后调整事项及其会计处理

1. 调整事项的内容

在《企业会计准则第29号——资产负债表日后事项》中列举了调整事项和非调整事项的常见例子,但并没有涵盖所有的调整事项和非调整事项。因此,某类资产负债表日后事项是属于调整事项还是非调整事项,应当结合其定义和特点加以判定。企业发生的资产负债表日后调整事项通常包括:

(1)资产负债表日后诉讼案件结案,法院判决证实了企业在资产负债表日已经存在现时义务,需要调整原先确认的与该诉讼案件相关的预计负债,或确认一项新负债。

(2)资产负债表日后取得确凿证据,表明某项资产在资产负债表日发生了减值或者需要调整该项资产原先确认的减值金额。

(3)资产负债表日后进一步确定了资产负债表日前购入资产的成本或售出资产的收入。这类调整事项包括:①若资产负债表日前购入的资产已经按暂估金额等入账,资产负债表日后获得证据,可以进一步确定该资产的成本,则应该对已入账的资产成本进行调整。②企业在资产负债表日已根据收入确认条件确认资产销售收入,但资产负债表日后获得关于资产收入的进一步证据,如发生销售退回等,此时也应调整财务报表相关项目的金额。需要说明的是,资产负债表日后发生的销售退回,既包括报告年度或报告中期销售的商品在资产负债表日后发生的销售退回,也包括以前期间销售的商品在资产负债表日后发生的销售退回。

(4)资产负债表日后发现了财务报表舞弊或差错。

2. 调整事项的处理原则

企业应就调整事项对资产负债表日所确认的资产、负债和所有者权益,以及资产负债表日所属期间的收入、费用等进行调整。也就是说,对于调整事项,需要在资产负债表日后涵盖的期间作出相关账务处理,在资产负债表日后涵盖期间编制相关会计凭证并登记会计账簿,但应将其视同报告年度发生的事项,调整报告年度会计报表相关项目的年末数和本年发生数,以及当期会计报表相关项目的年初数和上年数。

比如,企业在2008年12月31日应编制2008年度会计报表,并将其年末数作为2009年度会计报表的年初数。假定董事会批准2008年度财务会计报告对外报出日为2009年4月25日,2009年3月20日发生一笔调整事项,则该笔调整事项应在2009年3月编制会计凭证,作出账务处理并记入2009年3月会计账簿,同时对尚未报出的2008年度会计报表相关项目的年末数和本年发生数进行调整,并对2009年3~12月份会计报表相关项目的年初数和上年数进行调整。由于2009年1~2月会计报表已经报出,其年初数和上年数无法也无需再作出调整。因此,2009年1~2月会计报表和3~12月会计报表的年初数和上年数会有所不同。

具体而言,资产负债表日后发生的调整事项,应按如下情况进行处理:

(1)涉及损益类的调整事项,通过“以前年度损益调整”科目核算。涉及损益的调整事项发生在资产负债表日所属年度(即报告年度)所得税汇算清缴前的,应调整报告年度应纳税所得额和应纳所得税税额;发生在报告年度所得税汇算清缴后的,应调整本年度(即报告年度的次年)应纳所得税税额。

(2)涉及利润分配的调整事项,直接在“利润分配——未分配利润”科目核算。

(3)不涉及损益以及利润分配的事项,调整相关科目。

(4)调整资产负债表日编制的会计报表相关项目的期末数或本年发生数;调整当期编制的会计报表相关项目的年初数或上年数。

(5)如果涉及会计报表附注内容,应调整会计报表附注相关项目的数字。

13.4.3 资产负债表日后非调整事项及其披露

1. 非调整事项的内容

企业发生的资产负债表日后非调整事项,通常包括下列事项:

(1)资产负债表日后发生重大诉讼、仲裁或承诺事项。

(2)资产负债表日后资产价格、外汇汇率或税收政策发生重大变化。

(3)资产负债表日后自然灾害导致资产发生重大损失。

(4)资产负债表日后发行股票和债券以及其他巨额举债。

(5)资产负债表日后资本公积转增资本。

(6)资产负债表日后发生巨额亏损。

(7)资产负债表日后发生重大企业合并或处置子公司。

(8)资产负债表日后企业利润分配方案中拟分配的以及经审议批准宣告发放的股利或利润。

2. 非调整事项的处理原则

资产负债表日后发生的非调整事项是资产负债表日后发生的或存在的事项,它不影响资产负债表日的财务状况和报告期的经营成果,不需要对资产负债表日编制的会计报表进行调整。但如果非调整事项不披露会影响会计报表使用者作出正确的决策,则应当对资产负债表日后发生的非调整事项在会计报表附注中加以披露。

对于资产负债表日后非调整事项,企业应当在会计报表附注中披露与之有关的下列信息:

(1)财务报告的批准报出者和财务报告批准报出日。如果按照有关法律、行政法规等规定,企业所有者或其他方面有权对报出的财务报表进行修改,应当披露这一情况。

(2)每项重要的资产负债表日后非调整事项的性质、内容,以及对财务状况、经营成果的影响;如无法作出估计,还应当说明无法估计的理由。

3. 持续经营

如果资产负债表日后事项表明持续经营假设不再适用,则企业不应在持续经营的基础上编制会计报表;同时,还应披露如下内容:①不以持续经营假设编制会计报表的事实;②持续经营假设不再适用的原因;③编制非持续经营会计报表所采用的基础。

【随堂小测验 13-4】

1. 选择题

(1)在年度资产负债表日至财务报告批准报出日之间发生的下列事项中,属于资产负债表日后调整事项的有(　　)。

A. 发现报告年度财务报表存在严重舞弊

B. 发现报告年度会计处理存在重大差错

C. 国家发布对企业经营业绩将产生重大影响的产业政策

D. 发现某商品销售合同在报告年度资产负债表日已成为亏损合同的证据

E. 为缓解报告年度资产负债表日以后存在的资金紧张状况而发行巨额公司债券

(2)在年度资产负债表日至财务会计报告批准报出日之间发生的下列事项中,属于非调整事项的有(　　)。

A. 董事会作出出售子公司的决议

B. 董事会提出现金股利分配方案

C. 董事会作出与债权人进行债务重组的决议

D. 债务人因资产负债表日后发生的自然灾害而无法偿还到期债务

E. 因市场汇率变动导致外币存款严重贬值

2. 判断题

(1)资产负债表日后事项必须在会计报表附注中进行披露。(　　)

(2)同样是资产负债表日至财务报告批准报出日之间发生的资产减损事项,可能是调整事项,也可能是非调整事项。(　　)

本章小结

本章主要阐述了关联方关系及其交易的披露、股份支付及其会计处理、会计政策变更和会计估计变更及其会计处理,以及资产负债表日后事项及其会计处理和披露。

(1)关联方确认是对关联方交易进行客观、公允的会计处理和信息披露的前提。关联方关系存在于企业和企业之间、企业和个人之间,当一方控制、共同控制另一方或对另一方施加重大影响,以及两方或两方以上同受一方控制的,构成关联方。对于关联方关系的披露,存在控制关系的,不论有无交易均应披露关联方关系,包括母公司和子公司的业务性质或类型、名称、注册地、注册资本及其变化、持股比例和表决权比例;存在共同控制、重大影响关系的,发生交易时才披露关联方关系,此时只需说明关联方关系的性质,即关联方和企业是何种关系。对于关联方交易的披露,在企业与关联方发生交易的情况下,应披露关联方关系的性质、交易类型和交易要素。

(2)股份支付是指企业为获取职工和其他方提供服务或商品而授予权益工具或者承担以权益工具为基础确定的负债的交易。股份支付分为以权益结算的股份支付和以现金结算的股份支付。

以权益结算的股份支付因股份支付授予的方式不同,所采用的会计处理方法也不相同。①授予后即可行权的,按照授予日权益工具的公允价值计入相关的成本费用和资本公积。这种方式在实务中比较少见。②完成等待期内的服务或达到规定业绩条件才可行权的,其会计处理分为三个阶段:授予日不作任何会计处理;在等待期内的每个资产负债表日,企业应当将取得的职工提供的服务按照授予日权益工具的公允价值计入成本费用和资本公积(其他资本公积);③在可行权日之后不再对已确认的成本费用和所有者权益进行调整。企业应在行权日根据行权情况,确认股本和股本溢价,同时结转等待期内确认的资本公积(其他资本公积)。

以现金结算的股份支付与以权益结算的股份支付的主要区别在于不是确认为权益,而是确认为负债(应付职工薪酬)。①授予后可立即行权的以现金结算的股份支付,应当在授予日以企业承担负债的公允价值计入相关成本或费用,同时增加负债。②满足等待期内规定条件以后才可行权的,在等待期内的每个资产负债表日,应当以对可行权情况的最佳估计为基础,按照企业承担负债的公允价值金额,将当期取得的服务计入成本费用和相应的负债。行权日之后,以现金结算的股份支付不再确认成本费用,而是将负债(应付职工薪酬)公允价值的变动计入当期损益(公允价值变动损益)。

(3)会计政策是指企业在会计确认、计量和报告中所采用的原则、基础和会计处理方法。当法律、行政法规或者国家统一的会计制度等要求变更或者会计政策变更能够提供更可靠、更相关的会计信息时,就会发生会计政策变更,即企业对相同或者类似的交易或事项由原来采用的会计政策改用另外一种会计政策的行为。除非国家发布相关的会计处理规定,或者在当期期初确定会计政策变更对以前各期累积影响数不切实可行,会计政策变更的会计处理均采用追溯调整法。

(4)会计估计是指企业对其结果不确定的交易或事项以最近可利用的信息或基础所作出的判断。当赖以进行估计的基础发生了变化,或者取得了新的信息、积累了更多的经验时,就会发生会计估计变更,即由于资产和负债的当前状况及预期经济利益和义务发生了变化,从而对资产或负债的账面价值或者资产的定期消耗金额进行的调整。企业对会计估计变更应当采用未来适用法,即在会计估计变更当年及以后期间采用新的会计估计,不改变以前期间的会计估计,也不调整以前期间的报告结果。

(5)资产负债表日后事项是指资产负债表日至财务报告批准报出日之间发生的有利或不利的事项。资产负债表日后事项分为调整事项和非调整事项两种类型,前者是指对资产负债表日已经存在的情况提供了新的或进一步证据的事项,后者是指资产负债表日后才发生的事项。这两类资产负债表日后事项的会计处理差别很大,前者需要视同报告期间发生的交易事项作出相关的账务处理,并调整报告年度会计报表的相关项目,除法律法规及会计准则另有规定外,无须再进行披露;后者虽然影响重大,但是由于在资产负债表日之前尚未发生,企业无须调整报告年度会计报表的相关项目,只需在会计报表附注中披露其性质、内容,以及对财务状况和经营成果的影响,如无法作出估计,应说明理由。

关键概念

关联方　关联方交易　股份支付　会计政策　会计估计　资产负债表日后事项

思考题

1. 什么是关联方?
2. 什么是关联方交易?
3. 关联方关系的主要表现形式有哪些?
4. 披露关联方关系和交易的目的是什么?
5. 关联方交易的披露主要包括哪些内容?
6. 股份支付工具的主要类型有哪些?
7. 股份支付的确认和计量原则是什么?
8. 以权益结算的股份支付与以现金结算的股份支付会计处理有何区别?
9. 什么是会计政策变更?
10. 什么是会计估计变更?
11. 如何划分会计政策变更与会计估计变更?
12. 简述会计政策变更与会计估计变更的会计处理方法。
13. 什么是资产负债表日后事项?如何进行判断?
14. 常见的资产负债表日后调整事项和非调整事项有哪些?
15. 资产负债表日后调整事项和非调整事项的区别在哪里?其会计处理有何不同?

练习题

1. 目的:练习以权益结算的股份支付的会计处理。

资料:C 股份有限公司有关股权激励情况如下:

①2010 年 1 月 1 日,C 股份有限公司向其 50 名高级管理人员每人授予 10 万份股票期权,授予日每份期权的公允价值为 8 元。股东大会通过的股权激励方案约定:第一年年末的可行权条件为企业净利润增长率不低于 18%;第二年年末的可行权条件为企业净利润两年平均增长率不低于 16%;第三年年末的可行权条件为企业净利润三年平均增长率不低于 12%。股权激励对象可在达到可行权条件后的两年内行权,每股行权价格为 6 元。

②2010 年净利润增长率为 16%,未达到行权条件;从 2010 年经营情况看,2011 年达到可行权条件的可能性不大,预计在 2012 年三年净利润平均增长率会达到 12% 以上,达到可行权条件。2010 年有 4 名高级管理人员离开,预计未来两年还将有 6 名高级管理人员离开。

③由于经济形势大好,C 股份有限公司 2011 年净利润增长率为 17%,使 2010 ~ 2011 年净利润平均增长率达到 16.5%,达到了可行权条件。2011 年没有高级管理人员离开。

④2012 年 8 月 5 日,激励对象全部行权;公司股票每股面值 1 元。

要求:编制 C 股份有限公司与该项股权激励相关的会计分录。

2. 目的:练习以现金结算的股份支付的会计处理。

资料:D 公司为一家上市公司,从 2010 年 1 月 1 日起开始实施股票期权激励制度,向其 100 名高级管理人员每人授予 1 000 股股票期权,实施条件为从授予日起连续三年为公司服务,公司将按股价增长幅度向管理层支付现金。预计三年内高级管理人员的离职率为 10%,第一年实际离职人数为 12 人。2012 年年末、2013 年年末、2014 年年末分别有 40 名、30 名和 18 名高级管理人员行使股票增值权获得现金。D 公司估计,该增值权在负债结算之前每一个资产负债表日以及结算日的公允价值和可行权后的每份增值权现金支出额如下:

单位:元

年份	股票期权公允价值	现金支付
2010	25	
2011	28	
2012	30	28
2013	32	30
2014		32

要求:编制 D 公司与该项股权激励相关的会计分录。

案例题

1. 案例资料：

2006年财政部颁布的《企业会计准则第3号——投资性房地产》规定：企业应将投资性房地产单独作为一类进行核算和反映，与自用房地产和作为存货的房地产加以区别，从而更加清晰地反映企业所持有房地产的构成情况和盈利能力。投资性房地产应当按照成本进行初始确认和计量，后续计量通常应当采用成本模式，在满足特定条件的情况下也可以采用公允价值模式。根据统计，2007年我国深沪两市上市公司中共有630家在年报中根据新会计准则划分了投资性房地产项目，并将投资性房地产项目金额单独列示，其中612家公司对投资性房地产项目采用了成本模式进行后续计量，占97.14%，18家公司对投资性房地产项目采用了公允价值模式进行后续计量，占2.86%。可见，大部分上市公司依旧坚持成本模式。而18家选择公允价值后续计量模式的公司在2007年因投资性房地产公允价值变动而产生的公允价值变动净收益为22.79亿元，占企业净利润的2.61%，占整个上市公司净利润的0.23%，这说明大部分选择公允价值后续计量模式的企业的财务状况并没有因为投资性房地产计量模式的变更而有所变化。

问题：

(1)当上市公司投资性房地产后续计量由成本法转为公允价值法后，分别从五种报表使用者的角度来审视会计政策变更后的财务报表：

①大股东；

②中小股东；

③债权人；

④公司管理层；

⑤政府税务部门。

(2)既然政府给予企业可以采用公允价值模式的选择权，而且目前我国房地产市场不断升温，为什么我国持有投资性房地产的企业大部分都“按兵不动”，企业会在什么情况下行使这种选择权呢？

(3)对投资性房地产项目采用了公允价值模式进行后续计量的18家公司，对此项会计政策变更应当如何进行会计处理？

2. 案例资料：

某上市公司A公司与B公司签订了一份供销合同，约定A公司在2009年11月份供应给B公司一批物资。由于A公司未能按照合同发货，致使B公司发生重大经济损失。B公司通过法律程序要求A公司赔偿经济损失1.6亿元，该诉讼案件在2009年12月31日尚未判决。A公司确认了1.2亿元的预计负债，并将该项赔款反映在2009年12月31日的财务报表中，B公司未确认应收赔偿款。2010年3月28日，经法院一审判决，A公司需要赔偿B公司经济损失1.5亿元，A公司不再上诉，赔款已支付。假定2010年3月25日，A公司董事会批准了其2009年度财务报告，并批准于4月1日对外公开报出。

问题：

(1)该诉讼事项属于何种类型的资产负债表日后事项？

(2)上市公司应该如何处理才能更好地弥补资产负债表日后涵盖期间的信息不对称，避免造成对投资者的误导？

随堂小测验答案

随堂小测验 13－1

1. B　2. B　3. C　4. D　5. B

随堂小测验 13－2

1. A　2. D　3. A　4. C

随堂小测验 13－3

1. ACE　2. ACD　3. B　4. ABD

随堂小测验 13－4

1. 选择题　(1)ABD　(2)ABCDE

2. 判断题　(1)×　(2)√

第 14 章　所得税会计

学习目标

知识目标：掌握递延所得税资产、递延所得税负债和所得税费用的确认与计量；掌握所得税会计处理方法——资产负债表债务法。

能力目标：能够运用本章所学知识对所得税会计的处理方法进行比较和分析，确定现行所得税会计处理方法对企业的影响。

导入案例

甲公司某设备原值为 3 000 万元，会计折旧年限为 3 年，税法的折旧年限为 5 年，两者均采用直线法计提折旧。第 2 年年末，公司对该项固定资产计提了 60 万元的固定资产减值准备。假设会计与税法预计净残值率均为 0。那么，该设备的账面价值与计税基础分别是多少？两者之间是否存在差异？其原因是什么？应如何进行会计处理？

14.1 所得税会计基础

14.1.1 所得税会计概述

所得税会计是研究会计和应税规定之间差异的会计处理的理论和方法。《企业会计准则第 18 号——所得税》（以下简称所得税准则）规定，企业应当采用资产负债表债务法核算所得税。

1. 所得税会计的目标

所得税准则中对所得税会计目标的界定是："为了规范企业所得税的确认、计量和相关信息的列报。"因此，所得税的目标是在各项交易和事项计入财务报表的当期，确认对所得税费用和递延所得税资产（负债）的影响，亦即确认税前会计利润与应税所得之间的差异对所得税费用和递延所得税资产（负债）的影响，以合理反映企业财务状况、经营成果和现金流量，保证会计信息的真实性和准确性，有助于会计信息使用者作出正确的决策。

2. 所得税会计的产生和发展

国际会计准则委员会（IASC）于 1979 年 7 月发布了《国际会计准则第 12 号——所得税会计》，要求采用纳税影响会计法进行所得税会计处理。1985 年，IASC 成立了课题组，专门研究修改第 12 号公告。1989 年 1 月，IASC 发布了《所得税会计征求意见稿》(ED33)，建议采用利润表债务法进行所得税会计处理。1994 年 10 月，IASC 又发布了一份《所得税会计征求意见稿》(ED49)，该征求意见稿基本上采纳了第 109 号财务会计准则公告(SFAS 109)所提出的处理办法。1996 年，IASC 正式发布了修订后的《国际会计准则第 12 号——所得税》(IAS 12)。2004 年 3 月，国际会计准则理事会(IASB)对《国际会计准则第 12 号——所得税》进行了修订和认定。

1999 年修订的《中华人民共和国会计法》也明确了财务会计应根据国家统一的会计制度确认、计量、记录会计要素，提供财务会计报告，不再依附税法和财务制度。2001 年企业会计制度的改革，使会计与税法对有关收入、收益、费用、损失等的确认差异越来越大。

> **关键概念——应付税款法和纳税影响会计法**
>
> 在应付税款法下，企业将本期税前会计利润与应税所得额之间的差额所造成的影响纳税的金额直接计入当期损益，而不递延到以后各期的一种所得税会计处理方法。在纳税影响会计法下，企业将本期税前会计利润与应税所得额之间产生的暂时性差异造成的影响纳税的金额，递延和分配到以后各期（即将本期产生的暂时性差异对所得税的影响采取跨期分摊）的一种所得税会计处理方法。

所得税会计的形成和发展是所得税法规和会计准则规定相互分离的必然结果，两者分离的程度和差异的种类、数量直接影响和决定了所得税会计处理方法的改进。在所得税准则颁布以前，我国企业的所得税会计处理可以采用应付税款法或者纳税影响会计法。在应付税款法下，本期发生的时间性差异不单独核算，与本期发生的永久性差异一并处理。这种方法首先将税前会计利润调整为应税所得，再按应税所得计算应交所得税，并作为本期所得税费用，即本期所得税费用等于本期应交所得税。而采用纳税影响会计法，所得税被视为企业在获得收益时发生的一种费用，并应随同有关的收入和费用计入同一纳税期内，以达到收入和费用的配比。2006 年 2 月 15 日，我国财政部颁布的《企业会计准则第 18 号——所得税》，体现了我国所得税会计准则的国际趋同。我国所得税准则要求采用资产负债表债务法对所得税进行会计处理，要求企业从资产负债表出发，比较资产负债表中列示的相关资产、负债，对于按照会计准则规定确定的账面价值与按照税法规定确定的计税基础之间的差异，分别应纳税暂时性差异与可抵扣暂时性差异确认相关的递延所得税负债与递延所得税资产，并在此基础上确定每一会计期间利润表中的所得税费用。

14.1.2 所得税会计核算的一般程序

在采用资产负债表债务法核算所得税的情况下，企业一般应于每一资产负债表日进行所得税的核算。企业合并等特殊交易或事项发生时，在确认因交易或事项取得的资产、负债时即应确认相关的所得税影响。企业进行所得税核算一般应遵循以下程序：

(1)按照相关会计准则规定确定资产负债表中除递延所得税资产和递延所得税负债以外的其他资产和负债项目的账面价值。资产、负债的账面价值，是指企业按照相关会计准则的规定进行核算后在资产负债表中列示的金额；对于计提了减值准备的各项资产，是指其账面余额减去已计提的减值准备后的金额。

(2)按照会计准则中对于资产和负债计税基础的确定方法,以适用的税收法规为基础,确定资产负债表中有关资产、负债项目的计税基础。应说明的是,资产、负债的计税基础是会计上的定义,但其确定应当遵循税法的规定。

关键概念——资产负债表债务法

资产负债表债务法是从资产负债表出发,通过比较资产负债表上列示的资产、负债按照会计准则规定确定的账面价值与按照税法规定确定的计税基础,对于两者之间的差异分别应纳税暂时性差异与可抵扣暂时性差异,确认相关的递延所得税负债与递延所得税资产。

(3)比较资产、负债的账面价值与其计税基础,对于两者之间存在差异的,分析其性质,除准则中规定的特殊情况外,分别应纳税暂时性差异与可抵扣暂时性差异确定资产负债表日递延所得税负债和递延所得税资产的金额,并与期初递延所得税资产和递延所得税负债的余额相比,确定当期应进一步确认或应予转销的递延所得税资产和递延所得税负债金额,作为递延所得税。

(4)就企业当期发生的交易或事项,按照适用的税法规定计算确定当期应纳税所得额,按应纳税所得额与适用的所得税税率计算的结果确认当期应交所得税。

(5)确定利润表中的所得税费用。利润表中的所得税费用包括当期所得税(当期应交所得税)和递延所得税两个组成部分,企业在计算确定了当期所得税和递延所得税后,两者之和(或之差)即利润表中的所得税费用。

【随堂小测验 14-1】

1. 根据我国现行所得税准则,所得税会计处理方法为(　　)。

A. 应付税款法　　B. 利润表债务法

C. 资产负债表债务法　　D. 纳税影响会计法

2. 应付税款法的特点有(　　)。

A. 本期发生的时间性差异不单独核算

B. 本期所得税费用等于本期应交所得税

C. 所得税被视为企业在获得收益时发生的一种费用

D. 本期所得税费用不等于本期应交所得税

14.2 资产、负债的计税基础

14.2.1 资产的计税基础

资产的计税基础,是指企业收回资产账面价值的过程中,计算应纳税所得额时按照税法规定可以自应税经济利益中抵扣的金额,即某一项资产在未来期间计税时按照税法规定可以税前扣除的金额。

资产在初始确认时,其计税基础一般为取得成本,即企业为取得某项资产支付的成本在未来期间准予税前扣除。在资产持续持有的过程中,其计税基础是指资产的取得成本减去以前期间按照税法规定已经税前扣除的金额后的余额。

1. 固定资产

固定资产在某一资产负债表日的计税基础是指其成本扣除按照税法规定已在以前期间税前扣除的累计折旧额或累计摊销额后的金额。

以各种方式取得的固定资产,在初始确认时按照会计准则规定确定的入账价值即取得时账面价值一般等于其计税基础。

固定资产在持有期间进行后续计量时,由于会计准则与税收规定就折旧方法、折旧年限以及固定资产减值准备的提取等处理的不同,可能造成固定资产的账面价值与计税基础的差异,主要包括折旧方法、折旧年限的差异以及因计提固定资产减值准备产生的差异等。

固定资产的账面价值与计税基础的差异用公式表示为:

固定资产的账面价值 = 实际成本 - 累计折旧 - 减值准备

固定资产的计税基础 = 实际成本 - 累计折旧

【例 14-1】 某项机器设备原价为 1 000 万元,预计使用年限为 10 年,会计处理时按照直线法计提折旧,税收规定允许加速折旧,企业在计税时对该项资产按双倍余额递减法计提折旧,预计净残值为零。第 2 年年末,企业对该项固定资产计提了 80 万元的减值准备。则在第 2 年年末:

固定资产的账面价值 = 1 000 - 100 - 100 - 80 = 720(万元)

固定资产的计税基础 = 1 000 - 200 - 160 = 640(万元)

【例 14-2】 企业于 2008 年 12 月 20 日取得某项环保用固定资产,原价为 300 万元,使用年限为 10 年,会计上采用直线法计提折旧,净残值为零。假定税法规定类似环保用固定资产采用加速折旧法计提的折旧可予税前扣除,该企业在计税时采用双倍余额递减法计提折旧,净残值为零。2010 年 12 月 31 日,企业估计该项固定资产的可收回金额为 220 万元。则 2009 年 12 月 31 日:

固定资产的账面价值 = 300 - 30 × 2 - 20 = 220(万元)

固定资产的计税基础 = 300 - 300 × 20% - 240 × 20% = 192(万元)

2. 无形资产

除内部研究开发形成的无形资产以外,以其他方式取得的无形资产,初始确认时按照会计准则规定确定的入账价值与按照税法规定确定的计税成本之间一般不存在差异。

(1)对于内部研究开发形成的无形资产,会计准则规定,有关研究开发支出区分两个阶段,研究阶段的支出应当费用化计入当期损益,而开发阶段符合资本化条件的支出应当计入所形成无形资产的成本;税法规定,自行开发的无形资产,以开发过程中该资产符合资本化条件后至达到预定用途前发生的支出为计税基础。对于研究开发费用的加计扣除,税法规定,企业为开发新技术、新产品、新工艺发生的研究开发费用,未形成无形资产计入当期损益的,在按照规定据实扣除的基础上,按照研究开发费用的 50% 加计扣除;形成无形资产的,按照无形资产成本的 150% 摊销。

对于内部研究开发形成的无形资产,一般情况下初始确认时按照会计准则规定确定的成本与其计税基础应当是相同的。对于享受税收优惠的研究开发支出,在形成无形资产时,按照会计准则规定确定的成本为研究开发过程中符合资本化条件后至达到预定用途前发生的支出,而税法规定按照无形资产成本的150%摊销,则其计税基础应在会计入账价值的基础上加计50%,因而在初始确认时账面价值与计税基础之间产生差异,但如果该无形资产的确认不是产生于企业合并交易,同时在确认时既不影响会计利润也不影响应纳税所得额,按照所得税会计准则的规定,不确认该暂时性差异的所得税影响。

(2)无形资产在后续计量时,会计与税收的差异主要产生于对无形资产是否需要摊销及无形资产减值准备的计提。

会计准则规定,无形资产应根据其使用寿命情况,区分为使用寿命有限的无形资产和使用寿命不确定的无形资产。对于使用寿命不确定的无形资产,不要求摊销,在会计期末应进行减值测试。税法规定,企业取得无形资产的成本,应在一定期限内摊销,有关摊销额允许税前扣除。

在对无形资产计提减值准备的情况下,因所计提的减值准备不允许税前扣除,也会造成其账面价值与计税基础的差异。

使用寿命确定的无形资产的账面价值 = 无形资产原价 - 累计摊销 - 无形资产减值准备

使用寿命不确定的无形资产的账面价值 = 无形资产原价 - 无形资产减值准备

无形资产的计税基础 = 实际成本 - 税收规定的累计摊销

【例14-3】 企业拥有某项无形资产,取得成本为150万元,因其使用寿命无法合理估计,企业将其视为使用寿命不确定的无形资产,不予摊销;按税法规定,该项无形资产应按不短于10年的期限摊销。则1年后:

无形资产的账面价值 = 150(万元)

无形资产的计税基础 = 150 - 150 ÷ 10 = 135(万元)

【例14-4】 甲企业于2010年1月1日取得某项无形资产,取得成本为1 000万元。取得该项无形资产后,根据各方面情况判断,甲企业无法合理预计其使用期限,将其作为使用寿命不确定的无形资产。2010年12月31日,对该项无形资产进行减值测试表明其未发生减值。企业在计税时,对该项无形资产按照10年的期限摊销,摊销金额允许税前扣除。则2010年12月31日:

无形资产的账面价值 = 1 000(万元)(因为会计上将该项无形资产作为使用寿命不确定的无形资产,并且未发生减值,故其账面价值为取得时的成本)

无形资产的计税基础 = 1 000 - 100 = 900(万元)(成本1 000万元 - 按照税法规定可予税前扣除的摊销额100万元)

3. 交易性金融资产

按照《企业会计准则第22号——金融工具确认和计量》的规定,以公允价值计量且其变动计入当期损益的金融资产于某一会计期末的账面价值为公允价值。

按照税法规定,以公允价值计量的金融资产在持有期间市价的波动在计税时不予考虑,金融资产在某一会计期末的计税基础为其取得成本,从而造成在公允价值变动的情况下,以公允价值计量的金融资产账面价值与计税基础之间的差异。

【例14-5】 某企业支付300万元取得一项交易性金融资产,当期期末市价为320万元。则:

交易性金融资产的账面价值 = 320(万元)

交易性金融资产的计税基础 =300(万元)

【例 14-6】2010 年 10 月 20 日,甲公司自公开市场取得一项权益性投资,支付价款 3 000 万元,作为交易性金融资产核算。2010 年 12 月 31 日,该投资的市价为 3 300 万元。则 2010 年 12 月 31 日:

交易性金融资产的账面价值 =3 300(万元)(因为该项交易性金融资产的期末市价为 3 300 万元)

交易性金融资产的计税基础 =3 000(万元)(因为税法规定交易性金融资产在持有期间的公允价值变动不计入应纳税所得额)

14.2.2 负债的计税基础

负债的计税基础,是指负债的账面价值减去未来期间计算应纳税所得额时按照税法规定可予抵扣的金额后的余额。用公式表示如下:

负债的计税基础 = 账面价值 - 未来期间按照税法规定可予税前扣除的金额

一般负债的确认和清偿不影响所得税的计算,差异主要是因为费用而确认的负债。

1. 企业因销售商品提供售后服务等原因确认的预计负债

按照或有事项准则规定,企业对于预计提供售后服务将发生的支出在满足有关确认条件时,确认为费用,同时确认预计负债。

【例 14-7】某企业因销售商品提供售后服务等原因于当期确认了 200 万元的预计负债。税法规定,有关产品售后服务等与取得经营收入直接相关的费用于实际发生时允许税前列支。假定企业在确认预计负债的当期未发生售后服务费用。则:

预计负债的账面价值 =200(万元)

预计负债的计税基础 = 账面价值 - 未来期间按照税法规定可予税前扣除的金额 = 200 - 200 =0

因其他事项确认的预计负债,应按照税法规定的计税原则确定其计税基础。在某些情况下,因有些事项确认的预计负债,如果税法规定无论是否实际发生均不允许税前扣除,即未来期间按照税法规定可予抵扣的金额为零,则其账面价值与计税基础相同。

【例 14-8】某企业因债务担保确认了预计负债 300 万元,但担保发生在关联方之间,担保方并未就该项担保收取与相应责任相关的费用。则:

按照或有事项准则规定,企业应确认预计负债 500 万元;按照税法规定,由于担保发生在关联方之间,故与该预计负债相关的费用不允许税前扣除。因此:

预计负债的账面价值 =300(万元)

预计负债的计税基础 = 账面价值 - 未来期间按照税法规定可予税前扣除的金额 = 300 - 0 =300(万元)

2. 预收账款

企业在收到客户预付的款项时,因不符合收入确认条件,会计上将其确认为负债。税法对于收入的确认原则一般与会计规定相同,即会计上未确认收入时,计税时一般也不计入应纳税所得额,该部分经济利益在未来期间计税时可予税前扣除的金额为零,计税基础等于账面价值。

某些情况下,因不符合会计准则规定的收入确认条件未确认为收入的预收款项,按照税法规定应计入当期应纳税所得额时，有关预收账款的计税基础为零，即因其产生时已经计算缴纳所得税，未来期间可全额税前扣除。

【例 14 - 9】 甲公司于 2009 年 12 月 20 日自客户收到一笔合同预付款，金额为 1 500 万元，作为预收账款核算。按照相关税法规定，该款项应计入取得当期应纳税所得额计算缴纳所得税。则 2009 年 12 月 31 日：

预收账款的账面价值 = 1 500（万元）

预收账款的计税基础 = 账面价值 - 未来期间按照税法规定可予税前扣除的金额 = 1 500 - 1 500 = 0

3. 应付职工薪酬

会计准则规定，企业为获得职工提供的服务而给予的各种形式的报酬以及其他相关支出均应作为企业的成本费用，在未支付之前确认为负债。税法对于合理的职工薪酬允许税前扣除，但税法中明确规定了税前扣除标准的，按照会计准则规定计入成本费用的金额超过规定标准的部分，应进行纳税调整。

【例 14 - 10】 某企业当期确认应支付的职工工资、薪金支出计 2 800 万元，尚未支付；按照税法规定，允许税前扣除的部分为 2 200 万元。则：

应付职工薪酬的账面价值 = 2 800（万元）

应付职工薪酬的计税基础 = 账面价值 - 未来期间按照税法规定可予税前扣除的金额 = 2 800 - 0 = 2 800（万元）

4. 特殊交易或事项中产生的资产、负债

除企业在正常生产经营活动过程中取得的资产和负债以外，对于某些特殊交易中产生的资产、负债，其计税基础的确定也应遵循税法的规定，如企业合并过程中取得的资产、负债计税基础的确定。

《企业会计准则第 20 号——企业合并》中视参与合并各方在合并前及合并后是否为同一方或相同的多方最终控制，将企业合并分为同一控制下的企业合并与非同一控制下的企业合并两种类型。

对于企业合并交易的所得税处理，通常情况下，将被合并企业视为按公允价值转让、处置全部资产，计算资产的转让所得，依法缴纳所得税；合并企业接受被合并企业的有关资产，计税时可以按经评估确认或税法认可的转让价值确定计税成本。税法对于企业的合并、改组等交易，考虑合并中涉及的非股权支付额的比例、取得被合并方股权比例等条件，将其区分为应税合并与免税合并。

由于会计准则与税法对企业合并的划分标准不同、处理原则不同，某些情况下，会造成企业合并中取得的有关资产、负债的入账价值与计税基础的差异。

【随堂小测验 14 - 2】

1. 大鹏公司 2008 年 12 月 31 日取得某项运输工具，原价为 24 万元，预计使用年限为 4 年，会计处理时按照年限平均法计提折旧，税收规定允许加速折旧。该公司在计税时对该项资产按双倍余额递减法计提折旧，预计净残值为零。2010 年 12 月 31 日，该公司对该项固定资产计提了8万元的减值准备。则2010年12月31日,该固定资产的计税基础为(　　)万元。

A. 6　　B. 12　　C. 18　　D. 16

2. 大鹏公司当期为开发新技术发生研究开发支出计2 000万元,其中研究阶段支出400万元,开发阶段符合资本化条件前发生的支出为400万元,符合资本化条件后至达到预定用途前发生的支出为1 200万元。税法规定,企业为开发新技术、新产品、新工艺发生的研究开发费用,未形成无形资产计入当期损益的,按照研究开发费用的50%加计扣除;形成无形资产的,按照无形资产成本的150%摊销。假定开发形成的无形资产在当期期末已达到预定用途(尚未开始摊销)。大鹏公司当期期末无形资产的计税基础为(　　)万元。

A. 600　　B. 1 200　　C. 400　　D. 1 800

3. 大鹏公司2009年12月31日"预计负债——产品质量保证费用"科目贷方余额为100万元,2009年实际发生产品质量保证费用90万元,2010年12月31日预提产品质量保证费用110万元,则2010年12月31日该项负债的计税基础为(　　)万元。

A. 0　　B. 10　　C. 30　　D. 20

4. 2010年1月1日,大鹏公司为其100名中层以上管理人员每人授予100份现金股票增值权,这些人员从2010年1月1日起在该公司连续服务满三年,即可自2012年12月31日起根据股价的增长幅度获得现金,该增值权应在2014年12月31日之前行使完毕。大鹏公司2010年12月31日的应付职工薪酬余额为100万元,按税法规定,实际支付时可计入应纳税所得额。则2010年12月31日,应付职工薪酬的计税基础为(　　)万元。

A. 0　　B. 100　　C. 50　　D. 200

14.3 所得税暂时性差异

暂时性差异是指资产、负债的账面价值与其计税基础不同产生的差额。其中,账面价值是指按照会计准则规定确定的有关资产、负债在资产负债表中应列示的金额。由于资产、负债的账面价值与其计税基础不同,产生了在未来收回资产或清偿负债的期间内,应纳税所得额增加或减少并导致未来期间应交所得税增加或减少的情况,在这些暂时性差异发生的当期,一般应当确认相应的递延所得税负债或递延所得税资产。

按照对未来期间应税金额的影响,暂时性差异可分为应纳税暂时性差异和可抵扣暂时性差异。

14.3.1 应纳税暂时性差异

在未来期间不考虑该事项影响的应纳税所得额的基础上,应纳税暂时性差异在未来期间转回时会增加转回期间的应纳税所得额和应纳所得税金额。在应纳税暂时性差异产生当期,应当确认相关的递延所得税负债。

> **关键概念——应纳税暂时性差异**
>
> 应纳税暂时性差异是指在确定未来收回资产或清偿负债期间的应纳税所得额时,将导致产生应税金额的暂时性差异。

应纳税暂时性差异通常产生于以下情况:

(1)资产的账面价值大于其计税基础

资产的账面价值代表的是企业在持续使用或最终出售该项资产时将取得的经济利益的总额,而其计税基础代表的是资产在未来期间可予税前扣除的总金额。资产的账面价值大于其计税基础,则该项资产未来期间产生的经济利益不能全部税前抵扣,两者之间的差额需要缴税,产生应纳税暂时性差异,应确认相关的递延所得税负债。

(2)负债的账面价值小于其计税基础

负债的账面价值代表的是企业预计在未来期间清偿该项负债时的经济利益流出,而其计税基础代表的是账面价值在扣除税法规定未来期间允许税前扣除的金额之后的差额。负债的账面价值小于其计税基础而产生的暂时性差异,实质上是该项负债按税法规定在未来期间不可以税前扣除的金额(即与该项负债相关的费用支出在未来期间可予税前扣除的金额),即应纳税暂时性差异,应确认相关的递延所得税负债。

14.3.2 可抵扣暂时性差异

可抵扣暂时性差异在未来期间转回时会减少转回期间的应纳税所得额,减少未来期间的应交所得税。在可抵扣暂时性差异产生当期,符合确认条件时,应当确认相关的递延所得税资产。

> **关键概念——可抵扣暂时性差异**
>
> 可抵扣暂时性差异是指在确定未来收回资产或清偿负债期间的应纳税所得额时,将导致产生可抵扣应税金额的暂时性差异。

可抵扣暂时性差异通常产生于以下情况:

(1)资产的账面价值小于其计税基础

资产的账面价值小于其计税基础,意味着资产在未来期间产生的经济利益少,按照税法规定允许税前扣除的金额多,两者之间的差额可以减少企业在未来期间的应纳税所得额并减少应交所得税,符合有关条件时,应当确认相关的递延所得税资产。

(2)负债的账面价值大于其计税基础

负债的账面价值大于其计税基础,负债产生的暂时性差异实质上是税法规定就该项负债可以在未来期间税前扣除的金额。即:

负债的暂时性差异 = 账面价值 - 计税基础

= 账面价值 -(账面价值 - 未来期间计税时按照税法规定可予税前扣除的金额)

= 未来期间计税时按照税法规定可予税前扣除的金额

负债的账面价值大于其计税基础,意味着未来期间按照税法规定与负债相关的全部或部分支出可以自未来应税经济利益中扣除,减少未来期间的应纳税所得额和应交所得税。符合有关确认条件时,应确认相关的递延所得税资产。

【随堂小测验 14-3】

1. 暂时性差异是指资产或负债的账面价值与其计税基础之间的差异。按照对未来期间应税金额的影响,暂时性差异可分为(　　)两种。

A. 应纳税暂时性差异　　B. 可抵扣暂时性差异
C. 永久性差异　　D. 时间性差异

2. 下列项目中,产生应纳税暂时性差异的有(　　)。
A. 期末预提产品质量保证费用
B. 税法折旧大于会计折旧形成的差额部分
C. 对可供出售金融资产,企业根据期末公允价值大于其取得成本的部分进行了调整
D. 对投资性房地产,企业根据期末公允价值大于其账面价值的部分进行了调整

3. 企业当年发生的下列会计事项中,可产生可抵扣暂时性差异的有(　　)。
A. 预计产品质量保证损失
B. 年末交易性金融负债的公允价值小于其账面成本(计税成本)并按公允价值调整
C. 年初新投入使用一台设备,会计上采用年数总和法计提折旧,而税法上要求采用直线法计提折旧
D. 计提建造合同预计损失准备

14.4 所得税会计处理

14.4.1 所得税会计账户的设置

1."所得税费用"账户

在资产负债表债务法下,本账户应按"当期所得税费用"、"递延所得税费用"进行明细核算。

资产负债表日,企业按照税法计算确定的当期应交所得税金额,借记本账户(当期所得税费用),贷记"应交税费——应交所得税"账户。

资产负债表日,根据所得税准则应予确认的递延所得税资产大于"递延所得税资产"账户余额的差额,借记"递延所得税资产"账户,贷记本账户(递延所得税费用)、"资本公积——其他资本公积"等账户;应予确认的递延所得税资产小于"递延所得税资产"账户余额的差额,做相反的会计分录。

企业应予确认的递延所得税负债的变动,应当比照上述原则调整"递延所得税负债"账户及有关账户。

期末,应将本账户的余额转入"本年利润"账户,结转后本账户应无余额。

2."递延所得税资产"账户

该账户核算企业根据所得税准则确认的可抵扣暂时性差异产生的所得税资产。根据税法规定可用以后年度税前利润弥补的亏损产生的所得税资产也在本账户核算。企业应当按照可抵扣暂时性差异等项目进行明细核算。

企业在确认相关资产、负债时,根据所得税准则应予确认的递延所得税资产,借记本账户,贷记"所得税费用——递延所得税费用"、"资本公积——其他资本公积"等账户。

资产负债表日,企业根据所得税准则应予确认的递延所得税资产大于本账户余额的,借记本账户,贷记"所得税费用——递延所得税费用"、"资本公积——其他资本公积"等账户;应予确认的递延所得税资产小于本账户余额的,做相反的会计分录。

资产负债表日,预计未来期间很可能无法获得足够的应纳税所得额用以抵扣可抵扣

暂时性差异的,按应减记的金额,借记"所得税费用——当期所得税费用"、"资本公积——其他资本公积"账户,贷记本账户。

本账户期末借方余额,反映企业已确认的递延所得税资产的余额。

3."递延所得税负债"账户

该账户核算企业根据所得税准则确认的应纳税暂时性差异产生的所得税负债。企业应当按照应纳税暂时性差异项目进行明细核算。

企业在确认相关资产、负债时,根据所得税准则应予确认的递延所得税负债,借记"所得税费用——递延所得税费用"、"资本公积——其他资本公积"等账户,贷记本账户。

资产负债表日,企业根据所得税准则应予确认的递延所得税负债大于本账户余额的,借记"所得税费用——递延所得税费用"、"资本公积——其他资本公积"等账户,贷记本账户;应予确认的递延所得税负债小于本账户余额的,做相反的会计分录。

本账户期末贷方余额,反映企业已确认的递延所得税负债的余额。

14.4.2 所得税会计处理方法

所得税会计采用资产负债表债务法。资产负债表债务法在所得税的会计核算方面贯彻了资产、负债的界定。从资产负债角度考虑,资产的账面价值代表的是某项资产在持续持有及最终处置的一定期间内为企业带来未来经济利益的总额,而其计税基础代表的是该期间内按照税法规定该项资产可以税前扣除的总额。资产的账面价值小于其计税基础,表明该项资产于未来期间产生的经济利益流入低于按照税法规定允许税前扣除的金额,产生可抵减未来期间应纳税所得额的因素,减少未来期间以应交所得税的方式流出企业的经济利益,应确认为递延所得税资产。反之,一项资产的账面价值大于其计税基础的,两者之间的差额会增加企业未来期间的应纳税所得额,对企业形成经济利益流出的义务,应确认为递延所得税负债。

资产负债表债务法适用于对所有暂时性差异的处理,处理时应遵循以下步骤:

(1)确定一项资产或负债的税基(计税基础);

(2)分析、计算暂时性差异;

(3)确认由于暂时性差异造成的递延所得税负债(或资产);

(4)根据企业当期发生的交易或事项,按照适用的税法规定计算确定当期应纳税所得额,将按应纳税所得额与适用的所得税税率的计算结果确认为当期应交所得税;

(5)将递延所得税负债(或资产)及相应的所得税费用或收益在报表中予以列示。

14.4.3 递延所得税资产的确认与计量

1.递延所得税资产的确认

(1)递延所得税资产确认的一般原则

资产、负债的账面价值与其计税基础不同产生可抵扣暂时性差异的,在估计未来期间能够取得足够的应纳税所得额用以利用该可抵扣暂时性差异时,应当以很可能取得用来抵减可抵扣暂时性差异的应纳税所得额为限,确认相关的递延所得税资产。

第一,递延所得税资产的确认应以未来期间可能取得的应纳税所得额为限。

第二,按照税法规定可以结转以后年度的未弥补亏损和税款抵减,应视同可抵扣暂时性差异处理。

第三,企业合并中,按照会计规定确定的合并中取得的各项可辨认资产、负债的入账价值与其计税基础之间形成可抵扣暂时性差异的,应确认相应的递延所得税资产,并调整合并中应予确认的商誉等。

第四,与直接计入所有者权益的交易或事项相关的可抵扣暂时性差异,相应的递延所得税资产应计入所有者权益,如因可供出售金融资产公允价值下降而确认的递延所得税资产。

【例14－11】某企业在2008年至2011年间每年应税收益分别为－500万元、200万元、200万元、100万元,适用的所得税税率始终为25%。假设在2008年发生的亏损弥补期内很可能获得足够的应纳税所得额用来抵扣可抵扣暂时性差异,无其他暂时性差异。

该企业的账务处理如下:

2008年:

借:递延所得税资产　　1 250 000

　贷:所得税费用　　1 250 000

2009年:

借:所得税费用　　500 000

　贷:递延所得税资产　　500 000

2010年:

借:所得税费用　　500 000

　贷:递延所得税资产　　500 000

2011年:

借:所得税费用　　250 000

　贷:递延所得税资产　　250 000

(2)不确认递延所得税资产的特殊情况

在某些情况下,企业发生的某项交易或事项不属于企业合并,并且交易发生时既不影响会计利润也不影响应纳税所得额,且该项交易中产生的资产、负债的初始确认金额与其计税基础不同,产生可抵扣暂时性差异,所得税准则规定在交易或事项发生时不确认相应的递延所得税资产。

2. 递延所得税资产的计量

(1)适用税率的确定。在确认递延所得税资产时,应估计相关可抵扣暂时性差异的转回时间,采用转回期间适用的所得税税率为基础计算确定。无论相关的可抵扣暂时性差异转回期间如何,递延所得税资产均不予折现。

(2)递延所得税资产的减值。资产负债表日,企业应当对递延所得税资产的账面价值进行复核。如果未来期间很可能无法取得足够的应纳税所得额用以利用递延所得税资产的利益,应当减记递延所得税资产的账面价值。

减记递延所得税资产的账面价值以后,以后期间根据新的环境和情况判断能够产生足够的应纳税所得额利用可抵扣暂时性差异,使得递延所得税资产包含的经济利益能够实现的,应相应恢复递延所得税资产的账面价值。

14.4.4 递延所得税负债的确认与计量

1. 递延所得税负债确认的一般原则

除企业会计准则中明确规定可不确认递延所得税负债的情况以外，企业对于所有的应纳税暂时性差异均应确认相关的递延所得税负债。除直接计入所有者权益的交易或事项以及企业合并外，在确认递延所得税负债的同时，应增加利润表中的所得税费用。

【例 14－12】 某企业于 2010 年 12 月 31 日购入某项机器设备，会计上采用直线法计提折旧，税法规定允许采用加速法计提折旧，其取得成本为 100 万元，使用年限为 10 年，净残值为零，计税时按双倍余额递减法计提折旧。不考虑中期报告的影响。该企业适用的所得税税率为 25%。

该企业的账务处理如下：

2011 年 12 月 31 日：

资产的账面价值 = 100 − 10 = 90（万元）

资产的计税基础 = 100 − 20 = 80（万元）

应纳税暂时性差异 = 90 − 80 = 10（万元）

应确认递延所得税负债 = 10 × 25% = 2.5（万元）

借：所得税费用　　25 000

　贷：递延所得税负债　　25 000

【例 14－13】 甲企业于 2010 年 12 月 6 日购入某项环保设备，取得成本为 300 万元，会计上采用年限平均法计提折旧，使用年限为 10 年，净残值为零；计税时按双倍余额递减法计提折旧，使用年限及净残值与会计相同。甲企业适用的所得税税率为 25%。假定该企业不存在其他会计与税收处理的差异。

由题意可知：

2011 年 12 月 31 日，该项固定资产按照会计规定计提的折旧额为 30 万元，计税时允许扣除的折旧额为 60 万元，则该固定资产的账面价值 270 万元与其计税基础 240 万元的差额构成应纳税暂时性差异，企业应确认相关的递延所得税负债 7.5 万元[（270 − 240）× 25%]。

借：所得税费用　　75 000

　贷：递延所得税负债　　75 000

2. 不确认递延所得税负债的特殊情况

在某些情况下，虽然资产、负债的账面价值与其计税基础不同，产生了应纳税暂时性差异，但出于各方面考虑，所得税准则规定不确认相应的递延所得税负债，主要包括：

（1）商誉的初始确认。在非同一控制下的企业合并中，企业合并成本大于合并中取得的被购买方可辨认净资产公允价值份额的差额，按照会计准则规定应确认为商誉。但是会计上作为非同一控制下的企业合并而按照税法规定计税时应作为免税合并，商誉的计税基础为零，这样账面价值与计税基础形成应纳税暂时性差异。即：

会计：商誉 = 合并成本 − 被购买方可辨认净资产公允价值

税法：外购商誉的计税基础为零

准则要求不确认商誉所产生的递延所得税负债。

若确认递延所得税负债,则减少被购买方可辨认净资产公允价值,增加商誉,由此进入不断循环状态。

(2)与联营企业、合营企业投资等相关的应纳税暂时性差异,一般应确认相应的递延所得税负债,但同时满足以下两个条件的除外:一是投资企业能够控制暂时性差异转回的时间;二是该暂时性差异在可预见的未来很可能不会转回。

满足上述条件时,投资企业可以运用自身的影响力决定暂时性差异的转回,如果不希望其转回,则在可预见的未来该项暂时性差异即不会转回,从而无需确认相应的递延所得税负债。

(3)除企业合并以外的其他交易中,如果交易发生时既不影响会计利润也不影响应纳税所得额,则由资产、负债的初始确认所产生的递延所得税负债不予确认。

3. 递延所得税负债的计量

递延所得税负债应以相关应纳税暂时性差异转回期间适用的所得税税率计量。在我国,除享受优惠政策的情况以外,企业适用的所得税税率在不同年度之间一般不会发生变化,企业在确认递延所得税负债时,可以现行适用税率为基础计算确定,递延所得税负债的确认不要求折现。

递延所得税资产和递延所得税负债的计量如图14－1所示。

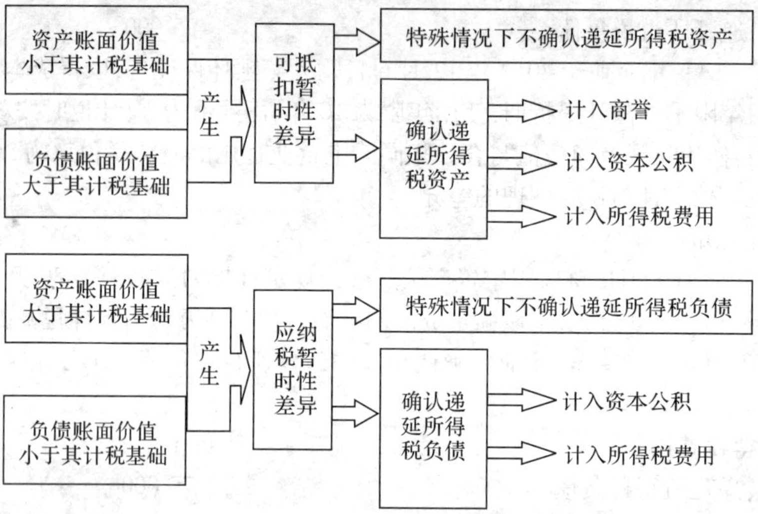

图14－1　递延所得税资产和递延所得税负债的计量

14.4.5 所得税费用的确认与计量

企业核算所得税主要是为确定当期应交所得税以及利润表中应确认的所得税费用。在按照资产负债表债务法核算所得税的情况下,利润表中的所得税费用包括当期所得税和递延所得税两个部分。

1. 当期所得税

当期所得税是指企业按照税法规定计算确定的针对当期发生的交易和事项,应交纳给税务部门的所得税金额,即当期应交所得税。

企业在确定当期应交所得税时，对于当期发生的交易或事项，会计处理与税收处理不同的，应在会计利润的基础上，按照适用税收法规的规定进行调整，计算当期应纳税所得额，按照应纳税所得额与适用所得税税率计算确定当期应交所得税。一般情况下，应纳税所得额可在会计利润的基础上考虑会计与税收之间的差异，按照以下公式计算确定：

应纳税所得额 = 会计利润 + 按照会计准则规定计入利润表但计税时不允许税前扣除的费用 ± 计入利润表的费用与按照税法规定可予税前扣除的金额之间的差额 ± 计入利润表的收入与按照税法规定应计入应纳税所得额的收入之间的差额 − 税法规定的不征税收入 ± 其他需要调整的因素
= 会计利润 + 纳税调整增加额 − 纳税调整减少额

当期所得税 = 当期应交所得税 = 应纳税所得额 × 适用的所得税税率

(1)纳税调整增加额

纳税调整增加额通常产生于以下两种情形：

①按会计准则规定核算时不作为收益计入会计报表，但在计算应纳税所得额时作为收益需要交纳所得税。

②按会计准则规定核算时确认为费用或损失计入会计报表，但在计算应纳税所得额时则不允许扣减。

(2)纳税调整减少额

纳税调整减少额通常产生于以下两种情形：

①按会计准则规定核算时作为收益计入会计报表，但在计算应纳税所得额时不确认为收益。

②按会计准则规定核算时不确认为费用或损失，但在计算应纳税所得额时则允许扣减。

2. 递延所得税

递延所得税，是指企业在某一会计期间确认的递延所得税资产及递延所得税负债的综合结果。用公式表示即：

递延所得税 = (递延所得税负债的期末余额 − 递延所得税负债的期初余额) − (递延所得税资产的期末余额 − 递延所得税资产的期初余额)
= 当期递延所得税负债的增加(− 减少) − 当期递延所得税资产的增加(+ 减少)

如果某项交易或事项按照企业会计准则规定应计入所有者权益，由该交易或事项产生的递延所得税资产或递延所得税负债及其变化也应计入所有者权益，不构成利润表中的递延所得税费用(或收益)。

【例 14－14】 甲企业持有的某项可供出售金融资产，成本为 200 万元，会计期末，其公允价值为 300 万元，该企业适用的所得税税率为 25%。除该事项外，该企业不存在其他会计与税收之间的差异，且递延所得税资产和递延所得税负债不存在期初余额。

甲企业的账务处理如下：

会计期末确认 100 万元的公允价值变动：

借：可供出售金融资产　　　　1 000 000

　　贷：资本公积——其他资本公积　　　　1 000 000

确认应纳税暂时性差异的所得税影响：

借：资本公积——其他资本公积　　　　250 000

　　贷：递延所得税负债　　　　250 000

3. 所得税费用

计算确定了当期所得税及递延所得税以后，利润表中应予确认的所得税费用为两者之和，即：

所得税费用 = 当期所得税 + 递延所得税

计入当期损益的所得税费用或收益不包括企业合并和直接在所有者权益中确认的交易或事项产生的所得税影响。与直接计入所有者权益的交易或者事项相关的当期所得税和递延所得税，应当计入所有者权益。

【例 14 – 15】 第 1 年 12 月 26 日，甲公司购入一台价值 40 000 元不需要安装的设备。该设备预计使用期限为 4 年，会计上采用直线法计提折旧（不考虑残值），税务上采用年数总和法计提折旧（不考虑残值）。假定甲公司每年的利润总额均为 100 000 元，无其他纳税调整项目，设每年所得税税率为 25%。会计处理如下：

第 2 年，会计上计提折旧 10 000 元（40 000 ÷ 4），设备的账面价值为 30 000 元（40 000 – 10 000）；税务上计提折旧 16 000 元[40 000 × 4 ÷ (1 + 2 + 3 + 4)]，设备的计税基础为 24 000 元（40 000 – 16 000）。设备的账面价值比其计税基础高，两者之间的差额为 6 000 元（30 000 – 24 000），应确认为递延所得税负债 1 500 元（6 000 × 25%）。第 2 年，应纳企业所得税 23 500 元{[100 000 – (16 000 – 10 000)] × 25%}。

借：所得税费用　　　　25 000

　　贷：应交税费——应交所得税　　　　23 500

　　　　递延所得税负债　　　　1 500

第 3 年，会计上计提折旧 10 000 元，设备的账面价值为 20 000 元；税务上计提折旧 12 000元[40 000 × 3 ÷ (1 + 2 + 3 + 4)]，设备的计税基础为 12 000 元（24 000 – 12 000）。设备的账面价值比其计税基础高，两者之间的差额 8 000 元（20 000 – 12 000）为累计应纳税暂时性差异，应确认为递延所得税负债。第 3 年年末应保留的递延所得税负债余额为 2 000 元（8 000 × 25%），年初余额为 1 500 元，应再确认递延所得税负债 500 元（2 000 – 1 500）。第 3 年，应纳企业所得税 24 500 元{[100 000 – (12 000 – 10 000)] × 25%}。

借：所得税费用　　　　25 000

　　贷：应交税费——应交所得税　　　　24 500

　　　　递延所得税负债　　　　500

第 4 年，会计上计提折旧 10 000 元，设备的账面价值为 10 000 元；税务上计提折旧 8 000元[40 000 × 2 ÷ (1 + 2 + 3 + 4)]，设备的计税基础为 4 000 元（12 000 – 8 000）。设备的账面价值与其计税基础之间的差额 6 000 元（10 000 – 4 000）为累计应纳税暂时性差异，应确认为递延所得税负债。第 4 年年末应保留的递延所得税负债余额为 1 500 元（6 000 × 25%），年初余额为 2 000 元，应转回递延所得税负债 500 元（2 000 – 1 500）。第 4 年，应纳企业所得税 25 500 元{[100 000 + (10 000 – 8 000)] × 25%}。

借：所得税费用　　　　25 000

递延所得税负债　　500
贷:应交税费——应交所得税　　25 500

第5年,会计上计提折旧10 000元,设备的账面价值为0;税务上计提折旧4 000元[40 000×1÷(1+2+3+4)],设备的计税基础为0(4 000−4 000)。设备的账面价值与其计税基础之间的差额为0,第5年年末应保留的递延所得税负债余额也为0,年初余额为1 500元,应转回递延所得税负债1 500元。第5年,应纳企业所得税26 500元{[100 000+(10 000−4 000)]×25%}。

借:所得税费用　　25 000
递延所得税负债　　1 500
贷:应交税费——应交所得税　　26 500

【随堂小测验14−4】

1. 所得税会计应设置的会计账户有(　　)。

A. 所得税费用　　B. 递延税款
C. 递延所得税资产　　D. 递延所得税负债

2. 甲公司于2007年1月1日开业,2007年和2008年免征企业所得税,从2009年开始适用的所得税税率为25%。甲公司2007年开始计提折旧的一台设备,2007年12月31日其账面价值为6 000万元,计税基础为8 000万元;2008年12月31日账面价值为3 600万元,计税基础为6 000万元。假定资产负债表日,有确凿证据表明未来期间很可能获得足够的应纳税所得额用来抵扣可抵扣暂时性差异。则甲公司2008年应确认的递延所得税资产发生额为(　　)万元。

A. 0　　B. 100(借方)　　C. 500(借方)　　D. 600(借方)

本章小结

本章主要阐述了所得税会计处理方法,包括所得税会计核算程序,资产、负债的计税基础,暂时性差异的内容及形成原因,递延所得税负债、递延所得税资产及所得税费用的确认与计量等。

(1)所得税会计的概念和目标。所得税会计是研究会计与税收规定之间差异的会计处理的理论和方法。《企业会计准则第18号——所得税》规定企业应当采用资产负债表债务法核算所得税,对所得税会计目标的界定是:"为了规范企业所得税的确认、计量和相关信息的列报。"

(2)所得税会计核算的程序。所得税核算时一般应遵循以下程序:①按照会计准则规定确定资产负债表中除递延所得税资产和递延所得税负债以外的其他资产和负债项目的账面价值。②按照会计准则中对资产和负债计税基础的确定方法,以适用的税收法规为基础,确定资产负债表中有关资产、负债项目的计税基础。③比较资产、负债的账面价值与其计税基础,两者之间存在差异的,分析其性质,分别应纳税暂时性差异与可抵扣暂时性差异,确定该资产负债表日递延所得税负债和递延所得税资产的应有金额。④按照适用的税法规定计算确定当期应纳税所得额,将应纳税所得额与适用的所得税税率计算的结果确认为当期应交所得税,作为利润表中应予确认的所得税费用中的当期所得税部分。⑤确定利润表中的所得税费用。利润表中的所得税费用包括当期所得税和递延所得税两个组成部分。企业在计算确定当期所得税和递延所得税后,两者之和(或之差),即为利润表中的所得税费用。

(3)资产、负债的计税基础。资产在初始确认时,其计税基础一般为取得成本,即企业为取得某项资产支付的成本在未来期间准予税前扣除。在资产持续持有的过程中,其计税基础是指资产的取得成本减去以前期间按照税法规定已经税前扣除的金额后的余额。

负债的计税基础,是指负债的账面价值减去未来期间计算应纳税所得额时按照税法规定可予抵扣的金额。用公式表示为:

负债的计税基础 = 账面价值 - 未来期间按照税法规定可予税前扣除的金额

(4)暂时性差异及其类别。暂时性差异是指资产、负债的账面价值与其计税基础不同产生的差额。

按照暂时性差异对未来期间应税金额的影响,分为应纳税暂时性差异和可抵扣暂时性差异。

应纳税暂时性差异,是指在确定未来收回资产或清偿负债期间的应纳税所得额时,将导致产生应税金额的暂时性差异。在未来期间不考虑该事项影响的应纳税所得额的基础上,应纳税暂时性差异的转回会进一步增加转回期间的应纳税所得额和应交所得税金额。在应纳税暂时性差异产生当期,符合确认条件时,应当确认相关的递延所得税负债。

可抵扣暂时性差异是指在确定未来收回资产或清偿负债期间的应纳税所得额时,将导致产生可抵扣金额的暂时性差异。该差异在未来期间转回时会减少转回期间的应纳税所得额,减少未来期间的应交所得税。在可抵扣暂时性差异产生当期,符合确认条件时,应当确认相关的递延所得税资产。

(5)递延所得税负债、递延所得税资产及所得税费用的确认与计量。

①递延所得税负债的确认与计量。企业在确认因应纳税暂时性差异产生的递延所得税负债时,应遵循以下原则:除企业会计准则中明确规定可不确认递延所得税负债的情况以外,企业对于所有的应纳税暂时性差异均应确认相关的递延所得税负债。除直接计入所有者权益的交易或事项以及企业合并外,在确认递延所得税负债的同时,应增加利润表中的所得税费用。有些情况下,虽然资产、负债的账面价值与其计税基础不同,产生了应纳税暂时性差异,但出于各方面考虑,企业会计准则中规定不确认相应的递延所得税负债。

②递延所得税资产的确认与计量。资产、负债的账面价值与其计税基础不同产生可抵扣暂时性差异的,在估计未来期间能够取得足够的应纳税所得额用以利用该可抵扣暂时性差异时,应当以很可能取得用来抵扣可抵扣暂时性差异的应纳税所得额为限,确认相关的递延所得税资产。某些情况下,如果企业发生的某项交易或事项不是企业合并,并且交易发生时既不影响会计利润也不影响应纳税所得额,且该项交易中产生的资产、负债的

初始确认金额与其计税基础不同，产生可抵扣暂时性差异的，企业会计准则中规定在交易或事项发生时不确认相应的递延所得税资产。

关键概念

应付税款法　纳税影响会计法　资产负债表债务法　应纳税暂时性差异　可抵扣暂时性差异

思考题

1. 现行准则为什么规定采用资产负债表债务法核算所得税？
2. 纳税影响会计法与应付税款法的区别是什么？并分析各自的特点。
3. 何谓资产的计税基础？何谓负债的计税基础？
4. 可抵扣暂时性差异和应纳税暂时性差异是如何形成的？

练习题

1. 目的：掌握递延所得税资产、递延所得税负债及所得税费用的确认和计量。

资料：天时股份有限公司（本题下称天时公司）所得税税率为 25%，2010 年度有关资料如下：

①2010 年度实现税前会计利润 110 万元。

②2007 年 11 月，天时公司购入交易性证券，入账价值为 40 万元；2010 年年末按公允价值计价为 55 万元。按照税法规定，成本在持有期间保持不变。

③2010 年 12 月末，天时公司将应计产品保修成本 5 万元确认为一项负债。按税法规定，产品保修费可以在实际支付时在税前抵扣。

④假设 2010 年年初递延所得税资产和递延所得税负债的金额均为 0。除上述事项外，天时公司不存在其他与所得税计算缴纳相关的事项，暂时性差异在可预见的未来很可能转回，而且以后年度很可能获得用来抵扣可抵扣暂时性差异的应纳税所得额。

要求：

(1) 计算 2010 年应交所得税和所得税费用。

(2) 确认 2010 年年末递延所得税资产和递延所得税负债。

2. 目的：掌握递延所得税资产、递延所得税负债及所得税费用的会计处理。

资料：甲股份有限公司（本题下称甲公司）为上市公司，2007 年 1 月 1 日递延所得税资产为 396 万元，递延所得税负债为 990 万元，适用的所得税税率为 33%。根据 2007 年颁布的企业所得税税法规定，自 2008 年 1 月 1 日起，该公司适用的所得税税率变更为 25%。

该公司 2007 年利润总额为 6 000 万元，涉及所得税会计的交易或事项如下：

①2007 年 1 月 1 日，以 2 044.7 万元自证券市场购入当日发行的一项 3 年期到期还本付息国债。该国债票面金额为 2 000 万元，票面年利率为 5%，实际年利率为 4%，到期

日为 2009 年 12 月 31 日。甲公司将该国债作为持有至到期投资核算。

税法规定,国债利息收入免交所得税。

②2006 年 12 月 15 日,甲公司购入一项管理用设备,支付购买价款、运输费、安装费等共计 2 400 万元。12 月 26 日,该设备经安装达到预定可使用状态。甲公司预计该设备使用年限为 10 年,预计净残值为零,采用年限平均法计提折旧。

税法规定,该类固定资产的折旧年限为 20 年。假定甲公司该设备预计净残值和采用的折旧方法符合税法规定。

③2007 年 6 月 20 日,甲公司因废水超标排放被环保部门处以 300 万元罚款,罚款已经以银行存款支付。

税法规定,企业因违反国家法规所支付的罚款不允许在税前扣除。

④2007 年 9 月 12 日,甲公司自证券市场购入某股票,支付价款 500 万元(假定不考虑交易费用)。甲公司将该股票作为交易性金融资产核算。12 月 31 日,该股票的公允价值为 1 000 万元。

假定税法规定,交易性金融资产持有期间公允价值变动金额不计入应纳税所得额,待出售时一并计入应纳税所得额。

⑤2007 年 10 月 10 日,甲公司为乙公司银行借款提供担保,由于乙公司未如期偿还借款而被银行提起诉讼,银行要求其履行担保责任。12 月 31 日,该诉讼尚未审结。甲公司预计履行该担保责任很可能支出的金额为 2 200 万元。

税法规定,企业为其他单位债务提供担保发生的损失不允许在税前扣除。

⑥其他有关资料如下:

A. 甲公司预计 2007 年 1 月 1 日存在的暂时性差异将在 2008 年 1 月 1 日以后转回。

B. 甲公司上述交易或事项均按照企业会计准则的规定进行了处理。

C. 甲公司预计在未来期间有足够的应纳税所得额用于抵扣可抵扣暂时性差异。

要求:

(1)根据上述交易或事项,填列"甲公司 2007 年 12 月 31 日暂时性差异计算表"。

甲公司 2007 年 12 月 31 日暂时性差异计算表　　　　单位:万元

项目	账面价值	计税基础	暂时性差异	
			应纳税暂时性差异	可抵扣暂时性差异
持有至到期投资				
固定资产				
交易性金融资产				
预计负债				

(2)计算甲公司 2007 年应纳税所得额和应交所得税。

(3)计算甲公司 2007 年应确认的递延所得税和所得税费用。

(4)编制甲公司 2007 年确认所得税费用的相关会计分录。

案例题

案例资料：

甲公司 2010 年有关所得税资料如下：

(1)假设所得税税率为 25%，年初递延所得税资产余额为 49.5 万元，其中，存货项目余额 29.7 万元，未弥补亏损项目余额 19.8 万元；年初递延所得税负债余额为 0。

(2)本年度实现利润总额 500 万元，其中，取得国债利息收入 20 万元，因违法经营被罚款 10 万元，因违反合同支付违约金 30 万元(可在税前抵扣)，工资及相关附加超过计税标准 60 万元。

(3)年末计提固定资产减值准备 50 万元(年初减值准备为 0)，使固定资产账面价值比其计税基础少 50 万元；转回存货跌价准备 70 万元，使存货可抵扣暂时性差异由年初余额 90 万元减少到年末的 20 万元。税法规定，计提的减值准备不得在税前抵扣。

(4)年末计提产品保修费用 40 万元，计入销售费用，预计负债余额为 40 万元。税法规定，产品保修费用在实际发生时可以在税前抵扣。

(5)至 2009 年年末，公司尚有 60 万元亏损没有弥补，其递延所得税资产余额为 15 万元。

(6)假设除上述事项外，没有发生其他纳税调整事项。

(7)甲公司计算的 2010 年所得税费用为 140.7 万元。

要求：

(1)分析上述资料中各个事项是否形成暂时性差异，如果形成暂时性差异，计算应确认的递延所得税资产(负债)的余额。

(2)分析与判断甲公司计算的 2010 年所得税费用是否正确；如果不正确，请计算正确金额。

随堂小测验答案

随堂小测验 14 –1

1. C　2. ABC

随堂小测验 14 –2

1. A　2. D　3. A　4. A

随堂小测验 14 –3

1. AB　2. BCD　3. ACD

随堂小测验 14 –4

1. ACD　2. B

第 15 章　企业重组与清算会计

学习目标

➲ **知识目标**：掌握企业改组的会计处理；掌握企业破产清算的会计处理；熟悉企业破产清算的程序；了解企业改组的原因和类别。

➲ **能力目标**：能够运用本章所学知识处理企业重组会计、清算会计业务。

导入案例

2010 年 1 月，因财务造假事件而备受关注的某上市公司在亏损困境中挣扎了多年之后，终于被一家债权人申请进行破产重整。进入 2010 年以来，ST 类公司"求重整"的现象继续升温，纷纷启动破产重整工作，使那些"老三板"(从主板退市)公司也从中看到了恢复上市的曙光。这与 2007 年的《中华人民共和国企业破产法》(以下简称《企业破产法》)之规定有关。

2007 年 6 月 1 日颁布的《企业破产法》的亮点之一就是设立了重整制度，有利于上市公司的重组。原先的破产清算制度以保护债权人为主，如今的破产重整制度则体现了拯救企业、兼顾各方利益的思路，市场化特征更加突出，引进企业破产管理人制度，最大努力提高清偿率，重整措施多样化，重整方式灵活。尽管如此，投资者还需要关注，一旦破产重整程序未获成功，公司就会转成破产清算，二级市场投资者有可能颗粒无收，投资者需要谨慎参与这类题材股的交易。

那么，对于困境中的企业，实践中可以对其实施改组、债务重组，或者破产重整，这些措施可以降低企业有关利益相关者的损失。上述各种对企业的拯救措施的适用前提是什么？如果实施了这些措施，在财务报告中又如何进行及时、充分的披露呢？

15.1 企业重组会计

15.1.1 企业准改组

有的企业长期发生严重亏损，留存收益出现大额亏损，或者企业资产账面价值严重脱离现行价值，在这种情况下，如果企业采取有效方式，如更换管理者、实施新的经营政策等措施，很可能在将来实现扭亏。例如，企业可以出售多余的固定资产，对有些固定资产或其他长期资产进行重新估价，并以公允价格反映。准改组的结果是为资产、负债和所有者权益建立了新的计量基础。通过准改组能够减少因破产带来的多方负面影响。我国有关法律尚无“准改组”一词。

准改组会计将导致新会计主体的产生，改组前的留存利润不再保留，即减记至零；按照企业合并的购买法将公司的重组价值（改组日公司资产的公允价值，包含未确认的商誉）分摊到各项资产，若有超额数，单独列为“重组价差”，采用与商誉相同的方法处理；负债应当按重组日的现行价值报告。总之，准改组后的留存收益为零；在准该组之后，公司任何一个股东权益账户不再有红字；整个准改组的影响应通知全部有投票表决权的股东，并且事先经他们同意；对资产按公允价值估价，编制资产负债表，反映改组日的财务状况。

> **☞ 关键概念——企业准改组**
>
> 美国注册会计师协会的立场公告（Statement of Position）规定了准改组会计的两个条件：（1）公司的公允价值小于负债。（2）有投票表决权的股票持有人收到重组后公司的股票不足50%，这种控制权的丧失必须是实质性的，不是暂时的。

下面举例说明企业准改组业务的判断与会计处理。

【例15－1】 2007年6月30日，亚美公司的公司重组计划获得股东、未担保债权人的同意。该计划有关情况如下：

(1)重组价值为2 200 000元。

(2)应付账款债权人获100 000元债权和公允市价为300 000元的普通股。

(3)长期借款债权人获公允市价为1 500 000元的普通股。

(4)公司原股东获得公允市价为300 000元的普通股。

(5)有关资产评估后的公允价值如表15－1所示。

表15－1　　单位：元

项目	账面价值	评估价值	差额
货币资金	300 000	300 000	0
应收账款	335 000	320 000	(15 000)
存货	380 000	310 000	(70 000)
固定资产	1 040 000	1 100 000	60 000
合计	2 055 000	2 030 000	(25 000)

按账面价值反映的改组前的资产负债表见表15－2。

表15－2　　改组前资产负债表

2007年6月30日　　单位：元

项目	金额	项目	金额
货币资金	300 000	应付账款	250 000
应收账款	335 000	长期借款	2 355 000
存货	380 000	负债合计	2 605 000

续表

项目	金额	项目	金额
固定资产	1 040 000	普通股股本	500 000
		未分配利润	(1 050 000)
		股东权益合计	(550 000)
资产总计	2 055 000	负债和股东权益总计	2 055 000

1. 根据上述资料,判断亚美公司重组属于新创重组。分析如下:

重组计划提交日负债合计　　2 605 000

减:重组价值　　2 200 000

负债大于重组价值　　405 000

全部发行股数为2 100 000股,原股东获得股数300 000股,低于50%。

提出的重组资本结构为:

应付账款　　100 000

普通股　　2 100 000

　　2 200 000

2. 发生债务重组:

借:应付账款　　250 000

　长期借款　　2 355 000

　贷:应付账款　　100 000

　　股本　　1 800 000

　　资本公积——债务重组利得　　705 000

3. 新旧股份进行置换:

借:股本(旧)　　500 000

　贷:股本(新)　　300 000

　　资本公积——换股溢价　　200 000

4. 调整资产公允价值与账面价值的差额:

借:固定资产　　60 000

　资本公积——资产评估减值　　25 000

　贷:应收账款　　15 000

　　存货　　70 000

5. 抵销未弥补亏损及企业重组中的资本公积,反映企业新创:

借:重组价差　　170 000

　资本公积——债务重组利得　　705 000

　　　　——换股溢价　　200 000

　贷:资本公积——资产评估减值　　25 000

　　留存收益　　1 050 000

6. 编制亚美公司改组后的资产负债表，见表 15－3。

表 15－3 改组后资产负债表

2007 年 6 月 30 日 单位：元

资产	金额	负债和股东权益	金额
货币资金	300 000	应付账款	100 000
应收账款	320 000	负债合计	100 000
存货	310 000	普通股股本	2 100 000
固定资产	1 100 000	股东权益合计	2 100 000
重组价差	170 000		
资产总计	2 200 000	负债和股东权益总计	2 200 000

15.1.2 企业改组

企业法律改组的方式有多种，如国有企业改组为股份制企业、合伙企业改制为公司，再如，企业吸收合并、新设合并。从广义上来看，控股合并也属于企业改组。上述企业改组的发生，通常涉及的财务问题包括原企业资产、负债和权益的价值认定，折股比例或支付的其他对价的确定，以及相关的法律程序，如验资、原企业清算和注销、新企业的工商税务登记等。

企业改组为股份制企业涉及的会计核算问题主要有：

1. 资产评估

企业改组为股份公司时，应对原有企业的债权、债务进行清理，委托具有资格的资产评估机构、会计师事务所进行资产评估和验资，界定原有企业净资产产权。评估确认的资产价值与企业资产原账面价值存在差额的，应调整资产账面价值；评估确认的资产价值与原账面价值的差额扣除未来应交所得税后的余额，计入资本公积。

2. 原有企业净资产折股

原有企业改组为股份公司，如将原有企业全部资产投入公司，原有企业的债权、债务也应由改组后的公司承担。

【例 15－2】某国有独资企业经批准改组为股份公司，改组前企业资产、负债以及实收资本账面余额见表 15－4。

表 15－4 改组前企业资产、负债以及实收资本账面余额 单位：元

库存现金	20 000	短期借款	3 000 000
银行存款	1 000 000	应付账款	450 000
交易性金融资产	300 000	其他应付款	1 670 000
应收账款	600 000		
原材料	5 000 000	实收资本	10 000 000
库存商品	4 000 000		

续表

库存现金	20 000	短期借款	3 000 000
固定资产	7 000 000		
减:累计折旧	2 800 000		
合计	15 120 000	合计	15 120 000

经评估确认,固定资产增加 500 000 元(属固定资产原价及净值调增,累计折旧未变),原材料增加 1 000 000 元,库存商品减少 800 000 元,交易性金融资产投资增加 20 000 元。企业适用的所得税税率为 25%。经有关部门确认后,企业应做会计分录如下:

借:固定资产　　500 000
　原材料　　1 000 000
　交易性金融资产　　20 000
　贷:库存商品　　800 000
　　递延所得税负债　　180 000
　　资本公积　　540 000

评估后的科目余额表见表 15－5。

表 15－5　**评估后科目余额表**　单位:元

库存现金	20 000	短期借款	3 000 000
银行存款	1 000 000	应付账款	450 000
交易性金融资产	320 000	其他应付款	1 670 000
应收账款	600 000	递延所得税负债	180 000
原材料	6 000 000	实收资本	10 000 000
库存商品	3 200 000	资本公积	540 000
固定资产	7 500 000		
减:累计折旧	2 800 000		
合计	15 840 000	合计	15 840 000

该企业核定的股本总额为 25 000 000 元,股份总数为 2 500 万股,每股面值 1 元。企业原有的资产和负债全部转归改组后的股份公司所有,企业净资产 10 540 000 元,换取股票 1 054 万股,对外发行 1 446 万股,每股实收金额 1.10 元。

原有企业改组为股份公司,改组后的公司仍然可以继续沿用原企业账册,也可以结束旧账,另立新账。

(1)沿用原企业账册的会计处理:

将原企业净资产换取的股票登记入账,将净资产换取的股份总额和每股票面价值的乘积作为股本入账,同时注销原企业所有者权益(或称资本)。账务处理如下:

借:实收资本　　10 000 000

资本公积 540 000
贷:股本 10 540 000

同时,冲减原累计折旧:

借:累计折旧 2 800 000
贷:固定资产 2 800 000

如其余对外发行的 1 446 万股已全部发行完毕,按每股金额 1.10 元收缴股款:

借:银行存款 159 060 000
贷:股本 14 460 000
资本公积——股本溢价 1 446 000

(2)结束旧账,另立新账的会计处理:

结束旧账:

借:短期借款 3 000 000
应付账款 450 000
其他应付款 1 670 000
递延所得税负债 180 000
实收资本 10 000 000
资本公积 540 000
累计折旧 2 800 000
贷:库存现金 20 000
银行存款 1 000 000
交易性金融资产 320 000
应收账款 600 000
原材料 6 000 000
库存商品 3 200 000
固定资产 7 500 000

建立新账:

借:库存现金 20 000
银行存款 1 000 000
交易性金融资产 320 000
应收账款 600 000
原材料 6 000 000
库存商品 3 200 000
固定资产 4 700 000
贷:短期借款 3 000 000
应付账款 450 000
其他应付款 1 670 000
递延所得税负债 180 000
股本 10 540 000

对外发行的1 446万股已全部发行完毕，按每股金额1.1元收缴股款：

借：银行存款　　159 060 000

　贷：股本　　14 460 000

　　资本公积——股本溢价　　1 446 000

【随堂小测验15-1】

1. 下列对准改组的描述中，正确的是(　　)。

A. 资不抵债是准改组会计的充分条件

B. 通过评估增值来消除大量亏损

C. 按照准改组会计进行账务处理后企业留存收益为零

D. 重组价值指的是改组日公司净资产的公允价值

15.2 债务重组会计

当债务人出现资金周转困难或者经营陷入困境，导致其无法或者没有能力按原定条件偿还债务，此时债权人可以申请债务人破产清偿或者进行债务重组。以债务重组的方式解决债权债务关系处理是本节要讲解的主要内容。

> **关键概念——债务重组**
>
> 债务重组是在债务人发生财务困难的情况下，债权人按照其与债务人达成的协议或法院的裁定作出让步的事项。

15.2.1 债务重组的会计处理

债务重组的方式有以下几种：以现金资产清偿债务、以非现金资产清偿债务、债务转为资本、修改其他（除前面所述方式）债务条件以及以上方式的结合。

按照目前我国《企业会计准则》，债务重组会计的基本处理方式是：债务人按照重组债务的账面价值与支付的现金、非现金资产、股权等的公允价值，重组后债务金额之间的差额确认为债务重组利得，记入"营业外收入"科目。债权人将重组债权的账户余额与收到的资产的公允价值之间的差额确认为债务重组损失，记入"营业外支出"科目；如果债权人已对债权提取了减值准备，则将重组债权的账面价值与收到的资产的公允价值之间的差额确认为债务重组损失或冲减资产减值损失。

1. 不含或有条件债务重组业务的会计处理

【例15-3】 A公司对B公司存在金额为300 000元的应收账款，按合同规定，B公司应于2011年1月1日前偿还。由于B公司发生财务困难，2011年2月1日，经双方协商进行债务重组。A公司同意减免B公司10%的债务，余额用现金偿付。B公司于当日向A公司转账支付了270 000元。

A公司的账务处理如下：

借：银行存款　　270 000

　　营业外支出　　30 000

　贷：应收账款　　300 000

B 公司的账务处理如下：

借：应付账款　　300 000

　贷：银行存款　　270 000

　　营业外收入　　30 000

假设 A 公司在 2010 年 12 月 31 日对该项债权计提了 20 000 元的坏账准备。

A 公司的账务处理如下：

借：银行存款　　270 000

　营业外支出　　10 000

　坏账准备　　20 000

　贷：应收账款　　300 000

假设 A 公司在 2010 年 12 月 31 日对该项债权计提了 40 000 元的坏账准备。

A 公司的账务处理如下：

借：银行存款　　270 000

　坏账准备　　40 000

　贷：应收账款　　300 000

　　资产减值损失　　10 000

在债务重组协议中附有或有支付条件的债务重组，对或有应付金额（依未来某种事项出现而发生的支出）的会计处理原则是：债务人将符合预计负债确认条件的或有应付金额确认为预计负债，按照重组债务的账面价值与重组后债务（含预计负债）金额之间的差额确认债务重组利得，记入"营业外收入"科目。对于债权人，或有债权资产不予确认，只有在或有应收金额实际发生时计入当期损益。

2. 含或有条件债务重组业务的会计处理

【例 15－4】 2009 年 6 月 30 日，B 公司从某银行取得年利率 10%、3 年期的贷款 125 000 元。B 公司现因财务困难于 2011 年 12 月 31 日进行债务重组，银行同意延长到期日至 2015 年 12 月 31 日，利率降至 7%，免除所有积欠利息，本金减至 100 000 元，但附有条件：债务重组后，如果 B 公司自 2013 年起有盈利，则利率恢复至 10%；如果无盈利，仍维持 7%。假设银行没有对该贷款计提坏账准备，债务重组后每年年末支付利息。

B 公司 2011 年 12 月 31 日的账务处理如下：

借：长期借款　　125 000

　应付利息　　31 250

　贷：长期借款——债务重组　　100 000

　　预计负债　　9 000 [100 000 × (10% − 7%) × 3]

　　营业外收入——债务重组收益　　47 250

假设 B 公司 2013 年起有盈利，B 公司 2013 年年末和 2014 年年末支付利息：

借：财务费用　　7 000

　预计负债　　3 000

　贷：银行存款　　10 000

2015 年年末支付本息：

借：长期借款——债务重组	100 000	
财务费用	7 000	
预计负债	3 000	
贷：银行存款		110 000

假设 B 公司自 2013 年起无盈利，B 公司 2013 年年末和 2014 年年末支付利息：

借：财务费用	7 000	
贷：银行存款		7 000
借：预计负债	3 000	
贷：营业外收入		3 000

2015 年年末支付本息：

借：长期借款——债务重组	100 000	
财务费用	7 000	
贷：银行存款		107 000
借：预计负债	3 000	
贷：营业外收入		3 000

15.2.2 债务重组的信息披露

对于债务人和债权人来说，债务重组都是比较特殊的业务。债务重组影响双方的资产、负债和损益，并会对股东、债权人等外部信息使用者决策产生影响。除了上述的表内列示要求外，债务重组的附注披露对信息使用者也是非常重要的信息，它有助于信息使用者对会计信息进行深入分析。

债务人应当在附注中披露的债务重组信息包括：债务重组方式；确认的债务重组利得总额；将债务转为资本所导致的股本（或实收资本）增加额；或有应付金额。

债权人应当在附注中披露与债务重组有关的下列信息：债务重组方式；确认的债务重组损失总额；债权转为股份所导致的投资增加额及该投资占债务人股份总额的比例；或有应收金额。

【随堂小测验 15－2】

1. 下列事项中，不属于债务重组的是（　　）。

A. 减免应收利息　　B. 将债务转为资本

C. 将可转换债券转为资本　　D. 减免部分本金

2. 企业以低于应付债务账面价值的现金清偿债务的，支付的现金低于应付债务账面价值的差额，应当计入（　　）。

A. 盈余公积　　B. 资本公积　　C. 营业外收入　　D. 其他业务收入

3. 以非现金资产偿还债务时，债权人收到的非现金资产的入账价值是（　　）。

A. 非现金资产的原账面价值　　B. 非现金资产的公允价值

C. 应付债务的账面价值　　D. 应收债权的账面价值

4.2010年3月31日,甲公司应付某金融机构一笔100万元的贷款到期,因发生财务困难,短期内无法支付,当日,甲公司与金融机构签订债务重组协议,约定减免甲公司债务的20%,其余部分延期2年支付,年利率为5%(相当于实际利率),利息按年支付。该金融机构已为该项贷款计提了10万元坏账准备,假定不考虑其他因素,甲公司在该项债务重组业务中确认的债务重组利得为( )万元。

A.10 B.12 C.16 D.20

15.3 清算会计

企业清算是企业出现了引起终止的事实不能持续经营后所采取的一种法律程序。从我国现行法律法规对企业清算的规定来看,企业清算的直接原因都是企业终止引起的。但是,引起企业终止的原因却是多样的。不同原因引起的企业终止在管理人的设立、清算的程序和清算的内容上都有所不同。

15.3.1 企业清算的分类

按企业终止原因不同,企业清算可分为破产清算和非破产清算两大类。其中,非破产清算又可细分为撤销清算、解散清算和其他清算。

1.破产清算

法院在以裁定的形式宣告债务人破产后,债务人进入破产清算程序。此时,债务人被称为破产人,债务人财产被称为破产财产,人民法院受理破产申请时对债务人享有的债权称为破产债权。人民法院受理企业的破产申请后即指定管理人,由管理人对破产企业的财产进行管理,清理破产企业的资产并提出分配方案。管理人在人民法院指挥和监督之下全面接管债务人企业并负责债务人财产的管理、处分、分配、清算及其特定情况下的重整与和解。

> **关键概念——破产清算**
>
> 破产清算是指因企业不能清偿到期债务,并且资产不足以清偿全部债务或者明显缺乏清偿能力的,由债权人或债务人提出破产申请,经人民法院裁定,宣告破产后依照法律进行的清算。

破产清算的目的是对破产企业的财产进行强制管理和变价,以使债权人得到合法公平的清偿,同时也使债务人得到解脱、获得新生,实现优胜劣汰,维护社会经济秩序。

2.非破产清算

非破产清算是指企业因经营不善不能清偿到期债务以外的原因而导致的清算。其中,撤销清算是由企业主管部门或有关权力机构撤销或依法责令企业关闭而进行的清算;解散清算是企业经营届满、章程规定的其他事由出现或者企业权力机构作出解散决议,或者由于公司进行合并或分立而进行的清算;其他清算是指撤销清算、解散清算以外原因引起的清算。

与破产清算相比,非破产清算的目的是多元的。虽然都有清产还债的目的,但破产清算时,企业处于资不抵债的状况,企业所有者分得剩余财产的可能性极小,而进行非破产清算,企业所有者在企业还清债务后通常还可分配到剩余财产,而且企业进行非破产清算更多情况下是为了优化资源配置,进行新的组合。如公司并购清算,只需清理企业财产,由于被并购企业的债权、债务由并购方负担,因此,无需结清债权、债务,也不必进行剩余财产的分配。下面主要结合破产清算来论述相关的会计问题。

15.3.2 企业清算程序

破产程序下的管理人可以由有关部门和机构的人员组成的管理人或者依法设立的律师事务所、会计师事务所、破产清算事务所等社会中介机构担任。管理人对法院负责,并受债权人会议和债权人委员会的监督。非破产清算的管理人一般不由人民法院指定,根据引起清算原因的不同而有所区别,有限责任公司的管理人由股东组成,股份有限公司的管理人由股东大会确定人选。公司违反法律、法规而被依法责令关闭而进行解散的,由决定撤销机关组织企业及企业的主管部门以及有关专业人员组成管理人。

尽管清算原因、管理人组成及权责存在差异,但企业清算一般程序大致相同,简要归纳如下:

(1)确定清算日。破产清算以破产管理人接管企业之日为破产清算日;和解整顿后由法院裁定进入破产程序的,终止和解程序之日为破产清算开始日;撤销清算与解散清算以管理人接管被撤销或批准解散企业之日为清算日。确定清算日对于划分清算期间、确定清算的债权、债务具有重要意义。

(2)成立清算机构,即管理人或清算委员会。清算机构自企业宣告终止之日起接管企业,成为被清算企业的法定管理者。

(3)发布清算公告,通知债权人申报债权。

(4)编制清算日的资产负债表和财产目录,接收企业财产。

(5)全面进行企业财产清查,清理债权、债务。对企业财产进行清查、确认、作价、变现、提出处理意见,并依法进行处理。

(6)核算清算损益,清偿企业债务,分配剩余财产。

(7)编制清算报告,办理注销登记,结束清算。

15.3.3 清算会计基础理论

清算会计是指引起企业终止的事实发生后,对清算管理人接管的财产,依照法定的程序,运用会计的专门方法,进行全面的清理与核算,收回债权、清偿债务、分配剩余财产,提供清算信息,完成偿债程序,以保障债权人、债务人、投资人合法权益的一种管理活动。

1. 会计核算的基本前提

会计核算的基本前提是对会计所处的时间、空间环境所作的合理设定。会计核算对象的确定、会计政策的选择、会计数据的搜集都要以会计核算的基本前提为依据。会计报告的目的在于提供对决策者有用的会计信息,清算会计报告的目的在于向有关利益各方提供清算信息。清算会计由于会计环境、会计目的的变化,企业正常经营中财务会计遵循的基本前提在清算会计活动及会计处理中不再适用。清算会计的基本前提有会计主体、停止经营、清算期间和货币计量。

(1)会计主体

清算会计的会计主体是在企业财务会计的主体失去了对其财产的管理权和处置权后产生的。企业财务会计的主体是企业,当企业破产清算开始后,管理人成为清算会计的主体。

(2)停止经营

清算会计停止经营会计前提是对企业财务会计持续经营假设的否定。清算会计核算的对象如破产财产的主要用途不是用来生产经营,而是用来还债,因此,在计量方面仅有历史成本是不够的,企业财产应进行变现,需要同时使用变现价值来计价。

(3)清算期间

清算会计是以整个清算期间为会计期间的,而不论其长短,不再区分年度或中期报告。

(4)货币计量

清算会计与财务会计一样,主要使用货币作为计量单位,辅以其他计量单位。但如前所述,在计量方面仅有历史成本是不够的,需要同时使用变现价值来计价。

2. 会计核算原则

(1)合法性原则

清算会计的核算必须符合法定程序。这条原则在破产清算会计中表现得尤为突出。破产还债实际上是法院受理的经济案件,破产财产的确认、债权的确认、破产财产的分配顺序等必须依法进行,而且在很多具体的重要工作环节上,必须报人民法院批准后方能实行。比如,管理人员的变更、会计人员的聘用、破产财产的估价、财产分配的比例以及清算报表的编报日期等,《企业破产法》中都作了法律规定,必须符合法定程序。

(2)现行成本原则

与财务会计以历史成本为主要计量属性不同,清算会计采用的是现行成本计量属性。在以原破产企业历史成本作参考价的基础上,确认原企业的财产、债权和债务,进而以最终的变现价值来记账,以便最后分配,完成偿债任务。

(3)划分清算费用与非清算费用原则

清算费用是一种共益性费用,也就是为企业原债务人和债权人的共同利益而发生的费用。不属于直接的共益性费用的支出,如职工安置费、职工待业生活费等,应单独核算,以免扩大清算费用,影响债权人的合法权益。

(4)收付实现制原则

企业财务会计是对企业的资金循环运动进行确认、计量、记录和报告,而清算会计的核算对象是清算企业的破产财产、破产债权和债务,由于是以清算期间作为一个会计期间,没有必要进行跨期摊配。

3. 会计核算对象

在清算期间,凡是能够引起清算资产、清算负债、清算损益增减变化的经济活动,都是清算会计核算和监督的对象。清算会计的主要内容包括:①破产资产的确认、评估、变现和破产债务的清偿所引起的资产、负债和清算损益的增减变化;②清算过程中清算费用和职工安置费的发生所引起的资产、负债和清算损益的增减变化。

清算会计对象要素是构成清算会计报表的基本项目,是设置会计科目的主要依据。清算会计主要有三大要素:清算资产、清算负债和清算损益。

(1)清算资产

清算资产是清算管理人接管确认的,能以货币计量并能为管理人提供偿债资金来源和清算收益的经济资源。清算资产具体包括货币资金、应收款项、存货、投资、固定资产、在建工程、无形资产等。清算资产按照是否列入破产财产分为两类:破产财产和非破产财产。依法生效的担保或抵押标的不属于破产财产;担保物的价款超过其所担保的债务数额的,超过部分属于破产财产。

(2)清算负债

清算负债是指由清算管理人确认的能以货币计量,须以清算资产偿还的债务。清算负债包括借款、应付款项、应付职工薪酬、应交税费、应付股利、应付债券等。清算负债包括有担保的债务和破产债务两类。

(3)清算损益

清算损益是指企业进行清算发生的损失和收益。为核算清算期间的损益,企业应当设置“清算费用”、“土地转让收益”和“清算损益”三个清算损益类账户。“清算费用”账户核算清算期间发生的费用。“土地转让收益”账户核算土地转让的收入和税费。“清算损益”账户核算内容包括:原破产企业在破产清算日其财务会计有关账户的期末余额的结转;清算期间破产企业财产清查和财产处置而发生的损益;清算确认债务而发生的损益,以及确认破产债权发生的税金;清算终结后有关各账户余额的结转。

财务会计账户与清算账户对应关系见表15-6。

表15-6 财务会计账户与清算账户对应关系

财务会计账户	清算账户
库存现金、应收票据、在建工程、无形资产、应付股利、应付票据、应付职工薪酬	库存现金、应收票据、在建工程、无形资产、应付股利、应付票据、应付职工薪酬
银行存款、其他货币资金(在途货币资金除外)	银行存款
库存商品、分期收款发出商品	库存商品
固定资产、累计折旧	固定资产
应交税费	应交税费
应收账款、预付账款、预收账款所属明细账户的借方余额,其他货币资金中的在途货币资金	应收款
材料采购、原材料、包装物、低值易耗品、委托加工材料、材料成本差异	材料
自制半成品、生产成本、制造费用	半成品
交易性金融资产、长期股权投资等投资账户	投资
短期借款、长期借款	借款
应付账款、预付账款、预收账款所属明细账户贷方余额,其他应付款,长期应付款	应付款
实收资本、资本公积、盈余公积、利润分配、坏账准备、固定资产清理、长期待摊费用、递延所得税资产、递延所得税负债、待处理财产损溢	清算损益

以上三要素的关系可用如下公式表示:清算资产 = 清算负债 + 清算净损益。其中,清算净损益 = 清算收益 - 清算费用 + 土地转让净收益;土地转让净收益 = 土地转让收入 - 安置职工支出。

4. 财务报告

管理人应定期向人民法院及其他相关部门提供清算财务报告,包括清算财务报表和清算情况说明书。清算财务报表主要有清算资产负债表、清算利润表、债务清偿表和清算财产表。在清算开始日,应编制“清算资产负债表”及其附表,清算期间,除编报“清算资产负债表”外,还应编制“清算利润表”,在进入偿债阶段后还需编报“债务清偿表”。在清算结束时由于偿债结束,无需编制“清算资产负债表”和“清算财产表”,只需编制“清算利润表”和“债务清偿表”。清算资产负债表编制的固定日期只有一次,即清算开始日。其他的编制时间应根据人民法院的需要由管理人确定。

(1)清算资产负债表

清算资产负债表是反映企业在清算报表日的资产、负债和清算损益的报表。清算资产负债表的基本格式与内容见表 15 - 7。

表 15 - 7　　清算资产负债表

编制单位:　　　　年　月　日　　　　单位:元

资产	账面金额	预计可实现净值	债务及清算净损益	账面金额	确认数
用作担保的资产			有担保的债务		
……			……		
小计			小计		
普通资产			普通债务		
货币资金			借款		
应收款			应付票据		
……			……		
			小计		
			负债合计		
小计			清算净损益		
资产合计			债务及清算净损益合计		

清算财产表详细反映了被清算企业清算期间财产的期初账面金额、预计可变现金额、本期变现金额和期末账面金额。与清算资产负债表的资产部分类似,清算财产表将资产区分为“用作担保的财产”和“普通财产”两大类,在每一大类下再按不同财产项目分别设项。清算财产表基本格式与内容见表 15 - 8。

表 15－8　清算财产表

编制单位：　年　月　日　单位:元

财产项目	期初账面价值	预计可变现金额	本期变现金额	期末账面金额
用作担保的财产				
货币资金				
有价证券				
……				
小计				
普通财产				
货币资金				
有价证券				
……				
合计				

(2)清算利润表

清算利润表是反映被清算企业在清算期间发生的清算收益、清算损失和清算费用等情况的报表。与企业财务会计利润表相比,清算利润表除了反映本期数和累计数之外,还要提供有关项目的预计数。清算利润表应在清算期间和清算终结时编制并呈报人民法院及相关部门。清算利润表基本格式与内容见表 15－9。

表 15－9　清算利润表

编制单位：　年　月　日　单位:元

项目	本期数	累计数
一、清算收益(清算损失以"－"号表示)		
二、清算费用		
1. 职工生活费		
2. 诉讼费		
3. 维护费		
4. 审计费		
5. 保管费		
……		
三、土地转让净收益		
其中:土地转让收入		
安置职工支出		
四、清算净收益(清算净损失以"－"号表示)		

（3）债务清偿表

债务清偿表是反映被清算企业债务偿还情况的报表。该报表是清算会计所特有的报表，在清算终结时提供。债务清偿表基本格式和内容见表 15－10。

表 15－10 **债务清偿表**

编制单位： 年 月 日 单位：元

项目	账面金额	确认金额	偿还比例	实际需偿还金额	本期偿还金额	累计偿还金额	尚未偿还金额
有担保的债务							
甲债权人							
……							
小计							
普通债务							
应付职工薪酬							
其中：工资							
劳动保险费							
……							
应交税费							
……							
小计							
合计							

15.3.4 破产清算核算程序

破产清算核算的程序如下：

（1）确定破产清算日，接管破产企业的会计档案；

（2）编制破产清算日的会计科目余额表，开立新账，进行相关转账处理；

（3）接管破产企业的财产，组织财产清查，进行财产清查的账务处理；

（4）核算破产企业的财产，对破产财产进行重新估价和变现；

（5）确认各项债权，对债务进行清偿；

（6）进行清算费用和清算损益的核算，确定清算净损益；

（7）了结其他未了结的债权、债务；

（8）编制破产清算终结日的清算会计报表，编制财务报告；

（9）会计档案移交。

清算结束后，管理人应当将接受的会计账册等连同在清算期间形成的会计档案一并移交破产企业的主管部门或者人民法院，由主管部门或人民法院指定有关单位保存。管理人应向破产企业的原登记机关办理注销登记并解散管理人和召开债权人会议。至此，破产企业的破产清算宣告结束。

15.3.5 破产清算会计核算举例

清算会计科目是为了满足企业清算中核算内容的需要而设置的。清算会计的核算以原企业财务会计核算为基础。管理人成立时,必须另立清算会计账册,开设新的会计科目。清算开始后,必须将原企业财务会计账户的余额向清算会计有关科目结转,作为清算会计的期初余额。这是清算会计科目在核算时一个突出的特点。一般企业会计在运营开始设立新账时,很多科目并无期初余额。核算内容的转换与衔接,应是清算会计核算的首要内容,它是清算会计核算的前提和基础。

1. 由管理人接管破产企业会计档案,结转清算会计科目期初余额

【例 15 -5】国有企业 M 被人民法院宣告 2010 年 1 月 10 日破产。管理人已接管该企业。破产企业财务会计档案与企业编制的清算日科目余额表(见表 15 - 11)、资产负债表(略)、利润表(略)等已移交管理人,管理人据此开立新账,结转期初余额并编制清算日的资产负债表。

表 15 - 11　　M 企业 2010 年 1 月 10 日的科目余额表　　单位:元

会计科目	借方	贷方	会计科目	借方	贷方
库存现金	30 000		短期借款		500 000
银行存款	250 000		应付账款		1 500 000
交易性金融资产	100 000		应付职工薪酬		300 000
应收票据	50 000		应交税费		20 000
应收账款	600 000		应付股利		45 000
坏账准备		150 000	应付利息		35 000
原材料	220 000		长期借款		280 000
库存商品	450 000		长期应付款		20 000
生产成本	340 000		实收资本		1 000 000
长期待摊费用	40 000		资本公积		80 000
长期投资	100 000		盈余公积		0
固定资产	700 000		本年利润	5 000	
累计折旧		340 000	利润分配	1 372 000	
固定资产清理	10 000				
无形资产	3 000				
合计	2 893 000	490 000	合计	1 377 000	3 780 000

管理人接管破产企业财务会计档案与企业编制的清算日科目余额表、资产负债表、利润表后,应开设新账,结转期初余额并编制清算日的资产负债表。依据企业财务会计科目与清算会计科目的对应关系,管理人编制清算日的科目余额汇总表见表 15 - 12。

表 15－12　　清算日科目余额汇总表　　单位:元

会计科目	借方余额	会计科目	贷方余额
库存现金	30 000	借款	780 000
银行存款	250 000	应付款	1 520 000
应收票据	50 000	应付职工薪酬	300 000
应收款	600 000	应交税费	20 000
材料	220 000	应付利润	45 000
半成品	340 000	土地转让收益	
库存商品	450 000	清算损益	－162 000
投资	200 000		
固定资产	360 000		
无形资产	3 000		
清算费用			
职工安置费			
合计	2 503 000	合计	2 503 000

清算日管理人编制的清算资产负债表略。

2. 破产财产的确认与评估

破产财产是指破产企业在破产程序终结前拥有的全部财产以及应当由破产企业行使的其他权利。其范围具体包括:(1)宣布破产时破产企业经营管理的全部财产;(2)破产企业在破产宣告后至破产程序终结前所取得的财产,包括债权人放弃的优先受偿的权利、破产财产转让价值超过其账面净值的差额部分等;(3)应当由破产企业行使的其他权利。

正确地确认破产财产,是破产清算中一项重要的基础工作,它直接决定清偿的程度,关系着债权人的利益。管理人接管破产企业后,应组织企业留守人员和管理人的工作人员对破产企业的全部财产清点、登记造册,查明企业实有财产总额。破产企业内属于他人的财产,由该财产的权利人通过管理人取回。

【例 15－6】 承上例,M 企业管理人经过全面财产清查,发现下列账实不符的事项:亏损汽车一部,原值 38 000 元,已提折旧 20 000 元;亏损在产品成本为 15 000 元。M 企业的账务处理如下:

借:清算损益　　18 000
　　贷:固定资产　　18 000
借:清算损益　　15 000
　　贷:半成品　　15 000

管理人进行破产财产全面清查后,固定资产的余额为 342 000 元,半成品的余额为 325 000 元。

管理人对破产财产应当重新估价,已经折旧完毕的固定资产,应当对其残值重新估价;残次变质财产应当变价计算,不需要变价的,按原值计价。该企业评估结果见表15－13。

表15－13 破产财产评估结果 单位:元

项目	账面值	预计可实现净值	增加值	项目	账面值	确认值	增加值
库存现金	30 000	30 000		借款	780 000	780 000	
银行存款	250 000	250 000		应付款	1 520 000	1 520 000	
应收票据	50 000	50 000		应付职工薪酬	300 000	300 000	
应收款	600 000	600 000		应交税费	20 000	20 000	
材料	220 000	220 000		应付股利	45 000	45 000	
半成品	340 000	325 000		土地转让收益			
库存商品	450 000	450 000		清算损益	－162 000	－195 000	
投资	200 000	200 000					
固定资产	360 000	342 000					
无形资产	3 000	3 000					
清算费用							
职工安置费							
合计	2 503 000	2 470 000		合计	2 503 000	2 470 000	

破产财产评估的作用是向法院和债权人提供管理人接管破产企业时财务状况以及预计资产变现情况的信息,便于普通债权人了解其债权的可清偿程度。

3. 处置破产财产

破产清算的主要工作之一就是处置破产财产,同时,在破产清算期间也会发生一些零星销售行为,如尚未执行完的合同。管理人拟订的破产财产变价方案在提交债权人会议讨论通过的或者人民法院裁定的变价方案,管理人应适时变价出售破产财产。管理人在破产企业的财产拍卖、清算、资产评估、分配等方面要本着公开、公正、公平的原则处理。

在破产程序进行中,破产财产的账面价值不能体现财产价值,必须对其进行重新评估,以便在处理、分配破产财产时提供参考。处理破产财产前,管理人应委托具有相应评估资质的资产评估机构对破产财产进行评估。涉及房产和土地使用权价格评估的,应由房地产管理部门认可的具有土地或房产估价资质的机构进行评估。破产财产市场价格明确,债权人无异议的,经法院同意可以不评估,但国有资产必须评估。

按照我国《企业破产法》的规定,破产财产的变现首先按照债权人会议决议的方式进行。实践中,变现破产财产可以采取拍卖、招标出售、标价零售三种方式,其中,拍卖是变现破产财产的通常和主要方式。

(1)收回应收款等债权

收回应收款包括收回应收票据、应收账款和其他应收款等各种债权。收回款项的形式可以是货币资金或实物。

【例15－7】M企业管理人收回应收票据48 000元，账面金额为50 000元，余款确定无法收回；收回应收账款400 000元，账面金额为600 000元，余额200 000元已确定无法收回，该应收账款已计提坏账准备150 000元，转入清算损益期初余额。M企业的账务处理如下：

借：银行存款　　48 000
　　清算损益　　2 000
　　贷：应收票据　　50 000
借：清算损益　　150 000
　　贷：应收款　　150 000
借：银行存款　　400 000
　　清算损益　　50 000
　　贷：应收款　　450 000

（2）破产财产变现

【例15－8】M企业管理人出售材料，账面价值为220 000元，售价为300 000元，收取增值税销项税额51 000元；出售半成品，账面价值为325 000元，售价为200 000元，取得增值税销项税额34 000元；出售库存商品，账面价值为410 000元，售价为300 000元，取得增值税销项税额51 000元。M企业的账务处理如下：

借：银行存款　　351 000
　　贷：材料　　220 000
　　　　应交税费——应交增值税（销项税额）　　51 000
　　　　清算损益　　80 000
借：银行存款　　234 000
　　清算损益　　125 000
　　贷：半成品　　325 000
　　　　应交税费——应交增值税（销项税额）　　34 000
借：银行存款　　351 000
　　清算损益　　110 000
　　贷：库存商品　　410 000
　　　　应交税费——应交增值税（销项税额）　　51 000

【例15－9】M企业管理人将账面价值为342 000元的固定资产售出，处置收入为200 000元，应交营业税10 000元。M企业的账务处理如下：

借：银行存款　　200 000
　　清算损益　　142 000
　　贷：固定资产——抵押固定资产　　342 000

转让固定资产、在建工程的收入应交纳的有关税费：

借：清算损益　　10 000
　　贷：应交税费——应交营业税　　10 000

或用一笔会计分录表示：

借:银行存款　　200 000
　清算损益　　152 000
　贷:固定资产——抵押固定资产　　342 000
　　应交税费——应交营业税　　10 000

【例 15-10】M 企业管理人转让 M 企业一项专利权,账面价值为 3 000 元,实际转让收入为 4 000 元,应交营业税为 200 元。M 企业的账务处理如下:

借:银行存款　　4 000
　贷:无形资产　　3 000
　　清算损益　　1 000
借:清算损益　　200
　贷:应交税费——应交营业税　　200

或用一笔会计分录表示:

借:银行存款　　4 000
　贷:无形资产　　3 000
　　应交税费——应交营业税　　200
　　清算损益　　800

【例 15-11】M 企业管理人将账面价值为 200 000 元的投资转让,转让收入为 180 000 元。M 企业的账务处理如下:

借:银行存款　　180 000
　清算损益　　20 000
　贷:投资　　200 000

4. 偿还担保债务

有担保的破产企业债权人,在抵押的固定资产处置时,该笔借款应首先受偿,变现金额超过债务金额的部分列入破产财产用于清偿破产债权。所得款项不足清偿债务的,未清偿部分应作为破产债权,按清偿程序予以清偿。担保债权在破产法中,也称为"别除权"。

【例 15-12】M 企业原借款中有 100 000 元为以固定资产作抵押的长期借款。M 企业的账务处理如下:

借:借款　　100 000
　贷:银行存款　　100 000

用作担保的固定资产优先清偿担保债权后的余额 100 000 元转入破产财产。

5. 清算期间正常销售和其他业务收入的核算

企业被人民法院宣告破产之后,作为企业法人,丧失了民事主体资格。对于清算期间发生的正常的主营业务和其他业务收入,以及相应的业务成本等,不再通过持续经营企业使用的会计账户核算。此时破产企业取得的收益不再是为了企业持续经营,而是为了偿还企业负债。下面通过举例说明此类业务的会计处理。

【例 15-13】M 企业管理人按原企业签订的购销合同,向某公司销售产成品,取得销售收入 60 000 元,增值税销项税额 10 200 元。该批产成品成本为 40 000 元。M 企业的账务处理如下：

借：银行存款　　　　　　　　　　　　　　　70 200

　贷：清算损益　　　　　　　　　　　　　　　60 000

　　　应交税费——应交增值税（销项税额）　　　10 200

结转销售收入的销售成本，会计分录为：

借：清算损益　　　　　　　　　　　　　　　40 000

　贷：库存商品　　　　　　　　　　　　　　　40 000

6. 破产费用的核算

(1) 破产费用的含义和内容

人民法院受理破产申请启动破产程序后，为保护全体债权人的合法利益，管理人依法对债务人的财产进行管理、变价和分配，代替债务人进行民事诉讼或者仲裁等职责。在执行上述职责时，管理人必然会发生一些费用，这些费用被称为破产费用。《企业破产法》规定的破产费用包括：破产案件的诉讼费用；管理、变价和分配债务人财产的费用；管理人执行职务的费用、报酬和聘用工作人员的费用。

破产费用优先于破产债权得到支付与清偿，且不受时间和清偿比例的限制。在费用尚未发生，债权人分配财产时，它还可以事先提存。债务人财产不足以清偿所有破产费用的，先行清偿破产费用。债务人财产不足以清偿破产费用的，管理人可以提请人民法院终结破产程序。

(2) 破产费用的核算

清算期间破产费用通过"清算费用"账户核算。实际支付有关清算费用时，按实际发生额，借记"清算费用"账户，贷记"银行存款"、"库存现金"等账户；清算终结时，将"清算费用"账户的金额转入"清算损益"账户，即借记"清算损益"账户，贷记"清算费用"账户。

【例 15－14】 M 企业管理人在破产期间发生的破产费用包括如下项目：职工生活费 30 000 元，破产案件诉讼费 40 000 元，审计、评估、公告费等 20 000 元，设备维修费 4 000 元，财产保管费 8 000 元，管理人聘用人员工资 6 000 元，催收债权的差旅费 2 000 元，债权人会议会务费 10 000 元。假如上述支出均通过银行支付。M 企业的账务处理如下：

借：清算费用　　　　　　　　　　　　　　120 000

　贷：银行存款　　　　　　　　　　　　　　120 000

7. 职工安置费的核算

职工安置费不同于破产费用。职工安置费是为了安置职工而发生的，是对职工今后工作作出新的安排，它有专门的资金来源，不能列入破产费用。从目前我国有关破产企业清算会计的实践来看，通过土地使用权的转让，把转让所得用于职工安置，安置后仍有剩余的，将其列入破产财产；不足的，由破产财产中优先支付。资金来源仍不足的，按企业隶属关系，由企业所在的市或市辖区人民政府承担。

(1) 土地使用权转让收入的核算

我国规定，设置"土地转让收益"账户来核算土地使用权转让的收益。企业的土地使用权按其取得方式可分为有偿取得和无偿划拨取得两种。在转让土地使用权时，区别两种情况进行会计处理。

①有偿取得土地使用权的转让

对于有偿取得的土地使用权，在取得时已经记入了“无形资产”账户，因此转让时，按其实际转让收入，借记“银行存款”账户，按其账面价值，贷记“无形资产”账户，按实际转让收入与账面价值的差额，借记或贷记“土地转让收益”账户。

②无偿划拨取得土地使用权的转让

对于无偿划拨取得的土地使用权，在转让时，按其实际转让收入，借记“银行存款”账户，贷记“土地转让收益”账户。

对于无偿划拨取得的土地使用权，经评估后记入“无形资产”账户的，因在评估时已借记“无形资产”账户，贷记“资本公积” 账户，转让时应按实际转让收入，借记“银行存款”账户，按其账面价值，贷记“无形资产”账户，按实际转让收入与账面价值的差额，借记或贷记“土地转让收益”账户。

按国家规定，企业在转让土地使用权时还应缴纳应交营业税等税费的，按应纳的税费，借记“土地转让收益”账户，贷记“应交税费”账户。

【例 15-15】 M 企业管理人转让该破产企业原来无偿划拨的未入账的土地使用权，实际转让收入为 3 000 000 元，按规定缴纳营业税 150 000 元。M 企业的账务处理如下：

借：银行存款	3 000 000	
贷：土地转让收益		3 000 000
借：土地转让收益	150 000	
贷：应交税费——应交营业税		150 000

【例 15-16】 假设 M 企业土地使用权为有偿取得的，已记入“无形资产”或“固定资产”账户核算，账面价值为 1 000 000 元。M 企业的账务处理如下：

借：银行存款	3 000 000	
贷：土地转让收益		2 000 000
无形资产		1 000 000
借：土地转让收益	150 000	
贷：应交税费——应交营业税		150 000

(2) 土地使用权转让收益使用的核算

从土地使用权转让收益中支付未参加养老、医疗社会保险的离退休职工的退休费和医疗保险费。向有关部门拨付职工安置费时，按实际支付的金额，借记“土地转让收益”账户，贷记“库存现金”、“银行存款”账户。

【例 15-17】 M 企业管理人从土地使用权转让收益中提取 2 800 000 元作为职工安置费。管理人已将该部分款项进行专项划拨，余款转入清算损益。M 企业的账务处理如下：

借：土地转让收益	2 800 000	
贷：职工安置费		2 800 000
借：职工安置费	2 800 000	
贷：银行存款		2 800 000

土地转让收益账户尚有余额 50 000 元，转入清算损益，会计分录见【例 15-19】。

若土地使用权转让所得不足以支付职工安置费,以其他破产财产支付职工安置费时,按实际支付的金额,借记“清算损益”账户,贷记“库存现金”、“银行存款”账户。

8.破产债权的核算

按照我国《企业破产法》的规定,破产债权是指破产宣告前成立的无财产担保的债权和放弃优先受偿权利的有财产担保的债权。

破产债权有以下几个特征:①必须是破产宣告前成立的债权,破产宣告后产生的债权不能列为破产债权。②破产债权必须是无财产担保的债权,虽有财产担保但担保债权人放弃了优先受偿权的,其债权可以构成破产债权。③破产债权必须是债权人按照破产债权申报程序申报的债权。逾期未申报的债权,不能作为破产债权,视为自动放弃债权。④破产债权必须是债权申报后经债权人会议确认的债权。已经申报的债权不一定都是破产债权,它必须经过债权人会议按照法定条件进行审查确认。⑤破产债权必须是依破产清偿程序清偿的债权。

破产宣告时未到期的债权,视为已到期债权,但是应当减去未到期的利息。债权人对破产企业负有债务的,可以在破产清算前抵销。破产宣告前成立的有财产担保的债权,债权人享有就该担保物优先受偿的权利。有财产担保的债权,其数额超过担保物的价款的,未受清偿的部分,作为破产债权,依照法定破产程序受偿。

破产财产的分配是指破产管理人将变价后的破产财产或者无需变价的破产财产,依照法定的清偿顺位和确定的受偿比例,公平分配给各债权人的程序。破产财产在优先支付破产费用和清偿共益债务后,依照如下顺序清偿:

(1)破产企业所欠职工的工资和医疗、伤残补助、抚恤费用,所欠的应当划入职工个人账户的基本养老保险、基本医疗保险,以及法律、行政法规规定应当支付给职工的补偿金。

(2)破产企业欠缴的除前项规定以外的社会保险费用和破产所欠税款。

(3)普通破产债权。

管理人分配破产企业的财产,以财产变现、金钱分配为原则,也可以采用实物方式,或者兼用两种方式。破产企业的债权在分配时仍未得到清偿的,也可以将该债权按比例分配给破产企业的债权人,同时通知破产企业的债务人。

支付所欠职工工资和劳动保险费,按实际支付的金额,借记“应付职工薪酬”账户,贷记“库存现金”、“银行存款”账户。

交纳所欠税款,按实际交纳的金额,借记“应交税费”账户,贷记“银行存款”、“库存现金”账户。

清偿其他破产财产,按照实际清偿各项债务的金额,借记“应付票据”、“应付款”、“借款”等账户,贷记“库存现金”、“银行存款”账户。

如果破产财产不足清偿债务,按照有关规定,尚未清偿的债务不再清偿,应予以注销,借记“应付票据”、“其他应付款”、“借款”等账户,贷记“清算损益”账户。

M 企业管理人在组织债务清偿前有关账户的余额及发生额汇总见表 15 - 14。

表 15－14　　债务清偿前有关账户余额及发生额　　单位:元

项目	账面值	发生额		余额	项目	账面值	发生额		余额
		借方	贷方				借方	贷方	
库存现金	30 000			30 000	借款	780 000	100 000		680 000
银行存款	250 000	4 838 200	3 020 000	2 068 200	应付款	1 520 000			1 520 000
应收票据	50 000		50 000	0	应付职工薪酬	300 000			300 000
应收款	600 000		600 000	0	应交税费	20 000		306 400	326 400
材料	220 000		220 000	0	应付股利	45 000			45 000
半成品	325 000		325 000	0	土地转让收益		2 950 000	3 000 000	50 000
库存商品	450 000		450 000	0	清算损益	－195 000	649 000	140 800	－703 200
投资	200 000		200 000	0					
固定资产	342 000		342 000	0					
无形资产	3 000		3 000	0					
清算费用		120 000		120 000					
职工安置费		2 800 000	2 800 000						
合计	2 470 000	7 758 200	8 010 000	2 218 200	合计	2470 000	3749 000	3 447 200	2 218 200

【例 15－18】 M 企业管理人对破产企业债务的清查结果账面数与确认数一致,则按照清偿顺序清偿债权。

(1)第一清偿顺序:清偿职工薪酬和所欠职工债务。

借:应付职工薪酬　　300 000

　贷:银行存款　　300 000

破产企业在企业破产之前为维持生产向职工筹借的款项,应视为破产企业所欠职工工资处理,借款利息费用按实际使用期间和同期借款利率处理;如果是作为资本金投入企业的,则不能作为所欠职工工资,也不能作为破产债权,应列入破产财产。

假设原 M 企业借款中有从职工借入的金额为 50 000 元。

借:库存现金　　20 000

　贷:银行存款　　20 000

借:借款——职工　　50 000

　贷:库存现金　　50 000

(2)第二清偿顺序:支付相关税费。

借:应交税费　　326 400

　贷:银行存款　　326 400

(3)第三清偿顺序:清偿破产企业债务。

可供普通破产债权分配的金额为 1 421 800 元。

普通破产债权如表 15－15 所示。

表 15－15　　单位:元

借款	630 000
应付款	1 520 000
应付股利	45 000
合计	2 195 000

普通债权分配比例＝1 421 800/2 195 000＝64.774 487 4%

M 企业的账务处理如下：

借:借款　　408 079.27

　应付款　　984 572.21

　应付利润　　29 148.52

　贷:银行存款　　1 421 800

(4)将剩余的未清偿的其他债务转入清算损益。M 企业的账务处理如下：

借:借款　　221 920.73

　应付款　　535 427.79

　应付股利　　15 851.48

　贷:清算损益　　773 200

9.编制清算会计报告,移交会计档案

破产管理人编制的清算利润表见表 15－16。

表 15－16　　**清算利润表**

编制单位:M 企业管理人　　年　月　日　　单位:元

项目	本期数	累计数
一、清算收益(清算损失以"－"号表示)		－703 200
二、清算费用		120 000
1.职工生活费		30 000
2.诉讼费		40 000
3.维护费		4 000
4.审计费		20 000
5.保管费		8 000
6.会务费		10 000
7.差旅费		2 000
8.聘用人员工资		6 000
三、土地转让净收益		50 000
其中:土地转让收入		2 850 000
安置职工支出		2 800 000
四、清算净收益(清算净损失以"－"号表示)		－773 200

债务清偿表见表 15－17。

表 15－17　　债务清偿表(简表)

编制单位:M 企业管理人　　年　月　日　　单位:元

项目	账面金额	确认金额	偿还比例	实际偿还金额
应付职工薪酬	300 000	300 000	100%	300 000
借款——职工	50 000	50 000	100%	50 000
应交税费	326 400	326 400	100%	326 400
借款	630 000	630 000	64.774 487 4%	408 079.27
应付款	1 520 000	1 520 000	64.774 487 4%	984 572.21
应付股利	45 000	45 000	64.774 487 4%	29 148.52
合计	2 871 400	2 871 400	—	2 098 200

10. 结账

【例 15－19】结清“清算费用”、“土地转让收益”账户。M 企业的账务处理如下:

借:清算损益　　120 000

　　贷:清算费用　　120 000

借:土地转让收益　　50 000

　　贷:清算损益　　50 000

将以上经济业务过账并结账,全部账户余额为零。

根据我国《企业所得税法》规定,纳税人依法清算时,其清算终结后的清算所得应交纳企业所得税。清算会计以清算期间为纳税年度。清算所得,是指纳税人清算时全部资产或者财产,扣除各项清算费用、损失、负债、企业未分配利润、公益金和公积金余额,超过实缴资本的部分。破产清算在一般情况下不会产生清算所得,如果产生清算所得,则应照章纳税,会计分录应为借记“清算损益”账户,贷记“应交税费”账户。破产财产按照法定顺序清偿后的剩余部分,按规定上交主管财政机关或向股东进行分配,分配剩余财产时,借记“清算损益”账户,贷记“银行存款”账户。清算终结后,“清算损益”账户应无余额。

管理人在破产财产分配完毕后,向人民法院提请终结破产程序,同时提交清算总结报告。管理人向工商登记部门办理破产企业注销登记,人民法院宣布管理人解散,破产程序终结。有关会计档案由管理人负责人移交原破产企业上级主管部门或者人民法院保管。

【随堂小测验 15－3】

1. 下列关于清算会计的叙述正确的是(　　)。

A. 企业清算会计是企业在进入破产程序后用到的会计核算方法

B. 上市公司的清算会计报告遵守上市公司的信息披露要求,按季度、半年和年度提供

C. 清算会计的会计计量基础主要是历史成本

D. 企业清算期间的营业收入和费用通过“清算损益”科目核算

本章小结

当一个债务公司无法偿付其到期负债，或者其负债总额超过其资产的公允价值时，通常可以采取的补救措施有与债权人直接协议、改组和破产。债务重组是在债务人发生财务困难的情况下，债权人按照其与债务人达成的协议或法院的裁定作出让步。企业改组分为准改组和法律改组。准改组不涉及企业主体法律地位的变更，所以也称作会计改组。法律改组后，企业的名称和法律主体都会发生变更。企业清算是企业因破产、解散、撤销或其他原因不能持续经营而依法终止时，由清算机构依照法定程序对企业的财产、债权、债务进行清理核算和处置。

关键概念

企业准改组　企业清算　债务重组　破产清算

思考题

1. 应用准该组会计的前提条件是什么？
2. 债务重组的会计处理原则是什么？
3. 简述清算会计的基本假设；试分析上述假设对清算会计核算原则的影响。

练习题

1. 2003 年 1 月 2 日，维达公司提出重组申请，当日以及 6 月 30 日维达公司的资产负债表和有关资产的公允价值见下表。

维达公司的资产负债表和有关资产的公允价值　　单位：美元

项目	2003 年 1 月 2 日	2003 年 6 月 30 日	
		账面价值	公允价值
资产：			
库存现金	200	6 700	6 700
应收账款	800	1 000	1 000
存货	2 000	1 600	2 000
预付账款	500	—	—
土地	1 000	1 000	2 000
建筑物	3 000	2 900	1 500
设备	2 000	1 800	1 800
商誉	4 500	4 000	0

续表

项目	2003 年 1 月 2 日	2003 年 6 月 30 日	
		账面价值	公允价值
资产总计	14 000	19 000	15 000
负债:			
应付账款	1 000	3 000	
应付职工薪酬	500	1 000	
应付银行票据(包括 500 美元利息)	5 000		
长期应付票据(以设备担保)	6 000		
已认定的申请前负债	—	12 500	
负债合计	12 500		
股东权益:			
普通股股本	7 000	7 000	
留存收益	(5 500)	(4 500)	
股东权益合计	1 500	2 500	
负债和股东权益总计	14 000	19 000	

利益各方于 2003 年 7 月 1 日同意改组计划,并将于 7 月 8 日举行听证会确认改组计划的公平及公正性。在改组计划下,改组价值为 16 000 美元,且债权人和权益持有者将收到的偿还金额见下表。

债权人和权益持有者将收到的偿还金额　　单位:美元

	收到的现金偿还	收到的非现金偿还
后报债权:		
应付账款(全额)	3 000	
应付职工薪酬(全额)	1 000	
申请前债权:		
应付账款(80%)	800	
应付职工薪酬(80%)	400	
应付银行票据及利息(80%)		2 000(应付票据) 2 000(普通股)
长期应付票据(80%)		1 800(应付票据) 3 000(普通股)
普通股股东*	—	2 000(普通股)
	5 200	10 800

* 改组价值超过分配给债权人的差额。

2003 年 7 月 8 日,改组价值得到确认。7 月 1 日至 7 月 8 日之间资产与负债没有变动。

要求:

(1)维达公司的改组计划是否符合新创报告?试作分析。

(2)根据改组计划,编制维达公司的会计分录。

(3)编制 2003 年 7 月 8 日初始报告的资产负债表。

2. 某国有企业拟于本年内整体改组为股份制企业,确定本年 4 月 1 日为资产评估基准日。其资产评估结果已经得到有关部门批准确认。本年 7 月 1 日,该企业经批准注册登记,正式改组为股份制企业。其有关情况如下:

(1)4 月 1 日有关资产账面余额、评估确认金额,以及 6 月 30 日按照资产评估确认结果进行调账前的有关资产账面余额见下表。

资产评估确认的调账前有关资产账面余额　　单位:元

项目	4 月 1 日账面余额	评估确认金额	6 月 30 日资产评估确认入账前账面余额	调账后余额
流动资产:				
应收账款	600	600	500	
坏账准备	3	3	2.5	
原材料	520(10 000 件)	598(10 000 件)	364(7 000 件)	
长期股权投资	150	130	150	
固定资产:				
固定资产原值	850	1 200	900	
累计折旧	220	360	252	
无形资产:				
土地使用权	0	50	0	

(2)该企业原材料只有一种,采用后进先出法核算发出原材料成本。4 月 1 日至 6 月 30 日,该企业购入原材料 4 000 件,计 240 万元;领用原材料 7 000 件,计 396 万元。

(3)该企业 4 月 20 日购进设备一台,原价 50 万元,至 6 月 30 日止累计计提折旧 2 万元。

(4)该企业适用的所得税税率为 25%。

要求:

(1)根据上述资料编制有关资产评估确认结果的调账会计分录。

(2)将调账后各资产账面余额列示于上表"调账后余额"栏。

3. 某国有企业因经营不善,严重亏损,不能清偿到期债务而向法院申请破产,于 2004 年 1 月 10 日被宣告破产,并于即日成立管理人接管该企业。管理人按照规定设立了新的会计账户,并将企业原各账户的余额转入了新的账户,转账后的账户余额见下表。

转账后账户余额表

单位:元

账户名称	借方余额	贷方余额	账户名称	借方余额	贷方余额
库存现金	500		借款		440 925
银行存款	22 400		应付票据		100 700
应收票据	6 600		其他应付款		302 800
应收款	124 880		应付职工薪酬		266 800
原材料	40 900		应交税费		103 675
自制半成品	8 800		应付股利		9 700
库存商品	28 300		其他应付款		2 100
投资	262 100		应付债券		58 400
固定资产	167 000		清算损益	353 620	—
在建工程	110 000				
无形资产	160 000				
合计	931 480		合计	353 620	1 285 100

该企业破产财产的处置情况如下：

(1)收回应收票据 6 000 元,账面金额为 6 600 元。

(2)收回应收账款 109 000 元,其账面金额为 124 880 元,其中有 15 000 元确认不能收回的坏账。

(3)出售半成品一批,账面价值 8 800 元,售价 7 300 元,取得增值税 1 241 元。

(4)将账面价值为 167 000 元的固定资产处理,处理收入为 159 000 元。

(5)材料账面价值为 40 900 元,处理收入为 28 600 元,收取增值税为 4 862 元。

(6)各种产成品的账面价值为 28 300 元,处理收入为 26 200 元,收取的增值税为 4 454 元。

(7)各种投资的账面价值为 262 100 元,处理收入为 244 000 元。

(8)在建工程的账面价值为 110 000 元,处理收入为 115 000 元。

(9)无形资产的账面价值为 160 000 元,处理收入为 195 000 元。

(10)处理固定资产、在建工程、无形资产、材料、产成品等应交纳的税费为 31 400 元。

(11)支付破产费用:①清算期间职工生活费 62 400 元;②破产案件诉讼费 163 000 元;③审计评估费 45 000 元;④设备维护费 14 000 元;⑤财产保管费 10 000 元。

(12)转让原来无偿划拨取得的未入账的土地,实际转让价款为 850 000 元,按规定应交纳税费为 42 500 元。

(13)土地转让收益中划拨 633 100 元作为职工安置费。

(14)将土地使用权转让收益转入清算损益。

(15)支付所欠职工工资 151 000 元,职工福利费 115 800 元。

(16)交纳所欠税金 188 132 元,其他应交款 2 100 元。

(17)剩余的破产财产不足以清偿其他破产债权,应按比例(百分比保留两位小数)清偿各项债权。

(18)将剩余的未清偿其他债务转入清算损益。

要求:

(1)根据上述经济业务,编制该破产企业的会计分录。

(2)编制清算开始日的清算资产负债表。

(3)编制清算结束日的清算利润表。

(4)编制清算结束日的债务清偿表。

案例题

案例资料:

2008 年 9 月,石家庄三鹿集团股份有限公司(以下简称三鹿集团)因涉嫌生产、销售伪劣产品被责令停止生产、销售。石家庄中级人民法院于 2009 年 1 月 8 日向三鹿集团的债权人发出了债权申报通知,债权人可以在 1 月 8 日至 2 月 11 日向管理人也即三鹿集团破产清算小组申报。

债权人陆续收到了来自石家庄市中级人民法院的申报债权通知书。这份通知书载明了以下内容:债权人可以在上述期限内以书面形式向三鹿破产清算小组申报债权,申报时写明数额、有无担保抵押,并提供有关证明材料。通知同时确定了第一次债权人会议的时间。在申报债权结束后的第二天,也即 2 月 12 日的 9 点,第一次债权人会议将在石家庄市中级人民法院召开,法院依法宣布三鹿集团破产裁定,这意味着昔日中国乳制品行业巨头三鹿集团正式破产。在 12 日的债权人会议上,法院合议庭宣读了有关三鹿集团破产的法律文书,破产管理人宣读了工作报告,解答债权人询问。管理人报告了债务债权登记审查情况,宣读了债权登记审查工作报告,债权人和债务人对登记的债权进行了表态,并通过了资产管理方案,通过了关于三鹿集团破产的财产变价方案。

要求:

(1)根据上述案例,三鹿集团破产清算日是哪一天?

(2)结合上述案例,分析企业破产对持续经营前提下会计假设的背离。

随堂小测验答案

随堂小测验 15 –1

1. C

随堂小测验 15 –2

1. C　2. C　3. B　4. D

随堂小测验 15 –3

1. D

主要参考文献

财政部.2006.企业会计准则[M].北京:中国财政经济出版社.

财政部会计司编写组.2008.企业会计准则讲解[M].北京:人民出版社.

财政部会计准则委员会.2005.关联方交易与以股份为基础的支付[M].大连:大连出版社.

财政部会计准则委员会.2005.企业合并与合并会计报表[M].大连:大连出版社.

常勋.2008.财务会计四大难题[M].上海:立信会计出版社.

耿建新,杜美杰,续芹.2009.高级会计学[M].北京:北京大学出版社.

韩传模.2010.高级财务会计[M].北京:经济科学出版社.

石本仁.2007.高级财务会计[M].北京:中国人民大学出版社.

谢诗芬.2000.高级财务会计问题研究[M].成都:西南财经大学出版社.

中国证券监督管理委员会.2008.中华人民共和国证券期货法规汇编[M].北京:法律出版社.

中国注册会计师教育教材编写委员会.2002.高级财务会计[M].2版.北京:经济科学出版社.

中国注册会计师协会.2010.会计[M].北京:中国财政经济出版社.

大连出版社教学支持说明

为了建设立体化精品教材,秉承大连出版社对于其教材类产品的一贯教学支持,我们将向使用本套教材的高校教师免费提供教学课件和习题答案。

为确保此资源仅为教师教学使用,烦请授课老师清晰填写如下开课情况证明,并邮寄(传真)至以下地址,我们据此给您提供下载密码。谢谢您的合作!

地　　址:大连市西岗区长白街10号　大连出版社
邮　　编:116011
电　　话:0411-83621349　83621075
传　　真:0411-83610391　83620941
电子邮箱:bhs@dlmpm.com

证　　明

兹证明________大学________系/院第________学年开设的______________课程,采用大连出版社出版的__________作为本课程教材,授课老师为________,学生____个班共____人。

授课教师需要与本书配套的教学课件和习题答案为:

____。

邮　　编:____________
地　　址:____________
电　　话:____________
电子邮箱:____________

系/院主任:__________(签字)
(系/院办公室盖章)
20____年____月____日